고등부에서 노년부까지
교회학교 교육의 모든 것

하권

임계빈 지음

고등부에서 노년부까지

교회학교 교육의 모든 것

하권

임계빈 지음

목차

Prologue

한국교회가 복음을 받아드리고 백사십 년이 지난 지금 하나님의 귀한 은혜로 여기까지 인도 받았습니다. 목양의 각가지 요소들 중에 교육과 연관 되지 않은 것이 없기에 교육목회라는 개념은 폭이 넓어집니다. 최근까지도 교회교육의 현장이 주일학교라는 작은 카테고리로 한정하는 분위기가 한국교회 안에 있었습니다. 하지만 하나님께서 우리에게 말씀하시는 기독교 교육의 현장은 요람에서 무덤까지라 생각합니다. 태아기부터 노년에 이르기까지 교회교육의 카테고리가 됩니다.

이제 한국교회는 선교를 받던 나라에서 전 세계에 선교하는 나라로 그 위상이 한층 높아졌습니다. 지난 백사십 년간 하나님께서 한국교회에 베푸신 은혜는 놀랍습니다. 본 저자는 한국교회 교육의 현장에 베푸신 하나님의 은혜에 산물을 집대성 해보고자 하는 열망을 품고『영유아부터 노년부까지 교회학교 교육의 모든 것, 상, 하』권을 출간하게 되었습니다.

먼저 하권에서는 청소년 중기, 고등부부터 대학부, 청년부, 성년부, 장년부, 노년부까지 교육의 모든 것을 다룹니다. 각 연령별 특징을 먼저 다루고 각 발달단계에 따르는 부서의 교역자와 교사들이 기억해야 할 내용들을 다룹니다. 그리고 ① 청소년 중기, 고등부 사역의 실제로 청소년 제자 사역, 청소년 예배(2), 통전적 교육을 위한 비전 학교, 학교 기도 모임, 청소년 심방, 청소년 캠핑을 다룹니다. ② 대학부는 청년 초기로 청년·대학 조직, 청년 예배, 청년 기도회, 청년 소그룹을 다룹니다. ③ 청년부는 청년 목회 : 기·부·조, 청년 전도 축제, 청년 또래 모임, 청년 수련회, 청년 단기선교, 미혼 캠프(데이트학교), 결혼 예비 학교를 다룹니다. ④ 성년부는 부부청년부에서 태아 발달, 자녀 사역을 다루고, 싱글을 위한 사역은 싱글의 종류별로 미혼·이혼·사별 사역을 다룹니다. ⑤ 장년부는 장년 전도, 정착, 은사 배치, 제자훈련, 가정 사역을 다룹니다. ⑥ 노년부는 온누리교회 모세대학, 개봉교회 상록대학, 하이패밀리 천국 준비교실을 다룹니다.

상권에서는 영유아로부터 청소년 초기, 중등부까지 교육의 모든 것을 다룹니다. 각 연령별 특징을 먼저 다루고 각 발달단계에 따르는 부서의 교역자와 교사들이 기억해야 할 내용들을 다룹니다. 그리고 ① 영·유아부 사역의 실제로 아기 학교 (1)(2)를 다룹니다. ② 유치부는 각 순서별 주안점을 다루고 아동심리 사역 프로그램을 심도 있게 다룹니다. ③ 유년, 초등, 소년부는 어린이 성경 암송, 어린이 예배, 어린이 성품 훈련, 어린이 계절학교, 어린이 구역제, 어린이 리더 세우기, 학습 여행 통한 비전 성경학교, 어린이 쉐마 학당, 한 교실 안에 여러 교실을 다룹니다. ④ 청소년 초기, 중등부는 청소년 예배(1), 청소년 전도, 청소년 수련회, 부모 연계 사역을 다룹니다.

모쪼록 이 두 권의 저서가 각 교회학교 부서에 교육목회를 진행하는 목회자, 평신도 사역자들에게 단비와 같은 선물이 되기를 간절하게 소원합니다.

2026년 1월 남한산성 아래에서

8장 고등부
(15~17세)

　청소년들은 자신이 알고 있는 방식으로만 어른이 되려고 노력하는 속성이 있습니다. 그들은 성인으로 성장하기 위해 노력합니다. 그들은 성인들이 지배하는 세상에 자신이 설 자리를 만드는 데 많은 시간을 할애하지만, 실제로 그들은 그들 스스로가 만든 세상에서 살고 있습니다. 나이든 성인들 눈에 고등학생은 무척이나 가벼워 보입니다. 성인들은 '저 아이들의 머릿속에는 진지한 생각이 하나도 없어'라고 생각합니다. 이 시기 아이들은 최신 기술과 유행가에 열광합니다. 휴대전화나 인터넷에 많은 시간을 쏟아붓고, 내일이 학교 시험인데도 쇼핑몰을 어슬렁거립니다. 음악을 크게 틀어놓고 수학을 공부하면서도 두 가지 모두 충분히 집중하는 것처럼 보입니다. 우리는 이들이 인생을 좀 더 진지하게 대하기를 기대합니다. 우리는 고등학생들이 우리를 즐겁게 하기도 하고 혼란스럽게 하기도 하며, 우리를 놀라게 하거나 당황하게 만든다고 생각합니다. 우리는 고등학생을 이해해야 합니다. 또한 이들이 스스로 이해할 수 있도록 돕고, 주어진 재능과 능력을 발굴해 그리스도와 교회를 위해 사용할 수 있게 독려해야 합니다. 우리는 이들이 단지 생계를 유지하기 위한 일이 아니라 평생을 걸고 추구할 일을 발견하도록 도와야 합니다. 이 시기의 성장 과정은 매우 혼란스러울 뿐 아니라 종종 고통스럽기까지 합니다. 누가 '청춘은 근심이 없고 행복만 가득한 시절이지'라고 말하거든 믿지 말라. 항상 그런 것은 절대 아닙니다. 청소년의 문제와 고민은 우리가 상상하는 것보다 훨씬 클 때가 많습니다.

1. 고등부 학생들의 특성

1) 신체적 특성

청소년기(adolescence)는 사람의 발달 과정 중에서 독특한 위치를 차지합니다. 아동에서 성인으로 가는 길목이기 때문입니다. 아동이었던 아이가 청소년기를 거치면서 몸과 마음이 성인이 되어 갑니다. 그만큼 청소년 시기는 그 이전까지 경험하지 못했던 급격한 변화를 겪습니다. 0~3세 동안 진행되는 1차 성징이 급격한 신체 변화를 중심으로 이뤄진다면, 청소년기 동안 진행되는 2차 성징은 신체 변화와 더불어 급격한 정서적 변화를 겪습니다. 어떤 청소년은 십대 중반기에 신체적인 성숙을 맞이하게 됩니다. 소위 문제점들(problems)이라고 불리우는 많은 것이 이러한 성숙에서부터 나오게 됩니다. 일반적으로 소녀들은 소년들 보다 일찍이 신체적으로 성숙하게 되며, 일반적으로 십대 초기에 충분히 성숙하게 됩니다. 소년들은 십대 중반에 가서야 성숙에 도달하게 됩니다. 중학생 연령기의 일정치 않던 활동 방식이 고정화됩니다. 이 변화는 극도의 혼란을 동반합니다. 마치 새가 자유롭게 날개 짓을 하려고 알을 깨고 나와야 하는 것과 같습니다. 청소년기는 지금까지 살아오면서 익숙해진 몸과 정서가 완전히 새롭게 변신하는 중이라고 할 수 있습니다. 청소년을 알아가는 방법으로 발달 과정의 특징을 아는 것이 있습니다. 모든 청소년의 행동과 심리를 설명할 수는 없지만 전체적으로 볼 수 있는 안목을 줍니다.

청소년기에는 신체적인 발달이 활발하게 일어납니다. 이 시기에는 키가 1년에 10 센티미터, 많게는 2년 만에 25 센티미터가 자라기도 합니다. 그야말로 폭풍 성장기입니다. 그 결과 외모에 상당한 변화가 생깁니다. 어릴 때 귀엽던 얼굴이 몰라보게 달라지기도 하고, 피부에는 여드름이 나기 시작합니다. 키가 성인을 훌쩍 뛰어넘을 만큼 자라기도 합니다. 문제는 급격한 신체적인 성장이 짧은 기간 동안 일어난다는 겁니다. 자신의 외모에 충분히 적응할 새도 없이 하루하루 변신하는 낯선 자신을 받아들여야 합니다. 뼈와 근육이 같은 속도로 자라지 않기 때문에 신체적 발달 초기의 경우에는 고정된 자세가 많이 불편합니다. 보기에 따라서는 몸을 많이 뒤척여서 주의가 산만해 보이기도 하고 편안한 자세를 추구한 나머지 널브러져 있는 것처럼 보입니다. 또한 또래들 사이에서 발달의 격차가 매우 큽니다. 본격적으로 비교가 시작됩니다. 신체를 비교하여 우월감과 허세를 드러내거나, 반대로 열등감과 심한 자기 비하에 빠지기도 합니다. 자신이 가진 신체 이미지는 자아 이미지에 결정적인 요소를 차지합니다. 청소년기의 급격한 성장은 스스로에게 지나치게 몰두하게 만듭니다. 이때 보이는 특징이 자기 중심성입니다. 이는 이기주의와 다릅니다. 마치 자신은 무대 위에 서 있는 배우이고, 상상 속의 관중이 자신에게 주목하는 것처럼 느낍니다. 실제로는 누구도 관심 갖지 않는 상황에서도 여전히 사람들이 자신을 보고 있다고 느낍니다. 가령 어떤 일을 할 때, 자신의 눈에 보이는 사람들을 신경 쓰기보다 그 사람들의 눈에 비치는 자신의 모습을 더 신경 씁니다. 이로 인해 자아도취에 빠져 허세를 부리거나 열등감에 빠져 좌절을 느낍니다.

• 청소년기 신체적 특징

시기	나이대	신체적 특징
초기 청소년기	약11세 ~13세	·몸의 털이 나기 시작한다. ·머리카락과 피부의 땀과 유분 생성, 증가한다. ·여자 아이: 유방과 엉덩이가 발달하고 생리를 시작한다. ·남자 아이: 고환과 음경이 성장하고 몽정을 하며, 목소리가 두꺼워지고 깊어진다. ·신체적 성장: 키와 몸무게가 폭발적으로 증가한다. 성적인 관심이 높아진다.
중기 청소년기	약14세 ~18세	·사춘기가 끝나게 되고 성적 완성을 이룬다. ·여자아이들은 신체 성장이 느려지지만 남자아이들은 지속적으로 성장한다.
말기 청소년기	약19세 ~21세	·젊은 여성들은 전형적으로 신체 성장이 멈춘다. ·젊은 남성들은 키, 몸무게, 근육량, 체모가 계속해서 증가한다.

• 남자 청소년 – 걸리버 증후군.

청소년기에는 몸이 성장하면서 체격 차이가 나기 시작합니다. 또래에 비해 신체 발달이 빠른 경우 남학생과 여학생의 자아상은 각각 다르게 나타납니다. 신체적 조숙이 여학생에게는 부정적인 자아상을 가져올 확률이 높은 반면, 남학생에게는 긍정적으로 작용할 확률이 높습니다. 또래에 비해 신체가 크게 발달한 남학생은 대체로 운동이나 활동에서 두각을 나타냅니다. 그래서 대체로 또래 집단에서 자신감과 활동성이 높습니다. 이 자아상은 보통 성인까지 이어집니다. 반면에 신체 발달이 늦거나 작은 남학생은 심한 열등감에 빠집니다. 마치 조나단 스위프트의 〈걸리버 여행기〉에 나오는 걸리버처럼 자신을 거대하다고 느끼다가도 왜소하다고 느끼고, 괴물같이 끔찍하다고 느끼다가도 한없이 나약하다고 느낍니다. 남학생들은 이런 걸리버 증후군을 겪고 있습니다. 남학생들은 청소년기 동안 왕성한 성호르몬이 분비됩니다. 남자 청소년에게는 혈중 남성 호르몬 농도가 청소년기 이전에 비해 50배나 더 높아집니다. 남성 호르몬이 대폭발하는 시기라고 할 수 있습니다.

변신하는 남학생과 함께하는 교사의 행동	
Best ! 활동하기	Worst ! 비교하기
축구나 농구 같은 운동이나 동산이나 산책 같은 야외 활동을 함께 하는 것도 좋습니다.	또래 아이들과의 신체적인 비교는 수치심을 줍니다. 장난이라도 하지 않는 것이 좋습니다.
성을 하나님의 관점에서 이해하도록 도울 수 있습니다. 이해하면 통제할 수 있습니다.	성 이야기를 너무 자주 하거나 자극적으로 풀어 가지 않는 것이 좋습니다.

• 여자 청소년 - 이상한 나라의 앨리스 증후군.

청소년은 자신의 신체와 용모에 큰 관심을 가집니다. 이 시기에는 대체로 자신의 외모를 마음에 들어 하지 않는 경향이 있습니다. 외모 지상주의가 저변에 깔려 있는 한국 상황에서는 더 두드러지게 나타납니다. 특히 대부분의 여학생은 자신의 외모와 체중에 대해서 부정적으로 평가합니다. 마치 루이스 캐럴의 〈이상한 나라의 앨리스〉에 등장하는 앨리스를 닮았습니다. 몸의 변화를 보고 스스로 바보 같다고 느끼고, 황당하고 이상한 세계에서 깊은 외로움을 느낍니다. 자신에게 지나치게 몰두한 나머지 자신을 향한 주변의 작은 소리에도 민감해집니다. 이때 자신을 가리거나 자신감을 갖추기 위해서 선택하는 것이 화장입니다. 다음의 한 청소년이 직접 쓴 시의 일부를 통해 조금은 엿볼 수 있습니다. '혈색을 잃어 가고 창백해질 때/낯빛이 어둡고 몰골이 말이 아닐 때/약보다는 틴트'. 또래에 비해 빠른 신체적, 성적 조숙이 남학생에게 긍정적인 자아상을 주는 것과 달리 여학생에게는 부정적으로 작용합니다. 많은 경우 위축감을 안겨 주고 자신감을 떨어뜨립니다.

변신하는 여학생과 함께하는 교사의 행동	
Best ! 대화하기	Worst ! 지적하기
대화나 잡담을 통해서 자신의 외모에 대해 객관적으로 생각해 보도록 유도하는 것이 중요합니다.	'왜 화장을 하냐'고 하거나 '화장이 이상하다'거나 '너무 진하다'고 지적하면 더 심하게 위축됩니다.
여성 교사인 경우에는 본인의 사춘기 경험담을 나누며 지극히 정상적인 변화임을 나누는 것도 도움이 될 수 있습니다.	또래가 있는 자리에서 외모를 가지고 누군가와 비교하거나 칭찬하는 것을 조심해야 합니다.

청소년기에는 뇌의 자극으로 인해서 신체 성장을 촉진하는 호르몬과 성호르몬이 생성됩니다. 호르몬의 작용으로 급격하게 성적인 성숙이 이뤄집니다. 전반적으로 신체적, 성적 성숙의 연령이 낮아지고 있습니다. 과거에는 중고등학생들의 전유물처럼 여겨지던 2차 성징은 초등학생까지 내려갔습니다. 충분히 정서적으로 안정되기 전에 오는 급격한 성적 발달은 마치 맞지 않는 옷을 입고 있는 것처럼 자신을 낯설게 만듭니다. 자신의 생각과 변화보다 몸의 변화가 더 빨리 움직이며, 그 변화를 통제하기가 어려워지기 시작합니다. 청소년기의 사랑은 짧고 강렬하다는 특징을 지닙니다. 마치 셰익스피어의 〈로미오와 줄리엣〉에서 로미오와 줄리엣의 사랑

을 닮았습니다(작품 중 두 사람의 나이도 청소년기라고 알려져 있습니다).
두 남녀처럼 서로에게 지나치게 몰두합니다. 영화의 주인공처럼 자신들만
특별하고 지고지순한 사랑(짝사랑)을 하고 있다고 느낍니다. 이별 앞에서
는 비련의 주인공이 되어 세상에 종말이 온 듯한 절망을 경험합니다. 대체
로 청소년의 사랑은 길지 않습니다. 보통 연애는 3~4개월 정도면 종지부
를 찍습니다. 이들의 만남도 관계 진전도 이별도 급작스럽습니다. SNS에
서 만났다가 강렬하게 상상 속의 연애를 하고는 갑자기 SNS로 이별을 통
보하기도 합니다. 어른들 눈에는 만나는 것도 헤어지는 것도 쉬워 보입니
다. 청소년기는 성적으로 가장 왕성한 관심을 가지는 때입니다. 이런 성적
관심이 금기시되고 죄악시됩니다. 아이러니하게도 사회적으로는 성 문화
가 무제한으로 열려 있습니다. 성 문화의 홍수 속에서 성적 호기심을 건
강하게 이해시키기보다 통제에만 급급합니다. 청소년에게 성을 가르치는
유일한 교사는 바로 왜곡되고 자극적인 미디어입니다.

성의 변신에 대한 교사의 언어	
Best! 이해하게 하기	Worst! 죄악시, 희화화
너의 성적 변화는 지극히 자연스러운 변화야.	너희 저녁에 방문 잠그고 뭐하니?
구별된 성적 거룩함으로 하나님께 예배하자.	성? 그거 아무것도 아냐.
너의 성은 하나님의 아름다운 선물이야.	하나님 믿는 청소년에게 성은 나쁜 거야.

2) 인지적 특성 정서적 특성

사람의 인지적 능력은 태어나면서 성인이 될 때까지 계속적으로 성장해

가지만 몇 단계의 질적인 변화를 거치면서 발달해 나가며, 청소년기에 이르러 성인과 같은 최고의 단계에 이르게 됩니다. 청소년들의 인지적 특징은 한마디로 고도의 추상적이며 가설적인 사고를 할 수 있는 능력이 발달하는 것입니다. 물론 아동들도 논리적이고 체계적인 사고를 할 수 있지만 그 대상은 일상적인 경험과 구체적으로 관련이 있는 것에만 국한되어 있습니다. 예를 들면 '철수는 영철이보다 크고 영철이는 복남이 보다 크다면 누가 제일 클까?' 하는 질문에 답하기 위해 아동들은 실제로 이들을 세워놓고 구체적으로 비교를 한 다음에야 정답을 맞출 수 있고, 그렇지 않은 경우에는 단지 추측할 뿐입니다. 그러나 청소년들은 직접 비교를 해보지 않더라도 논리적인 추론을 통해서 정확한 답을 할 수 있습니다.

청소년들의 인지적 특징은 크게 두 가지로 나누어 볼 수 있습니다. 첫째로, 이들은 현실성보다는 가능성을 우선한다는 것입니다. 아동들은 구체적으로 관련이 있는 경험에 대해서만 논리적 사고를 할 수 있으므로 문제를 해결하는 과정이 기본적으로 현실적입니다. 그러나 청소년들은 지금까지 그들을 구속하고 있던 구체적 경험에 의한 사고의 틀에서 벗어나 추상적이고 논리적으로 사고할 수 있는 능력을 갖게 됨으로 직접적인 경험에 의하지 않은 명제들에 대해서도 사고를 할 수 있게 됩니다. 그러므로 지금까지는 사고의 대상이 될 수 없었던 자유라든지 정의라든지 하는 추상적 관념에 대해서도 사고를 하며, 이러한 변화는 일종의 개안(開眼)의 성격을 띠게 되므로 청소년들은 이러한 추상적인 관념들에 대해서 갑자기 많은 사고를 하기 시작합니다. 현실적인 문제를 해결하는 과정에서도 여러 가지 대안이 있을 수 있으며, 특정 상황에 대한 해석도 여러 가지가 가능하고, 실재적으로 일어나고 있는 일은 여러 가지 가능성 가운데서 한 가지에 불과하다고 생각합니다. 따라서 지금까지는 의심 없이 옳은 것이라고 받아들이던 여러 현상에 대해서 비판적 사고를 하게 되고 새로운 대안의 가능성에 더 많은 매력을 느끼게 됩니다. 더군다나 이러한 과정은 가설로부터 귀납적인 방법으로 행해지므로 그들이 관찰한 것에만 전적으로 의존하지 않습니다. 즉 스스로 선택한 가정이 현실적으로 검증이 되지 않을 경우에도 가정이 틀렸다고 생각하기보다는 검증의 방법이 틀렸다고 생각하거나, 여러 가지 가능성 가운데 하나에 불과한 현실이 잘못된 것이라고 생각하는 경향이 농후합니다.

그렇기 때문에 청소년들은 현실성에 근거해서 가능성을 포기하기보다는 가능성에 기초해서 현실성을 부정하는 양상을 띠게 됩니다. 두 번째 특징으로는 조합적(組合的) 사고를 할 수 있다는 것입니다. 아동들은 특정한 결과에 영향을 줄 수 있는 여러 가지 가능한 요인들을 각각의 결과와 관련 시켜서 검증해보지만 여러 요인들의 조합을 만들어서 이들이 결과에 미치는 영향을 추론하지는 못합니다. 반면에 청소년들은 가능한 여러 요인들의 조합을 만들어서 이들 요인들의 상호작용이 결과에 미치는 영향을 다각적으로 검토할 수 있습니다. 이러한 조합적 사고는 현실적으로 가능성이 희박한 다양한 요인들의 상호작용을 추상적으로 가정할 수 있으므로 첫 번째 특징인 현실성보다는 가능성을 중시하는 경향을 강화 시켜 줄 수 있습니다.

이러한 청소년들의 인지적 특성은 현상을 이해하거나 문제를 해결하는 데 새로운 대안을 제시하거나 해석을 하는 데 도움을 주는 강점이 있는 동시에 현실성이 결여 된 자기중심적 사고의 함정에 빠질 위험이 있습니다. '자신의 관점과 다른 사람의 관점을 구별할 수 없는 것'을 자기중심적이라고 한다면, 청소년들의 자기중심적 사고의 특징은 그들 자신의 논리적 추상적 사고에 무 제한적인 힘을 부여하는 데서 기인합니다. 이들은 구체적 체험의 세계에서 벗어나 넓은 논리적 가능성의 세계로 들어갑니다. 새로운 가능성을 탐구해 가는 과정 속에서 청소년들은 때때로 현실 속에서 자신의 역할이나 판단의 정당성을 찾기보다는 현실과의 접촉을 도외시하고 사고 그 하나만으로 모든 것을 이룰 수 있다는 느낌을 갖습니다. 이들은 이러한 가능성의 세계에 매료되면서 현실적으로 그들의 생각이 실현 가능한 것인지에 대한 검증이 없이, 빛나는 미래를 꿈꾼다든지 혹은 이상(理想)을 이루기 위해 현실을 변화시키려 합니다.

이들은 현실성보다는 가능성에 더 많은 비중을 두므로 그들이 바라는 이상이 현실적으로 성취되기 어렵다는 결과에 접해도 이상을 보다 현실적으로 가능한 방향으로 조정하기보다는 현실이 잘못되어 있기 때문에 논리적으로 타당한 이상이 실현되지 않는다고 생각하고 그러한 현실을 바꾸려고 합니다. 이러한 청소년들의 자기중심적 사고는 구체적인 현실 속에서 직접적으로 성인들의 역할을 담당하는 경험을 통해서 감소됩니다. 이러한 경험을 통해서 이들은 자신들의 사고의 한계와 다른 사람들의 저항을 배우게 됩니다. 즉 단지 논리적이고 추상적인 사고에 의한 가능성은 그 자체보다는 현실 속에서 효과적으로 실현될 수 있는 방안과 관련을 맺을 때만이 더 가치가 있다는 것을 깨닫게 됩니다.

3) 사회적 특성

사회성이 강합니다. 고등학생들은 친구를 선별적으로 선택합니다. 이들은 서로 잘 어울릴 수 있는 친구들을 선택합니다. 가족이 개입하는 것을 싫어하고, 친구들과 은밀하게 지내며, 속어를 사용합니다. 부모가 보기에 전혀 이해할 수 없는 정도는 아니더라도 해독하기 어려운 이메일이나 문자를 주고받습니다. 이들의 가장 큰 고민은 지성적인 의구심이 아닙니다. 어떻게 하면 또래들 사이에서 인기 있는 사람이 되느냐입니다. 여학생은 남학생에게 매력 있어 보이길 원하고, 남학생은 여학생에게 멋있어 보이기 위해 운동을 잘하거나 모두의 눈길을 사로잡는 영웅이 되고 싶어합니다.

가정과 가족과의 관계에서 점차 벗어나기 시작합니다. 이 시기 학생들은 사람들이 자신을 엄마 치마폭에 싸여 사는 아이라고 생각하는 것을 극도로 싫어하는 것처럼 보입니다. 가족과 어울리는 일에 더 이상 관심을 기울이지 않기 때문에 가족 야유회나 가족 여행은 더 이상 이들의 관심을 끌지 못합니다. 그런 태도를 심각하게 받아들이지 말라. 이들은 더 이상 가족을 사랑하지 않는 것이 아니라 자신이 활동할 수 있는 새로운 사회의 일원이 되어가는 중입니다. 십대에게 가족을 사랑해야 한다고 애써 강조하지 않아도 됩니다. 이들에게 한정된 범위에 머물라고 강요하는 것은 바람직하지 못합니다.

성인으로 성장하는 과정에서 가장 어려운 단계를 거치고 있습니다. 십대 시절은 인생에서 가장 쉽고 행복한 시기와는 거리가 멉니다. 오히려 이들은 여러 가지 복잡한 문제에 직면해 있습니다. 공부를 계속할 것인지, 어떤 직업을 선택할 것인지, 어느 대학에 진학할 것인지, 학비를 어떻게 충당할 것인지, 어떻게 사는 것이 가장 잘 사는 것인지를 결정해야 합니다. 이들이 고민하는 문제는 이뿐만이 아닙니다. 어떤 과외 활동에 참여해야 할지, 어떤 과목을 선택해야 할지, 어떤 아르바이트를 해야 할지와 같은 문제를 결정해야 합니다. 이 시기 학생들에게는 자신을 올바로 이끌어줄 사람이 절실히 필요합니다. 교사는 학생들에게 교육과 훈련이 유익한 결과를 가져다준다는 사실을 일깨워 주어야 합니다. 학생들은 적어도 많은 직업이 최소 자격 요건으로 고등학교 졸업장을 요구한다는 사실쯤은 알고 있어야 합니다. 우리 사회는 점점 더 복잡해지고 기술 문명에 더욱 의존하고 있습니다.

따라서 청소년들은 학교를 도중에 그만두고서는 밝은 미래를 기약할 수 없다는 사실을 기억해야 합니다. 교사는 십대들이 인생의 중요한 시기를 헛되이 낭비하는 일을 최선을 다해 막아야 합니다. 청소년들은 즐겁게 지내고 싶어합니다. 이들은 재미있는 일을 원합니다. 그래서 자신이 속한 무리에서 그런 욕구를 충족시킵니다. 따라서 바로 이 시기에 교회가 이들의 삶에서 큰 역할을 해야 합니다. 이 시기에 그리스도인 친구를 사귀지 못하면 그리스도와 교회에서 멀어지게 만들 친구들을 사귈 가능성이 매우 높습니다. 그들은 충성스럽습니다. 이들은 중학교 시절에 속했던 무리에 충성을 바칩니다.

이제는 그들이 속한 교회학교에 충성을 바치게 해야 합니다. 교회의 소그룹에 충실할 수 있도록 가르치라. 이것이 더 큰 충성심을 차근차근 쌓아나가는 토대가 될 것입니다. 교회학교를 유익한 프로그램과 봉사활동으로 꾸려나가라. 하나님 말씀을 충실하게 가르치는 가운데 성가대 조직, 동아리 활동, 연극반, 운동부, 캠프, 전도와 같은 프로그램을 실시하는 것이 필요합니다. 한 가지에 충실하면 다른 것들에도 충실할 수 있습니다. 다시 말해, 교회학교에 충실하면 학교와 교회에 충실할 수 있을 뿐 아니라 시민으로서의 자긍심과 국가와 인류를 사랑하는 마음까지 자연스레 뒤따를 것입니다. 물론, 우리가 심어주고 싶은 가장 큰 충성심은 구원의 대장이신 그리스도께 대한 충성입니다. 학생들에게 이 점을 분명히 주지시키라.

4) 자아 발달 특성

많은 갈등과 혼란을 경험하는 청소년들을 이해하기 위해서는 개인의 인지적 발달과 함께 사회와의 관계 속에서 발달해 나가는 좀 더 포괄적인 자아 발달에 대한 이해가 필요합니다. 출생에서 죽음에 이르기까지 개인적 삶을 형성하는 여러 자아 발달단계들은 신체적으로, 심리적으로 성숙해 가는 개개인과 상호작용하는 사회적 영향에 의해 형성됩니다. 즉 개인이 성숙해 가면서 확대되는 대인관계, 제도(制度)와 관련을 맺을 수 있는 능력 그리고 이러한 개인을 계속 진행되는 문화 속에 포함 시키려는 사회와의 상호 작용으로 진정한 자아의 발달이 이루어집니다. 인생의 여러 시기 중에서도 특히 청소년기가 중요한 것은 앞에서 언급한 것처럼 아동기를 정리하고 성인으로서의 삶을 준비하는 징검다리와 같은 역할을 하기 때문입니다.

이 역할을 성공적으로 수행하기 위해서 청소년들이 해결해야 할 과제는 자아 정체감(Identity)의 확립입니다. 자아 정체감을 '자신을 유일무이한 존재로 느낌과 동시에 사회에서 의미 있는 역할을 담당할 수 있도록 준비하려는 느낌'이라고 정의한다면, 즉 '나는 누구인가?'와 '나는 성인으로서 무엇을 할 것인가?'라는 물음에 대해서 나름대로 대답을 확고히 하는 것이라고 볼 수 있습니다.

• 자아 정체감을 확립해 가는 과정에서 청소년들은 두 가지 두드러진 특징을 가집니다.

첫째, 이들은 독립을 이루려고 노력한다는 것입니다. 어린이와 어른을 구별할 수 있는 한 가지 기준은 의존과 독립의 상호 관계입니다. 어린이는 심리적으로나 사회적으로나 부모와 주위의 친밀한 사람들에게 의존적인 관계를 통해서 생활합니다. 반면에 성인에게는 부모나 주위 사람들에 대한 의존보다는 하나의 개체로서 스스로 삶에 문제를 결정하고 책임을 지는 독립성이 요구됩니다. 그러므로 자아 정체감과 관련해서 독립성의 발달은 청소년들의 중심적 과제로 나타납니다. 지금까지의 의존성과 새로운 독립성에 대한 요구 사이의 갈등을 원만히 해결하지 못한다면 대부분의 다른 문제들에서도 어려움을 겪게 됩니다. 적당한 수준의 분리와 자율성을 성취하지 못한다면 성공적인 자아 정체감을 발달시킬 수 없습니다.

그러나 부모로부터 진정한 독립성을 얻는다는 것은 간단한 문제가 아닙니다. 왜냐하면 독립성에 대한 보상 및 동기와 계속적인 의존성에 대한 보상 및 동기가 똑같은 비중으로 오기 때문에 갈등과 우왕좌왕 하는 행동을 초래하기 쉽습니다. 부모로부터 분리해서 독립성을 획득하려는 한 방편으로 청소년들은 보통 부모에게 반항하거나 비판적인 태도를 보이는 경향이 있습니다. 즉 지금까지 지속되어 온 감정적 의존상태를 벗어나기 위해 그동안 동일시해 온 부모와 자신과의 차이점을 강조하게 되고, 또 자신의 관점과 태도를 옹호하고 부모의 것을 비판함으로써 부모의 권위와 의존성에서 탈피하려고 합니다. 이때 생물학적인 부모뿐만 아니라 그들에 의해서 상징적으로 대표되는 일체의 기존의 권위에 대해서도 부정적인 태도를 보이는 경향이 아울러 나타납니다. 청소년들이 독립성을 얻기 위해 경험하는 어려움의 정도는 많은 면에서 이들이 살고 있는 문화와 부모의 양육 방식에 크게 영향을 받습니다. 즉 독립성에 대한 훈련은 문화에 따라서 차이가 있고 또 부모에 따라서도 차이가 있습니다.

둘째 특징은 동년배와의 밀접한 관계 형성과 그들의 영향력의 증대입니다. 부모에게 의존적인 관계를 맺고 있을 때에는 부모의 권위와 결정에 따라서 행동했으나 독립성과 자율성을 획득하려는 과정에서 부모의 영향력은 상대적으로 감소합니다.

따라서 지금까지 부모가 차지한 지위를 대치할 새로운 대상을 필요로 하게 됩니다. 청소년들은 자아 정체감을 획득하는 과정에서 '나는 누구인가'하는 문제로 고민하게 되고 새로 형성되는 자아관에 대해서 신뢰할 만한 뚜렷한 주관을 갖고 있지 못하기 때문에 그들과 많은 시간을 보내면서 서로에게 확신을 시켜줄 대상을 필요로 합니다. 이런 점에서 동년배들은 자신들이 겪고 있는 혼란스러운 감정에 대해 토론하고, 또 그들의 이상이나 계획을 평가해주는 중요한 역할을 담당합니다. 물론 이러한 역할은 부모가 더 잘 해줄 수 있지만 청소년들에 있어 부모-자식 간의 관계는 독립성-의존성, 사랑-적대심 등의 감정이 복합적으로 게재되어 있는 상태이므로 부모와는 대화가 안된다는 생각을 하게 됩니다. 반면에 동년배들은 그들 자신이 같은 갈등과 변화를 겪고 있으므로 비슷한 화제나 문제에 쉽게 동일시할 수 있습니다.

여기서 한 가지 유의할 점은 부모와 자식 사이에는 항상 가치관의 차이가 있고, 따라서 청소년들에 대한 부모의 영향은 필연적으로 감소할 것이라는 일반적인 견해는 사실과 다르다는 점입니다. 대부분의 경우에 있어서 부모와 자식은 같은 사회적, 경제적, 종교적, 교육적 배경을 공유하고 있기 때문에 이들 사이의 가치관은 많은 부분이 서로 일치합니다. 그러므로 부모와 동년배의 영향은 서로 상대적인 의미로 이해하여야 하며, 또 결정을 내려야 할 과제의 성격에 따라 다르다는 것을 인식해야 합니다. 예를 들면 청소년들은 도덕적이거나 혹은 종교적인 가치에 대해서는 부모의 영향을 더 많이 받지만, 유행이나 친구 관계 및 행동 양식은 동년배의 영향을 더 많이 받습니다.

따라서 청소년들에게서 나타나는 부모나 권위에 대한 비판적인 태도나 동년배에 대한 강한 동조 현상은 자아 정체감을 확립해 가는 과정에서 자연스럽게 나타나는 발달 현상이라고 볼 수 있습니다. 청소년기에 분명한 자아 정체감을 확립하지 못하면 자신에 대한 주관과 역할에 대한 혼란이 일어납니다.

따라서 청소년기의 자아 정체감의 혼란은 개인적으로나 사회적으로 심각한 문제를 야기 시킵니다. 왜냐하면 한 개인의 성인으로서의 미래나 사회의 장래가 현대 청소년들의 자아 정체감의 확립에 기초하고 있기 때문입니다. 자아 정체감의 혼란을 경험하는 청소년들은 자신들이 성장하기보다는 퇴보하고 있다고 느끼며, 사실상 성인으로서의 권리와 의무를 포기하고 어린이 시절로 되돌아가려는 행동을 보입니다. 이들의 행동은 일관성이 없고 예측할 수가 없으며 특정한 가치나 스스로 결정한 선택에도 몰입할 수 없습니다.

• 자스트로(C. Zastrow)는 청소년들에게 다음의 질문과 답을 통해 어느 정도 자아정체성을 형성하고 있는지를 확인해 볼 수 있다고 하였다.

① 내가 좋아하고 의미 있다고 보는 일은 무엇인가?
② 나는 어떤 방법으로 나의 목적을 실현할 것인가?
③ 나의 종교적 신념은 무엇인가?
④ 내가 원하는 직업은 무엇인가?
⑤ 나의 이성 교제의 기준은 무엇인가?
⑥ 나는 결혼을 할 것인가? 한다면 언제 할 것인가?
⑦ 자녀는 몇이나 둘 것인가?
⑧ 어느 장소에 살 것인가?
⑨ 여가를 보내는 방법(취미)은 무엇인가?
⑩ 나는 어떤 인상을 남에게 주기를 원하는가?
⑪ 내가 사귀고 싶은 사람은 어떤 사람인가?
⑫ 나의 삶, 생활을 어떻게 높일 수 있는가?
⑬ 친척, 이웃에 대한 처신 방식은 무엇인가?
⑭ 죽음과 죽는 것에 대한 생각은 어떠한가?
⑮ 5년, 10년, 20년 후의 나의 모습은 어떠한가?

5) 신앙 발달적 특성

사춘기 때에는 육체적으로나 감정적으로 커다란 변화를 가져옵니다. 이에 따라 신앙에도 변화를 가져오는데, 이때 나타나는 신앙의 형태는 종합적이면서도 관습적인 신앙형태가 나타나게 됩니다. 청소년기 때는 '친구' 관계가 성립되는데, 이것은 성인되는 첫 번째 경험을 가능케 합니다. 청소년들은 친구 사이에서 타인의 성격을 발견하게 됩니다. 그들 사이에서 끊임없는 대화와 공상과 계획과 걱정 안에서 서로를 알게 되고 서로 용납하게 됩니다. 더 나아가 내면적 삶이 새롭고도 다양한 관점들을 갖도록 도와줍니다. 청년기에 나타나는 형식적, 조작적 사고에서는 수학적인 사고와 생물학적인 사고가 나타나는데, 이것은 깊이 생각할 수 있는 능력을 가

능하게 해줍니다. 이런 능력이 나타남에 따라 상황이나 문제를 평가할 수
있으며, 가정적인 해설이나 설명을 다양하게 구성할 수 있고 가설들을 시
험하거나 증명하는 방법을 알게 됩니다. 또 형식적 사고는 문제를 해결하
는 데 있어서 명제나 상징 등을 다룰 수 있고, 표현된 것에서 실제적인 목
적이나 내용을 알 수 있게 하며, 표현된 것과 연관하여 내적 의미를 찾을
수 있게 해줍니다. 그리고 설명을 하기 위한 가설적인 명제들을 산출할 수
있는 것과 같이 현실을 미래와 연결하여 계획을 세울 수 있습니다. 그러므
로 청소년기의 형식적, 조작적 사고를 지닌 자들은 사람들, 공동체, 혹은
다른 분야에 대하여 이상적인 미래를 설계할 수 있습니다. 사회나 상호적
인 삶에 있어서 형식적 조작의 출현은 의미 있는 것이며 중요한 것입니다.

2단계의 신앙에서는 사람들은 의미를 그들의 이야기 속에서 발견하는
경향이 있고, 그들의 의미 있는 경험이 이야기 안에서 표현되고 회상됩니
다. 그러나 2단계의 이야기는 자기의 경험한 것만을 말하기 때문에 일반
적인 것이 아니고 의미를 연합하여 전달할 수 있는 관점을 지닌 것도 아
닙니다. 그러나 3단계(콜버그의 도덕 발달이론에 따르면 청소년은 인습적
도덕 단계인 3단계와 4단계에 해당합니다)가 되면 형식적, 조작적 사고의
출현과 함께 개인에게는 사고와 경험을 깊이 생각할 수 있는 새로운 능력
이 나타나므로 개개인을 정신적으로 더욱 성장하도록 만듭니다.

청소년들은 미래의 역할과 다른 사람과의 관계에서 자신을 투사할 수
있게 됩니다. 한편 이런 투사는 자기 자신 안에서 신앙으로 표현됩니다.
개개인은 미래 안에서 자신이 받아들여질 때 성장되고 신뢰감을 갖게 됩
니다. 반면에 자신의 관점을 갖는 것이 실패하고, 타인과 어떤 관계도 갖
게 되지 못하고 무시될 때 그에게는 두려움이 자라날 것입니다. 친구 사이

의 역동성을 갖는 것과 사랑하는 것은 개개인에게 상호적인 관점을 출현시키는 주요한 요소입니다. 가설을 형성하는 형식적, 조작적 능력이 있으므로 다른 사람이 나를 보는 것과 같은 나 자신에 대한 가설적인 이미지를 형성할 수 있는 복잡한 능력이 나타나게 됩니다. 이것은 친구나 첫사랑의 도움으로 가능하게 됩니다.

하나님이나 궁극적 상황을 구성하는 데 있어서는 2단계의 신인 동형론적 이미지를 벗어납니다. 이러한 신인 동형론적 이해에서는 대부분이 전인간적인 것으로 인격적 요소가 부족합니다. 3단계에서는 상호적인 관점의 출현으로 하나님에 대한 인식이 새롭게 됩니다. 즉 자신과 친구 혹은 청소년들의 사랑에서 풍요롭고도 신비스러움을 경험하고 마침내는 인간이 도달할 수 없는 깊이까지 도달하게 된 청소년들의 마음속에는 무한한 깊이를 지닌 재형성된 하나님이 점점 현저하게 마음속에 나타나고 그를 지배하게 됩니다. 그러므로 청소년기 때에는 회심하는 일들이 많이 나타납니다. 청소년기 때의 종교적인 갈망은 하나님에 대한 것이고 그들이 갈망하는 하나님은 자기 자신을 알게 해주고, 받아들여 주고, 자신을 확립시켜 주시는 하나님입니다. 청소년들은 이러한 하나님이 자기의 주체성을 성립시켜 주고, 신앙을 형성시켜 주며, 자기를 보호해 준다고 생각합니다.

이와같이 3단계의 사람들에게서 나타나는 초월자에 대한 관념들은 신 같은 인격을 지닌 의미 있는 타자의 성격을 지닌 분입니다. 이러한 신앙들은 상호 관계성에서 형성 되는데 영향을 주는 그들은 가족, 동료 그룹, 학교, 직장, 매스컴, 유행되는 문화, 종교 집단 등입니다. 이들의 영향을 받음으로 신앙이 형성됩니다. 영향을 주는 영역에 있는 동료나 성인들은 잠재력이 있는 의미 있는 타자들입니다. 그러나 신앙의 3단계에 있어서는

다른 사람의 기대가 자신의 관점을 형성하고 자신을 어떤 가치에 위임할
수 있도록 도와주나 그런 타자의 기대에 영구적으로 의존하려는 위험성과
무조건적으로 복종하려는 위험성 때문에 주체성의 상실을 가져오는 경우
가 많습니다. 이것을 에릭슨은 '주체성의 위기'(identity crisis)라고 말합
니다. 청소년기에 시작되는 3단계에 있어서 권위는 자아의 외부에 존재합
니다. 청소년들은 그들의 가치나 행동의 규칙을 이러한 외부의 것에서 선
택하고 여기에 자신을 위탁하는 것입니다. 여러 가지 의미 있는 타자들 중
에서 하나님이 그들의 의미 있는 타자가 되었을 때 그들은 하나님에게 자
신을 위탁하게 되고 이것이 청소년들의 주체성과 가치에 많은 영향력을
줍니다. 그들은 하나님의 개념에 대하여 다음과 같이 말합니다. '나는 그
때 하나님이 거기에 계시다는 것을 느꼈습니다. 거기에는 어떤 물적 증거
가 없었으나 나는 그것을 알 수 있었습니다. 나는 이제 하나님께 나의 모
든 것을 맡겼습니다'.

　이것은 어떤 사람이 자기 자신의 문제로 고통당할 때 하나님이 거기 계
셔서 자기를 보살펴 준다고 느낀 감정을 말하는 것입니다. 그들은 하나님
과 동질감을 느끼고 상호 인격적인 관계를 느끼고 있습니다. 그에게 있어
하나님은 인격적인 분입니다. 그는 하나님을 동료로, 지도자로, 또 그를
알고 있고 사랑해 주시는 자로 표현합니다. 이러한 믿음에 대한 근거는 자
신의 느낌으로부터 온 것입니다. 그러나 주로 이들의 믿음과 종교와 도덕
에 대한 관점은 그들의 부모에 대한 관점, 즉 인간적인 관점에 머물러 있
고, 이들의 신앙은 그들이 소속한 공동체의 관점에 머물러 있습니다. 그러
므로 그들이 소속되는 공동체는 그들에게 중요한 영향을 미칩니다.

　3단계에서 발견되는 청년과 성인들의 가치나 관념들은 주로 관습적

인 구조를 벗어나지 못합니다. 무엇이 관습인가에 대하여는 산타야나(G. Santayana)가 말하는 데서 암시를 받을 수 있습니다. 그는 다음과 같이 말합니다. '누가 처음으로 물을 발견했는지를 알 수 없다. 그러나 우리가 확신하는 것은 물은 물고기가 아니라는 것이다'. 3단계의 사람들이 이와 같이 관습적으로 정해진 규범이나 가치를 인식하고 있는 것입니다. 그들은 가치나 규범들을 표현하거나 옹호하거나 감정적으로 깊이 느낄 수 있습니다.

그러나 체계적으로 그것을 말할 수는 없습니다. 3단계의 사람들이 그들의 관습적인 가치체계에 대하여 비판하게 될 때부터 4단계로의 전환이 시작됩니다. 그들은 이제까지 자기가 맹목적으로 의존하고 있던 가치나 권위가 잘못됨을 의식하고 비판하게 됩니다. 이때부터 그들은 공동체 안에서 그들의 구성원에 대해서, 또 그들의 가치체계에 대해서 책임감을 인식하게 됩니다. 그러나 이때는 이와는 반대 현상이 나타나기도 합니다. 여러 가지 이유로 이 단계의 사람들이 가치나 신념에 대해 알게 되는 것과 책임성을 의식하게 되는 것을 피하거나 거부하고, 다시 그들을 의존시켰던 외부적인 권위나 그들이 자신을 위탁 하였던 가치나 신념들을 긍정하게 됩니다. 이들의 사회와의 관계는 개인적인 관계성에서만 연결되어 있습니다. 아직 법이나, 규율, 역할의 체제 안에서 사회를 생각하지 못합니다. 개인적인 관점에서 다른 사람을 파악하거나 평가할 뿐입니다. 그들은 삶을 제한하고 형성하는 사회의 체계를 분명히 알지 못하고 있는 것입니다.

대부분 14세 즈음 회심하는데, 십대 막바지에 이른 청소년들도 그리스도를 영접할 가능성이 남아 있습니다. 이들의 영혼은 마치 "독수리가 날개치며 올라가는 것"(사40:31)처럼 보입니다. 지나간 과거와 가족은 물론, 심지어 교회에서 벗어나면서 느끼는 자유조차도 이들에게 신앙 경험이 될 수 있습니다. 청소년들은 커다란 변화를 겪고 있지만, 그들 안에서 여전히 성령의 역사가 일어날 수 있습니다. 고등학생 시기에 훌륭한 기독교적 습관으로 무장한다면, 남은 인생을 살아가는 동안 믿음이 흔들리지 않고 건재할 것입니다. 십대들은 폭풍우와 같은 변화 가운데서도 그리스도께서 든든한 닻이 되어주신다는 사실을 기억해야 합니다. 고등학생은 대부분 매우 열정적이기 때문에 극단적인 생각에 치우치거나 성급한 결정을 내리기 쉽습니다. 이들은 한껏 고양되었다가 이내 침울해지는 과정을 반복합니다. 이들의 감정은 사랑에서 미움으로 흥분에서 절망으로, 웃음에서 눈물로 재빠르게 변화합니다. 하나의 극단에서 또 다른 극단으로 급하게 치우치는 탓에 다른 사람은 물론 스스로조차 자신에게 무슨 일이 벌어지고 있는지 알지 못합니다.

이런 폭풍우 같은 시기를 거치는 학생들은 비록 스스로 인정하지 않을지라도 삶을 지탱해 줄 닻이 필요합니다. 십대들은 중요한 질문을 품고 있습니다. '왜 내가 이곳에 있는가? 나는 무엇을 위해 살고 있는가? 내 존재를 어떻게 설명할 수 있는가?'. 교사는 학생들이 이러한 질문에 답을 찾을 수 있게 도와야 합니다. 학생들이 도덕적인 거울에 자신을 비춰보도록 돕고, 그리스도와 같은 인격을 키워갈 수 있도록 이끌어야 합니다. 또한 교사는 학생들이 그리스도의 장성한 분량에 비추어 그들 자신을 살필 수 있도록 도와야 합니다. 이들이 자기 자신으로 자신을 비교하도록 놔두지 말라. 십대들은 항상 자기보다 나은 사람을 찾습니다. 아울러 교사는 학생들이 냉소적인 태도를 극복할 수 있도록 이끌어야 합니다. 그러려면 이들의 문제를 긍정적으로 다루어야 합니다. 십대를 가르칠 때는 진리가 아닌 사실 섬김이 아닌 일, 이상이 아닌 개념, 구원이 아닌 예수님의 가르침만 강조하는 일이 없도록 주의하라. 십대들은 스스로 위대한 일을 찾아야 합니다. 학생들은 규율에 복종하는 법을 배우는 데 그치지 말고, 복종 자체를 배워야 합니다. 그러기 위해 교사는 그들의 믿음을 굳세게 해주고, 차분하고 분별력 있는 태도로 올바른 정보와 조언을 아끼지 말아야 합니다. 이들과 일상적인 대화를 나누며 진지한 태도로 친구처럼 대하라. 그러면 신뢰를 얻을 수 있을 것입니다. 자신감이 잘 성장할 수 있도록 독려해야 합니다.

그리스도인의 삶은 싸움 또는 경주라는 것을 깨우쳐주라. 회의주의자들이 제기하는 어설픈 주장에 맞설 수 있도록 성령의 검을 사용하는 방법을 가르치라. 하나님의 진리는 결단코 패하는 법이 없다는 사실을 알려주라. 이들이 주 예수 그리스도로 인해 도전받는다면, 왕이신 주님의 깃발 뒤에서 새로운 충성을 다짐하며 더욱 굳센 신뢰를 보이든지, 의심을 품고 뒤처져 교회 밖 대중 속으로 조용히 사라지든지 둘 중 하나를 선택할 것입니다. 그들은 추론 능력이 상당히 발달하지만, 그럼에도 성경 자식을 뒷받침하는 배경을 자세히 설명해 주어야 합니다. 교사 스스로 무익한 논쟁에 휘말려서도 안 되고, 학생들을 그런 논쟁에 치우치게 만들어서도 안 됩니다.

오히려 교사는 성벽처럼 든든한 진리를 가르쳐 학생들의 믿음을 굳세게 해야 합니다. 사소한 질문은 다루지 말라. 하나님 말씀은 결코 실패가 없다는 사실을 알게 하라. 사적인 문제든 사회적이거나 국가적인 문제든 인생의 모든 문제에 대한 대답을 성경에서 발견할 수 있다는 것을 가르치라. 하나님 말씀을 가장 중요한 결정을 내리는 데 필요한 모든 진리를 가르쳐주는 교과서로 받아들이게 하라.

• 청소년기의 시작과 끝

관점	청소년기의 시작	청소년기의 끝
신체적	사춘기의 시작	임신 가능
정서적	부모로부터 정서적 분리 시작	부모로부터 분리된 정체감 성취
인지적	합리적, 추상적 사고의 시작	합리적, 추상적 사고의 강화
대인 관계적	부모로부터 친구로 관심 전환	친구에 대한 친밀감 발달
사회적	성인 가족 구성원 시민의 역할 수행을 위한 훈련 시작	성인의 지위와 특권 달성
교육적	중학교 입학	고등학교 졸업
법적	청소년 지위 달성	성인 지위 달성
연령적	10대	20대
문화적	통과의례를 위한 훈련 시작	통과의례 완료

2. 고등학생 학년별 특징

(1) 고1-어린 왕자 '삶의 의미가 뭘까요?'

고등학교 1학년생은 어린 왕자와 비슷합니다. 어린 왕자처럼 삶의 의미를 추구합니다. 자기가 어디에서 왔고 어디로 갈지 굵직한 인생의 의미를 묻고, 더불어 왜 지금 학교를 가고 공부를 하는지 자기에게 주어진 생활의 의미를 묻습니다. 이 시기의 아이들에게는 소명을 가르쳐야 합니다. 소명은 부르심입니다. 자신이 왜 살아야 하고 왜 공부를 해야 하는지 해답을 얻게 해줍니다. 고등학교 1학년은 본격적으로 입시에 관심을 가지는 시기입니다. 중학생 때는 입시라는 존재를 알아도 피부에 크게 와 닿지 않았다면, 고등학교 1학년 때는 온몸으로 느끼기 시작합니다. 비단 대학 입시만이 아니라 취업을 위한 자격증 시험도 마찬가지입니다. 학교에서 선배들의 모습을 보며 미리 고민하고 걱정하기 시작합니다. 말로만 듣던 무지막지한 악당을 먼발치에서 처음 본 충격일 겁니다. 이 아이들을 움직이는 주된 동기는 의미입니다.

어른들이 볼 때는 아무리 옳은 일이라도 본인에게 의미가 없다면 잘 움직이지 않습니다. 아이들을 위해서 지갑을 자주 열어야 합니다. 몸과 마음이 가장 위축되어 있을 때이기 때문입니다. 동시에 중학교 3학년 때와는 다르게 소극적이고 몸을 사리는 모습을 보이더라도 실망하지 말아야 합니다.

(2) 고2-잔다르크 '이건 아니잖아요'

고등학교 2학년생은 잔다르크와 비슷합니다. 잔다르크처럼 열정적인 투사가 됩니다. 고등학교 1학년 때는 새로운 환경에 적응하다가 2학년에 올라와서는 학교와 교회에 어느 정도 적응한 나머지 여러 허점들을 보기 시작합니다. 그래서 이들이 자주 사용하는 말이 '이건 아니잖아요'입니다. 이 시기의 아이들에게는 절대적인 진리를 가르쳐야 합니다.

가치 판단의 기준을 절대적인 진리에 두게 하지 않으면 우월감이나 깊은 회의감에 빠질 수 있습니다. 고등학교 2학년생은 자유에 관심이 많습니다. 1학년 때 적응하느라 힘들었던 마음과 3학년 때 입시로 힘들 것이라는 마음이 합쳐져 자유에 대한 갈망이 생깁니다. 이 자유는 자신을 속박하는 듯한 전통과 권위를 부정적으로 인식하게 만들기도 합니다. 이 아이들을 움직이는 동기는 인정입니다. 독립적이고 주체적인 인격으로 인정해 줄 때 움직입니다. 이 아이들을 위해서는 책임감을 더해 줍니다. 자유에는 책임이 따른다는 것을 지속적으로 심어 줘야 합니다. 동시에 권위로 통제하거나 간섭하는 것을 주의해야 합니다.

⑶ 고3-라푼젤 '힘들지만 어쩌겠어요'

고등학교 3학년생은 라푼젤과 비슷합니다. 자유를 갈망하지만 자의적으로나 타의적으로 갇혀 지내야 하기 때문입니다. 우리나라에서 고등학교 3학년은 특별한 지위를 지닙니다. '건드리지 못한다'는 지위입니다. 그만큼 이들에게 주어진 과제가 크다는 것을 인정하기 때문입니다. 이 시기의 아이들에게는 자신의 사명을 가르쳐야 합니다. 소명이 부르심이라면, 사명은 보내심입니다. 사명은 앞으로 자신에게 주어진 자리에서 무엇을 해야 하는지 해답을 얻게 해줍니다.

고등학교 3학년생은 미래에 관심이 많습니다. 입시를 거쳐 들어갈 대학이나 직장, 앞으로 무엇을 하면서 살아야 할지 생각이 많을 때입니다. 이 시기에는 어른들이 말하는 사회와 경제의 불안정성이 예사로 들리지 않습니다. 이 아이들을 움직이는 동기는 관심입니다. 등잔 밑이 어둡다는 말처럼, 사람들은 좀처럼 아이들의 마음과 고민에 관심이 많지 않습니다(갈 만한 학교와 전공, 성적에 관심이 더 많습니다). 그래서 아이들은 고독합니다. 이 아이들을 위해서는 관심의 표시로 연락을 더 자주 해야 합니다. 동시에 아이들의 미래에 대해 불안함을 표현하지 않도록 합니다.

3. 고등부 학생의 욕구를 채워주는 사역

청소년들은 교회학교 고등부에서 무엇을 배워야 할까요? 그들이 스스로 필요하다고 생각하는 것이 실제로 그들에게 늘 필요한 것은 아닙니다. 이들은 본성상 모험, 성취, 즐거움, 교제를 추구하지만, 이들이 살고있는 세상은 올바른 방향으로 이끌어줄 기독교 요소들에서 이들을 멀어지게 만들려고 온갖 노력을 아끼지 않습니다.

• 고등부 사역이 고려해야 할 십대의 욕구는 크게 다섯 가지입니다. 어떤 계획을 세워 이런 욕구를 채워주느냐에 따라 고등부를 조직하는 방법이 자연스레 결정될 것입니다.

(1) 안전의 욕구

모든 사람의 마음속에는 은밀한 공백이 존재하고, 오직 그리스도만이 그곳을 채우실 수 있습니다. 성 어거스틴은 고백에서 '하나님 안에서 안식할 때까지 우리 마음은 쉼을 얻지 못한다'고 말했습니다. 우리의 교육과 사역과 조직은 고등부 학생들이 요구하는 안전한 삶을 제공하는 데 이바지해야 합니다. 많은 학생이 고등학교 교육을 중도에 포기하고 싶어하는 이유 가운데 하나는 서둘러 직장을 구해 안정을 찾거나 결혼을 해서 안전한 관계를 맺고 싶어하기 때문입니다. 안전한 삶을 원하는 이들의 강한 욕구를 무시하지 말라. 이들에게 예수님 안에서 안전한 삶을 발견할 수 있다는 사실을 알려주라.

(2) 인정받고 싶어하는 욕구

십대들은 인정받고 싶어합니다. 될 수 있는 대로 많이 인정해 주라. 서로 누가 가장 위대한지 다투던 예수님의 제자들을 기억하라(마18:1~6, 막9:33~37, 눅9:46~48 참조). 수줍어하는 학생에게 안내위원을 맡아달라고 부탁하거나 교회 게시판에 이름을 올려주라. 새신자에게는 성경 구절을 읽어달라고 부탁하라. 읽어야 할 성경 구절을 한 주 전에 미리 가르쳐주면, 잘 읽을 수 있을 것입니다. 주보에 늘 같은 몇몇 학생의 이름만 게재하지 말라. 인정받고 싶어하는 욕구는 모두 같습니다. 세심한 주의를 기울여 모두의 욕구를 만족시키려고 노력하라. 인정받길 원하는 친구가 있으면 그 친구를 앞에 세우도록 다른 학생들을 독려하라.

⑶ 새로운 경험과 모험을 추구하려는 욕구

십대들에게 세상과 세상의 필요를 깨우쳐주라. 이들에게 큰일을 맡기라. 최선을 다하도록 독려하라. 그동안 많은 사람이 세상의 필요를 의식하고 먼 나라에서 선교 활동을 펼쳐왔습니다. 그러나 요즘에는 우리가 사는 지역에도 채워야 할 필요가 많습니다. 오늘날에는 텔레비전과 컴퓨터 앞에서 물러나와 작업복을 입고 거리를 깨끗이 청소하거나 시골이나 외국에 집이나 학교를 짓는 일을 도우면서 다른 사람들을 그리스도께 인도하는 청소년이 많습니다.

⑷ 친교 활동을 원하는 욕구

고등학생들은 친교 활동을 원합니다. 그리스도께서는 그분을 섬기게 하기 위해서가 아니라 그분과 함께 있게 하시기 위해 열두 제자를 선택하셨습니다(막3:14). 학생들의 삶에 열정적으로 참여하라. 학생들이 결점과 고민을 모두 잊고, 주 예수 그리스도 안에서 능력을 발견할 수 있는 분위기를 조성하라. 다윗은 "여호와는 내 생명의 능력이시니"(시27:1)라고 말했습니다. 고등학생은 친구가 있는 곳을 찾는다는 점을 기억하라. 고등부가 지역에 있는 학생들의 관심을 끌지 못하면, 그들을 불러들이기 위해 아무리 애를 써도 헛수고에 그치기 쉽습니다. 제대로 된 환경과 적절한 감독 아래 학생들이 이성과 교제 할 수 있는 기회를 제공하라. 교회에서 학생들에게 건전하게 교제할 기회를 제공하는 것은 매우 중요합니다. 잠시 교제하는 친구든 일생을 함께할 친구든 학생들이 친구를 사귀기에 교회보다 좋은 곳은 없습니다. 교회가 그런 기회를 주지 못한다면, 학생들은 세상 사람들처럼 오락을 즐길 수 있는 공공시설을 찾을 것입니다. 학생들이 종종 올바르게 행동하지 못하는 이유는 어떻게 해야 할지 모르기 때문입니다. 커리큘럼에 기독교 예절을 가르치는 내용을 포함 시키면 좋을 것입니다. 그런 예절은 교회에서 관장하는 행사나 기회를 통해 가장 잘 배울 수 있습니다.

(5) 돕고 협력하려는 욕구

학생들이 서로 돕고 다른 사람들과 협력하길 원하는 욕구를 마음껏 발산할 수 있게 하라. 학생들은 다양한 봉사활동과 유익한 일에 참여할 수 있습니다. 나누는 삶은 자긍심과 협동심을 길러줍니다. 학생들은 끊임없이 가치 있는 일을 찾습니다. 학생들에게 기회를 주어 그들이 넘치는 힘을 마음껏 사용할 수 있게 하라. 스스로 힘을 사용하게 만들면 아주 깊은 인상을 받을 것입니다. 학생들은 자신을 필요로 한다는 느낌을 받지 못하면, 곧 흥미를 잃어버립니다. '나를 사용하라. 그렇지 않으면 나를 잃게 될 것이다'라는 말은 중학생만이 아니라 고등학생과 성인에게도 똑같이 적용됩니다.

• 청소년 문제 행동의 유형

문제행동영역	청소년 문제행동의 유형
심리적 장애	·불안, 우울, 섭식장애, 조현병, 자살, 자기 비하, 성격 고민, 대인기피 등
가정 부적응	·형제간의 갈등, 부모와의 갈등, 가출, 결손가정, 과잉보호, 지나친 무관심
학교부적응	·집중력 부족, 성적 저하, 시험 불안, 공부에 대한 무관심, 중퇴, 등교 거부, 무단결석 등
청소년 폭력	·공격성, 구타, 집단따돌림, 금품 갈취, 협박, 집단 괴롭힘
유해 약물 오-남용	·흡연, 음주, 본드, 시너, 부탄가스, 대마, 필로폰, 코카인, 헤로인 등
성 일탈	·왜곡된 성의식, 원조교제(청소년 성매매), 성폭력, 음란물 탐닉 행위 등
유해 미디어 이용	·유해 간행물, 유해 영상물, 유해 인터넷
유해 시설 접촉	·오락성 업소, 술집, 숙박업소, 매매춘 업소
청소년 범죄영역	·강력범, 폭력범, 재산범, 교통사범

4. 고등부 교사

고등부 사역에서 교사는 매우 중요합니다. 아무나 고등부에서 가르칠 수는 없습니다. 고등부 교사는 진실한 그리스도인의 성품을 지닌 사람이어야 합니다. 학생들은 매우 비판적입니다. 이들은 진실한 것을 좋아하고, 위선을 경멸합니다. 가정에서 참된 믿음을 보지 못하는 학생이 많습니다. 따라서 이들은 교사에게서 그러한 믿음을 원합니다.

(1) Study – 함께 알아가 주세요.

고등학생 때는 현실적인 생각이 왕성해집니다. 단순히 입시와 취업에 관심이 많다기보다는 잡념이 많습니다. 자신이 미래에 어떤 모습일지, 성인이 되면 언제 결혼하게 될지(대상은 어떤 사람이 될지)에 대해 생각을 많이 하게 됩니다. 신앙에 대해서도 '신앙은 무엇이다'라는 지식적 차원을 넘어서 '신앙은 이렇게 산다'라는 현실적 차원을 고민하기 시작합니다. 그래서 단순히 지식을 전달받는 데만 그치지 않고 그 지식을 스스로에게 적용하기를 원합니다.

교사 입장에서 고등학생에게 필수적인 내용을 가르치는 것도 좋지만 고등학생이 관심 있는 주제를 함께 공부하는 것도 중요합니다. 보통 관심사는 크게 신앙 주제(하나님 존재, 믿음, 회심)와 삶의 주제(장래희망, 인간관계, 학업)입니다. 여러 주제별로 교사와 학생들이 모여 시즌제로 공부할 수 있습니다. 이때 지식 전달보다는 성경적으로 삶을 해석하고 하나님의 뜻을 스스로 적용하는 데까지 나아가야 합니다.

(2) Festival – 즐거움을 나누는 자리를 마련해 주세요.

고등학생 때는 단순히 논다기보다는 뭔가를 기념하거나 함께 축하해 주는 자리를 자주 마련하면 좋습니다. 예를 들어 소그룹 중 한 사람의 생일이나 세례와 같이 의미 있는 일이 있을 때 모두의 축제 시간으로 기획하는 것입니다. 아이들 양육이나 훈련, 또는 가르침 사이에 축제의 요소들을 잘 배분할 필요가 있습니다.

(3) Meeting – 다리를 놓아 주세요.

누군가와의 만남으로 가장 많은 자극을 얻을 수 있는 시기입니다. 좋은 만남은 생각의 지평을 넓혀 주고 삶의 가치를 더 풍성하게 해줍니다. 더 중요한 만남은 그리스도의 흔적을 지닌 사람과의 만남입니다. 이 만남은 그리스도께서 단순히 이론적으로만 계시는 분이 아니라 실제적으로 임재하시는 분임을 보여 줍니다. 성경을 삶으로 살아 내려고 몸부림치는 사람과의 만남, 건강한 성경적 세계관으로 살아가는 사람과의 만남, 자신의 직업 속에서 하나님의 사명을 이루며 살아가는 사람과의 만남을 주선해 주는 것이 필요합니다. 꼭 주위 사람만이 아니라 책이나 신앙의 위인을 소개해 줄 수도 있습니다. 무엇보다 교사가 그 만남의 대상이 되어 주어야 합니다.

⑷ 긍정적인 확신을 가져야 합니다.

의심과 불확실함이 만연한 이 시대에는 성경을 하나님 말씀으로 확신하고, 스스로의 삶과 경험을 통해 그런 확신을 사실로 입증해 줄 교사가 필요합니다. 바울처럼 "내가 그리스도를 본받는 자가 된 것같이 너희는 나를 본받는 자가 되라"(고전11:1)고 자신 있게 말할 수 있는 사람이 과연 얼마나 될까요?

⑸ 학생들의 친교 활동에 관심을 기울여야 합니다.

교사는 학생들의 삶에 동참해야 합니다. 학생들의 관심사가 무엇인지 파악해 그들이 좋아하는 것을 서로 이야기하고 함께해야 합니다. 내가 좋아하는 것을 말하고 싶을 때 상대방이 자기가 좋아하는 것만 잔뜩 늘어놓으면, 따분하고 지루할 수밖에 없습니다. 학생들에게 지루한 사람이 되어서는 안 됩니다. 학생들이 알고 싶어하거나 알아야 할 것이 무엇인지 파악하라. 학생들이 할 수 있는 것 가운데 가장 수준 높은 것을 열망하도록 훈련하는 데 초점을 맞추라.

필요한 요건만 충실히 갖추었다면, 최근에 십대 자녀를 키운 경험이 있는 부모나 고등학교 교사가 교사로 가장 이상적입니다. 책을 읽거나 인터넷 검색을 통해 많은 것을 배울 수 있지만, 학생들을 직접 다뤄본 경험이 가장 큰 장점이기 때문입니다.

학생들을 이끄는 능력을 갖추었을 뿐 아니라 기꺼이 시간을 할애해 함께 활동할 수 있는 교사를 발굴하기란 쉽지 않습니다. 고등부 교사로 자원하는 사람들 가운데는 이 큰 사역을 감당할 능력이 부족한 사람도 있습니다. 고등부 사역은 어렵지 않기 때문에 아무나 학생들을 지도할 수 있다고 생각하지 않도록 주의하라. 고등부 사역은 교사의 모든 것을 쏟아 부어야 하는 힘든 일이지만, 그로 인한 보상도 매우 크다는 것을 일깨워 주라.

5. 청소년 제자 사역

청소년 사역에 있어서 가장 중요한 것이 무엇이냐고 묻는다면, 단언하건대 '제자훈련'이라고 말할 것입니다. 다음과 같은 이유 때문입니다. 관계의 힘은 막강합니다. 그런데 관계는 관계일 뿐입니다. 학생들이 많아지고, 잘 챙겨 주었던 학생들을 전보다 조금 덜 챙겨 주자 학생들이 떨어져 나갔습니다. 또한 아무리 학생들과 목사의 관계가 좋다 할지라도 영적인 양육이 들어가지 않았을 때는 그 아이들의 성장을 결코 볼 수 없습니다. 제자훈련은 학생들을 성장시키는 최고의 무기입니다. 따라서 청소년부가 강력해지기를 원한다면 제자훈련이 최고의 방법입니다. 보통 양육이나 제자훈련을 한다고 하면 어떠한 교재를 사용하냐는 질문을 가장 많이 받습니다. 그런데 필자가 생각할 때 '제자훈련=성경 공부'는 아닌 것 같습니다. 물론 제자훈련은 성경 공부를 포함하지만, 훨씬 그 이상의 것이어야 합니다. 제자훈련은 일방적으로 진행되어서는 안 됩니다. 학생들이 원하는 제자훈련, 학생들이 필요로 하는 제자훈련, 학생들과 소통할 수 있는 제자훈련이 될 때 효과를 발휘합니다.

(1) 삶을 터치합니다.

청소년부 제자훈련 프로그램 안에는 생활 계획표 작성이 들어가 있습니다. 첫 시간이 되면 어김없이 매일 삶을 어떻게 살지를 정하고 생활 계획표를 작성합니다. 담당 교사는 이 계획표를 보면서 학생의 삶에 관여하게 됩니다. 과연 학생이 어떠한 생각으로, 어떻게 살고 있는지에 대해 진지하게 고민하면서 학생과 대화를 나눕니다.

(2) 매일 영성에 중심축을 둡니다.

제자훈련 기간에 학생들이 해야 하는 것은 매일 개인 영성 체크입니다. 하루에 읽어야 할 성경의 분량이 있고, 매일 해야 할 큐티가 있고, 매일 일정 시간 해야 하는 기도가 있으며, 매일 한 구절 이상 성경을 암송해야 합니다. 또한 새벽 예배 등 공 예배에도 참석해야 합니다. 그러면 결국 개인의 매일 영성에 집중하게 됩니다. 담당 교사는 제자훈련 시간마다 이 부분을 매우 진지하게 확인합니다.

(3) 나눔을 강조합니다.

제자훈련은 교사의 일방적인 가르침에 의해서 2시간이 채워지지 않습니다. 교사가 가르치는 시간은 채 한 시간도 되지 않고, 나머지 시간에 학생들이 자발적으로 대화를 나눕니다. 우선은 일주일간의 삶 속에서 만났던 하나님을 나누고, 큐티를 통해서 하나님이 주신 말씀을 나눕니다. 성경공부 시간도 함께 느끼고 생각한 것을 나누는 식으로 진행됩니다.

(4) 자발적인 참여가 이루어지도록 합니다.

청소년부 제자훈련 프로그램은 누구도 강요하지 않습니다. 많은 경우 자발성의 원칙에 의해서 학생들이 참여하고 있습니다. 무료도 아닙니다. 본인의 교재비는 스스로 부담해야 합니다.

(5) 사역과 연관시킵니다.

청소년부의 가장 큰 특징은 봉사하는 학생들이 제자훈련에서 탈락하면 언제든지 사역도 그만둬야 한다는 것입니다. 쉽게 말하면, 훈련 없는 봉사자를 만들어 내지 않고 있습니다. 그간 많은 교회에서는 이른바 끼 있고, 활발하고, 리더십 있는 아이들을 무조건 봉사자로 세웠습니다. 그런데 심지어 교회 임원까지 했던 학생들과 찬양 인도자들조차도 나중에 교회를 떠나는 사태가 벌어졌습니다. 잘못되어도 한참 잘못되었던 것입니다. 청소년부에서는 아무리 찬양을 잘 인도해도 아무리 반주를 잘해도 양육에서 탈락하면 모든 사역을 내려놓아야 합니다. 그렇다 보니 학생들의 영적 내성이 강해질 수밖에 없습니다.

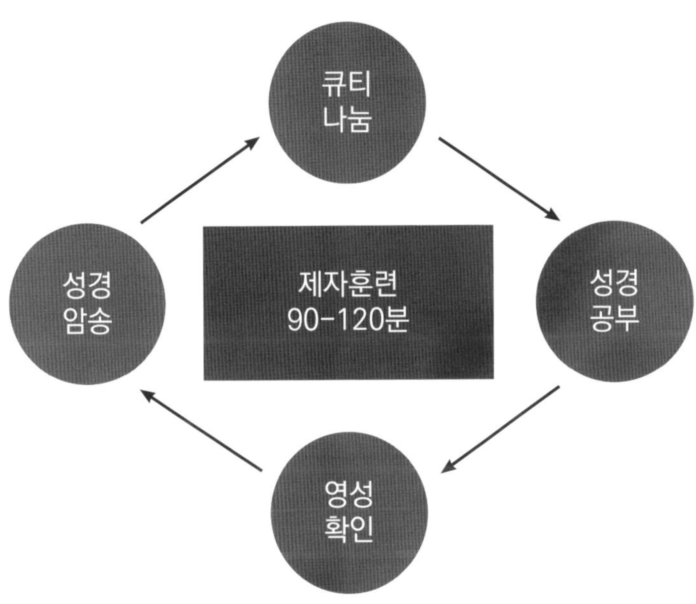

<table>
<tr><th colspan="2" align="center">제자훈련 진행 형식</th></tr>
<tr><td colspan="2">

.환영 및 인사(2분)
.성경 암송 점검(10분: 2분 연습 시간 8분 점검 시간)
.일주일간 영성표 작성 및 제출(5분)
아이스 브레이크(Ice Break, 10분)
.큐티 나눔(20분, 모두 참여를 원칙으로 함)
.성경 공부(40분, 대화식으로)
</td></tr>
</table>

<table>
<tr><th align="center">제자반 가능 대상자</th></tr>
<tr><td>

– 구원의 확신이 있는 자
– 예배 정기 출석자
– 성경공부 참석자, 성경 암송 경험자, 큐티 경험자
– 훈련 기간 내 성실히 숙제할 수 있는 자
– 사역 팀 봉사를 위한 필수 코스
</td></tr>
</table>

<table>
<tr><th align="center">커리큘럼 소개</th></tr>
<tr><td>

– 1년에 4회에 걸쳐서 진행함(학기 중 2회, 방학 중 2회)
– 각 단계를 이수해야 상위 단계로 진급 가능
</td></tr>
<tr><th align="center">제자훈련 교재</th></tr>
<tr><td>

– 제자훈련 시리즈 1. 2. 3. 4권(고신대출판부)
– KWMY 청소년 성경 공부 시리즈(좋은씨앗)
</td></tr>
</table>

• 제자훈련반 단계별 교재 및 과제

단계	교재	독후감 책	암송 구절	성경 읽기	기도 하기	새벽 기도
1	제자훈련시리즈1 (고신1~6과)	내 마음 그리스도의 집 거지인가 왕자인가	큰글 주제별 60(A1~06)	4장	10분	3회

2	제자훈련시리즈1 (고신7~12과)	참사랑은 어디에 용서	큰글 주제별 60(C7-E12)	4장	10분	3회
3	제자훈련시리즈2 (고신1~6과)	기도의 심장	제자훈련 64 구절(1권1 과A)	4장	20분	3회
4	제자훈련시리즈2 (고신7~12과)	세 왕 이야기	제자훈련 64 구절(2권10 과A)	4장	20분	3회
5	제자훈련시리즈3 (고신1~6과)	어거스틴	1편 23편 42:1-5,67 편,70편	5장	30분	3회
6	제자훈련시리즈3 (고신7~12과)	평생감사	마5:1-12,고 전 13:1-13	5장	30분	3회
7	제자훈련시리즈4 (고신1~6과)	성경을 사랑합니다	엡2:1-10,빌 2:1-11	5장	30분	3회
8	제자훈련시리즈4 (고신7~12과)	너무 바빠서 기도합니다	롬8장	5장	30분	3회
9단계 이상 통합	1. KWY 청소년 성경 공부 시즌 2 사도신경 2. 주기도문 3. 십계명 4. KWY 하나님의 사람 단박에 따라잡기 5. 제자훈련 시리즈 1 복습 6. KWY 청소년 성경 공부 시즌3 하나님과 믿음의 교제 다져가기1	성경을 사랑합니다. 너무 바빠서 기도합니다. 기도하지 않으면 죽는다 진노하시는 하나님의 손안에 있는 죄인(조나단 에드워즈 1) 천국은 사랑의 나라입니다(조나단 에드워즈 5) 차마 신이 없다고 말하기 전에(에릭리들) 놀라운 하나님의 은혜 기독교 신앙의 5가지 기둥 순전한 기독교	꿈꾸는 10대 위한 하나님의 약속 (매주 35구절) 잠언 1장부터 암송	5장	30분	3회
주일 -1	하나님과 믿음의 교제 시작하기 (1-6과)	너무 바빠서 기도합니다	시125편,126 편,127 편,128 편,130편	5장	30분	3회

주일-1	하나님과 믿음의 교제 시작하기 (1-6과)		시125편,126편,127편,128편,130편	5장	30분	3회
주일-2	하나님과 믿음의 교제 시작하기 (7-12과)		시62:1-12, 119:1-16	5장	30분	3회
주일-3	하나님 안에서 먹고 기도하고 사랑하기 (1-6과)	흔적 야베스의 기도 평생감사 무릎꿇는 그리스도인 너무 바빠서 기도합니다 기도하지 않으면 죽는다 진노하시는 하나님의 손안에 있는 죄인(조나단 에드워즈 1) 천국은 사랑의 나라입니다(조나단 에드워즈 5) 차마 신이 없다고 말하기 전에(에릭리들) 놀라운 하나님의 은혜 이후에는 드림하이와 동일한 커리큘럼으로	롬8:1-17	5장	30분	3회
주일-4	하나님 안에서 먹고 기도하고 사랑하기 (7-12과)		롬8:18-39	5장	30분	3회
주일-5	하나님과 함께 세상속으로 들어가기 (1-6과)		큰글 주제별 60,12개씩	5장	30분	3회
주일-6	하나님과 함께 세상속으로 들어가기(7-12과)		큰글 주제별 60,12개씩	5장	30분	3회
주일-7	하나님의 사람 단박에 따라잡기		꿈꾸는 10 대위한 하나님의 약속	5장	30분	3회
주일-8	제자훈련 시리즈 1 복습		꿈꾸는 10 대위한 하나님의 약속	5장	30분	3회
주일-9	KWY 청소년 성경공부 시즌3 하나님과 믿음의 교제 다져가기1		꿈꾸는 10 대위한 하나님의 약속	5장	30분	3회
			잠언암송			

6. 청소년 예배 (2)

(1) 예배에서 염두에 두어야 할 3요소

① 카톨릭 적인 요소(의식)

기독교 역사라는 것이 단절을 얘기하는 것은 아닙니다. 우리가 종교개혁을 하기 전까지의 교회를 무시하는 것은 아닙니다. 그렇게 된다면 어거스틴도 무시하고 다 무시해야 될 것입니다. 그것이 아닙니다. 오랜 전통이 있는 것입니다. 그 전통이라는 것이 성경에서 벗어난 것이라면 무시될 수도 있지만 그렇지 않다면 우리가 너무 쉽게 그 전통을 버리는 것도 위험한 것입니다. 그런 의미에서 로마 카톨릭 교회에서 우리가 받아들여야 할 것이 하나 있다고 생각합니다. 그것은 의식입니다. 예배의 엄숙성을 말하는 것입니다. 예배의 분위기가 시장통 같아서는 안된다는 말입니다. 예배는 분명히 엄숙성이 있어야 됩니다. 그 안에 긴장이 있어야 합니다. 그래서 우리는 의식적인 요소가 분명히 있습니다. 의식의 전제는 바로 그 자체가 메시지가 있는 것입니다. 똑같은 일을 계속 반복하면 그 안에 메시지가 담겨서 나옵니다. 음악도 그렇지 않은가. 어떤 음악을 들으면 그때 당시의 일들이 생각이 납니다. 의식이라는 것이 그런 요소가 있는 것입니다. 어떤 똑같은 것은 반복하다 보면 그것에 따른 은혜가 있는 것입니다. 이런 의식적인 것들, 굳이 가톨릭적인 의식이라기 보다는 엄숙성이 있어야 된다는 것입니다. 예배는 바로 엄숙히 드려야 합니다. 자기가 준비한 최고의 것을 가지고 하나님 앞에 나오는 것입니다. 주님의 전에 나왔을 때 우리는 예복을 입어야 합니다. 예복이라고 해서 예식장에서 입는 그런 옷을 말하는 것이 아니고 자기가 준비된 마음으로 임해야 한다는 것입니다. 마음이 준비됐다는 것은 외적으로도 준비가 되었다는 것을 의미합니다.

② 프로테스탄 적인 요소(말씀)

예배의 두 번째 요소는 '종교개혁 시대'입니다. 그 말은 프로테스탄트 시대에는 말씀을 강조했다는 것입니다. 오직 말씀으로 오직 성경으로, 그런 의미에서 예배에 있어서 중요한 것은 설교입니다. 설교는 목회자들이 목숨까지도 걸 수 있는 충분한 가치가 있습니다. 준비 없는 설교는 죄악입니다. 그럼 설교는 어떻게 준비해야 되느냐. 청중의 필요를 채우는 설교를 해야 한다는 것입니다.

③ 오순절 적인 요소(성령, 자유)

예배의 요소 세 번째는 20세기의 최대의 충격이라고 할 수 있는 오순절의 요소입니다. 오순절의 운동이 벌어지고 난 다음에 우리가 잃었던 성령의 사역을 재확인하게 되었습니다. 우리의 약점이 되었던 것들을 재확인하게 된 것입니다. 따라서 예배에서는 3가지 요소가 다 있어야 한다는 것입니다. 의식적인 요소, 말씀의 요소, 성령의 자유. 이런 것들이 다 있어야 한다는 것입니다.

(2) 예배 갱신의 방향

① 내적 치유의 문제

문제는 속에 있는 것이 터져 나오도록 만들어야 한다는 것입니다. 모여서 앉아는 있는데 전부다 자기는 아무 문제도 없는 사람 인양 그런 척하고 앉아 있습니다. 목사는 속에 숨겨져 있는 것을 들추어 낼 줄 알아야 합니다. 그래서 황금알이 나올 수 있도록 해야 합니다. 우리가 예배 때 왜 하나님을 만나지 못하느냐 하면 자신이 건강하다고 느끼기 때문입니다. 의사가 건강한 사람에게는 필요 없는 것처럼 그런 사람에게는 하나님의 임재가 필요 없어지기 때문입니다. 병원에 왔으면 '나 어디가 아파요'라고 얘기를 해야 합니다. 마찬가지로 교회에 와서는 사람들의 가면을 벗기고 각 사람들이 상처를 드러내도록 만들어야 한다는 것입니다. 그렇게 해 놓고 주님의 은혜 가운데 치유해 가는 것. 이것이 필요하다는 것입니다.

② 참여 중심의 예배

최근의 시대 정신은 참여입니다. 평신도를 깨워야 됩니다. 요즘 성도들의 수동적인 예배보다는 능동적인 예배드리기를 원합니다. 또 그렇게 해야 됩니다. 성경적으로도 뒷받침이 됩니다. 우리 한국교회가 세계교회에 내놓을 수 있는 최고의 선물은 통성기도입니다. 다른 모든 나라에도 대표 기도가 있습니다. 그런데 한국교회만큼은 전체가 참여할 수 있는 기도가 있습니다. 그것이 바로 통성기도입니다. 이것이 바로 참여입니다. 이런 의미에서 통성기도는 많이 할 필요가 있습니다. 또 하나 중보기도와 함께 서로를 위해서 축복기도 하는 시간입니다. 목사만 축복을 하는가. 우리는 모두가 제사장으로서 축복을 할 수 있는 축복권이 있는 것입니다. 옆 사람을 위해서 축복해 주는 시간이 필요합니다. 이렇게 하면 사람이 달라집니다. 마치 내가 누구에게 무엇인가를 주고 왔다는 마음을 갖게 됩니다. 바로 참여의 마음입니다.

③ 찬양이 강조되는 예배

천국은 어떤 곳이냐. 요한계시록을 보니까 찬양하는 모습으로 묘사되어 있습니다. 찬양을 다양하게 할 필요가 있습니다. 남자만 찬양을 하기도 하고 여자만 찬양을 하기도 합니다. 헌신을 강조하는 면에서는 손을 들고 찬양하는 것이 제일 좋은 것 같습니다. 처음에는 형식적인 자세로 손을 들지만 정말 하나님의 은혜를 받으면 완전히 하나님 앞에 항복하는 자세로 손을 들게 됩니다. 손드는 정도에 따라 은혜의 정도가 다르다고 해도 과언이 아닙니다. 악기는 있으면 다 사용합니다. 하나님께서 우리에게 주셨던 것들을 다양하게 활용하는 것이 좋다고 생각합니다. 악기가 우리를 압도한다는 것은 있을 수 없는 말입니다. 우리가 찬양하는 동안 악기는 우리의 종일 뿐입니다.

④ 속도감 있는 예배

마지막으로 교회가 부흥할 교회인지 아닌지를 알 수 있는 것이 바로 속도감입니다. 어느 교회는 속도가 너무 느린 교회가 있습니다. 찬송도 느리고 모든 것이 느린 것입니다. 속도는 젊은이들에게 맞추어 주어야 합니다. 조금 더 빨라져야 합니다. 리듬감이 중요합니다. 다른 생각할 수 있는 기회를 주어서는 안됩니다. 속도감을 배워야 합니다. 다른 잘하는 교회의 예배 모습을 들어보고 참조할 필요가 있습니다. 이러한 점들을 참고하면 청소년들을 목회 하는데 많은 도움이 되리라 생각됩니다.

(3) 청소년 예배 설교에 필요한 두 가지

① 설화체 본문 설교

• 서브 프레임(Sub Frame)

구분	M1 (5) 청중의 마음 열기	M2 (7) 본문 문제 제기	M3 (8) 본문 문제 해결	M4 (7) 현 청중 문제 해결	M5 (7) 청중의 결단 내용과 복
S1	일반적 접근 (3) : 청중의 마음 열도록 유머와 축복의 말씀	본문 문제 배경 (2) : 사건 발단의 역사적 배경을 설명	본문 해결 시작 (3) : 인간의 노력과 헌신과 결단	청중 해결 동기 (4) : 청중의 고민과 청중의 헌신	결단의 필요성 (2) : 결단의 내용과 동참하도록 촉구
S2	성경적 접근 (2) : 주제와 성경의 관점에서 문제 제기와 호기심	문제 발생 원인 (3) : 사건 발단의 직접적 원인과 갈등의 객관적 원인	본문 해결 방법 (3) : 하나님이 개입함으로 문제가 풀리게 된 방법	하나님의 개입 (3) : 청중의 문제를 해결하시는 하나님의 방법과 능력	결단의 방법 (3) : 행동하도록 구체적 방법 제시
S3		문제 심리 묘사 (2) : 인간의 갈등과 한계의 주관적 심리적 묘사	헌신자의 큰 복 (2) : 성경인물의 문제해결에 따른 복과 큰 복		결단의 축복 (2) : 결단하고 행동하면 더 큰 복

② 강화체 본문 설교

• 엘 라인 프레임(L-Line Freme)

	L1	L2	L3	TP
	객관적 사실	관점(문제제기) – MIW	해석 주해 주석	본문목적
내용	- 보여지고 드러나 있는 사실 그 대로를 해야 한다. - 설교에 있어서 L1은 본문자체를 의미한다. - 설교를 전달할 때는 L2가 발생하기 직전까지를 말하면 된다.	- L1을 전달하기 위해서 필수적으로 L2를 발생시켜야 한다. - L2 즉. 관점이 없면 설교는 하나를 목적적으로 전달하기 매우 힘들다. - θ의 관점으로 기록된 성경을 청중적 관점으로 바꾸어서 전달하려면 두 사이를 연결하는 설교자의 관점이 필수적으로 요구된다.	-설교하려는 하나의 관점을 중심으로, 관점에 관계된 것만을 골라서 해석하거나 필요한 주변 정보를 삽입하는 것을 의미한다.	-오늘 설교에서 드러나야 할 θ -이 부분은 본문과 청중을 연결하는 다리이다 -θ을 드러내고 본문의 목적을 드러낼 때 L4가 들려진다.

	L4	L5	L6	
	영적원리 (PW+MIW=L4)	적용	적용을 행동화 시키는 결단	
내용	- L2에서 발생된 일반적 관점을 영적인 관점으로 바꾸어 줌으로 청중들이 설교자의 음성을 θ의 음성으로 들려지게 하는 것이다.	- 성경 본문에서 발생된 관점(MIW)이 오늘 이 시대를 살아가는 현 청중의 관점(문제)으로 제시되고 해결하는 것이 적용이다. 1. 문제에 대한 정의를 주어야 한다(문제의식) 2. 문제로 인한 현실적인 상황들을 다양하게 드러내야 한다. 3. 해결을 구체적으로, 대안(방법)을 제시해야 한다. * 해결을 위한 신앙적 결단을 이끌어 내고 (PW) * 신앙적 결단이 헌신으로 연결되게 해야한다(3-1) * 적용은 3-1의 행동을 이끌어 내지 못하면 실패하는 것이다.	- L5에서 헌신을 결단한 청중들이 구체적으로 삶의 열매를 거두도록 움직이게 해야한다 * 하나를 강력하게 실천 가능한 지침까지 제시하라 * 결단과 축복을 자연스럽게 연결한다 * D2로 연결하면 교회가 설교로 움직이게 된다.	

7. 통전적 교육을 위한 비전 학교 (8주 교육 프로그램)

(1) 핵심 개념

비전 학교는 케리그마(Kerygma), 레이투르기아(Leitungia), 디다케(Dictache), 코이노니아(Koinonia), 디아코니아(Diakonia)의 요소가 통전적으로 연결된 특별 프로그램입니다. 비전 학교는 청소년들이 '하나님 나라'라는 비전을 발견하고, 비전 안에서 성장할 수 있도록 하나님과의 만남의 기회, 꿈(사역)과의 만남의 기회를 제공해 주는 것입니다. 물론 단기간에 이 비전을 만나고 경험하는 경우도 있지만, 그렇지 않은 경우가 더 많이 있습니다. 하지만 또래 청소년들과 함께 이 비전에 대해 깊게 생각하고, 비전을 찾기 위한 노력의 기회를 제공해 주고 훈련 시켜준다는 점에서 청소년 목회 현장에서의 비전 학교는 절실히 요청됩니다. 청소년들은 비전 학교를 통해 구체적으로 참된 '나'를 알아가고, 하나님을 만나고, 자신의 재능을 바탕으로 하나님이 원하시는 하나님 나라의 구현을 위한 자신의 꿈(사역)과의 만남을 가질 수 있습니다.

(2) 교육 목표

첫째, 하나님과의 만남입니다. 청소년들은 비전 학교에서 선포되는 하나님의 말씀을 통해, 하나님을 향한 간구를 통해 하나님과 만날 수 있습니다. 하나님과의 만남이 있어야만 그다음 하나님이 원하시는 자신의 꿈(사역)과 만날 수 있습니다.

둘째, 참된 자신과의 만남입니다. 청소년기는 진지하게 자기 자신에 대해 생각하고, 자기 자신이 어디서 왔는지, 어디로 가는지, 자신이 왜 살아가는지 등에 대해 철학적인 질문을 던지고 고민하는 시기입니다. 청소년들은 비전 학교에서 가르치는 내용과 심리학적인 분석 등을 통해 자기 자신을 알아갈 수 있습니다. 더 나아가, 자기 자신이 가지고 있는 재능과 적성, 은사를 발견할 수 있습니다. 여기서 중요한 것은 절대 평가의 가치 기준이라는 점입니다. 청소년들은 상대 평가 속에서 자신이 가지고 있는 재능을 무시하는 경향이 있습니다. 물론 세상은 상대 평가의 가치 속에 살고 있으나, 하나님은 우리를 상대 평가하지 않습니다. 그렇기 때문에 자기 자신의 고유한 영역 속에서 자신에게 주어진 재능과 적성, 은사를 발견할 수 있어야 합니다.

셋째, 꿈(사역)과의 만남입니다. 청소년기는 자신의 꿈(사역), 즉 진로에 대해 심각하게 고민하는 시기입니다. 그렇기 때문에 비전 학교를 통해 우선은 여러 가지 진로와 만나게 해주어야 합니다. 그다음은 자신의 재능과 적성, 은사와 가장 맞는 몇 가지 진로를 선택해볼 수 있습니다. 그리고 나서 그중에 신앙적인 사명과 소원(빌2:13)에 맞는 하나님이 원하시는 진로를 선택해볼 수 있습니다.

넷째, 공동체와의 만남입니다. 비전 학교를 통해서 또래 공동체를 만날 수 있고, 대화를 통해 다른 친구들의 꿈(사역), 인생 등을 이해할 수 있고, 비전에 대해 함께 생각하고 고민하는 과정을 통해 성숙해 가는 과정을 경험할 수 있습니다.

회기	제목	교육 내용	시간	준비물
1회	Vision Start~	비전 학교 8주 과정의 시작이다. 시작은 예배이다. 예배 시설교를 통해 비전이 무엇인지 알려준다. 그리고 예배를 마치면 소그룹 활동을 통해 구성원들을 알아간다.	90 분	성경, 펜, A4용지, 간식
2회	Gooood news~	복음에 대한 강의를 통해 예수 그리스도에 대해 자세하게, 논리적으로 소개한다. 하나님의 창조, 죄의 시작, 예수 그리스도의 오심, 생애, 죽으심과 부활, 우리의 구원에 대해 가르쳐준다.	90 분	성경, 네비게이토 전도지, 간식
3회	Touch & Worship	뜨거운 찬양 집회를 통해 예수 그리스도와 뜨겁게 만난다. 지난주에 교육했던 복음을 중심으로 기도와 찬양이 함께 가는 집회를 한다.	90 분	성경, 간식
4회	Who am I ?!?	심리 검사를 하고, 소그룹 안에서 자기 자신의 살아온 과정에 대해 구체적으로 이야기하고, 다른 친구들의 이야기를 들으며 자신이 누군지 이해한다	120 분	심리 검사지, 펜, A4용지, 간식
5회	I am Special!!	지난주에 했던 심리 검사 결과가 나오고, 그 결과를 바탕으로 자기 자신에 대해 좀 더 이해하고, 자신의 재능과 적성과 은사를 발견한다. 그리고 소그룹 안에서 살아가면서 칭찬받았던 경험, 성공한 경험 등을 나누면서 긍정적인 자아상을 갖게 한다.	120 분	검사 결과지, 펜, A4용지, 간식
6회	My Way	심리 검사를 바탕으로 다양한 꿈(사역), 즉 진로의 세계를 소개한다. 그 강의를 듣고 자신의 재능과 적성, 은사, 신앙적인 사명을 바탕으로 하나님이 원하시는 꿈(사역)을 발견하고, 교역자와 상담한다.	120 분	검사 결과지, 펜, A4용지, 간식

| 7회 | For the Dream! | 전문 분야에서 성공한 신앙인을 초청해서 자신의 꿈(사역)을 이룬 과정을 듣고, 시간 관리법을 배운다. 그리고 소그룹에서 꿈(사역)을 이루기 위한 구체적인 과정을 기술하고, 시간 관리표를 기술하면서 계획적인 삶을 살아가려는 결심을 한다. | 120분 | 검사 결과지, 펜, A4용지, 간식 |
| 8회 | Go to the World! | 하나님이 원하시는 자신의 꿈(사역)을 바탕으로 자신의 비전 선언문을 쓰고, 발표한다. 그리고 마지막 파송예배 시 비전 선언문을 읽는 시간을 가진다. 수료한 학생은 다음날 중 고등부 예배 시에 수료증을 부여한다. 그리고 모범을 보이기 위해 식당 봉사, 화장실 청소, 안내와 같은 교회 봉사를 한다. 더 나아가 전도, 지역 봉사도 한다. | 150분 | 성경, 펜. A4용지, 수료증, 저녁 식사 |

(4) 교육 과정 및 방법 (프로그램 설명)

비전 학교는 8주 과정으로 진행되고, 토요일에 하는 것이 좋습니다. 비전 학교는 필수가 아닌 선택으로 해야 효과가 있고, 교회에 1년 이상 나온 학생들 중에 하는 것이 좋습니다. '비전 학교'라는 딱딱한 제목으로 시행하는 것보다 'Vision.com'과 같은 제목으로 시행하는 것이 학생들의 호기심을 자극할 수 있어서 좋습니다. 교회의 사정에 따라 다르겠지만, 비전 학교에 참여하는 학생 수는 25명 정도가 좋습니다. 그리고 소그룹은 4개 정도(소그룹 당 6명 정도) 만들면 가장 효과적으로 운영될 수 있습니다. 그리고 학생들이 소그룹 활동 때 쓴 것들은 각 기수 마다 걷어서 교사가 관리하고, 수료할 때 예쁘게 파일을 만들어서 수료증과 함께 줍니다.

① 1회: Vision Start~

㉠ 예배(45분) : 비전 학교의 8주 과정을 시작하면서 먼저 예배를 드립

니다. 이때 예배는 감사의 예배로 드립니다. 비전 학교를 시작하게 하신 하나님께 감사드리고, 하나님을 찬양하는 예배, 기대에 가득 찬 예배를 드립니다. 찬양 팀과 함께 감사의 찬양을 드리고, 말씀을 듣는 시간을 가집니다. 그리고 교역자는 비전이 무엇인지에 대해 설명하는 설교를 합니다. 말씀을 마치고 나서는 기도하는 시간을 가집니다. 이때는 설교 말씀을 가지고 기도하고, 비전 학교를 통해 '하나님 나라'라는 비전과 만나고, 그 비전을 품고 살아가게 해 달라는 기도 제목을 가지고 기도합니다. 기도가 마치면 비전 학교에 참가한 학생들과 인사하면서 서로 잘 왔다는 격려의 시간을 가집니다.

ⓛ 소그룹 활동(45분) : 소그룹은 한 소그룹 당 6명 정도로 구성합니다. 그리고 소그룹 당 인도할 교사 1명씩 배치합니다. 오늘 소그룹 활동에서는 소그룹 구성원들이 서로 알아가는 시간을 가집니다. 교사는 A4 용지를 조원들에게 한 장씩 나누어 주고, 그 용지에다 몇 가지 질문에 답하게 합니다. 그 질문은 자기 소개하는 질문이다. 이 질문도 비전과 관련된 질문이어야 좋습니다. 예를 들어, ① 나의 애칭은? ② 내가 좋아하는 것은? ③ 내가 잘하는 것은? ④ 나의 하나님을 한마디로 표현하면? ⑤ 내가 비전 학교에서 기대하는 것은? 과 같은 질문을 던지면 좋습니다. 이 질문을 다 쓰고 나면 발표하는 시간을 가집니다. 발표를 마치면 간식을 먹고, 함께 기도하는 시간을 가지고 오늘의 일정을 마칩니다.

② 2회: Good news~

㈀ 강의(45분) : 복음에 대해 교역자가 강의합니다. 복음 전도지는 네이게이토에서 나온 Bridge 전도지가 가장 알맞습니다. 교역자는 7가지 부분으로 나누어서 복음 메시지를 전달합니다. 곧 하나님의 사람 창조, 인간의 죄, 죄를 없애기 위한 인간의 노력, 예수님의 오심, 예수님의 사역과 죽으심, 예수님의 부활, 우리의 구원입니다. 복음 메시지를 강의할 때는 학생들과 함께 성경을 찾으면서 진행하는 것이 좋습니다. 그리고 논리적으로, 이성적으로 복음을 설명하고 풀어주는 교역자의 노하우가 필요합니다. 청소년기는 논리를 추구하는 시기이기 때문에 무작정 믿으라고 강의하면 소용이 없고, 우리가 왜 죄인이고, 왜 예수님의 죽으심으로 우리의 죄가 없어졌는지 등에 대한 논리적인 설명이 있어야만 학생들이 복음에 대한 지적인 이해를 통해 복음을 받아들이게 됩니다.

㈁ 소그룹 활동(45분) : 복음에 대해 교사가 다시 한번 정리해주고, 오늘 강의를 통해 느낀 점들을 서로 나눕니다. 그리고 간식을 먹고, 함께 기도한 후 오늘의 일정을 마칩니다.

③ 3회: Touch & Worship

㈀ 예배(60분) : 오늘 예배는 찬양과 말씀, 기도를 통해 예수님과 뜨겁게 만나는 집회 중심의 예배입니다. 복음 메시지에 관련된 찬양을 부르다가 교역자가 지난주에 강의했던 복음 메시지를 한 부분씩 다시 한번 선포하고, 그 선포와 관련된 기도를 하는 식으로 진행됩니다. 예를 들어, 회개와 관련된 찬양을 하면, 교역자가 복음 메시지의 죄의 부분에 대해 선포하고,

그다음 죄의 회개에 대해 기도하는 것입니다. 그다음 예수님의 죽으심에 관련된 찬양을 하면, 복음 메시지의 예수님의 십자가 부분에 대해 선포하고, 선포와 관련된 기도를 합니다. 그러니까 이 집회의 특징은 찬양과 말씀과 기도가 통일성 있게 계속 진행되는 것입니다.

ⓛ 소그룹 활동(30분) : 예배를 통해 느낀 점들을 서로 나누고, 간식을 먹고, 돌아가면서 기도한 후 오늘의 일정을 마칩니다.

④ 4회 : Who am I ?!?

㉠ 심리 검사(30분) : 자기 자신을 알기 위해 심리 검사가 필요합니다. 심리 검사 중 성격 유형 검사를 통해 자기 자신에 대해 좀 더 객관적으로 이해할 수 있습니다. 지금까지 가장 많이 사용해 온 성격유형 검사는 MBTI인데, 요즘에는 에니어그램도 많이 사랑받고 있습니다. 성격 유형 검사는 전문가에 의해 진지하게 진행되어야 합니다. 그래야만 정확한 결과가 나올 수 있습니다. 검사한 것은 다음 주에 결과가 나옵니다.

㉡ 소그룹 활동(60분) : 교사는 조원들에게 A4 용지를 나누어주고, 몇 가지 질문을 던집니다. 그 질문은 지금까지 살아온 과정에 대한 질문입니다. '아기 때/ 유치원 때 / 초등학교 때 / 중고등학교 때(지금) 나의 모습은 어떠했는가? 각각의 때에 주위 사람들에게 비춰진 나의 모습은 무엇인가? 내가 아는 나와 남이 아는 나중에 다른 점은 무엇이라고 생각하는가? 각각의 때에 나에게 닥친 중요한 사건들은 무엇이 있었는가?' 이와 같

은 질문을 던지고 눈을 감고 깊게 성찰하게 합니다. 그리고 과거의 삶으로 여행을 떠나는 것입니다. 그리고 거기서 지나온 나와 남이 이해하는 나와 남에게 보여주기 싫고 나만이 알고 싶은 나를 발견합니다. 성찰을 마치고 나서는 A4 용지에 생각한 것을 쓰게 합니다. 그리고 서로 발표하는 시간을 가집니다. 그러고 나서 간식을 먹고 함께 기도하고 오늘의 일정을 마무리합니다.

• MBTI는 융(C.G. Jung)의 성격 유형 이론을 근거로 브릭스와 마이어스에 의해 연구 개발되었으며, 4가지 척도와 8가지 신호지표를 배합하여 16가지 성격 유형으로 나타낸다.

외향(E) : Extraversion .... 정신 에너지의 방향 .... 내향(I) : Introversion
감각(S) : Sensing   .... 정보 수집, 인식 기능 .... 직관(N) : Nution
사고(T) : Thinking   .... 의사결정, 판단 기능 .... 감정(F) : Feeling
판단(I) : Judging   .... 삶의 패턴, 행동양식 .... 인식(P) : Perceiving

• 에니어그램은 9가지 세계관 혹은 전략 즉 지능을 나타내는 성격 모형이다. 그리스어로 에니어(ennea)란 9를 의미하며, 그램(gram)은 그래프 혹은 모형을 의미한다. 종족, 성, 나이 민족성, 사회 경제적 지위 등 개인적인 차이점을 만족스럽게 설명 해주고 있는 에니어그램은 9가지 전략을 여러 가지로 기술하고 있다. 에니어그램의 성격 유형은 9가지로 나뉘는데, 1유형은 완벽주의자형이고, 2유형은 조력자형, 3유형은 수행가형, 4유형은 낭만주의자형, 5유형은 관찰자형, 6유형은 의문론자형, 7유형은 낙관주의자형, 8유형은 보스주의자형, 9유형은 평화주의자형이다.

⑤ 5회 : I am Special !!!

(ㄱ) 강의(70분) : 지난주에 심리 검사한 것의 결과를 학생들에게 알려줍니다. 그리고 전문가가 설명해 줍니다. 성격에 맞는 재능과 적성, 은사까지 함께 설명해 주고 강의해주면 좋습니다. 오늘은 강의가 매우 중요하기 때문에 강의 시간이 깁니다. 강의 후에 질문을 통해 학생들의 궁금증을 완

전히 해소시켜 줍니다.

(ㄴ) 소그룹 활동(50분) : 교사는 조원들에게 A4 용지를 나누어주고, 다음과 같은 질문을 던지고 쓰게 합니다. ① 내가 살아오면서 어떠한 일을 했을 때 잘했다고 칭찬받았는가? 성공했다고 생각되었던 경험은 어떠한 것이 있었는가? ② 어떠한 일을 하면 가장 즐거운가? ③ 나는 어떠한 일을 하면 가장 잘할 수 있는가?. 그러고 나서 심리 검사 결과에서 나온 자신의 재능과 적성과 은사를 자신이 A4 용지에 기술한 것과 비교해 봅니다. 그리고 조원들끼리 발표합니다. 한 사람이 발표하고 나서는 꼭 박수를 쳐주고, 긍정해 주며, 격려해 줍니다. 간식을 먹고 함께 기도한 후, 오늘의 일정을 마칩니다.

⑥ 6회 : My Way

(ㄱ) 강의(50분) : 지난주에 강의했던 전문가가 성격 유형에 따르는 다양한 꿈(사역), 즉 진로의 세계에 대해 강의합니다. 이때 학생들은 자신의 심리 검사 결과지를 가지고 집중해서 듣습니다. 강의 후에 학생들의 질문을 많이 받아서 궁금증을 해소시켜 줍니다.

(ㄴ) 소그룹 활동(50분) : 교사는 조원들에게 A4 용지를 나누어주고 다음과 같은 질문을 던지고, 쓰게 합니다. ① 심리 검사 결과에서 나온 나의 재능과 적성, 은사에 따르는 객관적인 지표의 직업군(직업의 종류)은 무엇인가? ② 내가 스스로 생각하기에 꼭 가지고 싶은 직업들은 무엇인가? ③

심리 검사 결과에서 나온 객관적인 지표의 직업군(직업의 종류) 중에 내가 꼭 가지고 싶은 직업이 있는가? 그 직업은 무엇인가? ④ 그 직업을 가지고 싶은 구체적인 이유는 무엇인가? ⑤ 내가 그 직업을 가진다면 하나님은 어떻게 생각하실까? 그 직업을 통해 어떻게 하나님 나라의 구현을 위해 살 것인가? 구체적으로 쓰고, 그 다음에 조원들끼리 서로 나누고, 간식을 먹습니다.

㉢ 상담(20분) : 간식을 먹고 나서 교역자가 한 명씩 상담을 합니다. 시간이 좀 걸리기 때문에 규모가 큰 중고등부의 경우는 그 부서 교역자가 전부 동원되어야 하고, 규모가 작은 중고등부의 경우는 교회 전체 교역자에게 양해를 구하고, 프로그램에 대한 전 이해를 가지고 동원되어서 도와주어야 합니다. 상담하는 방은 조용한 방으로 따로 마련하는 것이 좋고, 여건이 좋지 않으면, 강의하던 곳의 구석에서 상담하는 것도 괜찮습니다. 상담을 마치고 나서는 교역자가 상담 받은 학생의 손을 잡거나 안아준 채로 뜨겁게 기도해 주어야 합니다. 이것으로 오늘의 일정을 마칩니다.

⑦ 7회 : For the Dream!

㉠ 강의(50분) : 전문 분야에서 성공한 신앙인이 자신의 꿈(사역), 신앙, 인생 등에 관해 강의합니다. 그리고 하나님이 원하시는 자신의 꿈(사역)을 이루기 위해 어떠한 노력을 했는지, 시간 관리는 어떻게 했는지 그 노하우를 전수합니다. 전문 분야에서 성공한 신앙인은 우선은 지교회 안에서 찾는 것이 좋고, 없으면 외부에서 초빙합니다.

㉡ 소그룹 활동(70분) : 교사는 학생들에게 A4 용지를 나누어주고, 지금 학생들이 70세라고 가정하고 자서전을 쓰게 합니다. 이 자서전은 10, 20, 30, 40, 50, 60대 이렇게 여섯 부분으로 나누어서 쓰게 합니다. 그리고 다시 A4 용지를 나누어주고, 거기다가 자신이 쓴 자서전의 내용을 실제로 이루기 위해서는 어떠한 노력을 해야 하는지 이것도 10, 20, 30, 40, 50, 60대 이렇게 여섯 부분으로 나누어서 쓰게 합니다. 다 쓰고 나서는 교사가 시간 계획표를 두 장씩 나누어 줍니다. 한 장은 주간 계획표이고, 한 장은 일일 계획표입니다. 교사는 시간 계획표를 나누어주고 나서, 꿈(사역)을 이루기 위해서는 계획적인 삶이 필요함을 강조합니다. 그리고 2가지 시간 계획표를 직접 짜보게 합니다. 그리고 나서 교사가 검사한 후, 간식 먹고 함께 기도하며 오늘의 일정을 마칩니다.

• 주간 계획표

1. 학업 영역

학과목	성취하고픈 목표	소요 시간	실시 여부
1			
2			
3			
4			
5			

2. 신앙 영역

성경읽기	읽을 범위	소요 시간	실시 여부
구약			
신약			

기도제목	구체적인 내용	실시 여부
1		
2		
3		
4		
5		

3. 스케줄 영역

요일	꼭 해야 할 일	실시 여부	중요한 약속	실시 여부
월				
화				
수				
목				
금				
토				
주일				

• 일일 계획표

시간	월	화	수	목	금	토	주일
7:00							
8:00							
9:00							
:							
12:00							
14:00							
15:00							
:							
19:00							
20:00							
21:00							
22:00							
23:00							

오늘의 중요한 일		
세부 내용	소요 시간	실시여부
1.		
2.		
3.		
4.		
5.		
6.		
7.		
8.		

⑧ 8회 : Go to the World!

㉠ 소그룹 활동(30분) : 교사는 학생들에게 A4 용지를 나누어주고, 비전 선언문을 쓰게 합니다. '나는 ~~되겠습니다. 살겠습니다!!'라고 쓰게 하되 10개 정도 쓰게 합니다. 비전 선언문은 문항이 뒤로 갈수록 점진적으로 구체화를 띠면 좋습니다. 예를 들어, ① 나는 고등학교 선생님이 되겠습니다. ② 나는 고등학교 선생님이 되어서 학생들을 사랑하겠습니다. ③ 나는 학생들의 마음을 진실로 이해하며 그들을 위로해 주며 사랑을 실천하며 살겠습니다. ④ 나는 궁극적으로 가장 큰사랑의 선물인 예수님의 복음을 학생들에게 전하며 하나님의 영광을 드높이며 하나님 나라의 구현을 위해 살겠습니다...... 비전 선언문을 다 쓰고 나서는 조원들끼리 서로 나눕니다.

㉡ 예배(60분) : 예배는 진지한 분위기로 진행되어야 합니다. 은혜로운 찬양을 하고 나서는 교역자가 비전 학교를 마무리하는 메시지를 던집니다. 그리고 뜨겁게 기도하는 시간을 가진 후 자신이 쓴 비전 선언문을 오른손을 들고 낭독합니다. 그다음에 서로 축복하는 시간을 가지고, 그동안 진행되었던 비전 학교를 영상과 사진을 통해 정리합니다. 담임목사님이 비전 학교를 마친 학생들을 위해 친히 축복 기도해 줍니다.

㉢ 나눔(60분) : 예배를 마치면, 식당에서 맛있는 저녁 식사를 축제 분위기로 합니다. 먹으면서 서로 대화하는 시간을 가지고, 내일의 일정에 대해 설명함으로써 오늘의 일정을 마칩니다.

⑨ 다음날 : 주일

중고등부 예배 시간에 모든 학생들이 보는 가운데 교역자가 수료증과 꽃다발을 수여하고, 비전 학교의 소그룹 활동을 하면서 썼던 모든 것들을 예쁘게 파일로 만들어서 선물로 전달합니다. 그리고 축복송을 하고, 예배가 마치면 기념 촬영을 합니다. 그다음 풍성하고 뿌듯한 마음을 가지고 모범을 보이기 위해 식당 봉사, 화장실 청소, 안내 등으로 교회 봉사를 합니다. 더 나아가 교회의 홍보 띠를 매고 지역에 나가 전도, 지역 봉사 등을 전개합니다.

8. 학교 기도 모임

(1) 학교 기도 운동을 시작하게 된 데는 3가지 동기

첫째, 믿는 학생들이 학교에서 그리스도인답게 살게 하기 위해서입니다. 실제로 그리스도인 학생들의 삶이 믿지 않는 학생들의 삶과 아무런 차이가 없습니다. 똑같이 욕하고, 똑같이 음담패설하고, 똑같이 이기적이고, 똑같이 싸웁니다. 아마 딱 한 가지 차이가 있다면, 주일에 예배드린다는 점일 것입니다. 그래서 믿는 학생답게 살게 하려고 시작한 것이 학교 기도 운동입니다. 학생들이 학교에서 기도하게 되면 믿음이 드러나기 때문에 행동을 상당히 조심하게 됩니다. 전에 없었던 신앙과 행동의 일치가 이루어지게 됩니다.

둘째, 대한민국 교육의 현실에 답이 없기 때문입니다. 대한민국의 공교육 붕괴라는 문제, 그리고 득세한 어마어마한 사교육 문제는 어떠한 정치인도, 교육가도 해결하지 못할 것입니다. 특별히 더 이상 교육 기관으로서의 모습을 상실한 참교육의 실현 방법은 어른 세대를 중심으로 한 제도권을 통해서는 힘듭니다. 그래서 찾은 것이 학생들의 자발적인 기도입니다. 믿는 학생들이 학교에서 간절히 기도할 때 어른들이 감히 하지 못했던 학교의 개혁이 일어날 것으로 믿습니다. 오늘도 학생들은 이 내용을 기도 제목으로 삼아 학교에서 기도하고 있습니다.

셋째, 학교가 너무나도 죄로 물들어 있고 타락했기 때문입니다. 얼마나 많은 비행이 학교에서 발생하고 있는가? 청소년들의 학교 폭력은 이미 수위를 넘은 지 오래입니다. 학교 폭력에서 시작해 왕따가 나오고, 자살까지 연결됩니다. 죄악이 가득한 대한민국의 학교는 이미 학교 본연의 모습을 잃었습니다. 이에 우리는 학교의 원래 모습의 회복을 위해서 함께 기도하고 있습니다.

(2) 학교 기도 모임에 대한 몇 가지 원칙

① 학생들이 스스로 진행합니다.

학생들이 자발적으로 기도 모임을 만들고 직접 인도합니다. 교역자나 교사가 관여하지 않습니다. 다시 말하지만, 청소년부에 필요한 것은 소통입니다. 학생들과 교역자가 소통하면 학생들은 자발적으로 움직입니다. 그래서 학생들끼리 스스로 기도 모임을 세워 가도록 독려만 할 뿐 관여하지 않습니다.

② 학교마다 기도 인도자를 세웁니다.

믿음이 좋고, 학교에서 덕이될 만하며, 리더십 있는 학생으로 기도 인도자를 세웁니다. 학교 기도 인도자의 리더십은 교회 활동과는 좀 무관한 편입니다. 학교에서 인정받는 학생이 기도 인도자가 되는 것을 원칙으로 합니다. 그래야 학교 기도회가 살아 움직일 수 있기 때문입니다. 때로 교회에서는 두드러지지 않던 학생이 학교 기도 인도자로서 활발하게 활동하는 모습을 보게 됩니다.

③ 학교 기도회는 매일 합니다.

주로 점심시간이나 저녁 식사 시간을 이용합니다. 일주일에 한 번씩 모여서 기도하면 상당히 쉬울 것입니다. 하지만 금방 열정을 상실해 모임이 유야무야 되는 경우가 많습니다. 학생들이 점심시간에 놀 것이 얼마나 많은가. 그래서 아예 처음부터 매일 모이기로 하고, 날마다 영적인 삶을 점검하는 것을 생활화하고 있습니다.

④ 학교 기도회 장소는 어디서나 가능합니다.

학교 기도회 장소는 학교에서 협조해 줄 경우 음악실이나 교실을 이용하고, 학교에서 지원해 주지 않으면 빈 공간이나 운동장에서 합니다. 학교 기도회는 교장 선생님이나 교직원들의 지원이 있으면 솔직히 쉽습니다. 하지만 그 지원이 꼭 좋은 것만은 아닙니다. 왜냐하면 어른들이 도와주면 아이들의 야성이 사라지기 때문입니다. 또한 교직원들은 학교를 옮기기 때문에 몇 년 후까지 기도 모임이 잘 지속되리라는 보장도 할 수 없습니다. 그래서 학교의 지원과 협조가 없어 장소를 구하지 못하면 옥상 기도회를 엽니다. 운동장에서 기도하기도 하는데, 이로써 어디서든 기도할 수 있다는 사실을 학생들에게 불어넣어 주고 있습니다.

⑤ 학년 기도 모임의 대표는 학년마다 한 명씩 정합니다.

학교 기도 모임의 대표는 학년마다 한 명씩 정해서, 선배로부터 후배들에게 인수인계가 이루어지게 합니다. 비록 정식 동아리는 아니지만 학생들끼리 조직을 결성하도록 합니다. 그래서 기도 모임이 계속 연계될 수 있도록 독려합니다. 많은 경우 3학년 2학기가 되면, 3학년 학생들이 후배기도 인도자를 위해서 간절히 기도해야 합니다.

⑥ 누구나 참여할 수 있습니다.

학교 기도회는 우리 교회 학생뿐 아니라 누구나 함께 기도할 수 있는 열린 공간입니다. 우리 교회만의 기도회로 국한하지 않습니다. 기독교의 정신은 연합이기 때문입니다. 교회는 각각 다르지만 학교에서는 모두가 한 교회가 됩니다. 그래서 많은 다른 교회 학생들이 함께 기도회에 동참해야 합니다.

9. 청소년 심방

청소년에게 심방은 교사의 마음을 표현하는 도구입니다. 상대방에 대한 진심이 아무리 크고 깊어도 표현하지 않으면 전달되지 않습니다. 심방을 하면 마음을 전달할 수 있기도 하지만, 심방을 하면서 진심이 생기기도 합니다. 마치 누군가를 돌보면서 정이 들고 마음이 깊어지는 것처럼 말입니다. 그래서 심방은 청소년에게도 유익 하지만 교사 스스로에게 유익한 시간입니다.

(1) 학교·학원·독서실 심방

　시간 투자 대비 효율이 높은 심방이 있다면 학교 심방입니다. 사역자 입장에서는 학생의 현장을 잠시나마 들여다볼 수 있어서 좋습니다. 학생 입장에서는 자신들의 주 무대에 사역자나 교사가 찾아온다는 것이 신선한 경험입니다. 잠깐의 시간이지만 학교라는 현장에서 만난다는 것만으로 친밀감 상승의 효과를 줍니다. 그래서 가능하면 학생들이 다니는 학교는 한 번 이상 방문하기를 권하고 싶습니다. 학교 심방을 할 때, 학생들과는 미리 시간과 장소를 정하고 만납니다. 시간은 주로 점심시간을 활용합니다. 등교 때는 정신이 없고, 하교 때는 다른 장소로 이동하기 바쁩니다. 반면에 점심시간은 시간적으로나 심적으로 약간의 여유가 생깁니다. 장소는 주로 교문으로 정합니다. 대부분의 학교가 학생이 점심시간에 교문 안까지는 나올 수 있도록 허용합니다. 외부인의 출입이 교문을 지나 운동장까지 가능하다면 더할 수 없이 좋지만 교문을 사이에 두고 만나도 심방하는 데 큰 무리가 없습니다.

　학교 심방의 핵심은 '찾아오시는 예수님'입니다. 예수님이 우리를 찾아오신다는 메시지를 가지고 학생들의 현장을 찾아가는 것입니다. 이 심방의 구성은 크게 2가지입니다. 간식과 기도입니다. 간식은 무엇이든 여유 있게 준비합니다. 경험상 약속 장소로 혼자 나오지 않기 때문입니다. 대부분 믿지 않는 친구들과 함께 나옵니다. 그때 함께 나온 친구에게도 간식을 주면서 '우리 ○○○이 잘 부탁한다'고 말하면, 대다수가 '그러니까요. 제가 아니면 누가 얘 ○○○이랑 놀아 주겠어요?'라고 말합니다. 심방 대상자와 함께 나온 친구도 덩달아 기분 좋은 시간입니다. 이어서 약간의 대화를 나눈 뒤 기도를 해줘도 되겠냐고 묻습니다. 이제까지 기도를 거부한 학생들이 없었습니다. 먼저 먹였기 때문입니다. 그때 찾아오시는 예수님이 그들의 현장 가운데 함께 해주시도록 중보하는 기도를 드립니다. 만나서 헤어지는 시간까지 걸리는 시간은 약 15분 정도입니다. 짧다면 짧을 수 있지만 심방의 효과는 결코 약하지 않습니다. 대부분의 경우 학교 안으로 들어가는 것이 쉽지 않습니다. 외부인의 방문을 달가워하지 않기 때문입니다. 아래 방법을 사용하면 도움이 됩니다.

㉠ 학교를 방문하기 일주일 전 미리 행정실에 연락을 해서 양해를 구합니다. 방문 취지에 대해서 밝히고 만남 시간과 장소를 정확하게 말합니다. 이를 대비해 조금 과할 수 있지만 교회 차원의 공문 형식을 준비해 두는 것도 도움이 됩니다. 공문을 요구하는 학교도 있습니다.

㉡ 학교를 방문할 때 주보나 개인 명함을 소지합니다. 이는 소속을 밝히는데 도움이 됩니다. 명함을 제작하는 비용은 저렴한 편입니다.

㉢ 교문을 지키시는 분들을 위한 간식을 따로 준비합니다. 보통은 학교 보안을 책임지시는 분들의 재량에 따라 교내 초입까지는 출입이 가능합니다. 주보나 명함과 더불어 간식까지 준비한다면 그분들의 마음을 열기에 충분합니다. 교내 깊숙한 곳이 아니라 교문과 가까운 운동장 정도까지 들어가는 것도 하나의 에티켓입니다.

㉣ 찾아오시는 예수님을 전하는 메시지는 꼭 학교가 아니어도 됩니다.

학원이나 독서실과 같은 공부하는 현장을 찾아가는 것도 좋습니다.

(2) 출석하지 않은 학생 찾아가기

예배 후에는 출석부를 챙겨서 주일 안으로 결석자들에게 전화를 걸려고 노력합니다. 학생들의 수가 점점 많아지고 사역이 늘어나자 결석자들을 잘 챙기지 못합니다. 주일 예배를 마치고 결석자에게 일일이 전화해서 체크합니다. 이 방법은 내수동교회 원로 목사이신 박희천 목사님이 평생 고수했던 원칙이었습니다. 목사님은 주일 예배가 끝나고 교역자 회의를 열어 출석부를 일일이 챙겼습니다. 그날 바로 결석한 청년·대학생들과 장년들에게 전화를 걸었습니다. 이렇게 한 명씩 결석 사유를 점검하고, 통화가 안 되는 사람은 월요일이라도 꼭 찾아갔습니다. 주일 예배 후에 바로 출석부를 확인하라. 우선 나오지 않은 학생들을 파악하고 전화하라. 기억하라. 주일 안으로 해야 합니다. 만나야 할 일이라면 꼭 주초에는 찾아가서 만나기를 권합니다.

(3) 일상 속에서 하는 심방과 연락

찾아가는 심방과 전화 심방을 몰아서 하기보다 주중에 자주 하는 것이 좋습니다. 몰아서 하게 되면 주로 토요일 저녁 시간을 활용하게 됩니다. 이것은 여러모로 비효율적입니다. 토요일 저녁 시간은 학생들에게 황금 같은 시간입니다. 한 주간의 긴장을 풀고 모처럼 여유를 즐기는 시간이기 때문입니다. 그리고 사역자의 진심이 잘 전달되지 않습니다. 학생들은 주일 전날에 전화를 받으면서 '교회 오는지 확인하는 목적'이라고 단정하기 쉽습니다. 오래 통화할 수 없는 학생들은 '내일 교회 갈게요'하고 끊습니다. 그마저도 주일에 안 오기 일쑤입니다. 몰아서 심방을 해야 한다면 효과 면에서는 주일 저녁이나 월요일이 낫습니다. 청소년들을 일상 속에서 수시로 심방하기를 권합니다.

(4) 성공적인 심방을 위한 제안

㉠ 생일은 무슨 일이 있어도 꼭 챙겨라. 학생들의 생일을 휴대폰이나 다이어리에 기록해 놓고 꼭 챙깁니다. 선물과 손 편지를 전달할 수 있다면 금상첨화겠지만 무리하지 않아도 됩니다. 진심 어린 전화 한 통과 메시지 하나가 격려로 전달될 수 있는 날입니다.

㉡ 오랜 수고를 발휘해야 하는 날을 꼭 챙겨라. 수능시험이나 학교 중간·기말고사만이 아니라 학교 내에서 발표를 하거나 개인적으로 준비해서 능력을 발휘를 해야 하는 일이 있습니다. 그리고 치료를 받거나 수술을 받는 일이 있습니다. 그 순간에 누군가의 격려와 기도가 가장 절실합니다.

㉢ 누군가 생각날 때 바로 연락하라. 일상을 보내다 보면 갑자기 누가 생각날 때가 있습니다. 때론 별다른 이유 없이 떠오르기도 합니다. 그때가 타이밍입니다. 기회를 잡아서 바로 전화를 걸거나 메시지를 보내라. '○○ 아! 잘 지내지?' 이것은 하나님이 주시는 타이밍일 수 있습니다.

㉣ 두려움 없이 연락해 보세요. 대화 진행이나 반응이 두려운 상태에서

하는 연락은 시작부터 위축될 수 있습니다. 그저 친구에게 연락하듯 편안하게 연락을 해보세요. 연락을 시도하는 교사의 마음이 편안해야 상대방인 청소년도 편안하게 연락을 받을 수 있습니다.

㈁ 이유를 추궁하기보다 안부를 물어보세요. 주일 예배를 결석한 아이에게 '너 왜 안 왔어?'라고 이유를 추궁하기보다 '잘 지냈니?'라고 안부를 물어보세요. 그러면 대화가 더 부드러워질 수 있습니다.

㈂ 도움 구하기, 학생을 심방할 때는 다른 동료 교사나 학생에게 도움을 구해 보세요. 찾아가거나 식사하는 자리에 동행할 수도 있습니다. 때론 혼자 만나는 것보다 동행이 있으면 더 힘이 날 수 있습니다.

㈃ 부모님도 함께 심방하기, 학생을 심방할 일이 있거나 연락할 일이 있을 때는 열 번 중에 다섯 번 정도는 부모님도 함께 연락해보세요. 연락하는 것이 부담이라면 대화 주제를 자녀로 한정하는 것이 좋습니다. 예를 들어 '자녀를 위해 기도할 것은 없을까요?' '자녀가 요즘 특별히 힘들어 하는 건 없을까요?' 하고 자녀에 관해서만 물으면 됩니다.

청소년을 대상으로 설문조사를 했다. '너희들은 어떤 말을 들을 때 사랑받는다고 느껴?'라고 물었다. 이 질문에 청소년들은 많은 답을 했다. 그중에 가장 많이 나온 답변을 모았다.

같이 놀자
활동적인 시간을 함께 보내는 것이 청소년들의 마음을 여는 방법이 될 수 있다. 예를 들어 운동장에서 함께 공을 차거나 공원에서 함께 자전거를 타는 시간을 통해 서로의 거리감을 좁힌다. '같이 논다는 것'은 '함께 시간을 보내는 것'이기도 하다. 꼭 야외에서 하는 운동만이 아니라 특별한 목적 없이 식사하거나 잡담을 나누는 것도 마음의 장벽을 허무는 시간이다.

치킨 먹자
청소년들에게 치킨의 의미는 간식 이상이다. 그들은 치킨을 먹으면서 힘을 얻는다. 치킨은 격려와 위로의 의미를 담고 있기 때문이다. 청소년 사역자들 사이에 전설처럼 전해 오는 말이 있다. 청소년들에게 '치느님(치킨에 대한 극존칭)을 영접하게 해줘야 주님을 영접하게 할 수 있다'는 말이다. 어느 정도 과장이 담겨 있긴 하지만 이 말속에 진리가 담겨 있다. 청소년 사역은 먹여야 한다. 먹이는 만큼 가까워지고 신뢰를 얻는다.

아 그렇구나
청소년들의 말과 행동에 옳고 그름을 가려 주거나 문제의 해결책을 전달해 주는 것은 필요한 일이다. 하지만 그전에 먼저 해야 할 것이 있다. '아, 그랬구나', '그래서 그렇게 (말 또는 행동을) 했구나'라는 공감이다. 공감은 마음을 열게 한다. 진심이 담긴 대화를 낳는 기술이다.

어떻게 됐어?
표현하지 않으면 알 수 없다. 청소년에게 마음이 있다는 것을 표현하는 말 중에 하나가 '어떻게 됐어?'라는 말이다. 학생과 대화나 상담을 하면 중보 기도제목이 생긴다. 실제로 기도도 해야 하지만 다시 그 학생을 만나게 됐을 때 물어보자. '그 일 어떻게 됐어?' '그 사람은 어떻게 됐어?' 이 말은 학생에 대한 관심의 표현이자 계속해서 기도하겠다는 의지의 표현이기도 하다.

난 항상 네 편이야!
관심과 지지가 담긴 말은 청소년들을 춤추게 한다. 청소년은 자신도 통제할 수 없는 불안과 자책감에 자주 시달린다. 이 감정들은 자신은 '혼자'라는 느낌과 적지 않게 연결되어 있다. 반대로 자신이 혼자가 아니라 누군가의 지지를 받는 존재임을 알게 되면 어떤 어려움을 만나도 이겨낼 수 있는 힘을 얻게 된다.

10. 청소년 캠핑

1) 캠핑의 기독교 교육 잠재성

기독교 캠프만큼 영적 성장을 강화하는 많은 잠재성이 있는 다른 현장을 찾기가 매우 힘들 것입니다. 기독교 교육가로 잘 알려진 테드 워드(Ted Ward)는 캠핑 전문가들에게 한 연설에서 이렇게 진술했습니다. '캠프 현장은 오늘날 학습을 위한 가장 위대한 환경입니다'. 이러한 현장의 어떤 고유한 잠재성이 삶을 변화시키고 발달시킬 만큼 그렇게 풍성하게 하는가? 넓은 의미로 그리스도의 화해시키는 사역은 네 가지 차원의 관계 회복을 증진 시킵니다. 그것은 하나님과 자기 자신과 다른 사람들과 그리고 창조 질서와의 관계 회복을 말합니다. 전문사역자나 평신도 사역자는 캠핑이 각 영역에서 특별히 공헌할 수 있는 것을 인식해야 합니다.

(1) 하나님과 관계 맺기

모든 인간은 우선적으로 창조자와의 바른 관계를 정립할 필요가 있습니다. 외부 활동에 노출되는 것은 하나님과 그분의 사역에 대한 지식을 얻는 기회를 제공합니다. 캠핑은 창조물이 하나님의 능력과 장엄함을 웅변하는 걸 경험하는 기회를 제공합니다. 창조 세계로부터의 배움은 종종 하나님께서 당신의 자녀들을 위하여 공급하심과 사역하심을 성경적으로 설명할 때 사용됩니다. 자연 현장은 하나님에 대하여 배우는 것을 조성할 수 있을 뿐만 아니라 하나님과의 개인적 경험을 증진할 수 있습니다.

아브라함, 야곱, 모세, 다윗, 엘리야 그리고 바울을 포함한 많은 성경 인물은 광야에서 하나님을 만났으며 그 경험 때문에 변화되었습니다. 예수님은 기도하러 산에 올라갔을 때 아버지 하나님과 홀로 있는 순간을 추구하였습니다. 광야는 방해물들로부터 멀리 떨어져 하나님께 온전히 초점을 맞추고 그분의 음성을 경청할 수 있는 장소의 전형적인 예입니다. 캠핑 전문가 보브 클리닝(Bob Kraning)은 이를 잘 표현하였습니다. '그것이 제공하는 고립 때문에... 멀리 떠나는 것 때문에 그리고 하나님과 홀로 있게 하므로, 하나님은 캠프와 수련회장을 사람들의 삶에서 중요한 것을 결정하는 장소로 계속 사용하신다'. 전반적으로 캠프 프로그램은 하나님의 특성과 사역하심에 주목하는 성경적인 교육 시간 뿐만 아니라 그리스도를 발견하고 그분과 함께하는 개인적인 시간을 통해 변화되는 기회를 제공해야 합니다.

(2) 자기 자신과 관계 맺기

사람들이 하나님과 바른 관계를 맺으면, 그들은 처음으로 그들이 누구인지를 알 가능성을 얻으며 그러면 인간으로서 그들의 최대한의 잠재력을 경험할 수 있습니다. 기독교 캠프는 개인의 전인적인 발달을 강화할 뿐만 아니라 자기 이해와 수용을 할 수 있는 이상적인 장소입니다. 사람들은 모든 영역에서 발달하도록 창조되었습니다. 예수님 자신도 정신적으로 심리적으로 사회적으로 영적으로 발달했다고 기록되었으며(눅2:52) 하나님은 모든 믿는 자가 균형적으로 성장하고 살아가도록 설계하셨습니다. 캠프는 반문화적 변화를 소개하고 그리스도인들이 원래 살아야 하는 방식으로 살도록 돕는 독특한 환경입니다.

여러 예 중에서 두 가지를 소개합니다. 도시화의 혼란과 만연한 일 중독과 무섭게 가속화된 삶은 믿는 자들에게 하나님께서 정하신 휴식과 반추와 '레크리에이션'(recreation)의 필요를 이해하게 만듭니다. 첫 번째, 하나님은 한편으로 인류를 위하여 이것을 본 보이려고 안식일의 쉼을 도입하셨습니다. 예수님도 그의 사역 중 가장 바쁜 시간에 하나님 아버지와 홀로 있기 위하여 한적한 장소로 떠나셨습니다. 전자오락 매체가 만연한 현대 사회에서 캠프는 스포츠나 다른 취미에서 오락적인 관심과 기술을 발달시킬 수 있는 기회뿐만 아니라 삶을 반추하는 조용한 시간을 제공합니다.

두 번째, 예는 믿는 자들의 신앙이 도전받고 점검되며 훈련되어야 할 필요와 관련이 있습니다. 하나님께서는 이렇게 명하셨습니다. '인간의 성격이 성장 되어야 하지 선물이 아니다'. 개인에게 위험을 감수하고 한계에 도전할 기회가 주어지지 않는 한 개인적 성장은 지체됩니다. 성경 말씀에서 광야는 테스트 장소로 전형적인 예입니다. 아브라함, 모세, 엘리야, 예수님 등, 많은 이가 한적한 환경에서 중요한 점검의 시간을 견디어냈습니다. 한 교육자에 따르면, 젊은이들은 성장하기 위하여 다른 사람에게 헌신하는 것과 같은 자기 자신보다 뭔가 더 위대한 것에 도전되어야 할 필요가 있습니다.

캠프 환경은 그러한 도전을 제공할 풍성한 기회를 제공합니다. 예를 들어, 압박을 통한 성장에의 부름은 많은 야영 캠프의 주요한 사명입니다. 다른 캠프 유형들은 그리스도인의 헌신으로 도전하는 부름과 제자도의 기술과 습관을 훈련하는 것에 초점이 있습니다. 부가적으로 기독교 캠프는 캠프에 참여하는 자들에게 새로운 역할을 해보고 은사를 실험하며 다른 사람을 섬기고 사역과 리더십 기술을 발달시키는 기회를 제공할 수 있습니다. 요약하면 그것은 현실 상황으로 가득하며 영적 잠재력이 점검되기를 기다리는 흥미진진한 기독교적 삶을 위한 실험장이 될 수 있습니다.

(3) 다른 사람과 관계 맺기

가족관계와 다른 사회적 관계들이 붕괴됨으로 점점 더 중요해지고 있는 인간의 또 다른 필요는 지지하고 돌보는 공동체에 대한 필요입니다. 외부 환경은 하나님의 백성들이 기독교 공동체를 실제로 경험하는 것뿐만 아니라 그것에 관하여 배우는 장소로 하나님께서 사용하실 수 있습니다. 광야 경험을 통해서 하나님께서 이스라엘 백성들에게 가르치신 주요한 가르침 중의 하나는 그분의 회중으로써 특별히 사용되도록 구별된 그들의 결속이었습니다.

이와 같이, 다양한 배경의 추종자들을 초대교회의 결집된 지도력으로 구축하는 그리스도의 많은 일은 팔레스타인 주변 지역을 통과하며 함께 살고 여행하면서 일어났습니다. 그는 그들이 그에게 의지하고 서로 사랑하는 것을 배우는 그러한 삶의 어려움을 통과하면서 그들이 새로운 종류의 가족이라고 가르쳤습니다. 모든 연령의 사람들이 캠프에서 믿는 자들 가운데서 진정한 공동체의 느낌을 발견할 수 있으며 교회의 공동체적 삶을 통해서 이것을 확장 시킬 수 있습니다. 상담자 교사 그리고 다른 캠프 참석자들과의 관계는 캠프 참석자들의 삶에서 안정을 제공할 수 있습니다. 밤낮으로 함께 사는 상황은 상당한 양의 시간을 동료들뿐만 아니라 성숙하고 돌보는 지도자들을 지켜보며 상호 교류를 하면서 보낼 수 있게 합니다. 그룹이 함께 예배하고 교제하며 배우는 공동체적 생활은 상호 관계를 형성하거나 강화할 뿐만 아니라 삶을 변화시키는 강력한 역동입니다. 조별 모임, 식사 그리고 오락 등 모든 것들이 상호 의존과 협동 작업에 대한 경험을 제공 하는데 사용될 수 있습니다.

(4) 자연과 관계 맺기

회복되어야 할 마지막 관계는 인간과 자연 세계와의 관계입니다. 성경 말씀은 인간이 에덴동산에서 불순종하고 청지기 직을 무시한 이래로 창조 세계는 고통을 받아 왔다고 말합니다. 인간이 환경을 파괴하는 것과 관련된 최근의 위기가 이것을 증거 하는 예입니다. 마지막 해결책은 오직 창조주의 힘에 놓여 있지만, 현대 그리스도인들은 제한된 자연 자원을 돌보는 청지기의 역할에 대한 성경적 이해를 얻어야 합니다. 이를 바탕으로 그들은 쉐퍼의 용어로 창조 세계의 '전인적 치유'(substantial healing)에 참여할 수 있습니다. 캠프는 이런 영역에서 기독교 공동체를 이끌 수 있는 잠재성을 가지고 있습니다. 창조에 관한 성경적 가르침과 자연스럽게 통합된 자연 연구는 청소년들에게 깊은 영향을 줄 수 있습니다. 캠핑에 참여한 사람들이 손상된 환경을 회복시키거나 예방하기 위한 봉사 프로젝트에 참여하는 것은 이 과정을 도울 수 있는 캠프장에서의 또 하나의 독특한 활동이 될 수 있습니다.

2) 교육 사역으로서 기독교 캠핑

최대한의 효과를 위하여, 캠핑 사역은 교회의 전체 교육 사역과 통합된 부분으로 여겨져야 합니다. 사역을 폭넓게 이해하는 견해는 교회와 캠프의 결속을 찬성합니다. 이 둘의 접근 방법이 다를지라도 사람들 안에 영적 성장을 일으키는 목적은 같습니다. 캠핑 프로그램은 캠프에 참가하는 사람들의 필요를 분석하여 성경 말씀을 바탕으로 영적이고 교육적인 목표와 목적을 확고히 세워야 합니다. 캠핑 사역의 자원을 사용한다면 대부분의 기독교 사역은 교육적 목표와 목적을 달성하는 데 큰 성공을 거둘 수 있을 것입니다.

지역 교회의 완벽한 교육 사역의 확장으로서 캠프를 고려하는 것은 두 가지의 뚜렷한 이득이 있습니다. 첫째, 캠프 경험은 미리 그리고 전체적인 목표와 목적이 있는 더 큰 프로그램의 상황 안에서 잘 계획됩니다. 교육적인 캠프 프로그램은 캠핑에 참여하는 사람들이 기도로, 팀 세우기, 계획하기, 홍보 그리고 선행적 성경 학습과 같은 적극적 참여를 시작으로 실제로 그 행사에 앞서 여러 달 이전에 시작될 수 있습니다. 캠프 후에 그 경험의 결과는 지속적인 관계 세우기, 인생의 결단에 따른 후속 조치, 제자훈련, 반추 등을 통하여 보존되고 확장될 수 있습니다. 비디오, 슬라이드, 글쓰기 혹은 노래 등으로 학생들의 기억을 살짝 건드려주는 것은 사역의 확장 경험에 도움이 될 수 있습니다.

둘째, 그 그룹이 거기에서 가장 잘 성취될 수 있는 목적을 달성할 수 있는 캠프 환경의 특정한 장점을 활용할 수 있다는 것입니다. 예를 들면, 팀 스포츠는 도시에서 행해질 수 있지만 자연 연구나 야외 스포츠 기술을 발달시키는 것은 캠프에서만 가능합니다. 강연자가 인도하는 성경 교육 시간은 어떤 환경에서든지 효과적일 수 있지만, 오두막 친구들과 활발한 교류를 한 후에 하는 개인적 성경 연구는 도시에서는 거의 일어나지 않습니다. 캠프의 유형과 프로그램을 선택할 때, 캠프를 진행할 계획을 하는 교회 지도자들은 캠핑이 가진 독특한 공헌을 고려하여 사역의 필요를 가장 잘 채울 캠프 프로그램을 선택해야 합니다.

3) 기독교 캠핑에서 선택사항

다른 여러 사역 영역과 같이 기독교 캠핑은 많은 변화를 겪어오고 있습니다. 봅 캐글 (Bob Cagle)의 저서 "청소년 캠핑 사역"(Youth Ministry Camping)은 '경계 없는 캠핑'을 향한 최근의 경향을 밝히고 있습니다. 캐글에 의하면, 교회의 청소년 지도자들은 전통적으로 해왔던 것의 경계를 뛰어넘어 여러 면에서 캠핑에 좀 더 자유로운 접근을 하고 있습니다. 어떤 식의 캠핑을 선택할 것인지는 사역의 비전과 창조성에 의해서 결정될 수 있습니다.

(1) 기독교 캠핑 접근 방법

캠프는 수많은 다른 기준들에 의해 분류됐습니다. 캠프에 대한 첫 번째 그리고 가장 중요한 분류는 그것의 철학 혹은 근본적인 강조점과 관련이 있습니다. 이러한 접근은 프로그램 짜기, 사역자 모집, 훈련, 시설 개발과 활용을 포함하여 캠프의 거의 모든 다른 요소들에 영향을 미칩니다. 두 가지 주요한 철학적 접근은 집중적 접근과 분산적 접근이 있으며, 세 번째 방법으로 다른 두 방법을 섞어 놓은 절충적 접근이 있습니다.

　두 가지 주요 접근 방법들의 특징을 비교한 것이 아래 도표에 나와 있습니다.

• 캠핑 접근 방법들 : 일반적 특징 비교

집중적 접근방법	분산적 접근방법
대규모 그룹전체 모임과 활동	소규모 그룹 모임과 활동
소수의 훈련된 전문가에게 집중된 프로그램	조별 담당 교사에 집중된 프로그램
연단의 강사가 성경을 가르침	조별 담당 교사가 성경을 가르침
성경의 내용을 들으므로 받음	캠프 참석자 스스로 성경 내용을 연구
대중적 복음 전도	개인적 일대일 복음 전도
일생 일대의 결정/헌신을 하게 하는 지향성	제자도/영성 성장 지향성
교사는 사역자를 지원하는 역할을 하며 우선적으로 훈육 대장이 되는 경향이 있음	교사는 가르치고 활동들을 집행함
교사는 훈련을 거의 받지 않는 경향이 있음	교사는 보통 확장된 훈련을 받음
기숙사 유형으로 배치	식당에서 조별로 식사를 하는 것을 포함하여 개별, 조/그룹으로 배치
프로그램 만들기를 포함하여 모든 요소가 행정에 의해서 집중 계획됨	프로그램 만들기를 포함하는 몇몇 요소들이 담당 교사와 캠프 참여자들에 의해 협력적이며 민주적으로 계획됨
대규모 프로그램 요소들	소규모 프로그램 요소들
매우 구조화된 프로그램과 일정관리	유연하게 구조화된 프로그램과 자발적인 일정관리
빠른 프로그램 진행	여유 있는 프로그램 진행
캠프 참여자는 흥미 있는 오락 행사의 관중이거나 전체 캠프 행사의 참석자이다.	캠프 참여자는 적극적인 참석자로 관여한다.
레크레이션은 팀 스포츠에 초점을 두고 개별 스포츠와 활동들은 프로그램 전문가의 역량 아래에 있다.	레크레이션은 만들기, 자연 연구, 야외 생활 기술 등에 초점을 둔다.

캠프 정신을 높이기 위한 경쟁이 고취됨	개인의 성취와 달성에 있어서 오직 자기 자신과 경쟁함
큰 빌딩과 운동장을 함께 묶어 놓은 장소를 캠프장으로 사용하는 경향	잘 구분되어 있고 자연스럽게 놓여 있는 지대와 잘 들어맞는 작은 빌딩과 활동 영역을 캠프장으로 사용하는 경향

집중적 접근은 전통적으로 '성경 수련회'라 불렸던 것에 해당합니다. 미국에서 1920~30년대 발달하기 시작한 상설 캠프장에서 행해지는 성경 수련회는 많은 복음주의 교회들 때문에 1800년대에 개최되었던 '옛날식의 캠프 모임'에서 발전하여 커졌습니다.

여러 면에서 그러한 수련회 접근 방법은 단순히 일반적인 교회의 예배를 캠프장에다 옮겨 놓았습니다. 집중적 접근은 이름이 의미하듯이 큰 그룹에 알맞으며 한 번에 캠프에 참여하는 모든 사람 혹은 대다수 그룹이 관여하는 일반적인 활동에 집중합니다. 프로그램은 뛰어난 강사나 음악 공연 혹은 그 외에 대규모 그룹의 대중에게 전달하는 프로그램에 초점을 맞춥니다. 프로그램에서 조별 그룹이나 오락 활동과 같은 다른 요소들은 보통 집중적 접근을 하는 캠프의 영적 목적에는 부차적인 활동들입니다. 이러한 캠프는 종종 복음의 제시나 그리스도께 더 깊은 일생일대의 헌신을 요청하는 것에 적합하게 맞추어져 있습니다. 종종 이러한 캠프의 오락 프로그램은 매우 경쟁적인 팀 스포츠에 맞추어질 것입니다.

한편, 분산적 접근은 전통적으로 '교회 캠프'라고 불린 것과 상응합니다. 이 접근 방법을 구현한 조직단체의 캠핑은 그 당시 복음을 매우 강조했던 첫 번째 YMCA 캠프가 열린 1885년 이전까지는 시작되지 않았습니다. 분산적 접근을 따르는 캠프는 영적 목적을 완수하기 위하여 중심 단위로 소그룹을 강조합니다. 조별 담당 교사는 사역의 초점이 되며 이 사역자의 능력은 그 프로그램의 성공에 매우 중요합니다.

성경 공부와 오락을 포함하여 대부분 프로그램은 소그룹 활동과 역동을 통하여 성취됩니다. 이 접근 방법에서는 관계 형성과 함께 제자도와 책임감이 강조됩니다. 오락은 종종 자연환경에 적합한 자연 연구나 기술을 강조하며 캠프는 종종 성경 교육을 동반하는 활동과 통합을 시도합니다.

절충적 접근은 두 가지 접근 방법에서 가장 좋은 요소들을 취하여 그것들을 하나의 캠프장에 가져다 놓으려고 하는 접근 방법입니다. 예를 들어, 아침 성경 공부는 조별 담당 교사가 이끌며 저녁에는 강사와 특별한 음악으로 모든 캠프의 집회를 정하도록 할 수 있습니다. 이 두 극단의 접근 방법들에는 장점과 단점이 있는 것이 명백하므로 대부분의 기독교 캠프들은 중도적 태도를 보이는 경향이 더 많아지고 있습니다. 토드와 토드(Floyd Todd and Pauline Todd)가 주목하듯이 대부분의 복음주의적 캠프는 "수련회 프로그램의 모습을 유지하는 것을 본질로 하는 한편 그들의 프로그램에 '진정한 캠핑'처럼 가능한 한 많은 것을 주입하려고 노력하는 아마도 집중적 수련회 접근 방법과 분산적 캠프 접근 방법 사이 어딘가에 속합니다.

(2) 기독교 캠프 유형들

유형에 따라서 캠프는 거주형과 비거주 형으로 나누어집니다. 맥슨(Mattson)이 정의하듯이, 거주형 캠프는 캠프 참여자가 거의 주된 시간을 거기에서 보내는 상설 캠프장으로 되어있습니다. 한편, 비 거주형 캠프는 캠프 참여자가 여러 날 밤을 거기에서 자며 지낼 수 있는 상설 캠프장을 포함하지 않습니다. 한 주간의 청소년 여름 캠프는 전통적 거주형 캠프처럼 여전히 많이 행해집니다. 이러한 캠프는 종종 특정한 연령 그룹이나 전문화된 사역(예, 스포츠, 음악, 가족 혹은 장애인)에 맞추어져 있습니다. 방학이 좀 더 짧은 경향 때문에, 많은 교회의 그룹들 사이에서 주말 캠프나 리트릿이 크게 인기를 얻고 있습니다.

거주형 캠프 시설은 제공하는 서비스가 다양합니다. 완전한 서비스 기독교 캠프는 종종 캠프 참여자 개인과 그룹들에 객실, 음식, 상담자를 포함한 훈련된 사역자 그리고 영적 교육과 레크레이션으로 구성된 프로그램 등을 포함하여 모든 것을 제공합니다. 거주형 캠프 시설은 보통 거의 재정적으로 독립적이면서 감독위원회의 감독을 받거나 아니면 교단이나 학부모 모임의 재정 지원을 받습니다.

지난 30년 동안에 비 거주형 캠핑에서 매우 다양한 유형의 캠프가 생겨났습니다. 그러한 캠프는 보통 하나의 개발된 장소만을 전용하는 것이 아니므로 교회나 캠핑 그룹에 그들이 운영할 수 있는 캠프의 유형 면에서 큰 유연성을 제공하고 있습니다. 다른 한편, 비 거주형 캠프는 예를 들어 그 그림과 함께 모든 공급 물들이 보내져야 하므로 미리 더 광범위한 계획을 하는 것이 필요합니다. 어린아이들을 위해 설계된 오전 9시부터 오후 4시까지 다양한 장소에서 열리는 일일 캠프(day camps)가 여기에 포함됩니다.

트레블 캠핑(travel camping)은 엔진이 달린 교통수단(예, 자동차, 버스 혹은 레크레이션용 차량)을 이용한 장거리 여행을 말합니다. 여행 도중에 밤을 지내기 위해 멈추어 가며 여러 장소를 방문하게 됩니다. 가족 캠핑카 여행(family caravan trip)은 기독교 공동체의 유익이 있는 가족 관광의 즐거움을 결합한 것으로 많은 교회 그룹들에 인기가 있습니다. 최근에 청소년 사역에서 가장 흥미 있는 발전 중의 하나는 청소년 선교 여행(youth mission trip)입니다. 어떤 이들은 이것을 다른 유형의 선교 프로그램으로 여기지만 여러 서비스가 제공되는 여행은 오히려 여행 캠프로 분류하는 게 더 맞을 수 있습니다.

트립 캠핑(trip camping)은 걸어서 혹은 스키, 자전거, 뗏목, 카누 혹은 짐을 나르는 동물 등 엔진이 달리지 않은 다양한 수단을 이용하여 장기간의 여행을 하는 것을 말합니다. 이 부류 안에 속한 야영 캠프(wilderness camps)는 지난 수십 년이 넘도록 인기가 있었으며, 맥슨은 이것을 두 종류로 나누고 있습니다. 첫 번째 것은 야영 트레일 캠프(wilderness trail camp)로 참여자의 사전 경험이나 준비가 거의 요구되지 않으며 기초적인 야외 생활 기술에 초점을 맞추는 경향이 있습니다. 그것은 거주형 기독교 캠프가 보통 한 주 정도의 기간 열리기 때문에 그러한 시간적 틀에 잘 맞습니다.

두 번째는 야영 압박 캠프(wilderness stress camp)로 이것은 어려움을 견디고 극복함으로 오는 개인과 그룹의 성장을 강조합니다. 그러한 프로그램은 기간이 3주간까지 확장될 수 있으며, 체력과 성격을 다양하게 테스트하는 것뿐만 아니라 고급 야외 생활 기술을 훈련하는 것을 포함합니다. 야영 압박 경험을 특성화한 수많은 기독교 캠핑 그룹이 존재합니다. 이들 여러 그룹은 외부 활동(Outward Bound) 교육철학의 요소들을 기독교 신앙의 독특한 영적 요소와 통합하게 합니다. 대부분의 이러한 그룹들은 독립적으로 운영됩니다. 대형 주거형 캠프나 그 외의 초 교파 조직의 후원 때문에 운영되는 곳은 적습니다.

(3) 기존 캠프 활용하기 혹은 스스로 만들기

　캠핑에서 마지막 선택사항은 대부분의 캠프 지도자들에게 한 번쯤은 교회와 다른 사역에 이익이 되는 것입니다. 이것은 기존에 있던 캠핑 프로그램을 사용할 것인지 아니면 그러한 자원의 도움 없이 내부 프로그램을 운영할 것인지를 선택하는 것을 말합니다. 어떤 사람들에게는 선택의 여지가 전혀 없을 수도 있습니다. 조직이나 교단에 연계되었거나 캠프 소유권을 가지고 있는 전통적 교회는 그룹을 하나의 특정한 경험 속에 묶어 둘 수 있으며, 또한 적합하게 만들어진 기존의 캠프에 가깝지도 않고 사용 가능성도 적을 수 있습니다. 지도자나 지도팀에게 선택권이 있다면 고려해야 할 요소들이 많이 있습니다.

　기존의 캠프를 사용하는 이점은 많습니다. 훈련된 전문사역자 가용성, 다양한 서비스와 자원의 제공, 일관된 품질 등이 우선적인 목록일 것입니다. 이러한 것들이 제공되기 때문에 지도자들은 세부 사항들을 가지고 고민하기보다는 캠프 참여자들을 돌보는 데 자유롭게 시간을 보내게 됩니다. 그들이 도시에 가까운 캠프에 있을 때보다 야영 캠핑과 같은 그러한 영역에서 건강과 안전 이슈가 있으면 훈련된 캠프 전문가가 함께 있는 것은 특히 중요해집니다. 훈련된 상담사와 사역자는 보통 캠프 참여자들에게 영적으로 최대한의 영향을 주기 위해서 캠프 상황을 어떻게 하면 가장 잘 활용할 수 있는지에 있어서 숙련되어 있습니다. 기존의 캠프 프로그램이 교회의 그룹에 가장 좋다고 여겨지면 적당한 캠프를 선택하는 과정을 따르는 것이 중요합니다.

  첫째, 사역의 목표를 완수할 유형의 캠프에 대하여 추천을 받으라. 다른 목회자나 청소년 사역자들에게 그들의 다양한 캠프 경험에 대하여 물으라. 둘째, 캠프 감독자나 사역 관련 담당자에게 연락하라. 캠프에 관하여 설명하고 있는 홍보 자료나 안내 책자를 요청하라. 질 좋은 캠프는 종종 여름철 동안에는 수요가 매우 많으므로 이것은 캠프 날짜보다 9개월에서 1년 정도 훨씬 앞서서 돼야 합니다. 캠프 방문은 캠프가 운영되고 있는 동안 이를 관찰할 수 있을 때 하는 것이 좋습니다. 캠프 대표와 시간을 보내는 것은 그 캠프가 그룹에 잘 맞을 것인지를 지도자가 알도록 그가 도울 수 있으므로 매우 중요합니다. 관찰 내용이나 관심 내용 혹은 잠재적 문제들에 관하여 무엇이든지 질문을 하라. 캠프의 역사, 캠프 참여자의 안전과 건강에 대하여 제공하는 것들, 음식과 숙소 배치, 또한 프로그램과 사역에 관한 선택사항에 관하여 알아보라. 캠프가 어떤 서비스를 제공하는지 그리고 캠핑 그룹에 기대하는 것은 무엇인지를 정확하게 알아보라. 예를 들어, 캠핑 그룹은 흔히 몇 명당 한 명의 담당 교사가 제공될 필요가 있습니다.

  집행하고 준비하는 데 영향을 줄 캠프 규칙과 그 밖의 기대 사항에 대하여 명확히 하라. 그룹의 크기에 제한이 있는지와 시설을 다른 팀들과 나누어 써야 하는지를 물으라. 분산적 야영 캠프의 경우에 나누어지지 않은 큰 그룹은 허락되지 않을 수 있고 캠프의 고유 목적을 달성 하지 못할 수 있습니다. 교회가 지급해야 할 비용을 특히 그 가격으로 보장되는 것과 보장되지 않는 것을 정확히 알아보라. 성공적인 캠프를 만드는데 많은 여러 요소가 들어가기 때문에 결정하는 데 있어서 비용 하나만이 주요한 요소가 되어서는 안 됩니다. 또한, 계약금으로 얼마가 요구되는지 그리고 이 기준에 맞추려면 참여해야 하는 최소한의 인원이 몇 명이어야 하는지와 같은 계약상 문제들을 명확히 해야 합니다.

기독교 교육 지도자들은 단지 캠프를 예약하는 것에만 관심이 있는 사람이 아니라 그들의 그룹을 섬기고 그들이 필요를 채워줄 진정한 욕구가 있는 캠프를 찾아야 합니다. 기독교 캠프는 그 자체로 독립적인 사역이 아니라 교회나 사역 그룹에 대한 확장된 지지로 보아야 합니다. 이러한 방식으로 그것은 그 그룹이 홀로 성취하기 어려운 전문화된 영역에서 멋진 용어로 함께 돕는 초 교파 조직으로서 섬길 수 있습니다.

모든 준비와 캠프 예약을 마친 후에, 세부 계획을 조정하기 위하여 캠프 대표와 주기적으로 계속 연락해야 합니다. 이 사람은 실제로 캠프를 하는 동안에 편성하는 면에서 도움을 줄 뿐만 아니라 그룹에 캠프를 홍보하여 그들이 캠프를 준비하는 데 도움을 주는 아이디어와 자료를 가지고 있어 가치 있는 자원일 수 있습니다. 캠프 후에 그 캠프와 후속 연락을 하여 제공된 서비스와 계획된 목적에 어느 정도 효과적으로 도달했는지에 대한 피드백을 위하여 평가가 수행되어야 합니다. 그룹이 캠프를 통해 여러 해 긍정적인 경험을 함으로써 캠프 단체와는 좋은 관계로 발전시킬 수 있습니다. 앞으로도 여러 해 동안 긍정적 캠핑 경험에서 생겨날 수 있습니다.

4) 직접 캠프 프로그램 운영하기

캠프를 스스로 운영하기로 하는 그룹에 가장 큰 한 가지 고려사항은 훈련받은 능력 있는 사역자나 자원봉사자들이 함께하느냐입니다. 사실 숙련되지 못한 소그룹 담당 교사는 분산적 접근방식 캠프를 사용하기에 큰 지장이 됩니다. 도움을 구할 때, 캠프 참여자들에게 확고한 기독교적 모델이 될 수 있는 영적으로 성숙하고 명확한 사고를 하는 사람을 찾아라. 개인의 기독교적 성품이 증명되었는지가 최우선적 고려사항입니다. 동기화된 사역자에게 캠프 기술을 가르치는 것은 꽤 빠르게 될 수 있지만 확고한 성격의 발달은 일생이 걸립니다. 라이트와 앤서니(Wright and Anthony)는 성경 말씀에 대한 지식, 긍정적 태도, 사랑, 신뢰성, 유연성, 신체 건강과 섬김의 태도를 포함하여 캠프 상담자에게 요구되는 수많은 자질을 나열하고 있습니다.

　캠프 유형에 따라 다양하겠지만 성경 공부 방법, 건강과 안전 규칙과 절차. 소규모 리더십 그리고 스포츠나 레크리에이션 기술 훈련을 포함해야 합니다. 연령 수준별 필요에 초점을 맞추고 그 그룹의 능력이 의논되어서 모든 교육과 프로그램이 발달 수준별로 알맞게 되는 것이 중요합니다. 사역자는 캠프 참여자를 그리스도에게 인도하거나 집을 그리워하는 어린아이를 돕는 전형적 상황에 있어서 개별 상담을 할 수 있도록 훈련되어야 합니다. 모의실험, 역할극 그리고 사례 연구는 이러한 시간에 특히 도움이 될 수 있습니다. 훈련 프로그램은 사역자들 간에 부가적인 팀 빌딩 혜택을 제공할 수 있으며 성공적인 캠프를 위한 중요한 요소입니다.

　이것은 야외 환경에서는 신체적 위험에 노출되기 때문에 특별히 캠프에 대하여 걱정하는 영역이 보통 사역 상황에서 발견되는 위험보다 더 큽니다. 캠프 담당 감독은 캠프 참여자의 신체적 안녕에 대한 중요한 책임을 집니다. 걱정되는 영역은 의료적 돌봄, 캠프 참여자의 체력, 부모의 허락 문서, 적절한 보험, 사역자의 전문가 증명서와 훈련 그리고 안전한 차량 유지와 활용시설 대비 등을 포함합니다. 상담사역자는 민감한 이슈를 어떻게 다루는지 그리고 언제 위탁해야 할지에 대해서 훈련을 받아야 합니다. 부가적으로 정부의 규정이 더 엄격해지는 경향이 있어 캠프 지도자들은 캠프의 운영에 영향을 줄 규정들을 유의해야 합니다. 야영 캠프를 위해서 공공의 땅을 사용하기 위하여 허가를 받고 안내 지침을 주시하는 것은 하나의 당면한 문제입니다. 한적한 장소로 이동하는 캠프는 지도자들에게 더 많은 위험을 감수해야 하는 짐이 됩니다. 그러한 기독교 캠프 지도자는 야외 활동 전문 가이드의 동료 현황 기준으로 평가받으며, 캠프 참여자의 사고나 부상에 대한 소송의 경우에는 법적 책임을 묻게 될 수 있습니다. 캠프 지도자가 자격이 충분하고 숙련되지 않는 한, 안전을 보장하기 위하여 전문 가이드나 야영 캠핑 지도자와 협력하는 것이 매우 권고됩니다.

어느 캠프이든지 성공적으로 되기 위해서는 지도자 팀을 중요하게 고려해야 합니다. 전문 사역자, 평신도 사역자 그리고 캠프 참여자 당사자들은 모두 캠프 계획을 세우는 팀에 포함되어야 합니다. 이 그룹이 수행할 많은 활동 중에서 캠프 참여자의 필요와 관심에 대한 조사가 있을 것이며, 캠프 감독 선발하기, 캠프장과 주요 프로그램 요소들 선택하기, 주제 정하기, 예산 책정하기, 모든 캠프 책무를 위임하여 적절하게 다루어지게 보장하는 것 등일 것입니다. 인기 있는 시설과 강연자들은 종종 행사 시작 여러 달 전에 연락해야 하므로 캠프 계획 팀은 그 행사가 시작되기 훨씬 이전에 모임을 시작해야 합니다. 캠프 후 평가가 완벽하게 되기까지는 캠프 후에도 이 일이 끝난 것이 아닙니다.

⑶ 프로그램을 만드는 일에서 몇 가지 일반적으로 고려되어야 할 사항이 있습니다.

이미 언급했듯이, 실제 캠프 계획 과정은 성경의 명령과 캠프 참여자들의 필요에 근거하여 교육 사역을 위한 목표로 시작되어야 합니다. 캠프의 특수한 목적은 이러한 일반적인 목표에 근거하여 특정 캠프 형태가 선택되어야 합니다. 캠프 철학(집중적 접근 방법 혹은 분산적 접근 방법)과 캠프 유형은 목적들이 그 캠프장에서 가장 잘 성취될 수 있는 확률에 근거하여 선택되어야 합니다. 종종 캠프 프로그램은 중심 주제 지향적이고 이러한 목적들이 그 고려 대상일 것입니다. 일반적으로, 캠프에서의 성경 교육은 주제 위주인 경향이 있습니다.

성경 공부는 매일 그 주제의 특정한 측면을 발전시키도록 계획될 수 있습니다. 전통적으로 지도자 중심으로 교육이 수행됐지만, 캠프 참여자가 교수-학습 과정에서 적극적으로 표현함으로 참여하게 하는 귀납적 성경 연구와 다른 방법을 깊이 고려해 보아야 합니다. 프로그램을 계획할 때 명심해야 할 핵심 개념들은 균형과 다양성입니다. 예를 들어, 개인 성찰과 기도를 위하여 구성된 시간은 그룹에서 나누고 보고하는 시간을 주는 것과 균형을 이루어야 합니다. 이러한 두 가지 학습 환경의 조합은 하나씩 구분된 것보다 영적 형성 과정에 더 가치가 있을 수 있습니다. 또한, 더 다양한 방법을 사용하는 것은 캠프 참여자들의 관심과 학습 스타일이 다양하므로 모든 참여자에게 어느 정도 영향을 줄 가능성이 더 큽니다. 총체적 통합 프로그램에서 거의 모든 활동은 주의 깊게 채택하여 계획된다면 주제를 지지하고 하나 이상의 목적에 공헌할 수 있습니다. 많은 행사가 일정대로 될 수 있지만, 갑자기 어떤 일이 발생할 수 있습니다. 사역자들은 계획되지 않은 프로그램에서도 발생하는 교훈을 얻을 수 있는 순간들(teachable moments)과 같은 교육적 잠재성이 있음을 인식해야 합니다.

5) 캠프 프로그램 활동

누가는 예수님에 대해서 "예수는 그 지혜와 그 키가 자라가며 하나님과 사람에게 더 사랑스러워 가시더라"(눅2:52)라고 기록 하였습니다. 이 구절은 복음적인 캠핑의 궁극적인 목적인 하나님께 헌신된 온전한 인간의 개발을 확인시켜 줍니다. 따라서 복음적인 캠핑 프로그램의 4가지 주요 영역 즉 영적 성장, 신체 단련, 사회적 관계, 레크레이션 활동을 제시할 것입니다.

(1) 영적 성장을 위한 활동

캠프에서의 영적 성장을 위한 활동에는 복음(전도), 성경 공부, 예배 등이 포함됩니다. 기본적으로 영적인 내용은 다른 장소에서 사용되는 내용과 크게 다르지 않겠지만 캠프라는 환경은 독특한 접촉 기회를 제공해 줍니다. 따라서 프로그램을 훈련하는 상담자는 동물, 새, 식물 및 캠프의 자연환경을 캠퍼들과 영적인 대화를 나눌 수 있는 매개체로 활용하는 법을 배워야 합니다. 한 예로 나무의 뿌리가 영양분을 찾기 위해 땅속 깊숙이 파고 들어간 것처럼 우리도 우리의 영양분을 얻기 위해서 하나님의 말씀을 깊이 파고 연구해야 합니다. 상담자들은 자연 자체에 대한 연구 뿐만 아니라 자연에서 예화를 찾아내기 위한 성경 연구도 격려받아야 합니다.

① 성경 공부

캠프의 환경은 성경 공부를 위한 풍부한 자연 자원을 제공해 줍니다. 이때 사용하는 기본 원리는 캠프의 주위 환경을 최대한 활용하여 세심하게 계획된 교육과정을 진행 시키는 것입니다. 이런 귀납적 접근법은 캠프 성경 공부에 애용되는 방법입니다. 이 방법에는 캠퍼들 자신이 학습 과정에 직접 참가하기 때문에 노력과 인내가 요구됩니다.

• 귀납적 성경 공부에는 세 가지 기본 단계가 있습니다.

(1) 관찰 : 공부하는 본문을 읽고 또 읽는 데 중점을 둡니다. 학생들은 기도하는 마음과 깊은 관찰을 통해 본문의 단어, 구조, 문학적인 형식, 분위기 등을 살핍니다.

(2) 해석 : 본문의 의미를 이해하는 데 중점을 둡니다. 이것은 일반적인 기사 작성법-누가? 무엇을? 어디서? 언제? 왜? 어떻게?를 통해 발전될 수 있습니다.

(3) 적용 : 해석이 캠퍼의 삶에 주는 의미를 결정합니다. 그리고 난 후에는 그 진리에 대해 감사하도록 격려를 받습니다.

② 예배

근본적으로 예배는 신자가 하나님의 속성이나 인격에 대해 무엇을 목격했을 때 나타내는 개인적인 반응입니다. 이것은 찬송, 찬양, 감사, 기도,

공경, 신뢰, 소망, 존경 등으로 표현될 수 있습니다. 예배는 종종 음악, 기도, 듣기, 간증, 성경 낭독, 경건한 가르침 등의 표현 도구의 도움을 받습니다. 캠프 지도자의 임무는 참된 예배의 기회를 제공하는 것입니다. 캠프는 채플이나 일상적인 예배 형식에 얽매이지 않습니다. 캠핑은 새로운 환경을 대 할 수 있는 기회를 제공합니다.

이 외에도 캠프는 주의를 산만하게 하는 것들이 보다 적습니다. 소란하지 않은 환경과 쫓기지 않는 일정은 가정에서 허둥지둥하는 것과는 다른 좋은 변화를 제공할 수 있습니다. 더구나 캠핑은 그리스도 중심의 생활을 존귀하게 여기는 훈련된 지도자들을 확보해 줍니다. 캠퍼들이 경이로운 예배로 인도되기 위해서는, 본인의 능력을 아무리 강조해도 지나치지 않습니다. 또 어쩌면 캠퍼가 최초로 교회가 아닌 곳에서 예배하게 되는지도 모릅니다.

무엇보다도 중요한 것은 캠핑이 캠퍼들을 하나님의 피조물에 가까이하게 한다는 것입니다. 시편 기자는 이렇게 감탄했습니다. "주의 손가락으로 만드신 주의 하늘과 주의 베풀어 두신 달과 별들을 내가 보오니 사람이 무엇이관대 주께서 저를 생각하시며 인자가 무엇이관대 주께서 저를 권고하시나이까"(시8:3~4).

• 마지막으로, 예배는 여러 가지 시간과 장소에서 이루어질 수 있습니다. 예배의 기회를 살펴보기로 하자.

(1) 자발적인 교제 – 성령의 인도를 받는 캠퍼들은 성경 구절, 생각, 기도, 노래 등을 나눌 수 있습니다. 이러한 시간은 자유롭게 예배에 참여할 수 있도록 해줍니다.

(2) 식탁 예배 - 식사 시간에 캠프 지도자들은 식탁 예배의 분위기를 조성할 수 있습니다. 식사가 끝난 후 캠퍼들은 짤막한 기도, 성경 구절, 또는 예배 안내서의 낭독 등을 함께 할 수 있습니다.

(3) 캐빈 별 기도 - 대부분의 캠프는 캠퍼들이 정리되어 잠자리에 들기 전에 캐빈 별 기도 시간을 계획하고 있습니다.

(4) 공부반 - 공부반에서의 예배는 특히 십대들에게 유익합니다. 여러 가지의 방법들 - 기도문 낭독 기도(sentence prayer), 교독, 찬양 및 감사 등이 이용될 수 있습니다.

(5) 새벽 예배 - 이 접근법에서는 일정에 새벽 예배 시간이 할당되어 있습니다. 이 프로그램을 개인이 선택하는 경우 다른 예배 시간을 선택한 사람들을 방해하지 않도록 주의를 기울여야 합니다.

(6) 월광 예배 - 각 캐빈 별로 야간 등산이나 캠프 밖에서 예배를 드릴 수 있습니다.

(7) 음악에 의한 표현 - 이것은 할 수 있는 가장 훌륭한 예배법의 하나입니다. 캠프는 이러한 표현을 할 수 있도록 계획적으로 또 임의적으로 기회를 제공하여야 합니다. 예배의 진가는 현대의 복음송뿐만 아니라 믿음의 위대한 찬송 속에서도 발견됩니다. 성경을 노래하는 일이 부활하고 있는데 특히 시편을 많이 활용하고 있으며, 이것은 유익한 예배 수단이 됩니다.

(8) 드라마 - 단체 성경 읽기, 성경 연극, 독백 기도 등은 예배 경험을 위한 기회를 제공합니다.

(9) 캠프파이어 프로그램 - 캠프파이어 분위기는 창의적인 예배를 갖도록 고무시킵니다. 오락적인 노래가 처음에 사용될 경우에는 주의 깊은 전

환을 통해 경건한 노래로 바꾸어야 합니다.

⑩ 호수 가 예배 – 이것은 많은 캠프에서 사용되고 있는데, 예수님의 갈릴리 바다에서의 사건을 강조하면서 주일 아침 예배로 많이 활용됩니다.

⑪ 하기식 예배 – 이것은 애국심과 그리스도인의 시민권뿐만 아니라 창조주에 대해서도 생각할 수 있는 좋은 기회입니다. 각 캐빈 별로 시편을 함께 낭독하면 예배의 분위기를 고조시킬 수 있습니다. 여호와를 찬양하라! / 그의 성소에서 하나님을 찬양하라! / 그가 능력으로 만드신 하늘에서 / 그를 찬양하라. 그가 행하신 놀라운 일에 대하여 / 그를 찬양하고 / 그의 위대하심에 대하여 / 그를 찬양하라(시150:1~2, 현대인의 성경)

(2) 신체 기능을 통한 활동

크리스천 캠핑은 영적인 총체로서의 전인격과 관련을 맺고 있는데 여기에는 삶의 모든 영역이 포함됩니다. 따라서 그리스도인의 삶은 공식적인 종교 행사를 통해서 뿐만 아니라 게임을 하거나 어떤 자연 현상에 반응하는 방법을 통해서도 잘 표현될 수가 있습니다. 일부 캠프의 신체적 활동들은 특정한 성경 말씀을 응용하고 있습니다. 예를 들어 승마는 몇몇 구절들(약3:3, 욥39:19~25)과 관련된 것입니다. 비록 기능의 가치는 특별한 성경 말씀에 근거하지 않지만 이러한 관련 구절들은 이 활동의 일반적인 배경을 내포하고 있습니다. 신체적 발달과 기술 습득은 인간의 온전성에 기여하며, 영적인 의미도 지니고 있습니다. 신체적 기능의 중요한 가치는 역시 유능하고 존경받는 강사에 의한 그리스도인의 삶의 모범에 있습니다. 영적인 진리는 성경 공부반을 통해서 뿐만 아니라 경건한 삼림학 강사와 캠퍼 간의 따뜻한 교제를 통해서도 얻어질 수 있는 것입니다.

캠프 프로그램에 포함될 수 있는 신체 활동들의 종류는 광범위하며, 각 활동들은 캠프 목적의 관점에서 관리될 때 가치를 갖습니다. 계획수립을 위한 하나의 일반적인 지침은 프로그램이 집에서 흔히 발견되지 않는 활동들을 주로 할 때, 그 캠프는 특별한 가치를 갖는다는 것입니다. 신체 기능을 통한 활동은 여섯 가지로 분류될 수 있는데 그 경계선은 종종 중복되고 있습니다. 이러한 활동들을 할 때는 세심한 강의와 함께 적절한 장비, 올바른 표식 그리고 바른 운동 절차 등이 동반되어야 합니다. 물론 자격을 갖춘 강사도 필요합니다.

신체 기능을 통한 활동들이 논의될 때 프로그램과 환경과의 관계는 명확해집니다. 숲에 대한 기능은 아스팔트로 된 주차장에서 연습할 수도 있지만, 그 가치는 최소한에 지나지 않습니다. 다음에 언급되는 활동들에 대해서는 많은 자료들이 있기 때문에 단순히 그 범주를 논의하고 그 가치와 주의 사항들만 살펴보기로 하겠습니다.

① 스포츠

스포츠 활동에는 모든 팀 스포츠와 익숙한 야외 경기 등이 포함됩니다. 캠프 프로그램에서는 구기 경기가 일반적입니다. 그러나 집에서 하던 이러한 경기를 위주로 하는 것은 캠프에서만 가능한 모든 경험을 캠퍼들에게서 빼앗는 것입니다. 창조적인 캠프 지도자는 캠프를 새로운 활동을 경험 할 수 있는 기회로 삼을 것입니다. 캠프 기간 중 형성된 팀이나 조 사이의 강한 경쟁의 가치에 대해서는 캠프 지도자들마다 서로 다른 견해를 가지고 있습니다. 어떤 지도자들은 캠퍼들이 경쟁할 때 가지는 참여 동기와 열심이라는 이점을 사용하여 경쟁을 중심으로 캠프 기간 동안 계속되는 프로그램을 만듭니다. 또 다른 지도자들은 날마다 캠퍼들을 섞어 놓는 것이 더 좋다고 생각하고, 팀 스포츠가 계획될 때마다 새로운 집단을 만듭니다. 그러나 팀 사이의 균형을 유지하기 어렵기 때문에 일부 캠프에서는 양적인 경쟁으로 전락 되기도 합니다.

② 수상 활동

수영, 다이빙, 다양한 형태의 보트 타기 등은 인기 있는 프로그램으로 알려져 있습니다. 물에서의 기능이 가르쳐질 때 해변이나 풀(pool)의 가치가 증가됩니다. 상당히 안전하다는 기록이 있지만, 캠프의 수상 활동은 아직도 캠프 프로그램 가운데서 가장 위험한 부분에 속합니다. 수상 안전에는 어떠한 핑계도 있을 수 없습니다. 따라서 자격을 갖추고 양식 있는 요원이 모든 활동 시간에 지키고 있어야 합니다. 물론 수영은 가장 많은 캠퍼들이 참여할 수 있는 수상 활동입니다. 비록 카누 타기, 배 타기, 수상 스키 등이 크리스천 캠프에서 급속하게 인기가 상승하고 있지만, 수영은 전통적인 캠프 생활의 일부입니다. 일부 캠프에서는 장비와 능력있는 지도자가 확보되는 경우 나이 많은 캠퍼들을 위해 스쿠버 다이빙 강좌를 열기도 합니다. 하지만 스쿠버 다이빙은 수상 스키처럼 제한된 숫자에게만 가능할 따름입니다.

③ 경기

경기와 스포츠 사이의 구분은 상당히 유동적입니다. 보통, 경기는 한편에 2명씩 소규모의 팀으로 구성되며 조그마한 코트에서 진행됩니다. 박스 하키(box hockey), 원반 치기, 테더볼(tetherball), 말발굽 던지기 등과 같은 경기는 캠퍼들에게 유쾌한 실외 활동 시간을 제공합니다. 우천 시는 장기와 같은 실내 경기를 해야 합니다. 탁구는 실내외를 무론하고 할 수 있는 전천후 경기입니다. 깃발 빼앗기, 상담자 찾아오기 등과 같이 볼이나 코트와 관계되지 않은 단체 경기도 역시 캠프에서 인기를 얻고 있습니다. 성경 게임과 퀴즈 대회 등도 지나치지만 않으면 가치있는 교수 도구가 될 수 있습니다.

④ 자연 학습 및 숲속 생활 기술

캠프 지역 고유의 식물 및 동물을 가르치는 데는 특별한 준비가 필요합니다. 그러나 가지, 솔방울, 조개껍질, 암석, 초본, 씨가 있는 꼬투리, 이끼류 등이 있는 곳에서는 어디서나 자연물이나 모조품 공작 강사는 부지런히 노력할 수 있습니다. 자연물 모조품은 값이 싸면서도 교육에 효과적입니다. 또 캠프장 주위에는 이런 것을 만들 재료가 상당히 많습니다. 일부 야생 동물은 캠퍼들이나 스태프들이 아는 것보다 훨씬 많이 캠프장 주위에 산재해 있습니다. 먹이 분포 지역은 야생 동물의 분포를 파악하는 데 도움이 됩니다. 이른 아침 새를 관찰하기 위하여 산에 오르면 보다 많은 새를 관찰할 수 있고, 식당의 조류 분포도를 더욱 많이 채울 수 있습니다.

캠프 지역에 자라고 있는 관목과 교목의 종류는 얼마나 많은가?(어떤 캠프 지도자는 35에이커의 캠프장에서 약 150종의 초본, 관목, 교목, 덩굴 식물, 잡초, 화초 등을 확인하기도 하였습니다) 캠퍼들 모두가 자연 학습에 깊이 참여하지는 않습니다. 그러나 열성적인 지도가 있을 때 많은 사람이 참여할 것입니다. 숲속 생활 지식은 캠프장 건물 주변이나 캠프장 밖의 어느 지점에서 실습할 수 있습니다. 텐트 치기, 불 피우기, 야외 요리, 별자리 찾기. 나침반 사용, 일기 예측 등은 여기서 할 수 있는 활동들에 속할 것입니다. 캠프 밖의 기지에서 습득되는 지식은 캠퍼들이 앞으로 다가올 캠핑 모험을 할 수 있도록 준비시킬 것입니다.

⑤ 공예

가치 있는 공예에는 상당한 창의성이 요구됩니다. 플라스틱 조립은 내구성이 적고 가치도 거의 없습니다. 목공예 및 가죽공예, 자수 및 매듭, 주물, 수직, 그림 그리기, 조각 등 할 수 있는 공예 활동의 종류들은 지도자가 생각하지 못할 정도로 무수히 많습니다. 스포츠나 경기에 재질이 없거나 흥미가 적은 캠퍼들도 종종 공예 활동은 좋아합니다. 또 강사가 온화한 그리스도인인 경우 여기서도 영적 성장을 위한 기회가 있습니다. 스포츠, 경기와 마찬가지로 캠프는 평시에 쉽게 할 수 없는 공예 활동들을 위주로 하여야 합니다.

⑥ 모험

많은 캠프에서는 숙박 캠프 경험이 많은 캠퍼들을 위하여, 캠프 본거지에서 먼 곳에서 하는 모험 프로그램을 실시합니다. 여기에 포함될 수 있는 활동들은 암벽 오르기 및 줄타기, 급류에서 카누 타기 및 카약, 오리엔티어링(지도와 나침반만을 사용하여 지시된 지점을 찾는 경기) 등이 있습니다.

위에서 언급한 신체 활동들은 캠퍼들의 지식과 경험의 일부가 되어 온전한 인격 발달에 기여할 때 가치를 지닙니다. 그리스도인 지도자들의 지도하에 실시되는 모험의 영적인 가치는 캠핑 프로그램에 커다란 보탬이 됩니다.

(3) 사회 관계를 위한 활동

① 음악

음악이 없으면 삶이 얼마나 공허할까! 캠프의 권위자들은 다음 내용에 동의하고 있습니다. '행복한 캠퍼들이 언제 어디에 있든지 노래하는 것은 세상에서 가장 자연스러운 일이다. 역으로, 노래하는 캠퍼들은 행복해지지 않을 수가 없다. 노래는 비 온 후에 버섯이 돋아나듯이 자발적으로 터져 나와야 하는데, 그것은 노래가 울려 퍼질 때 하이킹하는 사람은 수마일이나 되는 길이 날듯이 지나가고, 접시는 저절로 마르는 것같이 보이며, 따분하게 노젓는 사람에는 간격을 맞추어주는 박자가 되기 때문이다. 좋은 음악은 훌륭한 발효제이다. 쉬운 곡조, 강한 리듬, 또는 감미로운 멜로디의 신선한 아름다움에 굴복하지 않는 사람은 거의 없다. 캠퍼이든 상담자이든 반드시 자주 불렀던 옛날의 애창곡에 대한 즐거운 추억뿐만 아니라 (자신에게) 좋고 새로운 노래들의 목록을 머리 속에 간직하고 돌아갈 것이다.'

자주 노래하라. 많은 캠프에서는 식사 후에 한두 곡의 합창을 합니다. 노래는 캠프 주제나 프로그램이 강조하고 있는 것과 어울리는 것을 선택하여야 합니다. 노래는 좋은 것이어야 하며 노래하기가 즐겁고, 만족감을 남기는 것이어야 합니다. 쉬운 상업적 노래가 기억에 남아 있는 것을 경험하지 않은 사람은 없을 것입니다. 캠프 음악은 그것이 좋든 나쁘든 또는 흥미를 갖지 않았든지 상관없이 이와 동일한 잔류성을 가지고 있습니다.

피아노가 식당에서 노래하는 데는 매우 적합하다 해도, 필요하다면 반주 없이도 노래할 수 있습니다. 기타로도 좋은 반주를 할 수 있습니다. 또 하모니카면 어떤가? 노래를 지도하는 사람이 전문가가 될 필요는 없습니다. 그러나 고저와 리듬감을 가지며, 사람들이 노래하고 싶게 만드는 능력은 가지고 있어야 합니다. 노래를 가르칠 때는, 오버헤드 프로젝터, 플립 차트, 벽에 부착된 판지 등등의 시청각 재료를 사용하라. "그리스도의 말씀이 여러분 가운데 풍성하게 하여 모든 지혜로 서로 가르치고 권면하며 시와 찬미와 영적인 노래를 부르며 감사하는 마음으로 하나님을 찬양하십시오"(골3:16, 현대인의 성경). "시와 찬미와 영적인 노래로 서로 이야기하고 마음으로 주님께 노래하고 찬송하십시오"(엡5:19, 현대인의 성경).

② 단막 희극(Skits)

오늘날 우리는 압박에 눌린 사회에 살고 있습니다. 따라서 단막 희극과 유머는 커다란 역할을 합니다. 이런 것들의 현명한 활용은 캠프 프로그램에서 중요한 위치를 차지합니다. 유머는 서로의 장벽과 편견을 허물고 긴장을 해소하며 상담자와 캠퍼들 사이의 다리 역할을 합니다. "마음의 즐거움은 얼굴을 빛나게 하여도 마음의 근심은 심령을 상하게 하느니라"(잠15:13).

(4) 레크레이션 활동

웹스터 사전은 레크레이션을 '노동 후의 힘과 정신의 회복, 기분 전환, 놀이'로 정의하고 있습니다. 이 단어 자체는 재창조한다는 의미를 내포하고 있습니다. 크리스천 레크레이션은 인간 전체를 새롭게 하여야 합니다. 레크레이션은 건전한 오락을 제공하고, 울적한 감정을 해소하며, 개인으로 하여금 자신을 더 잘 이해하도록 하며, 다른 사람을 알도록 도와주고, 상상력을 발전시키며, 소속감을 심어주고, 신체적·정신적 기능을 향상시키며, 정서적 필요를 채우는 데에 도움을 줍니다.

• 다음은 레크레이션 형태의 활동들의 기본 범주입니다.

① 강의 활동
많은 캠프에서는 규칙적인 강의가 있을 때 이러한 활동을 위하여 전문가들을 채용합니다. 여기에 속하는 전형적인 활동은 사격, 양궁, 인명 구조, 캠프 기술, 승마, 공예 등이 있습니다.

② 우천 시 활동
일부 활동들은 악천후에 변동될 수 있습니다.

③ 저녁 특별 프로그램
특별 활동은 정상적인 일정에 변화를 주며 '기발한 작품'에 어울립니다. 여기에 대한 예로는 야간 묘기와 음악제 등이 포함됩니다.
④ 특별한 날의 프로그램
특별한 날의 프로그램이란 특별한 주제를 중심으로 계획된 활동을 의미

합니다. 여기에는 트랙 및 필드 경기, 수중 카니발 등이 포함됩니다. 보통 이러한 것들은 정규 프로그램 활동에서 나오며 정규 프로그램 활동의 절정을 이룹니다. 또는 캠퍼들의 특별한 관심으로부터 비롯됩니다.

⑤ 집단생활 활동

집단생활 활동은 캐빈 안에서 이루어지며 그 집단의 관심에서 출발합니다.

⑥ 자연 보존 활동

자연 보존 활동이란 캠퍼들이 생태계를 이해하는 데에 기여하며, 캠프의 천연자원을 보존하는 데 도움이 되는 활동들을 의미합니다.

⑦ 선교 활동

선교 교육은 선교사 방문이나 영화를 통하여 이루어질 수 있으며, 선교 활동은 캠프 가까이 있는 지역사회에서 이루어질 수 있습니다.

6) 기독교 캠핑 요약

기독교 캠프 사역은 구원과 영적 풍요라는 메시지로 오랫동안 풍성하게 세상에 영향을 미쳐온 유산을 가지고 있습니다. 아마도 다른 초 교파 단체가 교회에 그렇게 영향을 미친 적은 없을 것입니다. 캠핑은 교회의 사역을 지지하고 배울 수 있는 환경에서 창조적인 프로그램을 조합할 수 있다는 장점이 있어서 사역에 큰 공헌을 해왔습니다. 기독교 교육과 기독교 캠핑

은 여러 공통된 사역 목표와 목적을 나누고 있습니다. 교회의 교육 사역
이 지역 기독교 캠프와 동반자 관계를 잘 맺어야 하는 이유가 이것입니다.

참고문헌

- 김도일 외 3인, 교회학교가 살아야 교회의 내일이 있다, 동연, 2022.
- 김성수, 오경석, 청소년 사역 매뉴얼, 생명의 양식, 2008.
- 김성중, 비전을 심어주는 청소년 사역 매뉴얼, 쿰란, 2007.
- 김성중, 어쩌다 청소년 사역, 두란노, 2023.
- 나삼진, 청소년 사역전략, NG를 잡아라, 영문, 1999.
- 마이클 J 앤서니, 기독교 교육 개론, 정은심, 최창국 역, CLC, 2022.
- 워너 그랜도르프, 로이드 매트슨, 크리스천 캠핑, 황을호 역, 생명의
  말씀사, 1991.
- 이정현 외 8인, 청소년 사역자를 일으켜라, 베다니, 2009.
- 이정현, 중고등부 믿음으로 승부하라, 좋은 씨앗, 2014.
- 임만호, 아이들이 교회로 몰려온다, 생명의말씀사, 2017.
- 장봉림, 청소년 교육 구출 솔루션, 따스한 이야기, 2018.
- 정석원, 청소년 교사를 부탁해, 홍성사, 2021.
- 정석원, 청소년 사역 핵심파일, 홍성사, 2021.
- 최임선, 신앙의 발달 과정, 종로서적, 1992.
- 한성열 외 6인, 십대 청소년 목회론, 두란노, 1993.
- 헨리에타 미어즈, 주일학교의 모든 것, 조계광 역, 생명의 말씀사,
  2023.

9장 대학부
(18~22세)

청년기는 청소년기를 끝내고 성인기로 진입하는 시기입니다. 정확히 말하면 성인 초기 혹은 청년 후기로 규정지을 수 있으며 우리나라의 경우 대학생의 연령층에 속하는 18~24세에 속한 연령집단으로 말할 수 있을 것입니다. 그러므로 이 시기는 대학생도 있고 직장 초년생, 그리고 남자의 경우엔 군대 생활을 하는 경우가 대부분일 것입니다. 비교적 이 시기에 서 있는 연령집단은 기로에 서서 많은 결정들을 해야 하는 분주하고 과업이 많은 시기이기도 합니다. 직장선택, 의미있는 삶의 선택, 결혼...... 등은 모두가 이 시기에 결정 되어져야 하고 윤곽 지어져야 하는 삶의 내용들입니다. 이러한 삶의 다양한 선택의 과제들 속에 나타나는 행동의 양식도 다양하기 때문에 이들을 일정한 틀에만 넣어서 설명을 해 버리는 데는 다소 어려운 점이 있습니다.

1. 대학청년부의 특성

1) 신체적 특성과 자의식

이 시기의 청년들은 신체적으로 다 성장해 있는 편입니다. 이제는 그의 신체가 다 성장하여 새로운 성장을 기대할 수 없기 때문에 형성된 자기 모습에 대해 깊은 관심을 갖게 됩니다. 비교적 균형있게 성장된 경우엔 자신의 몸매에 대해 우월감을 갖고 이성의 친구들에게 과시하려 합니다. 때로는 자기 모습에 스스로 도취되어 거울 앞에서 많은 시간을 보냅니다. 그러나 많은 경우엔 자기 신체의 부족한 특정 부분에 관심을 가지며 열등감을 느낍니다. 이러한 신체적인 불완전성은 청년들의 자아의식을 강하게 할 수 있습니다.

청소년기에 시작된 외모나 몸매에 대한 관심은 청년기에도 지속됩니다. 외모는 자신에 대해 가지고 있는 태도 및 느낌의 집합체이며 한 개인이 그가 처해 있는 생활환경에서 자기 자신 및 그의 주변 환경에 대하여 어떻게 표현하느냐를 말합니다. 현대 사회에서 개인의 매력과 호감도의 축적은 그 어느 시대보다 중요해지고 있습니다. 대인관계에서 호감을 결정하는 요소는 여러 가지가 있으나 매력적으로 인식되는 여러 이유 중 가장 지배적인 것은 외모가 가장 큰 부분을 차지한다는 것을 누구도 부정할 수는 없습니다. 그래서 현대 사회는 점점 외모에 집착하게 되고, 아름다워지기 위해 온갖 과학 기술과 의학 방법을 동원하여 외모를 가꾸며 '예쁘다 = 착하다'로 공식화하여 외모가 예쁘다는 말과 심성이 곱다는 말을 동의어로 사용하여 외모지상주의로 이끌어 가고 있습니다. 물론 인간이 상대방에게 매력적으로 보이고 싶은 것은 본능이라 할 수 있습니다.

외모는 개인의 자아개념인 자아존중감에 영향을 미치고 환경으로부터의 새로운 자극에 반응하여 끊임없이 변화되며, 성별, 연령, 문화적 맥락과 관련됩니다. 즉, 외모의 매력은 신체적 균형, 아름다움, 잘 발달된 근육,

건강미와 같은 외적인 면만을 평가하는 단순한 것이 아니라 내적인 자신 감과 자아존중감 및 내면적 가치가 드러난 총채를 의미합니다. '아름다운 여성은 당당하다'는 말이 외적인 아름다움만을 나타내는 것은 아니라 할 지라도 외모의 아름다움이 스스로를 평가하는 데 얼마만큼의 중요성을 차 지하고 자존감의 형성에 영향을 미치는가에 대한 연구는 많이 있습니다.

출생 시 기형이나 사고 및 질병으로 심각한 외형상의 문제가 있다면 의 술의 힘을 빌려 외모에 대한 지나친 콤플렉스를 극복하여 자신감을 회복 할 수도 있습니다. 그러나 지나치게 미용을 위한 성형수술은 오히려 자신 을 손상 시킬 수 있습니다. 자신의 몸을 사랑하는 것은 자아를 인정하고 자신감을 가지고, 자존심을 높이는 중요한 단계입니다. 또한 아름답고 균 형 잡힌 몸매를 가꾸기 위해서 가장 중요한 것은 건강한 식습관과 규칙적 인 운동임을 명심하고 성형수술은 신중하게 결정하는 것이 좋습니다. 청 년기는 대학 또는 직장생활을 하면서 의복을 통한 자기표현이 가능해지므 로 자신의 가치관과 태도를 기준으로 의복을 선택하여 입고 자신의 신체 이미지인 외모를 만들어 갑니다. 지도자의 입장에서 자기 모습을 건강하 게 수용해서 신체적 성숙과 함께 정신적인 성숙함으로 자신의 삶을 이끌 어 가도록 지도함이 좋을 것입니다.

2) 지적 특성

이들의 지적 특성은 청소년기의 연장 선상에서 더욱 분화되고 발전되고 왕성해져서 어느 때보다 많은 독서를 하며 논쟁을 즐깁니다. 특히 이때는 대학 생활이 시작되므로 고등학교 시절의 입시를 위한 짜여진 독서에서 벗어나 자신의 관심 영역 안에서 자유로운 독서를 하게 됩니다. 청소년 시기에 가졌던 철학이나 신학적인 문제에 대한 막연한 관심이 구체화 되고 폭넓은 세계와의 부딪힘을 통해 끊임없는 도전을 받습니다. 이 시기에 이루어지는 지적 특성을 요약하면 다음과 같습니다.

㉠ 이들의 사고는 공통적으로 시대적 특성을 갖고 있습니다.

㉡ 이들의 사고는 추상적 특색을 갖고 있습니다. 청년 후기가 되면 추상적인 사고와 논리적인 사고가 고도로 발달됨에 따라서 자연히 현실과 실제를 떠난 추상적 경향으로 흐르기 쉽습니다.

㉢ 이들의 사고는 논리적 특성을 갖고 있으면서 강한 정서성을 띠고 있기 때문에 잘못하면 현실과 유리되기 쉽습니다.

㉣ 이들의 사고는 복잡한 현실을 자기 주관적 척도에 의해서 추정하거나 경험에 대해서도 빈약한 이론으로 설명, 규정하려고 합니다.

㉤ 이들의 사고는 일반적으로 정열적 특색을 갖고 있습니다. 그래서 종종 필요 이상으로 과격해집니다.

㉥ 이들의 사고는 비교적 회의적이고 비판적 경향이 짙습니다.

이러한 사고의 특성을 가진 청년들은 비교적 광범위한 관심들을 가지고 여러 문제에 뛰어들어 시행착오를 일으키면서 삶을 배워 갑니다.

3) 정서적 특성

원래 정서란 어떤 자극을 받았을 때 개인의 내부에서 일어나는 강한 감정을 의미합니다. 그래서 정서(emotion)란 말은 '뒤흔든다'(to stir up)는 의미를 가진 라틴어 'emotus', 'emovere'에서 왔습니다. 그러므로 정서는 생활 체의 자극된 의식 상태로 정의할 수 있을 것입니다. 이런 면에서 청년기의 정서적 생활 특성은 흥분성이 있다고 볼 수 있습니다. 이들의 흥분성은 어린 시절의 폭발성보다는 다분히 기분입니다. 이들 정서의 흥분성이 두드러지게 나타나는 주요 원인은 첫째, 관념적 공상적 세계의 급격한 발달에 따른 정서의 불안정성과 둘째, 성적 성숙에 의한 정서의 불안정성과 셋째, 이상과 현실과의 괴리에서 오는 열등감에 의한 불안정성이라 할 수 있을 것입니다.

에릭슨이 말하는 청년기는 인생 주기의 제5단계로써 매우 중요한 단계입니다. 어린이도 어른도 아닌 청년은 여러 사회적 요구에 직면하고 역할 갈등을 겪게 되며, 자기 자신이 누구인가를 묻게 됩니다. 즉, 나는 어떤 사람이며, 앞으로 어떤 사람이 되기를 바라며, 또 인생을 어떻게 살아갈 것인가? 정의와 진리란 무엇인가? 등에 대해 고민해야 합니다. 자신의 내적 신체적 격변과 사회로부터의 새로운 역할 요구 속에서 자신의 사회적 역할을 통합하고 자신의 자아개념을 확고히 정립하는 자아 정체감이 이 시기의 최대 과제입니다. 에릭슨이 이 시기가 정체감(identity) 대 역할 혼란(role confusion)의 시기라고 규정한 것도 이 때문입니다. 이 시기에 자아 정체감을 해결하지 못할 경우 역할 혼동을 가져와 무기력감과 혼란, 소외감 속에서 부모와 동료의 기대와는 전혀 반대의 행동을 하게 됩니다. 사실 자아 정체감 확립은 중·고등학교 시절에 거치도록 되어 있지만, 우리나라의 경우 대학 입시의 지나친 심리적 압박으로 인해 청소년기가 지연(delay)되어 고등학교 졸업 후에 성취되는 것이 보통입니다. 그렇기 때문에 한국교회의 경우, 청년 대학부가 이 단계를 신앙적으로 거칠 수 있도록 도와주어야 합니다. 이때에는 어떤 이념(ideology)이건 자신을 헌신할 수 있는 대상을 찾기 때문에 그 헌신할 수 있는 대상으로써 신앙을 제시할 수 있는 것입니다. 자아 정체감(identity)은 '이것이 진짜 나다'라고 말할 수 있는 것으로 사춘기 때 다 완성되는 것은 아니지만 이 시기의 발달과업이라고 할 수 있습니다. 자아 정체감은 어린이가 최초로 양육자의 존재를 인식하고 양육자에게 인정받을 때 형성되며, 청년이 자기가 속한 집단의 정체감(identity)을 발견하면서 성숙하게 됩니다. 그런 의미에서 또래 집단(peer group)은 이 시기에 매우 중요한 기능을 담당합니다.

또 청년(대학생)은 8단계 인생 주기 중에서 6단계인 성인 초기에 해당되는 발달단계인데 에릭슨은 이 시기를 친밀감 대 소외의 단계로 보았습니다. 이 시기에 직장생활과 결혼생활을 하게 되는데, 이 시기에 발달시켜야 하는 친밀감은 그 이전 단계에서 자신이 누구며 무엇인가에 대한 정체감이 확립되어야 가능합니다. 에릭슨은 친밀감 형성에서 사랑이 발생되며 사랑이란 자신을 타인과 관련짓고 그 관계를 지키는 능력이라고 주장합니다. 이 단계의 위험은 고립인데 이는 친밀감과 관련된 접촉을 회피하는 것입니다. 특히 에릭슨은 이 단계에서 일어나는 남녀관계, 동료 관계에서 친화성이 너무 발달하면 엘리트주의(elitism)에 빠진다고 했습니다. 이는 사춘기의 또래 집단과는 성격이 다른 일종의 클럽을 형성하는 것으로써 배타적인 경향성을 지니게 되는 것입니다.

이러한 에릭슨의 발달단계 이론에 따르면, 청년(대학생)의 중요한 심리적 특징을 다음과 같이 요약할 수 있습니다. 첫째, 이 시기는 자아 정체감이 확립되는 시기입니다. 둘째, 자신이 헌신할 이념 또는 신앙을 찾는 시기입니다. 셋째, 이 시기에는 또래 집단이 매우 중요한 기능을 갖습니다.

넷째, 이 시기에는 역할 혼란에 빠질 수도 있고, 지나친 연대 의식을 갖게 될 수도 있습니다. 다섯째, 이 시기에는 이성과 동료 간의 친밀한 관계가 중요한 시기입니다. 여섯째, 이 시기에는 그릇된 엘리트주의에 빠질 수도 있습니다.

이런 이유로 이들은 항상 환희와 우울, 기대와 실망, 자기 우월과 비하 같은 양극 사이에서 오갑니다. 그래서 이들의 행동은 이성적, 객관적이라기보다는 열정적이며 유아독존적입니다. 그리고 이론을 좋아하긴 하지만 이들의 이론은 냉정한 것이 아니고 관념적이며 감정적 요소에 지배되어 있을 때가 많습니다. 이러한 정서적 특성은 그들의 종교와 도덕성과 종교성에도 영향을 미칩니다.

4) 사회적 특성

이 시기의 청년들은 그들의 보호자로부터 분리와 독립을 선언하려 합니다. 아울러 이러한 현상은 이 시기에 꼭 있어야 할 인격 발달의 필연적 과정입니다. 바로 이러한 노력은 몰로 메이가 말하는 오레스테스 콤플렉스(Orestes Complex)의 극복 과정이기도 합니다. 이 단계 과정까지 부모로부터 심리적 유리가 되지 않고 의존되어 있으면 청년은 자주성이 없고 타인에 대해 지나친 의존적인 성격이 형성되거나 지나친 반항성으로 나타납니다. 그러므로 부모나 교사는 보호자나 감독자의 태도로부터 친한 벗이 되어 주는 것이 바람직할 것입니다.

청년(대학생)의 시기는 심리적으로 격변의 시기임과 동시에 사회·문화적으로도 급격한 변화의 시기입니다. 어느 사회나 그 사회와 문화에도 사회화(socialization) 또는 문화화(enculturation)하는 과정이 중요합니다. 원시사회부터 성년식(initiation)으로 표현된 이 과정이 특별히 요구되는 시기가 바로 이 시기입니다. 이 과정은 기존의 사회의 이념이나 가치, 관습과 규율에 대한 수용을 요구하는데 여기에서 청년(대학생)은 갈등(conflict)을 경험하게 됩니다. 이 갈등은 그 사회가 개방사회(open society)고 민주주의 사회(democratic society) 일수록 그 수준이 낮아지지만 반대일 경우 그 갈등의 폭은 커질 수밖에 없습니다. 한국교회의 청년대학부가 성장하지 못하는 중요한 이유 가운데 하나는 청년 시기의 이러한 사회학적 특징 때문일 것입니다. 청년들이 사회화되는 과정에서 겪는 갈등을 교회가 수용하고 이해하지 못하고 그것을 배타적으로 대할 때, 결국 교회라는 사회에 사회화되지 못하는 현상으로 나타납니다.

청년(대학생)들은 그가 속해 있는 여러 사회 속에서 갈등을 경험합니다. 각각 속해 있는 집단과 사회는 다른 방식의 역할 기대(role expectation)를 갖고 있습니다. 이것이 서로 상충함으로써 역할 갈등(roleconflict)을 경험하는 존재가 바로 청년(대학생)입니다. 그러면서도 청년(대학생)들은 사회 개조와 사회 변혁의 사명도 지니고 있습니다. 기존의 사회에 적응하는 것만을 요구받고 있는 것이 아니라 그 사회를 새롭게 개혁하고 갱신시켜 더 나은 사회로 변화 시켜야 할 책임이 있는 것입니다.

이들의 교우 관계도 이전 단계들의 무리 지어짐의 형태보다는 짝지어지는 형태가 보편적입니다. 이들의 교우 관계는 많은 친구들과 행동을 같이 하면서 즐기기보다는 오히려 뜻이 서로 같고 마음에 흡족한 소수의 친구와 깊이 인격적으로 만나기 원합니다. 이성에 대한 관심도 후기로 가면서 구체적 현실의 이성을 대상으로 하여 구체적 행동이 나타납니다. 이들의 제반 사회적 및 교우 관계는 외면적인 결합보다는 내면적 결합을 추구합니다. 이러한 관계들을 통해서 이들은 자신의 고민을 호소하고 의견을 교환하면서 자신들의 세계를 확장시켜 나갑니다.

5) 종교적 특성과 인생관 형성

전술된 내용을 종합해서 볼 때 청년의 주요 관심은 (1) 나는 누구인가?(identity) (2) 나는 타인과 어떤 관계를 갖는가? (3) 나는 무엇을 믿는가입니다. 이러한 물음의 발전들 속에서 이들의 인생관이 형성되어 갑니다. 특히 종교적인 신념의 체계는 인간의 모든 가치체계 속에 자리를 차지하기 때문에 매우 중요한 의미를 가집니다. 이 시기의 청년들은 그들이 믿는 신앙에 대해서 분명한 이유를 갖길 원합니다. 그래서 자신이 믿고 있는 신앙의 신념체계에 대해서 논리적인 연결성을 갖길 원하고 타종교를 가진 사람들에게 자신의 신앙을 설명할 수 있길 원합니다. 종전의 예배나 의식 또는 습관적인 신앙생활의 태도에서 벗어나 연구하는 태도를 지니게 되며 성경 공부에 깊은 관심을 보이는 시기이기도 합니다. 아울러 자신이 가지고 있는 실존적인 문제를 자기 신앙과 연결 시켜서 해결하기 원합니다. 그래서 이 시기에 나타나는 인간의 곤궁 상황(predicament situation)은 인격적인 하나님을 만날 수 있는 좋은 계기가 되기도 합니다. 이러한 계기들은 자신의 내면 성장을 지속적으로 할 수 있는 자기 계획을 세우기도 하고 영적인 동기들을 가지고 타인에게 봉사하려는 힘이 넘치기도 합니다.

청년기는 인간의 발달 과정에서 중요한 전환점으로 신체적, 정서적, 인지적, 사회적 발달이 모두 집중되는 시기입니다. 이 시기는 신체적으로는 최고의 건강과 에너지를 가지며, 정서적으로는 자아 정체감 확립과 인간 관계에서의 친밀감 혹은 고립감이 형성됩니다. 또한 인지적으로는 형식적 조작 사고의 발달로 복잡한 문제해결 및 추상적 사고가 가능해지며, 사회적으로는 자신의 역할과 사회 내 위치를 찾아가는 과정을 겪게 됩니다. 특히 사랑과 관계의 영역에서는 자신의 정체성을 바탕으로 한 친밀한 관계를 형성하려는 욕구가 강해지며, 이 과정에서 개인적인 성장과 변화를 경험하게 됩니다. 청년기에 형성된 이러한 관계와 경험들은 향후 중년기의 삶에 큰 영향을 미치게 됩니다.

사회로 진출하는 이들에게 다양한 도전과 기회가 존재하며, 이를 통해 개인은 자신만의 정체성을 구축하고 사회 내에서 의미 있는 역할을 찾아가기 때문에 청년기는 인생의 다른 어느 시기보다도 중요한 발달적 과업과 변화를 경험하는 시기라고 할 수 있습니다. 청년기의 신앙 과제는 청년들이 사회적 소외감과 고립감을 경험하기 쉽기 때문에 이를 위해서는 교회와 신앙 공동체가 중요한 역할을 해야 합니다. 교회는 청년들이 사회 내에서 자신의 위치를 찾고, 책임감을 가질 수 있도록 지원해야 하고 동시에 말씀과 함께 신앙적 가치를 중심으로 한 공동체를 제공해야 하며, 청년들의 배움과 확신을 통한 성장을 도모해야 합니다. 관계와 나눔, 회복과 창조의 가치를 중시하는 공동체 형성도 필요하며 이러한 공동체는 청년들에게 친밀감과 소속감을 제공하고, 그들의 신앙적 성장과 사회적 참여를 촉진하는 데 중요한 역할을 합니다.

2. 청년들의 특징

이들은 폭넓게 사고합니다. 기회만 주어진다면, 큰 업적을 이룰 수 있을 것이라고 확신합니다. 이들은 강한 활력을 느낍니다. 그런 자신감을 잃게 만드는 것은 그들에게 중대한 범죄를 저지르는 것이나 다름없습니다. 대학부 사역자들은 학생들이 최대한 능력을 발휘하도록 독려해야 합니다. 이들은 도전에 적절하게 반응합니다. 학생들을 붙잡아 놓고 싶으면, 성취하기 어려운 일이나 배우기 힘든 과제, 시도하기 힘든 계획을 제시하라.

요즘 교회를 떠나는 대학생이 많아진 이유는 시간과 능력을 투자할 만큼 가치 있어 보이는 일이 부족하기 때문입니다. 이들은 지성을 활용하는 활동이나 다양한 선교 활동처럼 분명한 목표를 추구하는 것을 좋아합니다. 대학생들에게 가장 필요한 것은 그들을 깊이 이해하고 막역한 친구가 되어줄 수 있는 성인입니다. 이들은 자신을 솔직하게 대해 주고 스스로를 옳게 평가하도록 도와줄 사람이 필요합니다. 대학청년부 사역자들은 그런 사람이 되어야 합니다. 학생들이 쉽게 다가가고, 그들이 원할 때 항상 도와줄 수 있는 사람이 되라. 학생들에게 다른 누구보다 신뢰할 수 있는 사람이 되라. 대학생들은 온전한 성인이 되기 위한 마지막 적응 단계를 거치고 있습니다. 이들에게는 진실한 친구의 조언과 인도가 필요합니다.

하나는 앞으로 어떤 직업을 선택하느냐이고, 다른 하나는 누구와 결혼하느냐입니다. 대학생들은 더 이상 가족의 조언에 의지하지 않습니다. 이들은 방향을 제시해 줄 사람을 바깥에서 찾습니다. 앞으로의 직업과 진로를 고려하며 대학 교육을 받거나 군에 복무하는 시간은 많은 청년에게 매우 유익합니다. 물론, 이 밖에도 전문대학에 진학하거나 취업을 할 수도 있습니다. 이들에게는 좀 더 성장할 수 있는 기회가 필요합니다. 직업을 갖고 행복한 결혼 생활을 유지하려면 책임 있는 성인이 되어야 한다는 사실을 알아야 합니다.

과거에 이들은 신체적으로나 사회적으로 적응기를 거치면서 많은 것을 배웠지만, 이제는 일을 하며 독립된 생활을 할 수 있는 역량을 기르는 데 관심을 기울여야 합니다. 대학이나 전문대학에 진학하든 군에 입대하든 직업을 갖든, 이들에게는 십 대 시절에 느끼던 속박에서 벗어나 자유롭게 자신을 이끌어줄 현명한 성인이 필요합니다. 안타깝게도, 이들이 선택하는 길은 기독교와 무관할 때가 많습니다. 교회는 세상이 줄 수 없는 것을 주어야 하지만, 그런 책임을 잘 감당하는 교회는 그리 많지 않습니다.

(4) 교회의 책임

교회는 대학부 학생들에게 하나님이 분명한 목적을 위해 그들을 창조하셨고, 각자에게 독특한 인격과 능력을 허락하셨다는 사실을 일깨워주어야 합니다(하나님은 그런 인격과 능력을 그분의 목적을 위해 사용하기를 기대하신다). 누군가가 다니엘 웹스터에게 지금까지 생각한 것 가운데 가장 위대한 생각이 무엇이냐고 묻자, 그는 '하나님 앞에서 내가 한 행동을 책임져야 한다는 것'이라고 대답했습니다. 교회는 청년들에게 이 위대한 진리를 가르쳐야 합니다. 고등학생 때와 마찬가지로 이들도 '무엇을 위해 살아야 하는가?'라는 의문을 품고, 그 대답을 찾고 싶어합니다. 이들은 삶의 가장 큰 목적(어떻게 하면 하나님과 다른 사람을 잘 섬길 수 있는가?)을 발견해야 합니다.

이 시기에는 결혼하고 싶어하는 욕구가 어느 때보다 강합니다. 그런 욕구를 올바로 해결할 수 있도록 교회는 기독교 가정을 세우는 성경 원리들을 가르쳐야 할 책임이 있습니다. 청년은 누구나 가정을 만들려는 욕구를 해결하기 위해 배우자를 찾습니다. 이런 신성한 욕구를 올바로 해결하게 하는 것은 인류 문명을 보호하는 중요한 방법입니다. 바로 기독교 가정이 민주주의의 보루입니다. 오늘날 법원이 이혼하는 부부로 북적이는 것은 청년들이 인생의 가장 중요한 요소인 결혼에 대해 올바른 훈련을 받지 못했다는 증거입니다.

3. 청년의 욕구를 채워주는 사역

일부 교회 지도자들은 대학청년부 학생들이 성경에는 관심이 없고 오로지 이성에만 관심이 있다고 말합니다. 이들은 대학청년부가 이성 교제의 온상이라고 비판합니다. 그런 비판이 사실이더라도, 올바른 이성 교제가 이루어지기에 교회보다 좋은 장소가 또 어디 있겠는가? 깨어진 가정을 보살피고 상심한 마음을 위로하는 것도 좋지만, 교회는 믿음 안에서 올바른 배우자를 찾도록 이끄는 일에 기여하는 편이 훨씬 낫습니다. 청년들은 자신에게 맞는 배우자를 찾아 기독교 가정을 꾸리는 데 관심이 있습니다. 이들은 가정과 가족, 결혼에 관한 성경의 가르침을 배우고 싶어합니다.

(1) 청년들의 문제를 해결하라.

　인생에서 가장 중요한 결정은 예수 그리스도를 구주로 영접하는 것이고, 그 다음으로 중요한 결정은 인생의 반려자를 선택하는 것입니다. 어떤 사람과 결혼하느냐에 따라 행복과 불행이 결정됩니다. 많은 청년이 내게 찾아와 누군가와 사랑에 빠진 것을 어떻게 알 수 있느냐고 묻습니다. 교회는 그런 물음은 물론 이 중요한 관계와 관련된 다른 여러 물음에 대한 대답을 찾을 수 있도록 청년들을 훈련해야 합니다. 대학부 학생들이 서로 우정을 나누도록 독려하는 일에 최선을 다하라. 건전한 환경에서 맺어진 우정이 중요한 욕구를 채워줄 수 있습니다.

　청년들이 고민하는 또 다른 물음은 '내 삶을 어디에 투자해야 할까?'입니다. 청년들은 세상에 기여하고 싶지만, 이 물음에 대한 대답을 찾도록 도와줄 곳이 어디인지, 무엇을 어떻게 해야 할지 알지 못합니다. 인생에서 가장 중요한 것은 생계를 위한 돈벌이가 아니라 어떤 인생을 살아가느냐입니다. 성급한 결정 때문에 불행한 결과를 초래하는 경우가 많습니다. 청년들에게 하나님을 섬기며 그들의 삶을 위한 그분의 뜻을 찾도록 가르치라.

⑵ 여러 가지 그룹 활동을 이끌라.

　청년들은 그들이 가장 신뢰하는 사람들에게 훌륭한 지도를 받으며 성장해야 합니다. 목회자는 대학청년부 사역자가 그런 사람이 되도록 도와야 합니다. 청년들은 그리스도와 그분의 나라와 의를 먼저 구하면, 하나님이 모든 것을 더해 주신다는 것을 배워야 합니다(마6:33). 캠프, 집회, 수련회와 같은 활동을 통해 청년들을 올바르게 지도하라. 청년들은 그런 특별한 시간을 통해 자기들 앞에 놓인 다양한 기회와 세상에서 부딪치는 여러 문제를 생각할 수 있을 것입니다. 소란스런 세상에서 잠시 물러나 그런 시간을 가진다면, 성경도 배우고 깊은 대화도 나눌 수 있을 것입니다. 또한 대학청년부 학생들은 전도 활동을 펼쳐야 합니다. 그런 활동은 이들의 영적 성장을 독려하고, 살아가면서 큰 도움이 될 훈련 기회가 될 것입니다.

⑶ 성경을 가르치라.

성경이 기독교 교육의 교과서라는 사실에 이의를 제기할 사람은 아무도 없습니다. 그렇다면, 성경을 가르치는 목적은 무엇인가? 청년들이 성경에 기록된 사실을 아는 것으로 충분한가? 청년들이 성경의 진리를 실천하는 문제에는 아무 관심이 없고, 단지 지식과 정보를 전달하는 것에 만족하는 사역자가 많습니다. 물론, 청년들은 성경 지식을 알아야 합니다. 그러나 성경 교육이 거기에서 그친다면 결국에는 실패로 끝날 것입니다.

청년들에게 성경을 가르치는 첫째 목적은 하나님에 관한 올바른 지식을 쌓고, 주 예수 그리스도를 통해 나타나신 그분에 대한 믿음을 독려하기 위해서입니다. 성경은 삶에 의미를 부여합니다. 우리는 성경을 통해 우리를 위한 하나님의 뜻을 발견합니다. 하나님이 그분의 자녀들을 위해 위대한 계획을 가지고 계시고, 우리가 그분의 계획에 포함되어 있다는 사실을 아는 것은 참으로 가슴 떨리는 깨우침이 아닐 수 없습니다. 예수 그리스도께서는 인생의 모든 문제에 대한 대답입니다. 성경은 그리스도의 모든 권능과 위엄을 분명하게 드러냅니다. 주님은 우리가 느끼고 경험하는 모든 것을 알고 이해하십니다. 우리처럼 인성을 지니고 계시기 때문입니다. 교사는 성경의 합리성을 강조해야 합니다. 성경의 진리와 가치를 입증해 줄 내외적인 증거를 제시해야 합니다. 청년들에게 그들이 믿어야 하는 이유를 깨우쳐주라.

청년들에게 성경을 가르치는 둘째 목적은 일상생활에서 성경의 진리를 경험하게 하기 위해서입니다. 청년들은 다른 사람들이 성경의 진리를 실천하는 모습을 보아야 할 뿐 아니라 직접 그 진리를 실천해야 합니다. 이들이 예수님의 삶을 본받는다면, 다른 사람들을 믿음으로 인도할 수 있을 것입니다. 다른 신자들을 재생산할 때 청년들은 스스로 성장할 것입니다. 우리의 믿음을 강하게 만드는 가장 좋은 방법은 다른 사람들을 믿음으로 인도하는 것입니다. 사역자가 확신 있는 태도와 예수님을 본받는 삶을 통해 청년들에게 믿음을 심어주고, 나아가 그들도 다른 사람들에게 확신을 심어주고 죄를 깨닫도록 이끌 수 있다면, 믿음이 더욱 강해질 것입니다. 이런 식으로 교육한다면, 대학청년부는 날로 성장할 것입니다. 사역자들은 세상의 지도자들을 양성하고 있다는 사실을 잊지 말라. 청년들에게 다양한 기회를 부여해 자신을 표현할 수 있게 하라. 자신의 견해를 솔직하게 제시하고 알고 싶은 것들을 질문하게 하라.

4. 대학 청년 조직

(1) 20명 이하의 단계

처음 맡게 된 공동체의 규모가 20명일 경우엔, 청년·대학부의 기존 방식에 조심스럽고 점진적으로 소그룹 제자훈련 방식을 도입할 의사가 있음을 사전에 담임목사에게 밝혀야 합니다. 만약에 아예 무(無)에서 시작해서 20명 정도가 됐다고 한다면 이제까지 해 오던 방식대로 하면 되지만 처음 부임했는데 청년·대학부 규모가 20명 안팎이라면 교역자는 무척 신중해야 합니다. 그리고 먼저 담임목사에게 허락을 받아야 합니다. 허락이 없으면 역시 기다리십시오. 장시간 기도하면서 때를 얻으십시오. 사실 대부분의 교회가 다른 것은 몰라도 청년·대학부 사역에 소그룹 제자훈련 방식을 도입하는 것은 허용하는 분위기입니다. 그래서 허락받는 것이 어렵지는 않을 것입니다. 이 경우 교역자는 소그룹 제자훈련의 성격상 소수에 집중하게 되는데 이것 때문에 공동체 내에서 오해와 불만이 터져 나올 수 있습니다. 또한 지금까지 해 오던 행사 위주의 모임에 변화가 가해짐에 따라 기존 세력이 반발할 수도 있습니다.

따라서 교역자는 이미 확보된 공인된 공간, 즉 설교 시간이나 기도회 시간들을 통해서 성경적 사역 원리로서의 소그룹 제자훈련 사역을 청년들에게 인식시키고 기도로써 준비시켜야 합니다.

그리고 이제 소그룹 사역을 시작할 분위기가 되었다고 판단될 때 교역자가 유의할 점은 대상 선택을 지혜롭게 해야 한다는 것입니다. 교역자는 무엇보다 교회와 청년·대학부에서 잔뼈가 굵은 젊은이들부터 제자훈련에 포함 시켜야 합니다. 이때의 조직은 기존 조직을 그대로 두고 교역자가 5~10명 정도를 모아 제자훈련을 시키는 모습을 띠게 됩니다.

① 특징

이 단계에서의 소그룹은 많아야 4개 정도 될 것입니다. 그리고 이 4개의 소그룹을 이끌 4명의 조장과 그 4명이 모이는 조장 소그룹도 하나 있게 됩니다. 물론 소그룹의 조장은 교역자입니다. 그리고 이 단계에서는 아직 사역과 행정이 일원화돼서 나타납니다. 그래서 임원으로 있는 사람이 동시에 조장의 역할을 담당합니다. 그러므로 교회에 따라서는 임원들의 명칭을 그들의 역할에 맞게 바꾸어 사용하기도 합니다. 예를 들어 '회장' 하면 왠지 소그룹 조장들보다 우위에 있는 감(感)이 들기 때문에 요즘에는 '행정국장' 또는 '총무'라는 용어를 사용하여 그들에게 주로 행사 준비의 임무 등을 맡기는 예가 많습니다. 어쨌든 20명 이하의 단계에서는 행정국장, 재정, 서무, 문서 담당 이런 사람들이 조장이면서 동시에 임원의 역할을 담당하게 됩니다.

② 조직

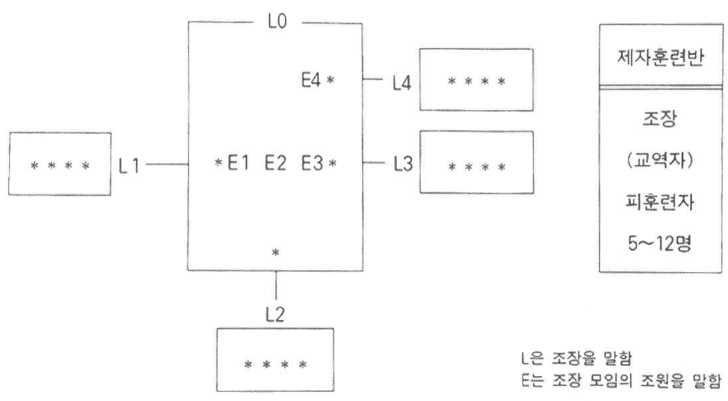

위 도표에서 "L0"는 교역자라고 할 수 있습니다. 교역자가 4명 정도의 조장들과 정기적으로 조장 모임을 갖고 또 조장들은 각각 4명 정도의 조원들을 지도합니다. 또한 교역자는 조장 모임 외에도 5~12명 정도로 구성된 제자훈련반을 인도합니다.

① 특징

50명이 넘으면 상당히 큰 청년·대학부에 속하는 셈입니다. 그래서 20~50명 단계를 잘 파악하는 것이 아주 중요할 것입니다. 전체 인원이 35명 정도 된다고 하면 소그룹은 7개 정도 존재합니다. 이때 역시 교역자가 조장 모임의 인도자 역할을 할 수 있습니다. 교회의 경우 학생 선교 단체와는 달리 교재를 단계별로 세분화하여 교육하는 것보다 일원화해서 훈련하는 것이 더 나은 이유는, 단계별로 하다 보면 소그룹 조장들을 준비시키는 데 교역자의 힘이 분산되기 때문입니다. 더군다나 우리나라 청년·대학부 상황에서는 평신도 지도자들이 스스로 잘 준비해서 소그룹을 풍성하게 이끈다는 것이 아직 역부족이기 때문에 교역자가 이런 면에서 조장들을 잘 준비시켜 주는 것이 관건입니다. 따라서 교재를 일원화하는 쪽이 훨씬 효율적입니다.

제자훈련반은 둘 정도 두어야 할 것입니다. 공동체가 점점 커지면서 제자훈련을 받아야 할 사람들이 늘어나기 때문에 모임 하나로는 감당하기가 어려워집니다. 이렇게 두 그룹으로 나눠서 모임을 따로 꾸리면 1년 후면 잘 준비된 지도자들을 배출해 낼 수 있습니다. 그런데 청년·대학부 교역자들이 대부분 부교역자들이고 심방 사역이나 심지어 타부서까지 맡는 경우들이 많아서 절대적으로 시간 부족의 문제에 빠져 있습니다. 그러다 보니 제자훈련반을 두 개씩이나 꾸리기가 쉽지 않습니다. 그러므로 청년·대학부만을 전적으로 담당하고 있지 않은 교역자들은 차선책으로 제자훈련을 한 번에 모아서 하는 방법을 택할 수밖에 없습니다. 이 경우 교역자는 모임 안에 인격적인 관계가 형성되도록 하기 위해 모임 내에 소그룹을 형성하는 게 바람직합니다. 또 이때는 행정과 사역의 이원화(二元化)현상이 뚜렷해집니다. 그래서 임원들은 행정(혹은 총무). 재정, 서무, 문서(주보). 찬양 등의 역할을 담당하면서 조장들과는 다른 위치를 점하게 됩니다.

② 조직

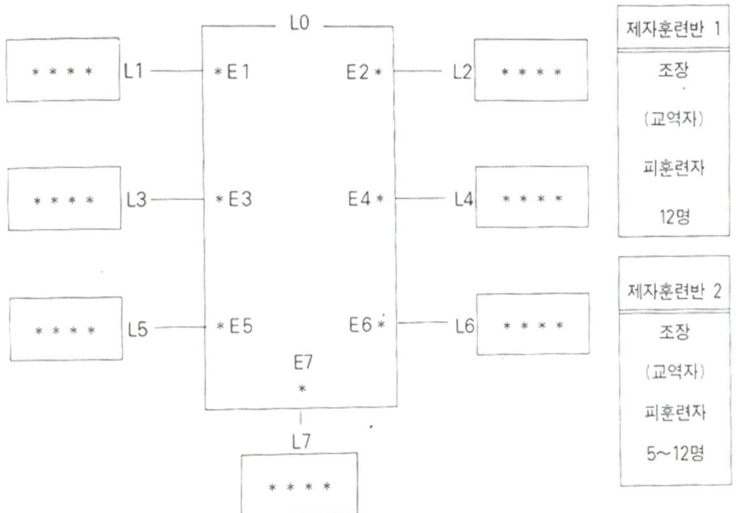

(3) 50~100명

20~50명 단계에서 제자훈련반을 한 반만 꾸릴 경우에는 다음 단계인 50~100명 단계로 넘어가기가 어렵습니다. 중간 이탈자 등을 고려할 경우, 제자훈련반을 한 개만 둔다는 것은 현상 유지 정도에 불과하기 때문

입니다. 그러므로 성장을 기대한다면 제자훈련반을 두 개 정도 운영하는 게 좋습니다. 지도자가 준비된 만큼 조원들도 불어나는 것이 소그룹 사역의 생리이기 때문입니다.

① 특징

이 단계에서는 행정 조직과 사역 조직이 완전히 이원화되는 양상을 보입니다. 또한 "코디네이터"(coordinator) 또는 "엘더"(elder)라는 개념이 등장합니다. 즉, 교역자가 모든 소그룹의 조장들을 일대일로 상대할 수가 없기 때문에 교역자는 소그룹의 조장 격인 코디네이터나 엘더들을 중점적으로 만나게 되고 조장들을 일일이 만나 돕는 역할은 조장들의 몫이 됩니다. 또 확대 임원회가 필요하게 됩니다. 이 단계에서는 교역자의 역할에 변화가 생깁니다. 정기 모임에서 말씀을 전하고 제자훈련반을 이끌며 조장 모임을 주관하던 기존의 역할에 덧붙여 조장 모임을 주관하고 확대 임원회에서 지도력을 발휘하는 일까지 책임져야 합니다. 또한 이 단계가 되면 별도의 새신자 관리팀이 하나 정도 세워져야 합니다.

② 조직

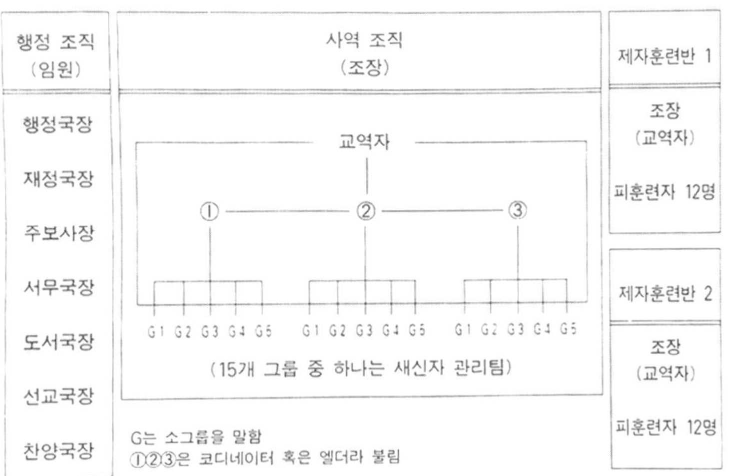

위 도표상에서 왼편에 있는 것은 행정 조직(임원)입니다. 교역자는 임원들을 직접 챙길 필요가 없습니다. 대개는 행정국장과 긴밀한 관계를 유지하면서 필요 사항을 지시하거나 조언을 주고 행정 조직 자체는 자율적으로 운영되게 하는 것이 바람직합니다. 사역 조직(조장)의 중심에는 교역자가 있고 그 아래에는 코디네이터 ①②③이 있습니다. 코디네이터들은 각각 4~5명의 조장들을 관리하므로 조장 모임을 할 경우 그 인원만도 15~20명 정도가 됩니다. 공동체에 새신자들이 많이 유입될 경우에는 코디네이터들도 자기만의 소그룹을 하나 운영해야겠지만 그 외의 경우라면 소그룹은 맡지 않아도 됩니다.

조장 모임은 2주에 한 번씩 평일에 하면 됩니다. 공동체의 규모가 커짐에 따라 조장의 수도 점점 많아지기 때문에 교역자가 갖게 되는 부담도 그

만큼 커집니다. 교역자가 잘 준비되어 조장 모임을 잘 운영하는 것이 그 주간의 소그룹 활동의 성패를 좌우한다고 해도 과언이 아닙니다. 그만큼 교역자의 역할이 막중하다는 얘기입니다. 또한 교역자는 평일에 두 개 정도의 제자훈련반을 지도하는 일도 계속해서 해야 합니다. 하지만 맡은 일이 많은 부교역자의 경우에는 다소 융통성을 발휘해서 지혜롭게 모임을 꾸리는 것이 좋습니다.

⑷ 100~200명 단계

① 특징

이 단계가 되면 간사진 구성의 필요성, 효율적인 보고 및 대응 체제 확립의 필요성, 학교별 공동체 활성화의 필요성 그리고 기동력 있는 간사 모임의 필요성이 대두됩니다. 또한 정기 모임이 좀 더 응집력 있는 모임으로 변화되며 역동적인 기도회 인도의 빈도수도 전보다 많아집니다. 또한 1년 차를 대상으로 하는 제자훈련 과정의 중요성이 크게 부각되는 단계이기도 합니다.

② 조직

사역 조직
교역자
• 조장 모임(총 39명)
교역자 1
간사 2
코디네이터 6
조장 30
간사 1
간사 2
①②③④⑤⑥은 코디네이터
위의 15개 소그룹마다 1개는 새신자 관리팀. 1년차 대상의 제자훈련 과정 필요
행정 조직(임원)
행정국장 재정국장
주보사장 서무국장
도서국장 선교국장
찬양국장
제자훈련반 1
조장
(교역자)
피훈련자 12명
제자훈련반 2
조장
(교역자)
피훈련자 12명
제자훈련반 3
조장
(간사 1)
피훈련자
5~12명
제자훈련반 4
조장
(간사 2)
피훈련자
5~12명

〈방식 1〉

교 역 자
간사
① ② ③ ④ ⑤ ⑥ ⑦
5개 소그룹 5개 소그룹 5개 소그룹 5개 소그룹 5개 소그룹 5개 소그룹 새신자부
①②③④⑤⑥은 코디네이터
행정 조직(임원)
행정국장 재정국장
주보사장 서무국장
도서국장 선교국장
찬양국장
제자훈련반 1
조장
(교역자)
피훈련자 12명
제자훈련반 2
조장
(교역자)
피훈련자 12명
제자훈련과정
조장(간사)
보조자 1,2명
피훈련생 15~30명
대상 1년차

〈방식 2〉

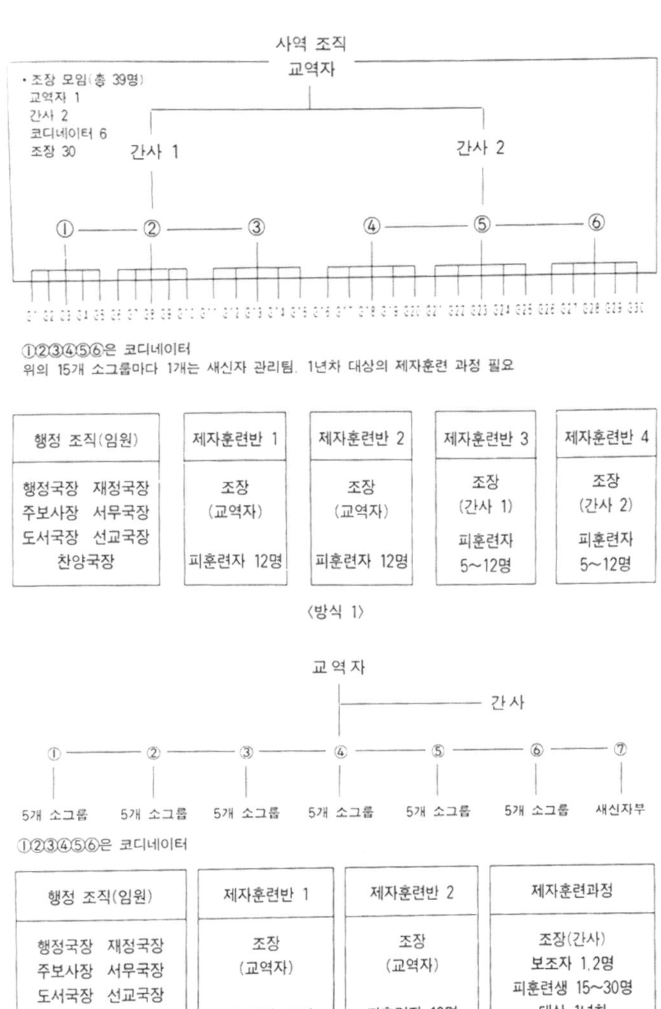

조직은 위에 있는 바와 같이 두 가지 방식으로 생각해 볼 수 있습니다. 먼저 방식 1을 보십시오. 이 단계가 되면 소그룹이 약 30개 정도가 되고 코디네이터나 엘더는 각각 5~6개의 소그룹을 맡게 됩니다. 이때에는 대학원생이나, 지도력이 있으면서 직장이 비교적 자유로운 자매 중에서 간사를 두 명 정도 세워 각각 소그룹 엘더들을 세 명씩 담당하게 하는 방식을 채택할 수 있습니다. 그러나 이 경우도 조장 모임의 중심은 역시 교역자가 될 수밖에 없습니다. 간사나 소그룹 코디네이터들의 역할은 어디까지나 보조적인 역할이고 조장 모임은 교역자가 직접 주도하는 것이 좋습니다. 조장 모임의 규모가 커진 데서 오는 인격적인 교제의 어려움은 조장 모임 내에 소그룹을 형성함으로써 해결할 수 있습니다. 이 소그룹 활동에서는 간사라든가 소그룹 코디네이터들의 역할이 아주 중요합니다. 제자훈련반은 3~4개 정도를 만들어 그 중 2개는 교역자가 맡고 나머지 1~2개는 간사급에서 소화할 수 있습니다.

방식 2의 경우는 간사 1명을 참모 형식으로 두고 교역자가 직접 코디네이터들을 지도하는 방식입니다. 저는 개인적으로 방식 1보다는 방식 2가 더 좋다고 생각합니다. 중간 지도자들을 너무 많이 세우다 보면 옥상옥의 구조가 되는 경우들이 많기 때문입니다. 그래서 아주 바쁜 교역자가 아니라면 될 수 있는 대로 교역자가 직접 소그룹 조장들을 챙기는 방향으로 구조를 세우는 것이 더 낫다고 봅니다. 방식 2에서는 제자훈련반 2개를 모두 교역자가 담당하고 간사는 제자훈련 과정 정도를 운영하도록 할 수 있습니다.

(5) 내수동교회 청년부 조직

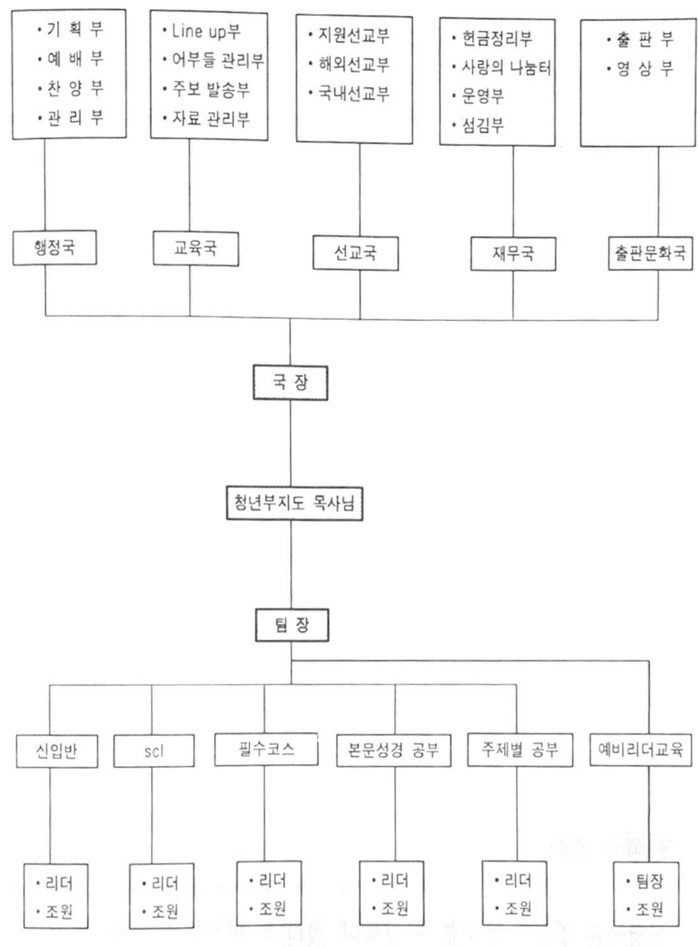

• 기 획 부
• 예 배 부
• 찬 양 부
• 관 리 부
• Line up부
• 어부들 관리부
• 주보 발송부
• 자료 관리부
• 지원선교부
• 해외선교부
• 국내선교부
• 현금정리부
• 사랑의 나눔터
• 운영부
• 섬김부
• 출 판 부
• 영 상 부
행정국
교육국
선교국
재무국
출판문화국
국 장
청년부지도 목사님
팀 장
신입반
scl
필수코스
본문성경 공부
주제별 공부
예비리더교육
• 리더
• 조원
• 리더
• 조원
• 리더
• 조원
• 리더
• 조원
• 리더
• 조원
• 팀장
• 조원

(1) 행정국

부서명	섬기는 일
기획부	각종 행사를 기획하고 모임을 주관
예배부	예배를 위한 기도, 예배 전후 준비, 주보 배부 및 안내 담당
찬양부	예배시간 찬양을 인도하며 수련회 등 각 행사 시 찬양시간 주관
관리부	인원, 주소록, 명찰 관리, 사진, 물품 관리, 예배일지 및 녹음 등 행사 기록 보존, 청년부실 장식

(2) 교육국

부서명	섬기는 일
LINE UP부	성경공부 신청서를 기준으로 매 성경공부 코스마다 리더, 조원을 구성한다.
어부들 관리부	출석부에 기록된 출석상황, 성경통독, 암송, QT 등의 사항을 개인별, 팀별로 관리한다.
도서 관리부	우수 도서개발과 도서 자료 수집을 통해서 공동체에서 활용할 수 있는 도서의 구입과 대출 등을 담당한다.
주보 발송부	주일예배 및 성경공부 결석자들에게 주보를 매주 발송한다.
자료 관리부	교육에 관련된 모든 자료들을 정리, 관리함으로 차기에 활용할 수 있도록 자료를 보관, 관리한다.

(3) 선교국

① 지원 선교부

부서명	섬기는 일
기획팀	기독교 청년 연합 한마당을 기획하고 준비하며 이에 대한 모든 행사 준비를 담당한다.
기도 사역팀	매주 수요 예배가 끝난 후 청년부에서 모이는 기도회를 인도하는 기도회 인도자 모임이다.

② 해외 선교부

부서명	섬기는 일
선교사님 후원	14명의 선교사님들과 개인적인 전화 및 서신으로 연락하고 있다.
기도 합주회	매달 한 번씩 모여서 후원 선교사님을 위한 기도시간을 갖는다.
세계 기도 시간 인도	선교에 대한 기도 정보 수집과 예배 시 세계 기도 정보 시간 인도
	선교 헌신 예배 인도 및 선교사 요람발간.
	단기 해외 선교 여행 계획 및 실시.

③ 국내 선교부

부서명	섬기는 일
사회 선교팀	서울 노인 복지원에 계시는 83세의 최 할아버지와 영등포에 계시는 김 할머니를 섬긴다. 매월 1회 방문하고 교제하며 후원하고 있다.
군 선교팀	매월 둘째주 토요일 기드온 교회방문, 처음에는 위로 방문의 형식이었으나 점차적으로 성경공부 도입 및 구체적인 복음 전도와 양육을 통한 군 선교를 하고 있다.
농어촌 선교팀	농어촌 미자립교회 지원과 각 선교단체 보조, 여름 성경학교 봉사 활동, 그리고 국내 선교 후원 예배 등을 담당하고 있다.

전도 집회	1년에 한 번 주로 10월에 새신자들을 위한 전도 집회 계획 및 행사 진행.

(4) 재무국

부서명	섬기는 일
기획팀	사랑의 나눔터와 팀워크를 인도하고 재무국의 일년 행사를 기획
재정 관리팀	헌금 계수 및 보관, 선교헌금 발송, 지정헌금 관리, 경조금, 기타 각국 예산 집행
봉사팀	팀워크나 final 혹은 수련회 등 절기나 행사시 음식과 다과 준비

(5) 출판 문화국

① 출판팀

부서명	섬기는 일
출 판 팀	(1) 연재물을 기획하고 이를 통한 지체들의 영적 필요를 충족시킨다.
	(2) 기독 청년 연합 소속 타 교회의 지체들의 글을 기고함으로 실질적인 연합을 도모한다.
	(3) 공동체를 소개하고 알리는 어부들의 책을 출간한다.
	(4) 칼럼 위원들을 선배들과 또래장, 리더로 확대하여 다양한 지체들의 생각과 의견을 반영한다.
	(5) 내수동 문학상을 연 2회 실시하여 주보에 기고된 글중에 유익했던 글들을 분야별로 선정하여 시상함으로 주보에 대한 관심과 애정을 갖게 한다.

② 영상팀

부서명	섬기는 일
영상팀	(1) 각 국을 섬기고 있는 지체들의 모습을 담은 섬김의 모습들을 소개하고 그들의 사기를 진작시키고 일반 지체들의 관심을 유도한다.
	(2) 지체들의 직장과 가정생활을 탐방하여 어부들의 삶을 입체적으로 소개한다.
	(3) CCM 음악소개, 공식적이고 개방적인 통로가 없어서 접할 수 없는 국내외 유명 복음송 가수들의 뮤직비디오를 소개한다.
	(4) 교회 내 선교 활동 기금 마련을 위한 자선 음악회를 가진다.
	(5) 수련회, 선교여행, 기독 청년 연합 한마당 등 특별 프로그램을 제작한다.

5. 청년 예배

1) 예배, 무엇을 준비할 것인가?

하나님과의 깊은 만남에는 철저한 준비가 있어야 합니다. 물론 우리의 준비가 아무리 완벽해 보여도 성령의 역사가 빠지면 그 예배는 은혜로울 수 없습니다. 그러나 성령의 역사를 기대하며 철저히 준비할 때 그 만남의 깊이는 다를 수밖에 없고, 또 하나님께서 역사하실 가능성도 그만큼 높아집니다. 우리는 그저 성령께서 역사하실 수 있는 환경을 최선을 다해 조성하는 것입니다. 그 준비는 무엇보다 오래전부터 기도를 모으는 것과 또 각 분야별로 최선을 다해 세밀하게 준비하는 것을 의미합니다. 미흡한 준비를 은혜라는 이름으로 대충 넘기는 것은 하나님과 청년들 앞에서 직무를 유기하는 것입니다.

(1) 기도 준비 – 가장 큰 준비는 기도

예배의 은혜를 좌우하는 것은 그 예배를 위해 얼마나 기도하느냐에 달려 있습니다. 예배는 형식을 과감히 바꾼다고 해서 은혜의 정도가 갑자기 달라지지 않습니다. 단지 참여자에게 새로움을 줄 뿐입니다. 은혜의 수준을 높이려면 성령께서 역사하시는 자리가 되게 해야 합니다. 성령의 역사는 기도를 쌓아가는 만큼 나타납니다. 공동체의 핵심 역량을 예배에 맞추고, 그것을 위해 최대한 기도해야 합니다.

청년 공동체마다 별도의 기도회가 있습니다. 그때마다 공동체의 예배를 위하여 기도하라. 예배가 살아야 공동체가 삽니다. 예배에 승부를 걸어야 한다면 그 승부가 기도로 좌우된다는 것도 명심해야 합니다. 말씀을 전하는 사역자를 위해, 찬양팀과 방송팀을 위해, 예배를 섬기는 모든 일들을 위해 기도하는 것입니다. 이런 기도가 쌓이면 우리도 모르게 성령의 역사가 조금씩 커지는 것을 느끼게 됩니다. 새가족들이 들어오는 것을 경험할 것입니다. 예배를 드리고 나가는 청년들의 표정이 달라질 것입니다.

① 다양한 훈련의 자리에서 기도하라.

어느 때든 예배를 위해 기도해야 합니다. 모든 소그룹에서, 리더 모임에서 임원 모임과 다양한 훈련의 자리에서 공동체의 예배를 품고 기도하라. 우리 공동체의 중심은 예배라는 것을 사역자가 청년들에게 인식시켜 줘야 합니다. 청년들은 의미와 가치 있는 일에 달려듭니다.

예배를 통해 은혜를 경험하기 시작하면 그것을 위해서는 어떠한 희생도 감수합니다. 놀라운 것은 예배를 위한 기도의 깊이가 깊어지면서 그 기도회의 자리에도 하나님의 은혜가 크게 임한다는 것입니다. 공동체에 부어주시는 은혜가 배가 되는 것입니다. 가정에서도 정해진 시간에 공동체의 예배를 위해서 기도하면 공동체의 영적 일치와 단합에도 도움이 됩니다. 개인적인 기도 제목, 공동체의 기도 제목과 함께 예배를 위해서도 반드시 기도해야 합니다.

② 예배 30분 전, 이른바 마중물 기도회를 하는 것도 좋습니다.

마중물 기도란, 예배를 섬기는 핵심 청년들, 찬양팀, 중보 기도팀, 방송팀 등이 구별된 마음으로 예배를 위해 기도하는 것입니다. 예배의 은혜는 그 예배를 품기 시작할 때, 그리고 기도할 때부터 시작됩니다. 예배를 섬기는 이들을 위해 중보기도 하는 것도 좋습니다. 어느 날은 찬양팀을 위해 집중적으로 기도할 수 있습니다. 또 어느 날은 방송팀을 위해 기도할 수 있습니다. 그런 식으로 예배를 섬기는 이들을 기도로 세워가는 것이 유익합니다.

③ 예배실에서 기도하라.

때로는 예배실 사방에 퍼져 앉아 그 예배에 참석할 청년들을 위해 기도하는 것도 은혜가 됩니다. 청년들을 위한 중보기도를 겸하는 시간인데 이때에도 하나님께서 공동체에 은혜를 부어주십니다. 청년들이 다른 지체들을 품는 마음도 커집니다. 이렇게 기도하는 청년들은 자신들의 기도가 다른 청년들에게 은혜를 끼친다는 자부심도 갖게 될 것입니다.

예배의 은혜는 이런 다양한 기도들이 모아질 때 임계점에 이르러 폭발하는 것입니다. 성령의 역사는 기대하고 준비하는 자, 기도하는 자에게 주어집니다.

청년들은 환경에 예민하게 반응하는 세대입니다. 그냥 그러려니 하고 지나가는 법이 없습니다. 더 아름답고 더 쾌적한 환경을 선호합니다. 같은 값을 내는 거라면 인테리어가 더 아름다운 카페를 찾아다니는 세대입니다. 지극히 당연한 이 욕구를 무시하는 공동체가 되어서는 안 될 것입니다. 은혜로운 청년들이야 감수하고 공동체에 머물겠지만 환경이 너무 수준 낮다고 판단되면 공동체에서 서서히 발을 뺄 수도 있습니다.

① 공간을 잘 선택해야 합니다.

청년 예배를 위해 모든 것을 골고루 갖춘 공간을 찾는 것은 매우 힘든 일입니다. 교회에서 어른들이 정해준 공간, 남들이 다 가려고 하지 않는 공간, 혹은 다른 부서와 함께 써야 하는 공간을 예배실로 사용하는 경우가 대부분일 것입니다. 그래도 청년 공동체가 잘 부흥해서 더 좋은 공간으로 가게 될 날을 기대해도 좋습니다. 예배 잘 드리고 은혜로 다져지는 청년 공동체가 될 때 교회에서 가장 좋은 공간을 기꺼이 내어 줄 것입니다. 그전까지는 얼마 안 되는 선택 안에서 예배실을 정해야 합니다. 쾌적한 환경과 음향, 영상 장비를 잘 갖춘 곳이면 좋겠지만 무엇보다 예배 인원에 맞는 공간이 좋습니다. 공간이 크다고 무조건 좋은 것이 아닙니다.

예배 인원은 30명인데 200명 모이는 공간에서 예배를 드리는 것은 매우 어리석은 일입니다. 더군다나 찬양이나 기도의 소리가 모여지지 않습니다. 그럴 때 은혜가 반감될 수도 있습니다. 반대로 인원 대비 여유 공간이 없는 예배실은 찬양과 기도를 은혜롭게 하기에는 좋으나 여름이나 겨울에 청년들이 예배에 참여하는 것을 매우 꺼릴 것입니다. 지금 모이는 인원이 듬성 듬성이라도 어느 정도 찰 수 있는 공간이 좋습니다. 그리고 그 공간에 청년들이 어느 정도 차면 더 큰 공간으로 옮겨가는 것입니다. 현대인들은 각자 자기만의 안정감을 취할만한 공간을 추구합니다. 너무 가까이 붙어 있으면 그렇지 않아도 예민한 청년들이 예배 내내 불편함을 느낄 것입니다.

② 깨끗하고 아름답게 꾸며라.

예배 공간이 쾌적하지 못하면 웬만한 은혜로는 극복하기 어렵습니다. 정말 은혜가 크다면 모를까 그렇지 않으면 환경에 영향을 받을 수밖에 없습니다. 무조건 예배 공간은 깨끗해야 합니다. 다른 부서와 예배실을 공유한다고 하더라도 청년 공동체가 성숙함을 발휘해서 깨끗하고 아름답게 꾸며놓는 것입니다. 잘 준비된 공간은 잘 준비된 마음에서부터 시작되고, 그 공간에서 하나님의 임재를 경험하는 것은 정말 복된 일입니다. 새가족이 왔을 때 편안하고 호감을 가질 수 있는 정도의 공간을 만드는 것을 최소한의 기준으로 삼으면 좋을 것입니다.

지저분한 것들은 수납함에 다 넣습니다. 가리기 어려운 부분은 롤스크린이나 현수막으로 가립니다. 방향제나 디퓨저로 공간의 향기를 만듭니다. 공간의 향기는 가급적 같은 것으로 지속적으로 사용하는 것이 좋습니다. 은혜와 맞물린 향기는 평생 기억이 되기 때문입니다. 그 향기만 떠올려도 다시 은혜가 새록새록 솟아나게 됩니다.

③ 아름다운 예배의 흔적을 남겨라.

화장실 문화시민연대에서 제시한 '아름다운 사람은 머문 자리도 아름습니다'라는 문구는 비단 화장실에만 해당되는 이야기가 아닙니다. 예배를 마친 우리들, 은혜로 아름답게 변화된 우리들이 남겨야 할 흔적이 아닐까 생각합니다. 청년들에게 예배실뿐만 아니라 모든 공간을 은혜롭고 아름답게 정리해야 한다는 것을 지속적으로 가르쳐야 합니다. 교육과 훈련을 마무리한 자리 수련회를 마친 공간, 파송 찬양 후의 예배실, 모두가 떠난 주일 저녁 청년 공동체 임원실 등, 그 자리에 지저분한 흔적이 아니라 정리와 은혜의 흔적이 남아 있도록 해야 합니다. 그렇게 될 때 청년들을 향한 교회의 인식이 달라질 것입니다.

④ 예배나 절기에 맞게 장식하라.

아름다운 환경을 위해서 미적 감각을 최대한 활용해야 합니다. 공동체의 주제나 가치를 현수막으로 제작해서 벽면이나 정면에 붙이는 것도 좋습니다. 다만, 디자인을 할 때에는 가급적 예배에 방해가 되지 않게 해야 합니다. 시각적으로 산만해서 자꾸 그것만 쳐다보게 하는 것은 지양해야 합니다. 설교자의 뒤쪽에 설교 주제에 맞게 현수막, 혹은 X 배너를 설치하는 것도 좋습니다. 시리즈 설교의 주제를 넣어서 배경을 만들면 설교의 집중력을 높일 수 있습니다.

장식으로 신앙교육까지 겸할 수 있는 때는 절기입니다. 사순절,

고난주간, 부활절, 강림절 성탄절 등에는 몇 가지 간단한 장식만으로도 예배 분위기가 더 좋아집니다. 고난주간에는 소그룹별로 만든 십자가나 부활 계란 바구니로 장식을 하는 것도 가능합니다. 사순절 기간과 부활절에 십자가에 보라색 휘장과 흰색 휘장을 두르기도 합니다. 추수감사절이나 성탄절에는 청년들이 예쁜 카드로 각자의 감사와 기도를 담아 장식하면 그 장식을 대하는 청년들의 마음이 특별해집니다. 대강절에는 초를 장식하고, 예배 시작 때 그것을 직접 점화하는 것도 좋습니다.

⑤ 조명에 따라 사람의 마음도 달라집니다.

가로등의 조명을 푸른색으로 바꾸어서 범죄율을 떨어뜨렸다는 연구 결과가 있는 것을 보면 조명이 사람에게 미치는 영향이 적지 않음을 알 수 있습니다. 예배드리기에 적합한 조명에 신경 써라. 예배를 시작할 때에는 정면 찬양팀만 밝게 하는 경우도 나쁘지 않습니다. 다만, 찬양 후 나중에 회중석을 밝게 할 때 눈에 자극이 될 수도 있으니 밝기 차이를 너무 크게 하는 것은 바람직하지 않습니다.

찬양과 말씀 때에는 밝은 분위기로 가고, 기도할 때는 다소 어두운 것이 집중력을 높일 수 있습니다. 밝기를 조절할 수 있는 디머(dimmer) 가 있으면 좋지만 그렇지 않다면 기도 시 조명을 담당하는 사람을 두면 됩니다. 갑자기 어둡게 한다거나 반대로 갑자기 밝게 하는 것은 오히려 예배 분위기를 어렵게 만듭니다. 더군다나 기도 시간에 조명을 껐다 켰다 하는 스위치 소리가 더 신경 쓰일 수도 있음을 명심하라.

⑥ 방송 장비를 최대한 잘 활용하라.

은혜로운 예배는 음향도 중요합니다. 공간에 맞는 소리를 찾는 것은 전문가의 도움을 받는 것이 좋습니다. 교회 안에 전문가가 있다면 그 사람에게 도움을 구하고, 없다면 주변에 이런 분야의 전문가들에게 도움을 구하면 됩니다. 찬양팀의 악기 소리가 너무 크거나 작아서 어려움을 겪기도 합니다. 또 종종 하울링이 생겨서 예배의 흐름을 끊기도 합니다. 가끔 하나님의 음성처럼 들리는 천둥소리가 '빽'나는 경우도 있습니다. 이러면 사역자의 마음이 무너집니다. 사전에 음향 장비로 인해 시험 들지 않도록 최대한 잘 점검해야 합니다.

2) 역동적인 찬양

청년 예배에 있어서의 찬양의 비중은 상당히 큽니다. 청년들의 입이 열리고 마음이 열려 찬양하기 시작하면 놀라운 일들이 나타납니다. 잘 준비된 반주에 맞춰서 부르는 그 하모니의 순간은 공동체 모두가 하나 되는 시간이고 성령께서 역사하시는 시간입니다. 때로는 목소리로만 찬양해 보라. 우리의 목소리가 얼마나 아름다운 악기인지, 하나님께서 얼마나 기뻐하실지 경험하게 될 것입니다. 찬양에 율동을 함께 해보는 것도 좋습니다. 몸으로 하는 찬양은 청년들의 열정을 발산하게 합니다. 하나님을 온몸으로 찬양하는 기쁨은 수련회나 특별 찬양 집회를 통해서도 경험할 수 있습니다. 어느 시간에는 아예 찬양만을 더 풍성하게 하는 것도 좋습니다.

그러나 찬양 선곡에 있어서 유행에 맞춰서 청년들의 감성에만 초점을 맞추는 것은 바람직하지 않습니다. 비트가 너무 강한 곡들, 가사의 내용이 신학적으로 문제가 있거나 모호한 곡들, 단순 멜로디의 지나친 반복이 있는 곡들, 하나님을 경배하는 것보다는 감성만 자극하는 곡들은 잘 분별해야 합니다. 찬양 시간이 콘서트 수준으로 전락해서는 곤란합니다. 하나님을 온전히 높이고, 그분의 영광을 기대하는 찬양이 되어야 합니다. 청년들이 온 마음으로 하나 되어서 그분을 높이는 찬양에는 하나님께서 반드시 반응하시고 역사하십니다.

3) 청년을 움직이는 설교

설교자의 의도에 따라서 성경이 이용되는 경우가 있고, 성경의 목적에 따라서 설교자가 사용되는 경우가 있습니다. 성경이 메시지의 주체가 되거나 설교자가 주체가 되는 경우입니다. 많은 경우 의지적으로 노력하지 않는다면 우리가 성경의 주인이 되어 성경을 자신을 위해 이용하려 합니다. 결코 있어서는 안 될 일입니다. 설교는 설교자의 입장과 견해를 성경의 표현과 문구를 이용해 증명하는 과정이 아닙니다. 나의 입장을 증명하기 위한 수단이 아니라 오히려 나의 생각이 맞춰가야 할 목적입니다. 성경이 가르쳐 주시는 생각과 논리에 내가 갖고 있던 것들을 바꾸고 맞추어 가는 과정이 설교를 준비하고 전하는 일이라는 뜻입니다.

그렇다면 그 메시지를 어떻게 전해야 할까? 어떻게든 전하기만 하면 의무는 다하는 것일까? 성도들의 듣는 마음도 중요하지만 사역자의 들리는 설교도 중요합니다. 잘 전달하는 메신저가 되기 위해 준비해야 할 부분이 반드시 있습니다. 세 가지 기준으로 정리해 보았습니다.

① 설득적으로!

이 말은 설교가 청년들의 지성을 깨울 수 있어야 한다는 의미입니다. 그렇다고 학자들의 강연처럼 지적이고 고상하고 수준이 높아야 한다는 뜻을 담고 있는 것은 아닙니다. 적어도 우리의 지성이 필요 없는 것처럼 여겨져서는 안 된다는 말입니다. 더군다나 청년들에게는 이 부분이 상당히 중요합니다. 그들의 지성이 하나님을 향해 빛나야 하며 그들이 성경을 볼 때 하나님께서 주신 지성을 가지고 정성껏 진리를 탐구해 가야 합니다. 그래서 인간의 지성, 그 너머에 있는 하나님의 진리에 놀라고 찬양할 수 있어야 합니다. 이를 돕는 것이 설교입니다. 설교를 들으며 청년들이 하나님에 대해 지성적 고민을 시작하도록 돕는 것입니다. 이를 위해 설교 본문에서 메시지를 찾아가는 과정에 지성의 흔적이 담기게 해야 합니다. 본문에서 메시지를 찾아가는 과정이 설득적이어야 합니다. 성경 본문에 대한 정확한 분석과 구성, 그리고 꼬리를 무는 논리적 수순과 합리적 설명이 필요합니다. 이 부분이 탄탄하면 청년들은 귀를 열고 듣습니다. 설득적으로 전달하려는 노력은 좋은 설교의 첫 단추입니다.

② 공감을 얻어가며!

아무리 지적으로 완성도 높은 설교라 해도 가슴까지 내려가지 않으면 근사한 철학적 유희에 머물 뿐입니다. 공감하며 고개를 끄덕일 수 있어야 합니다. 예수님께서 연약한 자들을 만나 그들의 손을 잡아주시고 머리에 안수하시고 그들과 눈을 마주치시며 나누시려고 했던 그 마음을 전하는 일이 필요합니다. 머리에서 가슴으로 이어져야 자신의 삶의 현장에서 말씀이 터져 나오고, 그렇게 살아가게 되는 것 아니겠는가? 지성적으로 납득시키는 것을 넘어 감성적으로 공감할 때 비로소 변화는 일어나는 것입니다.

청년들에게는 지성만큼이나, 아니 솔직히 말하면 지성보다는 감성이 조금 더 우선입니다. 그래서 설교를 구성할 때는 반드시 설득적으로 메시지를 찾아가는 과정에 반을 쓰고, 적용점을 찾고 예화를 찾는 일에 반을 쓰는 것이 좋습니다. 설득적으로 반, 공감적으로 반입니다. 바울도 그렇게 설교했습니다. 예수 그리스도의 은혜가 무엇인지에 대해 절반을 할애하여 설득적으로 증거 했습니다. 그리고는 바로 이어서 그 은혜로 살아가는 우리의 삶이 어떠해야 하는지 가슴을 두드리는 적용과 삶의 이야기를 했습니다. 이론과 적용, 지성과 감성의 균형이라고 할 수 있습니다.

③ 뜨겁게!

그런데 여기서 끝나면 안 됩니다. 한 걸음 더 나아가야 합니다. 뜨겁게 전하는 일입니다. 청년들이 가장 오랫동안 가장 정확하게 기억하는 것이 무엇인지 생각해 보라. 설교에 담겼던 지성적이고 논리적인 내용일까? 아니면 삶을 나누며 공감하였던 이야기일까? 실은 둘 다 아닙니다. 정말 기억에 남는 것은 그들에게 설교하던 사역자의 열정입니다. 설교자의 지성이나 감성보다 열정을 더욱 정확하게 듣는다는 말입니다. 그 열정의 중심, 마음의 진정성은 소리를 지른다고 전해지는 것이 아닙니다. 오히려 준비가 안 되면 소리를 지릅니다. 반대로 준비가 잘되면 누구나 신나서 전합니다. 여기에 열정이 있습니다. 소리를 지를 때가 아니라 신나서 전할 때 진정성이 느껴집니다. 표정에, 목소리에, 말투에 감출 수 없이 묻어납니다.

설교문의 표현과 내용을 신나게 전하고 싶도록 정리하고 퇴고하라. 자기 자신도 감동시킬 만한, 자신이 보기에도 힘 있고 근사한 표현으로 하나님의 말씀을 정리해 냈을 때 얼마나 가슴이 뜨거워지고 힘이 나고 신나는가? 마지막 퇴고할 때까지 더 정연한 언어로, 더 정제된 표현으로 조사까지도 정확하게 사용하고 있는가를 살펴보라. 이렇게 준비된 문장은 청년들의 뇌리에 인생에 더욱 선명하게 새겨지도록 돕는 기막힌 도구가 될 것입니다. 이것이 뜨겁게 전하기 위한 준비입니다.

디자인과 설교의 공통점

좋은 디자인의 요소들을 살펴보면 좋은 설교의 요소들과 비슷하다는 것을 알게 된다.

첫째, 분명한 메인 이미지가 있다.

둘째, 주변의 모든 요소들이 메인 이미지를 보다 아름답게 보이도록 돕는 강화물로 배치된다는 것을 알 수 있다. 즉, 설교의 모든 요소들, 주석과 예화가 메인 메시지를 보다 선명하게 드러나도록 돕기 위해 사용된다.

셋째, 단지 메인 이미지가 예쁘게 보이는 것이 목적이 아니라 전하고자 하는 정보가 잘 전달되어야 한다. 예를 들어, 포스터는 예쁜데 뭘 말하려는 건지 모른다면 잘못된 것이다. 반대로 정보는 보이지만 매력적이지 않다면 그것 역시 좋은 포스터가 될 수는 없다. 설교도 이와 마찬가지다. 이성적이면서 동시에 감성적이다. 한쪽으로 치우치지 않는다. 설득적으로 전개하는 부분이 반, 공감을 얻어 가며 접근하는 부분이 반이다.

넷째, 디테일이 살아있다. 작은 차이라고 생각되지만 실은 그 차이가 전부라 해도 과언이 아니다. 작은 디테일이 놀랍게도 전체를 더욱 빛나게 하는 경우가 많다. 글꼴의 종류와 크기, 오브젝트들의 바른 정렬, 작은 요소들의 균형감이 디자인의 격을 좌우하는 가장 중요한 요소가 된다는 뜻이다.

설교도 마찬가지다. 단어 하나, 심지어 조사 하나가 정확하고 분명하다. 설교의 격은 여기에서 판가름이 난다고 해도 과언이 아니다. 정확한 표현을 찾지 못하면 장황하게 설명해야 한다. 조사의 사용이 잘못되면 의미의 전달에 실패하기 쉽다. 고민한 만큼 디테일은 달라지는 법이고, 디테일이 살아나는 만큼 설교도 좋아진다.

4) 감동이 있는 교제

교제와 광고를 예배 안에 순서로서 포함시킬 것인지, 아니면 축도 이후에 할 것인지의 문제는 청년 사역자의 목회적 관점으로 선택하면 됩니다. 그것을 예배 안에서 은혜를 나누는 시간으로 삼는 것이 좀 더 바람직해 보입니다. 예배 이후에 배치할 경우, 집중력과 관심도 떨어지고 규모가 큰 공동체에서는 축도를 마쳤기 때문에 청년들은 그냥 예배실을 빠져나가는 경우도 생깁니다. 예배 안에서의 의미 있는 교제를 만드는 것이 좋습니다. 하나님께 받은 은혜가 서로를 축복해주는 시간까지 따뜻하게 흐를 수 있도록 합니다. 생일, 시험, 유학, 입대, 결혼 등을 앞둔 사람들을 다양한 방식으로 축복하되, 사역자가 일방적으로 축복해 주지 않습니다. 그 사람과 관련된 소그룹의 사람들, 그리고 공동체 전체가 선물도 전하고 편지도 전하면서 함께 기도해 주고 사역자가 마무리 기도를 해주면 됩니다. 새가족 교육을 마치고 등반하는 청년들을 축복할 때에도 새로 들어가게 될 소그룹 식구들이 환영의 선물과 함께 축복한다든가, 아니면 새가족 교육을 담당했던 지체와 함께 축복해 주는 것이 좋습니다. 그리고 더 좋은 것은 새가족의 또래들이 함께 나와서 환영하며 축복하는 것입니다. 이런 다양한 방법으로 교제 시간을 축복하고 사랑 고백하는 은혜의 시간으로 만들면 공동체는 더욱 따뜻해집니다.

5) 참여가 있는 예배

예배는 보는 것이 아니라 '참여'하는 것입니다. 여러 순서에, 다양한 방법으로 청년들이 참여하도록 하는 것이 좋습니다. 특송, 성경 봉독, 기도, 간증, 봉헌, 광고 등. 구경하는 예배가 아닌, 참여하는 예배를 구상해야 합니다. 각 순서의 목적에 맞게 다양한 시도를 하여 회중의 참여를 높이는 것이 좋습니다. 성경 봉독은 소그룹별로 돌아가면서 한 사람이 담당하고, 헌금봉헌도 소그룹이나 또래가 돌아가면서 담당합니다. 헌금 특송도 미리 신청을 받아 각자 달란트에 맞게 참여를 유도합니다. 파송 전에 공동체의 사명을 다 함께 힘차게 외치는 것은 공동체성에 매우 유익합니다. 예를 들어 In the Spirit, Out to the World(성령 안에서, 세상 속으로)라는 주제를 사역자와 회중이 번갈아 힘차게 외치고 활기찬 파송 찬양과 함께 축도로 이어가는 것입니다. 수련회나 비전 트립을 마치고 돌아왔을 때, 혹은 성경 공부, 기도학교, 제자훈련 등의 훈련을 수료할 때에는 간증자를 세워서 다른 청년들이 함께 은혜를 나눌 수 있도록 합니다. 공동체 안에서 다른 지체들이 받은 은혜를 알 수도 있고, 또 그다음의 행사나 훈련에 참여하고 싶은 마음을 갖게 되는 이중의 효과를 거둘 수 있습니다. 청년들의 참여는 또 다른 참여를 유도하여 공동체가 더욱 적극적인 분위기로 바뀌게 됩니다.

6) 지속적인 예배 업그레이드

예배가 하나님과의 만남인 동시에 최상의 가치를 하나님께 올려드리는 것이라면 우리는 더 좋은 것을 하나님께 올려드려야 합니다. 쫓기듯이 예배하지 않고, 해치우듯 소홀하지 않고, 잘 준비되어 하나님을 높이는 예배를 준비하고 드려야 합니다. 청년 사역자로서 우리는 더욱 하나님

중심인 예배, 청년들이 더욱 은혜받는 예배를 만들어 가기 위해 노력해야 합니다. 평가의 차원이 아닌 은혜의 차원에서 예배를 모니터링하고 보완, 개선해야 합니다. 예배 안에서의 실수로 은혜의 걸림돌을 하나하나 제거하여 은혜의 디딤돌을 놓아가는 것이 청년 사역자가 감당해야 할 몫입니다. 은혜로운 예배를 위해서 지속적으로, 일방적으로 희생당하는 사람이 있어서는 안 됩니다. 찬양팀이나 방송팀을 비롯해서 예배를 준비하는 사람들이 예배 안에서 기능인으로 전락하지 않도록 돌봐야 합니다. 예배를 섬기는 것으로 은혜에서 소외되지 않도록 지혜를 모으는 것이 필요합니다.

7) 청년 예배 시간의 운영

예배순서	시간	내용
찬양	30분	찬양팀 내의 찬양사역자들이 인도
말씀	25분	외부 강의 시 30분 연장됨
중보기도	20분	세계선교, 공동체, 국가, 헌금기도 포함
환영	10분	새신자 및 결혼자 등을 환영하고 축복
광고	10분	행사 및 모임 관련 안내
성경공부	100분	리더에 의해서 소그룹으로 인도됨

6. 청년 기도회

1) 청년들에게 기도가 중요한 이유

청년들은 경험에 목말라 합니다. 하나님을 체험하기 원하고 자신의 마음이 위로받는 경험이 있기를 바랍니다. 청년들이 예배 공동체 안에 소속되고 그 안에서 신앙적 체험을 맛보게 하는 일은 기도를 통해서만 가능합니다. 건강한 사람에게 숨 쉬는 것은 가장 쉬운 일이지만, 중병이 든 환자에게 가장 어려운 것은 호흡입니다. 우리가 잘 알고 있는 것처럼 기도는 우리 신앙의 영적 호흡이자, 하나님과의 소통이며 대화하는 교제의 시간입니다. 그래서 건강하고 생명력이 살아있는 청년 공동체의 특성은 기도의 영성이 살아 있다는 것입니다. 다시 말해, 청년 사역에 있어서 모든 예배와 사역에는 기도가 바탕이 되어야 청년 공동체가 건강해지고, 부흥하고, 성장한다는 것입니다.

극심한 입시 중심의 교육 때문에 청소년 시기를 신앙과의 단절 가운데 보낸 요즘 청년들은 하나님과의 만남, 은혜에 대한 체험이 거의 없습니다. 이성적인 합리성과 실용성으로 무장하고, 보는 것에 익숙한 지금의 청년들에게 하나님의 임재와 다양한 영적 은혜를 경험하는 기도의 자리는 그래서 매우 중요합니다. 기도의 시간을 통해 청년들은 하나님을 분명하게 인식하고 경험하게 될 뿐 아니라, 자기 자신의 변화도 경험하게 됩니다. 기도회는 하나님을 아는 영적 성숙의 시간이자 성령 안에 청년 공동체가 하나 됨을 경험하는 시간입니다. 그래서 기도회는 청년 사역의 심장이자, 청년들이 참여를 통해 하나님을 깊게 만나는 가장 확실한 길입니다.

과거의 청년들의 문화가 '모여서-함께'라는 공동체 중심의 문화였다면, 지금의 청년들은 '따로-혼자'라는 개인주의적 문화로 표현할 수 있습니다. 이들은 온라인에서는 자유롭고 오프라인에서는 부자연스럽습니다. 이러한 현상들은 청년들에게 자기중심적인 사고와 개인의 편익을 중시하는 철저한 개인주의와 공동체성의 약화로 나타납니다. 그래서 최근 청년들은 본능적으로 모이기를 싫어합니다. 그런데 공동체가 함께 모여 기도하는 일은 청년들로 하여금 공동체의 비전, 즉 같은 방향을 바라보고 참여하게 하고, 흩어져 있는 청년들의 마음과 생각을 하나 되게 합니다. 더불어 기도하는 것은 여럿 중의 하나로서 나아가는 것이 아니라, 여럿이 하나가 되어 하나님께 나아가는 것이기 때문입니다. 성경은 우리가 함께 모여 기도할 때 주님의 임재와 연합을 약속하고 있습니다.

2) 생명력 있는 기도 모임을 위한 방법

기도회에 있어 중요한 것은 기도회가 어떤 하나의 프로그램이나 순서에 그치는 것이 아니라 청년 공동체의 예배와 사역. 모임과 활동 전반 전체에 스며들어 있어야 한다는 것입니다. 더불어 청년들의 생각과 삶 속에도 구체적으로 기도가 배어 있어야 변화와 생명이 나타나게 됩니다. 이러한 청년 개인과 공동체의 기도가 균형과 조화를 이루지 않고는 성장과 성숙이 나타나기 어렵습니다. 먼저 생명력 있는 기도 모임을 위해서는 현재 사역하는 교회 청년 공동체의 기도 모임과 청년들의 영성에 대한 바른 진단과 점검이 필요합니다. 병원에 가면 먼저 진단을 통해 분석하고 바른 처방이 나오듯 공동체의 현재 영적 상황을 잘 분석하고 그다음에 가장 필요하고 적절한 기도 모임에 대한 계획을 수립하고 진행하는 것이 중요합니다.

건강하고 부흥하는 청년 공동체의 공통점은 다양한 기도 모임이 역동적으로 움직이고 있다는 점입니다. 교회에 출석하는 대부분의 청년들은 개인적으로 스스로 기도하는 시간이 거의 없는 신앙생활을 하고 있습니다. 그래서 청년들이 기도의 은혜와 능력을 체험하도록 공동체를 통하여 기도훈련의 시간과 기회를 제공해야 합니다. 그리고 권면하고 강조하여 기도의 자리가 풍성해지고 그 영성이 각 개인과 공동체에 흘러가게 해야 합니다.

(1) 가장 기초가 되는 기도 모임들

먼저 무엇보다 청년 사역에 있어서 가장 기본이 되는 기도 모임은 예배를 위한 중보기도를 포함한 공동체를 위한 정기적인 합심 기도회입니다. 이미 공동체 안에 이러한 모임이 있다면 점검하여 알차게 발전시키고, 그러한 모임이 없다면 공동체의 크기와 상관없이 기도 모임을 조직하고 만들어 새롭게 세워가는 노력이 필요합니다. 특별히 정기적인 합심 기도회에는 소그룹 리더와 찬양팀을 비롯한 각 사역팀의 리더들은 필수적으로 참여해 기도하는 것이 필요합니다. 합심 기도회는 각자 훈련과 사역 준비를 하기 전이나 모두 마친 후, 모든 이들이 함께 모여 찬양하고 기도하는 모임으로 가집니다. 이런 기도회는 청년들에게 공동체의 비전을 함께 바라보게 하고, 성령 안에서 영적 일치를 가져다주어 청년 공동체를 움직이는 힘이 됩니다.

정기적인 합심 기도회에서 예배와 부흥을 위해 기도하겠지만, 한 가지 더 관심 가지고 준비해야 할 것이 있습니다. 청년 예배 전, 예배를 위해서만 특별히 기도하는 중보 기도 모임입니다. 청년 예배의 순서 담당자, 찬양 인도자와 찬양팀, 사역 팀장, 소그룹 리더 등이 함께 모여 강단 앞에 무릎 꿇고 먼저 찬양과 기도로 예배만을 위해 중보 기도하며 하나님께 나아가는 시간입니다. 능력 있는 말씀의 선포를 위해서, 영감 있는 찬양을 위해서, 우리의 예배 가운데 하나님의 은혜와 임재를 위해서 집중적으로 기도하는 시간입니다. 이 시간에 하는 기도의 깊이와 집중도에 따라 그날 예배의 질이 많이 달라지는 것을 경험합니다.

만약 청년 공동체가 중규모 이상 된다면 이웃을 위해, 나라와 민족을 위해, 선교를 위해 집중적으로 기도하는 중보 기도팀을 만들기를 권합니다. 중보 기도팀은 기도에 대한 사명감과 은사가 있고 기도에 대한 열망이 있는 청년들을 중심으로 구성합니다. 팀을 구성한 후에는 중보 기도에 관한 충분한 훈련과 교육이 필요합니다. 그 후에 주일이나 평일 저녁에 함께 모여 약 60~90분 정도 교회와 공동체의 기도 제목과 나라와 민족을 위해, 선교를 위해, 이웃을 위해 기도합니다. 중보 기도팀을 만들어 운영할 수 있으면 청년 공동체에 큰 힘이 되지만, 공동체의 상황과 여건이 어려우면 정기적인 합심 기도회에 집중하는 것이 좋습니다.

(2) 다양한 기도 방법으로 지루함 없애기

특별히 기도하는 훈련이 안 된 청년들과 공동체는 오랜 시간 기도하는 것이 결코 쉬운 일이 아닙니다. 기도 훈련이 안된 공동체는 청년들이 지루해하지 않도록, 철저한 준비와 다양한 성경적인 기도의 방법으로 집중력과 참여율을 높이는 것도 필요합니다. 물론 기도하는 형태와 방법론이 기도회의 본질적인 부분은 아닙니다. 그런데 그동안 기도회는 구태의연하게 제목 주고 기도하는 것으로 생각해 청년들에게 신선감과 기대감을 주지 못하고 있습니다. 그래서 기도 훈련이 부족한 청년들도 자연스럽게 참여하고 기도의 주제 안에 스며들 수 있도록 다양한 기도 방법들을 사용하면 좋습니다. 예를 들어 각각 주제를 가지고 처음에는 혼자서 기도하다가, 둘씩 짝으로 지어 하는 짝 기도(약5:13~16)나, 3명이 하나 되어 함께 기도하는 모세의 기도(출17:8~16), 십자가의 기도(갈2:20)로 나아갑니다. 다음에는 두 개의 그룹을 하나로 묶어서 4~6명이 함께 기도하고, 다시 8~12명이 모여 공동의 기도 제목을 가지고 집중적으로 기도하는 것입니다. 나중에는 전체 청년들이 하나 되어 기도하는 것입니다. 즉 물결이 파장을 일으키며 넓게 퍼져 나가는 것처럼, 기도의 제목과 기도의 형태, 기도의 범위도 함께 다음과 같이 확장되어 가며 기도하는 것입니다.

• 개인을 위한 기도 → 가정을 위한 기도 → 이웃을 위해 기도 → 모세의 기도 → 교회와 청년 공동체를 위해(4~6명의 그룹 릴레이 기도) → 나라와 민족을 위해(8~12명의 중그룹으로) 열방과 선교 부흥을 위해(전체가 하나 되어 대그룹으로)

이 외에도 각자 벽을 마주 보고 집중적으로 기도하는 히스기야의 면벽 기도(왕하20:1~6), 예수님의 마음으로 서로 섬기는 짝 기도(요13:14~17), 한 주제에 대해 여러 사람이 돌아가며 고백하는 한 문단 기도(one sentence prayer), 한 주제에 대해 계속적으로 돌아가며 기도하는 릴레이기도, 영적 무장을 위한 전신 갑주 기도(엡6:13~18), 회복을 위한 야베스의 기도(대상4:10), 제사장의 기도, 나라와 민족을 위한 기도(대하7:14), 화살 기도, 시냇가 나무 축복 기도(시1:1~6), 시편 말씀으로 기도하는 성구 기도, 다니엘 기도(단3:18), 읽는 기도, 침묵 기도, 서로 축복하는 기도, 다양한 마무리 기도 등의 방법들이 있습니다.

이러한 다양한 기도 방법들을 잘 활용하면 똑같은 기도회라 해도 지루함이 없이 많은 청년의 마음 문을 열고 기도할 수 있게 인도할 수 있습니다. 아직 기도의 깊이와 은혜를 경험하지 못한 청년들에게 기도의 자리에 머무를 수 있게 하는 집중력과 준비, 기도의 힘을 키우는 지혜가 사역자에게는 필요합니다. 또한, 정기적인 기도 모임을 위하여 부흥하는 공동체나 다른 공동체의 기도회 메뉴얼을 참고하여 인도하는 것도 좋은 방법입니다. 1990년 선교 한국에서 소개된 '기도합주회'는 하나님의 마음을 품고 세계와 열방, 교회를 위해 기도하는 다양한 형태의 기도회의 모델을 제시합니다. 예를 들면, 기도합주회의 진행 과정은 다음과 같습니다.

(1) 찬양으로 시작
(2) 말씀 및 개인 기도
(3) 영적 각성과 충만을 위해, 지상 명령인 선교의 성취를 위한 기도
(▶ 짝기도 ▶ 그룹기도 ▶ 전체기도 ▶ 묵상과 찬양)
(4) 나눔
(5) 마무리

다른 구성으로는 에베소서 6장 10~24절을 중심으로 하는 진행도 있습니다.

(1) 감사와 찬양 (Rejoice)
(2) 회개 (Repent)
(3) 간구 (Request)
(4) 재헌신 (Recomm

기도회를 마친 후에는 기도회를 점검하는 일이 필요합니다. 청년들에게 기도의 은혜가 체험되었는가. 청년들이 기도한 대로 삶에서 기쁨과 열정으로 믿음의 삶을 살고 있는가를 점검하고 다음 기도 모임을 준비해야 합니다.

청년 기도회를 위한 점검 사항

1) 한 주간(평일, 토요일) 청년들이 함께 모여 기도하는 정기적인 합심 기도회가 있습니까?
2) 예배를 위한, 청년들을 위한 구체적인 사역을 위한 중보기도(단)와 그에 걸맞는 조직이 구성되어 있습니까?
3) 기도 모임에 대한 청년들의 참석 비율과 관심도, 청년 공동체 안에서 중요성 등 존재감은 어떠합니까? 만약 청년들이 참여하지 않는다면 그 이유와 원인은 무엇입니까?
4) 기도 모임이 있다면 그것을 통해 경험되어지는 영적인 은혜와 기쁨이 있습니까?
5) 청년들이 주일이 아닌 자신의 일상에서 얼마나 기도하고 있습니까?

7. 청년 소그룹

청년 공동체 사역은 소그룹의 역동성 때문에 다른 사역들과 구별됩니다. 지성과 감성과 영성이 가장 빛나는 시절을 보내는 청년들이 모여 함께 하나님을 찾아가는 자리야말로 청년들을 위한 사역의 핵심이라고 할 수 있습니다. 청년들은 소그룹 현장을 통해 성장하고 변화됩니다.

1) 왜 소그룹이 필요할까?

(1) 말씀으로 비추어진 삶의 나눔이 필요하기 때문입니다

예배를 통해서 청년들이 도전받고 결단하고 감동 받을 수 있지만 구체적인 삶의 변화가 만들어지려면 소그룹이 있어야 합니다. 그곳에서 말씀에 비추어진 나를 솔직하게 발견하게 되기 때문입니다. 말씀의 자리에서, 그 관점에서 자신을 돌아보는 것입니다. 자신의 심연을 하나님의 진리 앞에 비춰는 시간이라고 할 수 있습니다. 그리고 그것을 함께 나누고 위로하고 격려하고 치유하는 자리가 소그룹입니다. 자신의 생각을 정리하고 자신의 마음을 보여주는 과정 속에서 객관적인 자신을 낯설게 만나는 순간이기도 합니다. 여기에서 변화가 일어납니다. 그러나 삶의 나눔만 있다고 변화가 이루어지지 않습니다. 마찬가지로 말씀만 나눈다고 그렇게 되지 않습니다. 전자를 수다라고 한다면 후자는 학습 정도가 될 것입니다.

두 가지가 함께 만나야 합니다. 말씀과 삶의 나눔이 균형 잡혀 있어야 합니다. 반드시 우리의 삶은 말씀에 비추어져야 하기 때문입니다. 말씀이 우리에게 변화의 능력이 되지 못하는 것은 우리의 구체적인 삶과 결부시키지 않기 때문입니다(히4:2). 둘을 연결 시킬 수 있는 능력이 필요합니다. 막연한 이야기, 모호한 말씀으로는 연결되지 않습니다. 소그룹의 역동성은 보다 구체적인 삶 속에서 보다 명확한 말씀에 대한 묵상이 연결될 때 시작됩니다.

참 좋은 소그룹은 가족과 같습니다. 서로 책임지는 공동체가 되는 것입니다. 친구의 웃음을, 행복을, 아픔을, 고민을, 인생을 책임지는 일이야말로 사랑의 또 다른 정의라고 생각합니다. 아버지가 아들을 지키는 것을 애정이라고 한다면, 아들이 아버지를 지키는 것은 효도라 할 수 있습니다. 애정과 효도는 서로 다른 단어이지만 기저에 깔린 정신은 같지 않을까요? 둘 다 책임지는 것입니다. 서로를 책임지는 가족의 힘이 여기에서 나오는 것입니다. 우리는 영적인 가족으로 부르심을 받았습니다. 소그룹은 그렇게 서로를 책임지는 가족이 되기를 힘쓰는 자리입니다.

(3) 사랑을 경험하며 소속감을 누릴 수 있기 때문입니다.

서로 책임지는 관계에서 서로를 돌보고 세워 주는 사랑의 관계로 발전해 갑니다. 예수님의 말씀처럼 우리는 서로 사랑하며 살아야 합니다. 언뜻 보면 '서로 사랑'이라는 가치가 쉽게 이뤄질 것 같은데, 곰곰이 생각하면 할수록 불가능에 가까운 계명이라는 것을 알게 됩니다. 두 사람이라면 두 사람의 요구에만 맞추면 되는데, 세 사람이라면 경우의 수가 9가지가 되고, 30명이라면 870가지의 쌍방향 요구에 정확히 맞춰야 서로 사랑하는 공동체가 되는 것입니다. 치밀한 계획으로 끼워 맞추는 퍼즐도 이쯤 되면 어렵습니다. 그래서 마음을 움직이는 성령님의 도우심이 꼭 필요한 자리가 소그룹입니다. 여러 사람이 모여 말씀에 비춘 자신의 객관적인 삶을 나눌 때 공감과 위로, 치유와 격려가 나타난다면 그것은 생각과 마음을 움직이시는 성령님의 은혜가 아닐 수 없습니다. 사역자 한 사람이 모든 청년들을 돌볼 수 없습니다. 성령님의 은혜가 머무르는 소그룹이 그들을 건강하게 세워갑니다.

2) 소그룹 사역의 필수 요소

청년·대학부의 성장과 부흥을 위해서는 소그룹 사역이 전개되어야 하는데 소그룹 사역에는 네 가지 요소가 필요합니다. 첫째는 교육 구조

(hardware)이고, 둘째는 교육 과정 (software)이며, 셋째는 사람 (humanware)이고, 넷째는 영성(spiritware)입니다. '교육 구조'자체가 소그룹 사역을 중심으로 이루어질 수 있는 구조가 아니라고 한다면 소그룹 사역의 시도 자체가 별 의미가 없습니다. 그런 의미에서 교육 구조는 매우 중요합니다. 그 다음에 필요한 것이 '교육 과정'입니다. 그런데 역시 중요한 것은 '사람'과 '영성'입니다.

결국 교육 구조와 교육 과정을 운용하는 것은 사람 자신이기 때문입니다. 이런 사람들은 대개 '소그룹 조장'군(群)과 그 조장들을 묶어서 도와주는 '조장', '엘더'(elder) '간사', '코디네이터'(coordinator)군 그리고 소그룹 내에서 조장을 도와 사역하는 '헬퍼'(helper) '코 리더'(co-leader). '부조장'군으로 분류될 수 있습니다. 이러한 사람들의 역할뿐 아니라 소그룹에 참여하는 구성원들 한 사람 한 사람의 역할도 굉장히 중요합니다. 결국은 이 세 번째 요소를 얼마나 잘 준비시키느냐 하는 것이 소그룹 사역의 관건입니다.

그런데 이 소그룹 사역에 또 하나의 결정적인 요소는 구성원들이 얼마나 성령 하나님을 의존 하는가 즉 성령의 사람인가 하는 것입니다. 그런 면에서 '영성'이 중요합니다. 대개 보면 소그룹 사역을 중심으로 하는 제자 훈련과 전통적인 성령 사역(또는 부흥 사역)을 서로 모순, 갈등 관계에 있는 것으로 이해하는 사람들이 많은 것 같습니다. 이런 견해를 가진 분들은 대개 소그룹 사역이 말씀 연구를 중심축으로 해서 움직인다고 생각하기 때문에 과연 그런 식으로 우리 학생들이나 젊은이들이 변하겠느냐고 걱정합니다. 다시 말해 소그룹 사역과 성령 사역을 이분화시켜서 생각하는 겁니다. 제가 볼 때 이 두 가지(소그룹 사역과 성령 사역)는 이분화시켜 생각할 것들이 아닙니다. 소그룹 사역 자체가 기도를 통해 이루어지는 것이므로, 인도자들 한 사람 한 사람은 성령을 의지하는 법을 훈련받아야 합니다. 그렇게 될 때, 소그룹 활동은 딱딱한 성경 지식만 나눠 머리만 커지는 활동이 아니라 실질적으로 심령이 변화되고 인격의 근본이 영향을 받는 그러한 활동이 될 수 있습니다. 영성이 중요한 이유가 여기에 있습니다.

교육 구조가 위에서 말한 'hardware'에 해당 되는 것이라고 한다면 교육 과정은 'software'에 해당 된다고 할 수 있습니다. 그러나 이 두 가지가 아무리 잘 갖춰져 있다 할지라도 사람이 준비되어 있지 않으면 아무 소용이 없습니다. 그건 마치 최신형 개인용 컴퓨터를 교회에 들여놓고도 다룰 줄 아는 사람이 없어 그저 모셔만 놓고 있는 것과 같습니다. 소그룹 사역도 까딱 잘못하다가는 이런 모양새가 되기 쉽습니다. 그럴 경우엔 문제점들이 그대로 드러나게 됩니다. 그래서 사람을 잘 준비시켜야 합니다. 그렇다고 해서 훌륭한 교육 구조와 교육 과정 자체가 무시돼서는 안 됩니다.

- 집 모형으로 본 청년부의 교육 구조

여름, 겨울 수련회		
청년대학부 정기 집회		
제자 훈련 과정	조장 모임	(소그룹) 지도자 훈련과정
	소그룹 활동	
	소그룹 학교	
새신자반(그리스도 안의 새생명, 매일 경건의 시간, 그리스도에 대한 헌신)		

위 그림은 청년·대학부가 어떻게 건설되어야 할 것인가 하는 것을 집 모형으로 시각화시켜 놓은 것입니다.

• 전도 성경 공부와 새신자반

집의 기초에 해당되는 부분이 '전도 성경 공부'와 '새신자반'입니다. 아직 복음을 모르는 조원들의 경우는 전도 성경 공부나「전도폭발」을 통해서 예수 그리스도를 인격적으로 알고 영접하는 일이 선행되어야 합니다. 또한 이미 예수 그리스도를 영접한 조원이라 할지라도 기본적인 새신자로서의 훈련은 반드시 받아야 합니다. 새신자반에서는 그리스도 안에서의 새 생명, 경건의 시간, 하나님과 동행하는 삶, 그리스도에 대한 헌신, 그리스도의 주되심(Lordship) 그리고 그리스도의 주재권에 대한 이해가 어느 정도 정립되어야 합니다.

• 소그룹 활동

앞의 두 가지를 기초로 해서 상층부를 건설하는데 그 상층부의 가장 핵심에 해당하는 것이 '소그룹 활동'입니다. 이 소그룹 활동을 시작하기 전에 모든 조원들은 1시간 내지 1시간 반을 한 강의로 해서 길게는 4~5 강의, 짧게는 2 강의로 이루어진 소그룹 학교에 참여해야 합니다. 그래서 소그룹에 대한 사전 교육을 받아야 합니다. 사전 교육에서는 소그룹이 얼마나 우리 신앙생활과 교회 생활에 중요한 장(場)이 되는가 하는 것들을 잘 알려 줘야 합니다. 소그룹 학교 교육을 마친 후에는 각자의 소그룹으로 나누어져 들어갑니다.

• 조장 모임

조장 모임은 언제 어떻게 가져야 하는가? 하고 물어보면 그냥 알아서 하라거나 그런 거 필요 없다고 얘기하는 교역자들이 있는데 사실 조장 모임이 없는 소그룹 사역에는 상당한 문제점이 따릅니다. 조장 모임이 없을 경우 교역자는 소그룹이 어느 방향으로 가고 있으며 어디로 인도해야 하는지 알 길이 없으며, 결국 그 공동체는 좋은 의미에서의 장악과 통제가 이루어지지 않는 공동체가 될 수밖에 없습니다. 그래서 소그룹 사역이 성공하려면 반드시 조장 모임이 1주일에 한 번씩은 있어야 합니다.

• 제자훈련 과정

'제자훈련 과정'(Disciple Training Course)은 청년·대학부에 1년 차로 들어온 사람들에게 필요한 과정입니다. DTC는 많은 것들을 훈련 시키기보다는 같이 놀고 깊이 사귐으로써 인격적인 교제가 활발히 일어나도록 하는 것에 더 초점이 있습니다. 교역자가 이 과정을 직접 인도하기가 어려울 경우에는 할 수 있는 한 청년·대학부 경험이 풍부하고 후배들에게 영향을 미치는 형제 자매들에게 적당한 명칭을 부여해 그들로 하여금 지도력을 발휘할 수 있게 하는 것이 좋습니다.

• 지도자 훈련 과정

이 모든 소그룹을 지속시키면서 교역자가 다른 한편으로 신경 써야 할 것이 바로 '(소그룹) 지도자 훈련 과정' [(Smallgroup) Leader Training Course]입니다. 즉, 미래의 소그룹 지도자들을 양성하는 과정이 있어야 합니다. 소그룹은 그 특유의 조원 상호 간의 긴밀한 관계 때문에 어찌하든 성장하게 되어 있으므로 특히 미래 지도자 양성에 힘을 기울여야 합니다. 지도자 공급을 위한 준비가 되어 있지 않을 때에 함부로 사람을 세우다 보면 결국은 소그룹 자체가 해체되기 쉽습니다. 소그룹 운영의 8~90%는 지도자에게 달려 있다고 봅니다. 그렇기 때문에 준비되지 않은 자를 지도자로 세울 경우 소그룹은 막대한 피해를 입을 수밖에 없습니다. 그러므로 LTC를 개설해서 소그룹 지도자가 될 사람들을 1주일에 한 번씩, 최소한 6개월 내지 1년 정도는 훈련 시켜야 합니다.

3) 소그룹 진행

소그룹을 인도할 때 어떻게 해야 하는지 가르쳐달라고 하는 사람들이 많습니다. 정답은 없습니다. 각 상황에 따른 해답이 있을 뿐입니다. 그래서 질문을 받으면 모른다고 대답합니다. 굳이 해답을 말하라면 소그룹원이 유익을 얻게 하고 세워질 수 있는 방식으로 하는 것이라고 답합니다. 일반적으로 4W라는 소그룹 운영 방식이 유행한 적도 있습니다. 이것이 기본이라고 할 수도 있습니다. Welcome-Worship-Word-Work. 이렇게 네 단계로 진행하면 좋다는 것입니다. 리더는 먼저 소그룹 모임에 참여하는 이들이 서로 환대하고 축복할 수 있는 시간을 마련하고, 함께 찬양을 부르고, 말씀을 나누고, 끝으로 주신 말씀을 따라 실천하고 봉사할 수 있는 시간을 갖는 것이 모범적입니다. 하지만 대부분의 교회들에서는 이 방식이 낯설기도 하고 어색하기도 합니다. 좋은 모범이지만 무조건 따라야 하는 규칙은 아닙니다.

소그룹의 진행 방식은 다양하게 선택할 수 있습니다. 리더가 잘하는 것으로, 리더가 가진 것으로 하는 것입니다. 어떤 이는 강의식으로 할 수도 있고, 어떤 이는 유머와 위트 있는 대화로 진행할 수도 있고, 어떤 이는 진지하게 접근할 수 있고, 어떤 이는 기도를 중심으로 인도할 것이고, 어떤 이는 찬양으로 모임을 이끌 수도 있습니다. 자기에게 맞는 옷을 입어야 합니다. 남의 옷을 입으면 안 됩니다. 전하고자 하는 의지가 전하는 방법이나 내용보다 우선한다는 것을 기억해야 합니다. 소그룹에 참여한 이들은 리더의 마음을 듣고 싶은 것이지 정해진 형식에 따라가기를 원하는 것이 아닙니다. 하지만 이 자율성을 위해서 반드시 잊지 말아야 할 사실이 있습니다. 소그룹은 어떤 경우에도 하나님을 생각나게 하는 모임이어야 한다는 것입니다. 무엇이든지 할 수 있으나 모든 것이 유익한 것은 아닙니다. 소그룹은 하나님께로 돌아오는 역사가 있는 자리여야 합니다. 이것이 빠지면 다른 모든 것이 무의미해집니다. 하나님을 생각하지 않는 커피 타임은 소그룹이 아닙니다. 하나님께로 돌아오는 역사가 나타나지 않는 모임은 교회의 지체 됨을 잃은 것입니다. 그러므로 리더는 하나님을 생각나게 하는 사람이 되어야 하고, 소그룹은 하나님께로 돌아오게 하는 자리가 되어야 합니다.

리더는 하나님에 대해 가르치는 사람이 아니라 하나님을 생각나게 하는 사람입니다. 하나님을 더 많이 아는 사람이 아니라 그 뜻대로 살기 위해 섬김의 자리를 선택한 훈련생과 같습니다. 리더의 섬김, 리더의 눈빛, 리더의 태도를 보면서 하나님이 생각날 수만 있다면 얼마나 좋을까? 그래서 리더는 성경 교사가 아니라 MC가 되어야 합니다. 토크쇼를 진행하듯 소그룹원들의 이야기를 끌어내는 것이 사명입니다. 하지만 그렇다고 MC에만 머물러서도 안 됩니다. 반드시 리더는 소그룹원들의 이야기를 방향 잡아 주고 말씀으로 정리하고 설명해 주는 역할도 감당해야 합니다. 이 역할이 빠지면 소그룹은 단순한 교제 모임으로 전락하고 말 것입니다. 말씀으로 방향을 잡아주는 영적인 감화력을 키우는 것이 리더로 부르심을 받은 이들에게 주어진 거룩한 과제라 할 수 있습니다.

소그룹은 결국 교제 공동체를 넘어서 신앙 공동체가 되어야 합니다. 교제 공동체는 사람에 따라 달라지는 공동체입니다. 좋은 사람들이 많이 있으면 사람이 좋아서 모이게 됩니다. 그러나 이내 오래가지 않을 것입니다. 지속성이 떨어지는 것을 경험할 것입니다. 교회는 신앙 공동체여야 합니다. 교회는 사람이 달라지는 공동체입니다. 신앙 공동체로의 체질 개선에 실패한다면 모든 것에 실패한 것입니다. 처음부터 교회에 신앙을 가지고 나오는 사람은 없습니다. 그래서 모든 교회는 교제 공동체적인 모습으로 시작할 수밖에 없습니다. 그러나 결코 그 자리에 머물러 있어서는 안 되는 곳이 교회입니다. 우리가 참으로 하나님을 사랑하고 그 안에 머물기를 원하면 반드시 하나님의 열심으로 우리를 변화시켜 주신다고 믿기 때문입니다.

4) 소그룹 진행 시 주의해야 할 점

(1) 아이스브레이크

아이스 브레이크의 도구가 '농담'이라고만 생각하지 말라. 사람과 사람이 초면일 때 가장 중요한 것은 예의입니다. 사람은 어떤 자리에 있든지 존중받길 원하고, 자신에게 이야기하는 누군가가 자신에게 예의를 갖춰 주기를 바랍니다. 서로에게 어색한 농담보다 먼저 준비해야 할 것은 겸손한 태도와 상대를 존중하는 표현입니다. 가식적인 예의나 형식이 아니라 진실하고 호기심 넘치는 눈빛입니다.

(2) 삶의 나눔

한 주간의 감사 나눔이 가장 좋습니다. '어떻게 지냈어?'라는 말이 가장 안 좋은 말입니다. '감사의 보물찾기'라는 순서를 갖는 것도 좋습니다. 지난 한 주간의 삶 속에서 보물을 찾듯 감사한 이야기들을 찾아가고 함께 기뻐하는 시간으로 이끌어갑니다.

(3) 말씀의 나눔

설교 나눔, 큐티 묵상, 교재 연구 등을 할 수 있습니다. 각각의 장단이 있을 수 있습니다. 무엇이 가장 좋다고 말할 수는 없습니다. 각 공동체에 가장 적합한 것을 사역자가 찾아주는 것이 좋습니다.

(4) 기도의 나눔

삶의 실제적인 문제들을 나누고 기도해야 합니다. 하나님의 도우심을 바라는 기도도 있어야 하지만 하나님의 뜻을 향해 나아가는 기도도 있어야 합니다. 정기적으로 소그룹원들이 둘러앉고 한 사람이 가운데로 들어와서 손을 얹고 축복하며 기도하는 것도 좋습니다. 리더가 기도하는 것보다 함께 기도하는 것이 능력이 있기 때문입니다. 리더가 마무리 기도할 때 소그룹원들이 자신이 사랑 받고 있고, 수용되고 있다는 감정을 가질 수 있도록 기도하라.

공동체성을 다지기 위한 즐거움의 요소도 중요합니다. 소그룹별로 음식을 만들어 모두가 함께 나누는 요리 만들기, 1박 2일로 떠나는 봉사활동인 힐링캠프, 에너지가 넘치는 청년들이 뛰어놀 수 있는 체육대회, 이야기를 나누기 위한 영화 관람, 나들이, 공연 보기 등 공동체성을 확인해 주는 시간이 필요합니다. 교회는 비장함과 유쾌함의 균형이 있어야 합니다.

현장 리더가 귀띔해주는 소그룹 운영 노하우

1. 모임 전
① 기도로 준비한다.
주일 아침, 금요 예배, 큐티 시간에 소그룹을 위한 기도는 기본이다. 특히 주일 아침에 하는 기도의 경우, 주님이 정말 성령 충만함을 부어주신다는 것을 경험한다. 시간이 돼서 의무적으로 기도하는 것이 아니라, 기도의 힘을 믿고, 기도하지 않으면 안 되는 것을 알기에 기도하는 것이다. 소그룹의 첫 모임이 시작되기 전에 우리 소그룹이 주님께서 보시기에 어떤 소그룹 되길 원하시는지 묻고, 응답받아 1년 동안 기도를 이어 나간다.

② 금요 예배를 못 갔을 시, 설교를 찾아 듣는다.
리더 모임의 장이나 간사님, 친구 리더에게 문의하여 우리 교회나 다른 교회해당 말씀 설교를 찾아 들어 본다. 주님이 분명 도와주셔야 하지만 나도 준비가 되어야 자신 있게 큐티하자!"라고 말할 수 있다.

③ 최선을 다하고, 주님께 도움을 구했으면, 결과에 대해선 잠잠하게 기다린다. 높은 기대치를 갖지 않는다. 특히 타인이든, 자신이든, 사람에 대한 기대를 내려놓는다.

2. 모임 진행
① 모임 초반엔 조용하고 어색한 게 당연하다.
큐티도 중요하지만, 친구들끼리 서로 친해질 수 있는 기회를 제공한다. 마니또(제비뽑기해서 대상을 정하여 서로를 위해 기도하고 문자 주고받기), 평일에 만나서 삶 나누기, 일대일로 기도 제목 나누기 등을 한다. 그리고 소그룹원들의 생일은 꼭 챙긴다. 때로는 리더가 희생하는 것에 대해 두려워하지 않는다.

② 기대치 버리기의 연장선상
내가 정말 최선을 다했으면, 두 명을 보내주셔도 감사, 많이 보내주셔도 감사한다. 기도와 말씀으로 무장했을 때, 어떤 상황에서도 웃을 수 있고 평안할 수 있다.

③ 무조건 큐티를 한다.
소그룹 모임 중에는 일부러라도 밖에 나가지 않는 것이 좋다. '혹시 내가 잘못 말하면 어떡하지, 내가 나누는 이야기에 관심이 없으면 어떡하지' 하는 걱정과 같이 소그룹원들 입장에서 그들의 마음을 먼저 읽어 준다. 소그룹원들이 느낀 점을 한 마디라도 나눌 수 있도록 권유한다. 그리고 소그룹원들이 나누었을 때 충분한 피드백을 해주며 자연스러운 연결이 중요하다. 소그룹원이 일단 하나님을 경험하지 못했다고 하더라도, 교회 나오고 모임에 온다는 것 자체가 하나님이 싫지 않으며, 하나님께서 뭔가 작업하고 있는 상태라고 할 수 있으니, 복음에 대해서 돌려 말하지 않아야 한다. 주님의 죽으심과 부활하심으로 인한 죄 사함 등에 대해 있는 그대로 이야기한다. 모두에게 똑같은 수준을 강요하지 않고 각자의 수준대로 격려하고 충분히 잘하고 있다고 응원한다.

④ 나를 힘들게 하는 소그룹원을 위해서 기도해야 한다.
나를 힘들게 할수록 그 소그룹원을 더 품어야 한다. 기도하다 보면, 정말 소그룹원이 왜 그럴 수밖에 없었는지에 대해 통찰력을 주시며, 긍휼한 마음도 부어주신다.

⑤ 세상에 나가 일을 하면서도 리더로 섬기는 것에 보람을 느낀다.
학교를 다니면서 바쁘게 아르바이트를 하다 보니, 교회에서 리더까지 하기에는 힘들다고 생각했었는데, 어느 순간 오히려 이 소그룹 모임이 나를 쓰러지지 않게 지켜주는 버팀목이 된다는 것을 깨달았다. 그래서 어떻게 보면 내가 소그룹원들에게 뭔가를 해주기 위해서 소그룹 모임을 하는 것이 아니라, 하나님의 우리 모두를 위한 계획하심이 있다는 것을 알게 되면서 리더로 섬기는 것에 대한 나의 태도가 달라졌다.

5) 청년1부 과목

(1) 주제별 커리큘럼

• 성경과 신학

주제	주교재	필독도서	참고도서
창세기	청년 공동체 바로 세우기 (김상권, 크리스천리더)	창세기 속의 그리스도 (이근호, 대장간) 어떻게 창세기를 읽을 것인가 (트럼퍼 롱맨3세, IVP)	창조주 하나님 (이재만, 두란노)
출애굽기	엑스포지엔터리 성경공부 시리즈 (송병현, 임우민, EM)	성경이 말하게 하라 -출애굽기 (앤드류 사치 예수전도단)	출애굽기는 무엇을 말하는가 1.2 (최낙재, 성약)
여호수아	청년 공동체 바로 세우기, (김상권, 크리스천리더)	여호수아는 무엇을 말하는가(최낙재 성약)	인생, 거룩한 모험에 던져라 (안종화, 두란노)
말라기	청년 공동체 바로 세우기, (김상권, 크리스천리더)	열두 예언자의 영성 (차준희 새물플러스)	십일조의 축복 (아더 핑크, 프리스브러리)
누가복음	청년 공동체 바로 세우기, (김상권, 크리스천리더)	누가복음 어떻게 읽을 것인가 (신현우, 성서유니온선교회)	존 라일 사복음서 강해 -누가복음 12 (J. C. 라일, CLC)
로마서	ESV 성경공부 (자레드 윌슨, 부흥과개혁사)	페이스북, 믿음의 책 (김동호, 규장), 로마서 어떻게 읽을 것인가 (홍인규, 성서유니온선교회)	누가 새사람인가 (유해무, 그라티아) 존 파이퍼 로마서 강해 (존 파이퍼 좋은씨앗)
빌립보서	청년 공동체 바로 세우기, (김상권, 크리스천리더)	빌립보서 어떻게 읽을 것인가 (김도현, 성서유니온선교회)	기쁨으로 더 풍성하게하라 1.2 (화종부, 두란노)

• 기독교 사상 및 세계관

주제	주교재	필독도서	참고도서
기독교 세계관	니고데모의 안경 (신국원, IVP)	창조, 타락, 구속 (알버트 월터스, MP), 개혁주의 기독교 세계관 (마이클 호튼, 부흥과개혁사)	믿음은 세계관의 전쟁이다 (최재호, 힐링북스), 세계관은 삶이다 (최용준, CUP)
영적 성장	하나님 마음에 합한 생활 (프리셉트성경연구원, 프리셉트)	영적 감정을 분별하라 (조나단 에드워즈, 생명의말씀사) 당신은 건강한 그리스도인인가 (R. C. 스프룰, 프리셉트)	돈, 섹스, 권력 (리처드 포스터, 두란노), 영적 훈련과 성장 (리처드 포스터, 생명의말씀사)
리더십	믿음의 품질을 높이는 명품 리더십 (김병삼, 프리셉트)	거인들의 발자국 (한홍, 비전과리더십)	리더여 사자의 심장을 가져라 (한홍, 두란노)
그리스도인과 정치	정치 (크리스채너티투데이 인터내셔널, 국제제자훈련원)	정치하는 교회, 투표하는 그리스도인 (김근주 외, 새물결플러스) 정치하는 그리스도인 (김형원, SFC)	복음과 정치 (김근주 외, 대장간) 그리스도인의 정치 색깔(신동식, 우리시대)
성경 배경사	구약성경 역사 산책 (류모세, 두란노)	구약성경 읽기 (노재명, 목양)	열린다 성경 세트 (류모세, 두란노)
하나님 나라	복음의 기초 (이혁, 한책의사람)	구원의 길 (김홍만, 생명의말씀사) 구원 (R.C. 스프룰,생명의말씀사)	심플리 가스펠 (신성관, 새물결플러스) 하나님 나라를 사는 방식 (김동호, 규장)
교회	교회론 (이혁, 한책의사람)	세상의 포로 된 교회 (마이클 호튼, 부흥과개혁사)	독트린 매터스 (존 파이퍼, 복있는사람)

• 크리스천의 삶

주제	주교재	필독도서	참고도서
직업	월요일의 그리스도인 (최영수, 생명의말씀사)	월요일의 그리스도인 (최영수, 생명의말씀사)	일, 삶, 구원 (폴 스티븐스, IVP)
이성 교제	사귀고 싶은 남자 만나고 싶은 여자 (저스틴 루카두, 이레서원)	우리 사랑할까요? (박수웅, 두란노) 그리스도인의 성 (루이스 스미디스, 두란노)	사랑하기 좋은 날 (김지윤, 포이에마) 성, 이성 교제, 결혼과 혼전순결 (이정현, 베다니)
전도와 선교	전도 (이대희, 엔크리스토)	전도 (J. 맥스타일즈, 부흥과개혁사)	복음 전도 바로 알기 (김홍만, 청교도 신앙사)
시간과 돈	하나님 마음에 합한 재정 (프리셉트성경연구원, 프리셉트)	시간의 마스터 (한홍, 비전과리더십)	돈, 섹스, 권력 (리처드 포스터, 두란노)
성품	성품, 성도의 품격 (김병삼, 교회성장연구소)	하나님이 기뻐하시는 삶 (R. C. 스프룰, 생명의말씀사)	다니엘 임팩트 (한홍, 규장), 공부해서 남주자 (김영길, 비전과리더십)
기도	하나님 마음에 합한 기도 (프리셉트성경연구원, 프리셉트)	어떻게 기도할까 (R. C. 스프룰, 생명의말씀사)	기도, 하늘의 능력을 다운로드 하라 (한홍, 생명의말씀사)
고난과 죽음	고난과 죽음을 말하다 (R. C. 스프룰, 생명의말씀사)	고통의 문제 (C. S. 루이스, 홍성사)	고난의 영웅들 (존 파이퍼, 부흥과개혁사)

7개의 커리큘럼이 7년 동안 3회 주기로 진행됩니다.

• 7년 커리큘럼

연차	1학기	2학기	3학기
1	창세기, 기독교 세계관, 직업관	출애굽기, 영적 성장, 이성 교제	여호수아, 리더십, 전도와 선교
2	호세아, 그리스도인과 정치, 시간과 돈	누가복음, 성경 배경사, 성품	로마서, 하나님 나라, 기도
3	빌립보서, 교회, 고난과 죽음	창세기, 기독교 세계관 직업관	출애굽기, 영적 성장, 이성 교제
4	여호수아, 리더십, 전도와 선교	호세아, 그리스도인과 정치, 시간과 돈	누가복음, 성경 배경사, 성품
5	로마서, 하나님 나라, 기도	빌립보서, 교회, 고난과 죽음	창세기, 기독교 세계관, 직업관
6	애굽기, 영적 성장, 이성교제	여호수아, 리더십, 전도와 선교	호세아, 그리스도인과 정치, 시간과 돈
7	누가복음, 성경 배경사, 성품	로마서, 하나님 나라, 기도	빌립보서, 교회, 고난과 죽음

6) 청년 2부 과목

• 본문별 과정

주제	주교재	필독도서	참고도서
레위기	엑스포지멘터리 성경공부 시리즈 (국제제자훈련원)	키워드로 읽는 레위기 (성기문, 세움북스)	엑스포지멘터리 레위기 (송병헌, 국제제자훈련원)
민수기	엑스포지멘터리 성경공부 시리즈 (국제제자훈련원)	민수기 광야를 걷는 예배자 (하정완, 나눔사)	엑스포지멘터리 민수기 (송병헌, 국제제자훈련원)
사사기	엑스포지멘터리 성경공부 시리즈 (국제제자훈련원)	당신을 위한 사사기 (팀 켈러, 두란노)	사사기 어떻게 읽을 것인가 (전성민, 성서유니온)
호세아	엑스포지멘터리 성경공부 시리즈 (국제제자훈련원)	열두 예언자들의 영성 (차준희, 새물결플러스)	소예언서 어떻게 읽을 것인가 1 (김근주, 성서유니온)
룻기 에스더	엑스포지멘터리 성경공부 시리즈 (국제제자훈련원)	엑스포지멘터리 –룻기, 에스더 (송병헌, 국제제자훈련원)	룻기 (조영민, 죠이선교회)
느헤미야	청년 공동체 바로 세우기 (김상권, 크리스천리더)	삶의 틀을 바꾸는 사람 느헤미야 (김형준, 스텝스톤)	파워 리더 느헤미야 (김경섭, 프리셉트)
산상수훈	산상수훈 (프리셉트)	존 스토트의 산상수훈 (존 스토트, 생명의말씀사)	산상수훈 (오스왈드챔버스, 토기장이)
요한복음	청년 공동체 바로 세우기 (김상권, 크리스천리더)	요한복음 예수 (존 프로토, 성서유니온)	요한복음 강해 (김세윤, 두란노)
갈라 디아서	청년 공동체 바로 세우기 (김상권, 크리스천리더)	이야기 갈라디아서 (진 에드워드, 생명의말씀사)	갈라디아서 (화종부, 죠이선교회)

에베소서	청년 공동체 바로 세우기 (김상권, 크리스천리더)	바울이 세상에게 (권호, 생명의말씀사)	에베소서 어떻게 읽을 것인가? (길성남, 성서유니온)
요한 계시록	요한계시록 (프리셉트)	요한계시록 40일 묵상 여행 (이필찬, 이레서원)	모든 사람을 위한 요한계시록 (톰 라이트, IVP)

• 주제별 과정

주제	주교재	필독도서	참고도서
우선 순위	하나님 마음에 합한 소원 (프리셉트)	그리스도인의 우선순위 (김서택, 홍성사)	하나님의 10가지 우선순위 (글렌 마틴, 생명의말씀사)
성령	하나님 마음에 합한 사역 (프리셉트)	왜 성령인가 (조정민, 두란노)	이것이 성령님이다 (토저, 규장)
성품	하나님 마음에 합한 열매 (프리셉트)	성품, 성도의 품격 (김병삼, 교회성장연구소)	교제 (IVP 소책자)
전도	하나님 마음에 합한 전도 (프리셉트)	주님의 전도 계획 (로버트 콜먼, 생명의말씀사)	목사님 전도가 전도가 너무 쉬워요 (손현보, 누가)
가정과 사회생활	하나님 마음에 합한 사역 (프리셉트)	팀 켈러, 결혼을 말하다 (팀 켈러, 두란노)	팀 켈러의 일과 영성 (팀 켈러, 두란노)
성	성 그 끝없는 유혹 (케이 아더, 프리셉트)	성 그 끝없는 유혹 (케이 아더, 프리셉트)	섹스에 관한 일곱가지 거짓말 (IVP 소책자)
예배	하나님 마음에 합한 예배 (프리셉트)	예배인가 쇼인가 (토저, 규장)	예배 (J. C. 라일, 복있는사람)

교회	하나님 마음에 합한 교회 (프리셉트)	교회, 나의 고민 나의 사랑 (필립 얀시, IVP)	기독교는 믿을 만한가 (IVP 소책자)
기도	BEST 기도 4단계 (프리셉트)	팀 켈러의 기도 (팀 켈러, 두란노)	기도 (IVP 소책자)
십계명	하나님 마음에 합한 약속 (프리셉트)	강영안교수의 십계명 강의 (강영안, IVP)	교회 다니면서 십계명도 몰라? (차준희, 국제제자훈련원)

(2) 7년 커리큘럼

연차	1학기	2학기	3학기
1	레위기, 우선순위	민수기, 성령	사사기, 성품
2	호세아, 전도	룻기, 에스더, 가정과 사회생활	느헤미야, 성
3	산상수훈, 예배	요한복음, 교회	갈라디아서, 기도
4	에베소서, 십계명	요한계시록	레위기, 우선순위
5	민수기, 성령	사사기, 성품	호세아, 전도
6	룻기, 에스더, 가정과 사회생활	느헤미야, 성	산상수훈, 예배
7	요한복음, 교회	갈라디아서, 기도	에베소서, 십계명

7) 오늘날의 청년·대학부 커리큘럼

• 하나님과의 관계

제1과 복음과 구원	제11과 기도의 본질	제21과 예수님의 주되심
제2과 그리스도의 십자가	제12과 기도의 응답	제22과 청지기 의식
제3과 그리스도의 부활	제13과 중보기도	제23과 헌신된 삶
제4과 하나님과의 교제	제14과 하나님 임재의 실행	제24과 재물, 시간 사용
제5과 믿음의 의미	제15과 죄와 용서	제25과 성령 하나님
제6과 경건의 시간	제16과 하나님의 영광	제26과 성령 충만
제7과 성구암송	제17과 하나님의 나라	제27과 구약 입문
제8과 묵상	제18과 하나님의 소명	제28과 신약 입문
제9과 찬양	제19과 하나님의 인도	제29과 기독교 교리 입문
제10과 예배	제20과 예수 그리스도	제30과 개인 성경 연구

• 형제와의 관계

제1과 교회의 본질	제11과 그리스도인의 교제	제21과 지교회와 선교단체
제2과 지체의식	제12과 의사소통과 나눔	제22과 평신도의 중요성
제3과 성령의 은사	제13과 사랑, 용서, 화목	제23과 교파와 유래
제4과 교회의 사명	제14과 권면과 상담	제24과 개혁과 신앙
제5과 공예배	제15과 판단, 비판, 평가	제25과 복음주의적 전통
제6과 설교	제16과 갈등과 해결책	제26과 기독교 교육 입문
제7과 건전한 자아상	제17과 연합과 분립	제27과 소그룹 활동
제8과 성서적 성숙	제18과 지도력, 권위, 섬김	제28과 구역 모임
제9과 내면 세계와 치유	제19과 조직과 운영	제29과 그룹 성경 공부
제10과 심리학과 기독 신앙	제20과 직분과 직분자	제30과 그룹 기도회

• 세상과의 관계

제1과 세상과 세속	제11과 동성애	제21과 뉴에이지 운동
제2과 보냄받은 의식	제12과 여성해방운동	제22과 사이비 종파
제3과 교우 전도	제13과 의료윤리	제23과 다원주의와 사회생활
제4과 양육과 훈련	제14과 사회참여	제24과 창조와 진화
제5과 기독 신앙과 성	제15과 환경문제	제25과 직업과 직장생활
제6과 데이트와 이성 교제	제16과 경제 질서	제26과 핵전쟁과 평화
제7과 독신	제17과 텔레비전과 시각매체	제27과 세계를 품은 그리스도인
제8과 부부생활	제18과 기독교의 인종관	제28과 기도 탐사 여행
제9과 이혼과 재혼	제19과 인종간 화해	제29과 미전도 종족 입양
제10과 자녀 양육	제20과 종교 다원주의	제30과 초문화적 선교 사역

8) 내수동교회 청년부

① 구성 인원의 코스별 역할

GBS코스	출석기간	공동체 생활	리더의 역할, 관심
신입반	0~3개월	적응	– 신입반 조원 돌봄, 교재연구 – SCL로 등반한 조원에 대한 계속적인 관심 – 본문팀과 연계, 양육 연결
SCL	2개월~1년	성장 1	– 영적인 성장 도움, 교재연구 – 신입반과 연계, 조원 파악 – 수요기도회 및 섬김활동 (주보접기, 국별활동)
필수	1년~2년	성장 2	– 주요 본문 위주의 공부(1년 기간) – 교회행사 진행요원 등으로 적극 권유 – 각국 및 봉사활동 등에서 적극적인 역할 가능토록 함
본문 (신,구약)	2년 이상	섬김	– 차기 리더로서 영적 섬김의 핵심을 담당할 수 있도록 – 신입반 및 SCL과 연계 1:1 양육유도 – 예비 리더 커리큘럼에 대한 연구 – EBS 및 주제별 성경공부 발굴

② GBS 교육 개설 과정

월	하나님께 합당한 생활	필수	구약	신약	주제별
1~2	1권 새로운생활 2권 생활속의 신앙 3권 진리의 발견 4권 성숙의 추구	빌립보서 창세기 I (1~11장) 요한복음 I (1~12장) 사도행전 I (1~12장) 세계관 섬김의 장	신명기 열왕기하 미가 이사야 I (1~39장)	로마서 II (9~13장) 누가복음 데살로니가전후서 히브리서	성령 EBS 상담
3~4			창세기 II (12장부터) 여호수아 욥기 이사야 I (40~66장)	로마서 I(1~8장) 사도행전 II (13~18장) 디모데전서 베드로전후서	교회론 구약통독 신약개론
5~6			아모스 사사기 예레미야 시편	로마서 II (9~13장) 요한복음 II (13~21장) 갈라디아서 디모데후서/디도서	한국교회사 교제/결혼 전도/직장 선교
7~8			출애굽기 사무엘상 에스더/룻기 다니엘	로마서 I(1~8장) 마태복음 I (1~16장) 에베소서 요한1/2/3서	세계교회사 EBS 구약개론
9~10			레위기 사무엘하 잠언 호세아	로마서 II (9~13장) 마태복음 II (17~28장) 골로새서/빌레몬서 요한계시록	부흥 신약통독 선교
11~12			느헤미야 열왕기상 전도서 에스겔	로마서 I (1~8장) 마가복음 고린도전서 야고보서	기도 교제/결혼 문화

참고문헌

- 고용수 외 4인, 기독교 교육 개론 (상), 한국장로교출판사, 2011.
- 김동호 외 5인, 청년 대학부가 살아야 된다, 나침반, 1997.
- 내수동교회 대학부 엮음, 비전을 나눠 드립니다, 처음, 2003.
- 박상진, 교회교육 현장론, 장로회신학대학교, 2015.
- 방선기 외 11인, 한국교회 대학부 이야기, 세움북스, 2022.
- 오대희, 우리시대의 어부들, 엘맨, 1997.
- 이규민 김난예 김재우 김희영, 인간발달과 기독교교육, 동연, 2023.
- 임만호, 아이들이 교회로 몰려온다, 생명의말씀사, 2017.
- 조세영 외 3인, 콕 집어 알려주는 청년사역 가이드, 생명의말씀사, 2022.
- 한국기독교교육학회, 21세기 기독교 교육의 과제와 전망, 한국장로교출판사, 1997.
- 헨리에타 미어즈, 주일학교의 모든 것, 조계광 역, 생명의 말씀사, 2023.

10장 청년부
(23세~결혼)

청년기는 생의 중요한 전환 시기입니다. '청년'이란 원래 나이 개념이 아니었습니다. '청년'이라는 용어가 처음 등장 했을 때에는 나이 개념보다는 주로 사회적, 경제적 상황을 나타내는 용어로 사용되었습니다. 이 용어는 19세기 중반의 산업혁명과 도시화의 영향을 받아 등장 하였습니다. 산업혁명으로 농업 사회에서 공업화된 도시 사회로 전환되면서 일부 청년들은 농촌에서 도시로 이주하게 되었습니다. 이들은 도시 사회의 노동력이었으며 이주와 불안정한 생활로 사회적으로는 불안정한 측면을 가지고 있었습니다. 이에 따라 '청년'이라는 용어는 나이뿐만 아니라 사회적 위치와 상황을 나타내는 의미로 사용되었습니다. 이러한 변화 속에서 정신적 성숙이 육체적 성숙에 미치지 못해 사회적 위협으로 여겨진 일부 청년들은 '청소년' 또는 '청년'으로 분류되어 통제와 교육의 대상이 되었습니다. 이러한 맥락에서 '청년'이라는 용어는 나이뿐만 아니라 사회적 맥락에서의 위치와 역할을 강조하게 되었습니다. 청년기에 관한 이해는 학자들에 따라 연령이 조금씩 차이가 나지만 청년기에 이루어야 할 과제는 맥을 같이합니다. 그랜트 스터디(Grant study)의 연구는 청년을 25~35세로 정의하고, 이들은 직업과 자신의 가족을 보살피는 데 전념하며, 직장에 열심히 종사하는 일이 최우선과제라 하였습니다. 청년들의 성공 요인은 지능, 성장배경, 환경보다는 훌륭한 멘토(mentor)와 역할모델의 존재가 큰 영향을 미친다고 하였습니다. 굴드(Gould)는 20~35세가 청년기이며 청년기는 어린애 같은 환상과 그릇된 가치에서 벗어나 자기 신뢰와 자기수용을 선택하는 시기로 보았습니다. 특히 22~28세에는 부모의 도움과 의존에서 벗어나 자신의 삶에 대해 책임지며 직업을 가지고, 28~33세는 내부를 들여다보며 자신의 한계를 의식하며 노력함으로 능력 개발에 정진하여 성장을 추구하는 시기라 하였습니다.

청년에 대해 깊은 관심을 가졌던 홀(S. Hall)은 청년기를 과학적으로 연구하여 "청년기"(Acdolescence)라는 두 권의 저서를 출판하였습니다. 그는 인간 발달을 유아기(0~4세), 아동기(4~8세), 전 청년기(8~12세), 청년기(사춘기~22, 25세)로 나누었습니다. 그는 청년기가 인생에서 아동도 아니고 성인도 아닌 모호한 위치에서 자아의식과 현실 적응 사이의 갈등, 소외, 고독, 혼돈의 감정 등을 경험하는 시기이며 이로 인한 긴장과 혼란이 일어나는 '질풍노도의 시기'(A period of storm and stress)로 묘사합니다. 이 질풍노도를 통해 청년기는 보다 높은 수준과 완전한 인간 특성이 새롭게 태어나는 '새로운 탄생의 시기'가 됩니다.

우리나라에서는 청년을 따로 규정하지 않고 청소년기를 광범위하게 9~24세로 규정하고 있으며 24세가 초과 되어도 대학생이면 청소년으로 간주하고 있습니다. 청년 고용 촉진 특별법에서 정한 청년은 15~29세입니다. 청년의 기준이 일치하지 않는 것은 우리나라만이 아닙니다. 중국 국가통계국은 15~34세, 공산주의 청년단은 14~28세가 청년입니다. 일본은 15~22세의 고등학생과 대학생을 청년이라 하지만 후생노동성은

15~25세를 지칭합니다. 아프리카는 15~35세가 청년입니다. 각 나라의 단체들이 청년을 39세, 농업 분야 단체에선 40대까지도 청년에 포함 시키는 것은 우리와 비슷한 상황입니다. 유엔은 국제적 범주에서 15~24세를 청년으로 규정함에 따라 세계 인구의 약 18%인 12억 명이 청년이며, 청년 인구 62%가 아시아 17%가 아프리카에 거주합니다. 에릭슨의 발달 단계에 따르면 30대까지를 청년으로 보았으나 여기에서는 시대적 상황을 고려하여 30대 중반까지를 청년이라 정의합니다.

1. 청년들의 특성

1) 신체 발달

20대는 신체적으로 가장 건강하고 에너지 넘치며 활기찰 뿐 아니라 젊음의 매력과 정력 및 신선함 등 젊은이다운 신체적 매력을 갖추는 시기입니다. 운동수행 능력과 지구력, 근육 및 단순 근력과 체력도 절정에 달하며 모든 사회적, 경제적, 정서적 과업을 수행하기에 충분합니다. 관절과 골격도 완성되어 건장함을 보여줍니다. 대부분의 남성들은 21~22세에 완전한 성인 체격에 도달하지만 10명 중 1명 정도는 23~24세까지도 자랍니다. 여성은 17~18세에 거의 완전한 성장에 도달하고, 1/10 가량은 22세까지도 자랍니다. 여성은 20대 후반에 미소 라인(smile lines)이 보이고 30대에는 까마귀 발(crow's feet)이라는 주름이 생깁니다. 감각 능력과 정신 운동능력은 최고점에 이르러 반응 시간이 가장 빠르고, 근육의 힘은 20~25세에 절정을 이루지만 30~60세에는 10% 정도의 근력이 감퇴됩니다. 시력은 20~25세경이 가장 좋으며 40세까지는 감소하지 않으나 수정체는 탄력성을 약간 잃습니다. 청력은 20세경이 가장 좋으며 고음에 대해 상실이 일어나기 시작합니다. 미각, 후각, 촉각은 안정적이며 뇌의 무게는 청년기에 최대에 도달합니다.

여성의 생식능력은 10대 말에서 20대 초반에 절정에 달하고, 남성의 생식능력은 40세 이전까지 큰 변화가 없습니다. 청년기는 모든 신체적 성장과 성숙이 완결되고, 젊은이다운 일반적인 신체적 매력을 갖추며 신체적으로 가장 건강한 시기입니다. 그러나 에너지 대사 체계에서는 피로물질의 회복 능력과 지방분해 능력이 낮아지기 시작하고, 가능한 저장하려는 쪽으로 몸의 기준이 바뀌어 갑니다. 그래서 약간의 살이 찌기도 하고 피곤을 느끼며, 피부는 수분을 잃기 시작하고 점점 건조해지며 주름이 생깁니다. 지성 피부의 남성은 여성에 비해 피부가 좀 더 천천히 건조해지며 주름도 여성보다 늦게 생깁니다.

㈀ 스트레스, 청년기는 학업, 취직, 연애, 결혼, 대인관계, 자립 등으로 많은 스트레스를 경험합니다. 특히 청년기는 인생의 전환을 갖는 단계여서 새로운 역할에 적응하지 못하면 여러 가지 불안장애나 우울증, 스트레스를 받을 수 있습니다. 최근에는 취업난으로 청년 실업자가 늘고 있는 추세여서 취업 스트레스로 인한 심신증이 있습니다. '스트레스'는 영어권에서 15세기경부터 압력(pressure) 또는 물리적 압박(physical strain)이란 뜻으로 사용되었습니다. 20세기에 스트레스는 정신의학에 관심이 쏟아지면서 질병이나 정신 질환의 원인으로 간주하기 시작하였습니다. 일반적으로 사용하는 의미의 스트레스는 개체에 부담을 주는 육체적, 정신

적 자극이나 이러한 자극에 나타나는 반응을 의미합니다. 흔히 말하는 스트레스는 불쾌한 스트레스(distress)이며 이는 신체의 평형을 깨뜨려서 여러 가지 질병을 유발합니다. 유쾌한 스트레스(eustress)는 즐거움과 흥미로운 자극을 주어 인생에 활력을 불어넣는 것이 보통이지만 사람에 따라서는 휴가, 결혼 등과 같은 긍정적인 사건도 스트레스를 유발하는 원인이 됩니다. 이것은 긍정적인 사건들도 생활의 변화와 그에 따른 재적응이 필요하기 때문입니다. 스트레스를 줄이거나 피하기 위해서는 적당한 운동과 충분한 수면은 물론 스트레스로 인해 생긴 부정적인 감정을 빨리 알아차리고 이를 해결하기 위한 정보를 찾고 필요한 행동을 실행에 옮기는 균형이 중요합니다.

㉡ 안전한 성생활 (Safe sex)에 대한 이해, 청년기는 성생활이 이루어지는 시기이므로 에이즈를 비롯한 각종 성병에 노출될 위험이 큽니다. 안전한 성생활을 위해서 성에 대한 올바른 이해를 갖고 아름다운 성생활이 되도록 남녀가 모두 노력해야 합니다. 심리적, 신체적, 정신적으로 불안한 상황에서나 건전한 판단을 할 수 없는 상황에서는 성관계를 갖지 않아야 합니다. 대부분의 성병은 성관계를 맺는 상대자가 많을수록 걸릴 위험이 증가하고, 적절한 치료를 받지 않으면 골반염이나 불임 등의 심각한 후유증을 남길 수 있습니다. 따라서 결혼할 배우자를 위해 순결을 유지하는 것은 도덕적으로는 물론이고, 성병 예방 및 건강한 자녀 출산에서도 매우 중요한 문제입니다.

㉢ 임신, 출산 및 피임에 대한 이해, 결혼이 늦어지고 있는 추세이지만

대부분의 청년들은 20대에서 30대 중반에 결혼하여 가정을 이루고, 안전하고 행복한 성생활을 통하여 임신을 합니다. 20대 여성의 건강 상태는 이 시기에 최고조에 이르며 임신하거나 아이를 낳기에 가장 건강한 연령 이므로 부부가 충분히 의논하여 임신과 출산의 가족 계획을 세워야 합니다. 피임을 할 때는 임신과 출산 계획에 따라 비용, 효과, 안전성 및 향후 임신 가능성 등을 충분히 고려하여 적절한 피임방법을 선택합니다.

㉣ 건강한 생활 습관과 만성 질환 예방, 청년기의 잘못된 생활 습관은 30대 후반부터 여러 가지 만성 질병으로 나타나며 중년기 이후에 심각한 질병을 초래합니다. 우리나라 남성의 흡연율은 45%로 경제협력개발기구(OECD) 국가 중 최고입니다. 담배 연기 성분인 니코틴, 타르, 일산화탄소와 그 밖의 화학물질은 폐암, 후두암, 구강암, 식도암, 방광암, 신장암뿐 아니라 각종 호흡기질환과 심장마비와 관련이 있으며 신체에 악영향을 줍니다. 특히 젊은 여성의 흡연은 저장 난자의 감소와 조기 폐경은 물론 임신 중 태아에 심각한 영향을 미칠 수 있을 뿐만 아니라 임신 자체에도 영향을 미칩니다. 적당한 음주는 인간관계에 윤활유 역할을 하지만 과도한 음주는 중추신경의 통제를 벗어나는 행동을 유발하여 실수하게 만들고 전반적인 손상을 유발하며 알코올 중독으로 이어지기 쉽습니다. 또 지방간을 비롯한 만성 간질환의 원인이 되며, 만성적 음주는 고혈압, 고지혈, 심부전 등의 심혈관계 질환을 유발하거나 악화시킵니다.

암으로 인한 사망이 30대 후반부터 증가하기 시작하므로 청년기에 건강한 생활 습관을 갖고, 35세 이후에는 만성 질환의 조기진단을 위하여 정기 건강검진을 받아야 합니다. 젊으면 건강검진이 필요하지 않다고 생각할 수 있으나 건강은 건강할 때 지키는 것이 좋습니다. 청년기의 건강검진은 혈압 측정과 1~2년마다 신장과 체중을 측정하여 비만도를 평가하고, 흉부 X선 촬영을 시행하여 결핵 등의 호흡기 감염성 질환 여부를 확인합니다. B형간염 면역 여부를 확인하여 항체가 없다면 예방접종을 받고, B형간염 보균자는 35세 이후부터 매 6개월~1년마다 간 종양의 조기 발견을 위한 간 초음파와 혈액검사를 받습니다.

결혼 전에는 기본 건강검진 및 성관계로 전염될 수 있는 감염성 질환 및 성병에 대한 검사를 시행하고 필요시 치료와 예방접종을 받습니다. 여성은 결혼하여 성관계를 시작한 후에는 매 1~2년마다 자궁경부암 검진을 받고, 35세 이후에는 매 1~2년마다 유방암의 조기 발견을 위한 검진을 받습니다. 여성의 경우 임신을 계획할 때 빈혈을 포함한 전신 건강 상태를 점검하기 위한 검사와 자궁 및 난소에 대한 부인과 진찰을 받습니다.

2) 인지 발달

청년기는 정신적 성숙과 경험의 상호작용으로 인지 발달이 정점에 이르며 인지적 기능은 고도로 분화되고, 다차원적인 문제들을 다룰 만큼 양적으로나 질적으로 충분하기에 여러 가지 정신적인 도전들에 대처할 수 있습니다. 인간의 인지 발달은 대략 25세경부터 하강 곡선을 그린다고 알려져 있습니다. 그러나 청년기의 인지 변화를 정확히 판단하기 위해서는 각 개인의 교육 수준, 사회 경제적 지위, 건강 상태 등을 동시에 고려해야 합니다. 청년기의 인지 발달에 대해서는 아직 학자들 간에 합의에 이르지 못하고 있습니다. 피아제(Jean Piaget)의 청소년기에 형식적 조작 사고가 발달한 이후에는 인지 발달이 거의 이루어지지 않는 것으로 보는 견해에 대한 비판이 제기되고 있습니다. 즉, 기계적 암시나 지적과제의 수행 속도 등은 10대 후반이 가장 뛰어나지만, 판단, 추론, 창의적 사고 등은 청년기는 물론 전 생애를 통하여 발달하는 것으로 보는 견해가 우세하고 있습니다.

피아제는 청년기가 형식적 조작기로서 추상적 사고와 가설, 연역적 사고와 은유적 의미를 이해하며 자신과 타인의 견해를 종합하고 분석하는 등 체계적이고 조합적인 사고를 할 수 있는 시기라 하였습니다. 청년기 형식적 조작 사고의 특징은 가설을 설정하고 이를 전제로 추론하는 명제적 사고, 문제 해결 과정에서 관련 변인들을 추출하고 분석하며 이를 상호 관련짓고 통합하는 결합적 분석, 구체적 대상의 존재 여부와 관련 없이 형식 논리에 의해 사고를 전개하는 추상적 추론입니다. 즉, 청년들은 눈앞에 주어진 구체적인 사태를 넘어서 보이지 않는 모든 가능한 것들에 대해 고려하거나 추론하고 원리를 찾으며, 이론을 형성하는 과정에서 기쁨을 얻습니다. 그러나 피아제는 논리적 사고 과정에서 청년이나 성인의 인지적 성장이 형식적 조작 사고기를 넘어 질적으로 다른 사고로 발달한다는 증거를 찾지 못했습니다. 인지 발달 이론가들은 인지 발달은 피아제의 형식적 조작 단계가 끝이 아니며, 이를 넘어 후 형식적 사고(postfomal thought)의 새로운 구조와 형태로 발달한다는 실증적 연구들을 찾아냈습니다.

3) 도덕 발달

도덕성이란 옳고 그른 것을 분별하고, 이런 분별에 따라 행동하게 되는 일련의 규범이나 원칙으로서 규범에 따라 행동했을 때 자긍심을 느끼지만 이 기준들을 위반 했을 때에는 죄책감이나 수치심을 느끼는 것입니다. 즉, 도덕성이란 선악을 구별하고, 옳고 그름을 판단할 때 자신의 내면화된 기준에 의하여 그 행위를 판단하는 판단의 질을 도덕성이라 합니다. 이는 도덕적 원리에 기반을 둔 행위체계로서 사회규범을 준수하고, 도덕 원칙에 따라 사고하고, 새로운 도덕 원리를 창출하는 행동입니다. 도덕성은 그 사회에서 지켜야 할 규범을 준수하는 능력이며, 개인이 타인과 상호작용할 때 지켜야 하는 규칙이나 관습과 연관되어 있습니다. 따라서 도덕성은 아동들이 성장해 온 사회와 문화가 기대하는 것에 따라 행동하도록 하는 사회화의 하나입니다. 아동은 아동이 속한 문화의 도덕적 가치에 따라 행동하도록 배우며 그것을 내면화하여 자신의 가치로 받아들이는 과정을 거치는데 이를 도덕성 발달이라 합니다. 도덕성 발달은 옳고 그름을 구분하고, 윤리적 가치체계를 정립하며, 도덕적으로 올바르게 행동하는 능력이 발달하는 것입니다.

레스트(James R. Rest)는 도덕적으로 행동하는 독립된 요소를 도덕적 민감성(도덕적 문제의 인식), 도덕적 판단(무엇이 행해져야 하는가를 결정하는 것), 도덕적 가치(도덕적 행동을 인도하는 양심이나 이상), 도덕적 행동(도덕적 혹은 비도덕적 행동)으로 구분하였습니다. 이런 구분에 의하면 도덕성에는 인지적, 정의적, 행동적 요소가 포함되어 있습니다. 도덕성의 인지적 요소는 옳고 그름에 대한 개념화에 따라 가치 판단을 하고 어떻게 행동할지를 결정하는 과정과 방식에 대해 생각하는 것입니다. 정의적 요소는 옳고 그름의 행위와 관련된 감정으로서 죄책감이나 다른 사람의 감정에 대한 공감 등 도덕적 사고와 행위의 동기가 됩니다. 행동적 요소는 도덕적 혹은 비도덕적 행동을 하고 싶은 유혹을 경험할 때 실제로 어떻게 행동하느냐를 결정합니다.

도덕성 발달은 도덕적 판단, 도덕적 감정, 도덕적 행동으로 구분합니다. 도덕적 판단은 어떤 행동의 옳고 그름에 대한 평가, 도덕적 감정은 어떤 행동에 대한 정서적 반응, 도덕적 행동은 어떤 행동이 옳은지 알고 있다고 해서 반드시 그렇게 행동하는 것이 아니므로 실제로 어떻게 행동하느냐입니다. 도덕 발달의 각 이론들은 이 3가지 요소 중에 강조하는 것이 각기 다릅니다.

피아제는 도덕성은 인지 발달 과정에 의해 발달되며 전 도덕기(Pre-moral Stage), 타율적 도덕 단계(Heteronomous Morality Stage), 자율적 도덕 단계(Autonomous Morality)로 발달 된다고 하였습니다. 콜버그는 피아제의 이론을 발전시켜 도덕성을 논리 및 판단 능력이라고 정의합니다. 그는 갈등 상황에서 모든 사람의 입장을 고려하여 가장 적절한 것을 찾아내는 논리적 추론 능력이 도덕성이며 도덕적 판단의 유형을 3수준 6단계로 구분하였습니다. 3수준은 인습 이전 수준(pre-conventional level), 인습 수준(conventional level), 인습 이후 수준(post-conventional level)이며, 6단계는 벌과 복종 지향, 욕구 충족지향, 대인관계 조화 지향, 법과 질서 지향, 사회계약 지향, 보편적 도덕 원리 지향 단계로서 각 수준은 2단계가 포함됩니다.

콜버그는 청년기의 도덕적 사고는 사회가 기대하는 바에 따라 행동하며, 사회적 규범과 의무를 준수하는 인습적 수준에 속합니다. 사람 간의 관계에서 서로 호감을 가지고 신뢰하며 상호 관여하는 3단계 도덕적 가치와 법과 질서를 중시하고 준수하는 4단계 도덕적 가치가 포함되며 사회적 역할에 수반되는 도덕적 책무를 중시하고 노력합니다. 그러나 인습 수준에 도달한 20%의 대학생이 2~3년 동안 도구적 자기중심주의인 2단계로 후퇴하였다가 되돌아오거나 5단계로 발달하는 등 도덕적 퇴행(regression)이 나타나기도 합니다. 퇴행이 일어나는 원인을 에릭슨의 자아정체성 탐색의 일환으로 설명할 수도 있으나 사회적 구속을 벗어나기 위해 규범을 배척하는 사고로 이행할 수도 있습니다. 이러한 청년기 도덕적 사고의 특징을 사회 이탈적(outside of-society) 또는 U형 발달 현상입니다. 그러나 퇴행을 일시적 동요나 기능적 진보로 생각하는 콜버그의 관점과 달리 퇴행 경향은 청년기 도덕성 발달 과정에서 우려할 만한 일이라 지적하기도 합니다.

인습 수준의 도덕적 사고는 사회적 규율과 법을 절대적 기준으로 인정하며, 인습 후 수준의 도덕성 또한 정의 공정성, 생명의 존엄성 등 어느 시대 사회를 막론하고 준수되어야 할 절대적이며 보편적인 도덕 원리를 전제로 합니다. 그러나 청년기에는 모든 사람이 준수해야 할 객관적이며 보편타당한 도덕률의 존재를 부정하고 주관적인 관점에서 도덕성을 판단하는 도덕적 상대주의(moral relativism) 사고가 나타나기도 합니다. 도덕적 상대주의는 성인기에도 지속될 확률이 크며, 이러한 도덕적 판단의 불확실성이 사회 전반의 도덕적 혼란을 야기 할 수 있습니다. 인습 수준으로부터 벗어 나면서 인습 후의 도덕적 사고에 도달하지 못한 많은 청년 후기 청년들은 선악과 가치에 대한 절대적 기준을 부정하고, 도덕률은 근본적으로 임의적인 것이며 모든 도덕적 관점과 입장은 동등한 가치를 가진다는 도덕적 상대주의를 가집니다. 중년기에 들어서면 인습 이후 수준으로 이행합니다.

4) 사회 정서 발달

존재한다는 것은 변화를 의미하며 변화는 곧 성숙을 향한 움직임입니다. 성숙한다는 것은 자신을 끊임없이 창조해 나가는 과정이며 청년기는 자신의 진정한 감정을 나누고 이성에 빠지기도 하지만 이는 자기를 찾아가는 성숙의 과정입니다. 이런 면에서 에릭슨은 청년기의 발달과제는 친밀감(intimacy) 내지는 고립감(isolation)이 형성되는 시기로 보았습니다. 친밀감이란 자신을 열고 상호작용하여 타인을 이해하고, 깊은 공감을 나누는 능력입니다. 청년기에 사회생활에서 사람들과 친근한 관계를 갖는 친밀감을 획득하지 못하면 원만한 사회적 상호작용을 하지 못하여 고립감에 빠져듭니다. 고립감은 자신과 타인이 상호작용하거나 소통하지 못하여 자기 몰두에 빠지며 스스로 고립의 상태로 들어가는 것입니다. 청년기에 정서적으로 사회생활에서 우정과 애정을 나눌 수 있는 사람과 친밀한 관계를 형성할 때 청소년기에 성립된 자아 정체감이 중요한 역할을 합니다. 자아 정체감이 확립되면 다른 사람과 독립된 인간존재로서 효율적으로 소통하고 친밀한 관계를 형성할 수 있습니다.

또 인생이 자신의 것이라는 생각을 갖게 되고, 자아 정체감에 기반을 두고 자신의 목표와 희망을 구체화하며, 직업을 선택하고 발전시키며, 우정과 사랑할 상대를 찾고, 하나님과 생의 의미에 대한 해답을 원하고, 꿈을 실현 시킬 기회를 찾으며, 인간관계에서 친밀함을 형성하는 등 사회적 상호작용과 역할에서 다양한 변화를 경험합니다. 그러나 청소년기와 청년기에 자아 정체감을 확립하지 못한 성인은 고립감을 경험할 가능성이 높으며, 군입대, 취업 준비, 부부간의 흥미와 취미의 상이성 등과 같은 상황적 요인도 고립감 형성에 기여합니다.

사회 속에서 흔들리는 청년들의 신앙과 영적 성숙을 위해 교회는 말씀과 신앙적 가치 공동체, 배움과 확신 공동체, 관계와 나눔 공동체 회복과 창조 공동체가 되어야 하며 이는 평생 교육의 과제가 되어야 합니다. 에릭슨에 의하면 청년기는 새로운 사회적 압력과 요구에 부딪힙니다. 청소년기의 자아 정체감은 청년기에도 새로운 경험과 탐색으로 계속 흔들리면서 발달하며 자신이 속한 곳에서 자신의 위치, 능력, 역할 및 책임에 대한 인식을 확장합니다. 그렇게도 갈망했던 대학교와 직장에 들어가면 오히려 더 막막해집니다. 이성과 친구 관계도 더 이상 풋사랑과 우정만으로 설명이 되지 않고 마음과 마음 사이를 읽어야 하며 관계 풀이와 줄다리기 놀이를 해야 하고 그곳에서 친밀감이나 소외감을 형성해 갑니다. 즉, 청년기는 정체감, 사랑, 결혼, 직업 등이 엮여서 이를 타협하는 과정에서 친밀감이나 소외감을 경험하며 자신에 대해 깊이 성찰합니다.

(1) 청년기 신앙교육

㈀ 도덕교육

파울러(James Fowler)는 신앙을 상상력에 의해서 형성되는 이미지로서 이해하면서 청년기를 개인적이고 성찰적 신앙의(Indivicluative Reflective Faith) 단계로 보았습니다. 청년기는 철학이나 신학적인 문제에 대한 막연한 관심이 구체화 되어 개인적으로 그들이 믿는 신앙에 대해 탐구적이며 신념 체계에 대해 논리적인 연결성을 찾고 이웃 종교를 가진 사람들에게 자신의 신앙을 설명할 수 있기를 원합니다. 종전의 예배나 의식 또는 습관적 신앙생활의 태도에서 벗어나 연구하는 태도를 지니게 되며 성경 공부에 깊은 관심을 보이고 폭넓은 세계와의 부딪힘을 통해 끊임없는 도전을 받습니다. 따라서 청년기 신앙교육은 신앙 공동체 안에서 관습과 제도 및 인습에 머무르지 말고, 끊임없이 자신의 신앙을 성찰하고 사회 속에서 책임적 존재로서 살도록 격려하며 친밀감을 형성하도록 돕는 일입니다. 현대 사회의 자기중심성과 경쟁적 사고의 틀에서 벗어나 날마다 자기를 성찰할 뿐 아니라 서로를 돌아보아 소외감이나 고독감에 빠지지 않도록 친밀한 관계를 형성하며 자신의 약점을 인식하고 서로 돕는 관계를 만들어 나가야 합니다.

ㄴ) 친밀감 교육

친밀감을 형성하지 못한 무관심은 고립감이나 소외감으로서 왕따, 모욕, 욕설, 무시로 지각되고 청년기 개인의 윤리적 가치와 신념 체계 형성에 커다란 영향을 미칩니다. 자기가 속한 집단 대다수가 적대적이라는 잘못된 지각 경험은 더 큰 고립감과 좌절을 낳고 결국 자아에 영향을 주면서 심리적, 신체적 변화에 직면합니다. 분노는 괴물로 변하고, 상처받은 외로움은 자기조절능력을 통해 놀랍게도 치밀해지고 침착해지며 그 대담함으로 복수와 심판으로 합리화된 비극적 상황을 낳습니다. 신앙은 청년들로 하여금 지적, 정서적, 성적 그리고 영성의 나눔을 통합하는 방법을 발견하도록 할 때 친밀감을 조성할 수 있습니다.

　따라서 청년들을 위한 신앙교육을 위해 자기 성찰적 친밀감을 형성하는 것이 주요한 발달과제이며 청년기의 자기 성찰적 친밀감을 어떻게 형성할 수 있는가를 살펴보는 것은 신앙교육의 방법에 단서를 제공할 것입니다.

　㉠ 청년기의 자기 성찰적 친밀함은 예배를 통하여 이루어집니다. 예배는 하나님을 만나고 하나님의 현존에서 친밀감이 형성되며, 기도를 통해 하나님과 개인적으로 친밀한 시간을 갖고 자신의 인생을 하나님께 의탁하며, 삶을 통해 가난, 질병, 고통, 상처, 외로움, 실망 등으로 소외된 사람들과 교통하며, 하나님의 정의를 이 땅에 세워가는 것입니다.

　㉡ 청년기의 자기 성찰적 친밀함은 코이노니아에서 이루어집니다. 코이노니아(koinonia)는 하나님의 말씀과 은혜를 서로 나누는 것이며 물질뿐 아니라 사랑을 주고받는 마음과 교제와 공감과 소통입니다. 즉, 청년들은 코이노니아를 통해 갇혔던 자기에서 빠져나와 마음을 나누고 우정을 나누고 친밀함의 관계를 찾습니다. 소외감을 느끼는 사람들에게 먼저 다가가서 마음과 친밀한 관계를 형성하는 것입니다. 사람은 모두 잘난 척하고 살지만 알고 보면 모두가 외롭고 고독한 존재입니다. 청년들과 대화를 통해서 교제하며 청년들을 이해하고, 그들의 입장에서 들어주는 노력을 아끼지 말아야 합니다.

　㉢ 청년기의 자기 성찰적 친밀함은 말씀을 배우고 익히는 데서 이루어집니다. 청년은 교회의 허리로서 윗세대와 다음 세대를 잇는 교량이기에 청년 상호 간에도 소통이 원활하여 친밀감을 형성하도록 말씀을 배우고 익혀야 합니다. 말씀에 근거하여 사랑, 연애, 결혼, 직업, 자녀 교육 등에 대한 정보와 교육 프로그램을 제공하여 서로 토론하고 대화하여 정보를

얻을 수 있는 기회를 제공하고 스스로 길을 찾아가도록 도울 필요가 있습니다. 말씀으로 다져진 청년기 신앙은 머리의 신앙이 아니라 가슴으로 신뢰하며 몸으로 행동하는 차원까지 성숙될 수 있습니다. 청년들이 성찰적 신앙으로 자신을 돌아보고 하나님과 신앙 공동체 구성원들과 친밀함을 유지하며 그들의 사명감을 발견하여 가정과 교회와 지역사회에서 봉사할 수 있는 기회를 만들고 말씀과 삶으로 교육해야 합니다.

㈃ 청년기의 자기 성찰적 친밀감은 디아코니아를 통해 이루어집니다. 디아코니아(diakonia)는 식탁에서 남에게 시중드는 것으로 넓게는 섬김과 보살핌을 말하되 특별한 사랑의 섬김과 보살핌을 포함합니다. 특히 신앙 공동체 안에는 서로 다른 사람들이 모여 있기에 다양한 은사와 직분을 통해, 섬기고 보살피는 것을 통해 친밀함을 형성할 수 있습니다. 그러나 무조건적으로 희생하고 복종하는 섬김과 보살핌이 아니라 자기를 돌아보면서 다른 사람을 돌아볼 때 진정한 친밀감이 형성됩니다. 따라서 청년기는 식탁 공동체를 통하여 친밀함을 나눌 수 있는 장과 기회를 제공하고 고독감과 소외감에서 벗어나도록 격려해야 합니다.

㈄ 청년기의 자기 성찰적 친밀감은 서로를 돌보는 자율적 책임 의식에서 비롯됩니다. 청년기는 부모나 기성세대의 지나친 관심이나 보호에서 독립되어 신체적, 지적, 정서적, 사회적 발달에서 놀라운 잠재력이 나타나는 시기이므로 스스로 의사결정을 하고 인생 방향을 결정하며 책임질 수 있도록 자율성과 책임 의식을 심어주어야 합니다. 이 자율적 책임 의식은 고아와 과부를 돌보며 억눌린 자와 헐벗은 자, 의에 목마른 자, 애통하는 자들과 함께 그리스도의 형제와 자매로서의 고통과 친밀감을 기꺼이 나누려는 책임 의식입니다. 자율적 책임 의식으로 형성된 친밀감은 소외감이

나 고독감을 느끼는 사람들에게 자기를 재인식하고 적절한 심리 사회적, 사회문화적, 정서적 지원과 도움을 제공함으로 그의 정서적 균형은 회복되고 유지될 것이며 자아 함몰 상태에서 벗어나 대인관계에서 새로운 관계 형성 방식을 만들 수 있습니다. 더욱이 이들은 자신의 미래에 대한 방향 설정은 물론, 과거에 형성되었던 유대관계들을 재고하며, 개인적 가치와 목표를 설정하고 개인적 친밀감을 확립하려는 시도와 함께 타인의 입장에서 자신을 보고 평가할 수 있는 능력도 소유하게 됩니다.

2. 청년 목회, 어디에 중점을 둘 것인가?

(1) 신앙의 기본기를 가르치는 데 중점을 두어야 합니다.

이것이 제일 중요합니다. 아무 생각 없이 교회 문턱을 밟는 청년이 있다면 무슨 수를 써서든지 진심으로 예수를 주(主)로 고백하고 영접하게 해야 합니다. 청년 대학부 사역에서 이 부분을 놓치면 모든 사역이 허사가 되고 맙니다. 기분에 따라 좌우되는 신앙인이 아니라 확실한 신앙고백이 있는 신앙인을 만들어야 합니다. 이런 맥락에서 청년들에게 강조하는 것 한 가지가 바로 십일조입니다. 예수를 나의 주로 고백한 자는 물질로부터 자유하게 되어 있기 때문입니다. 아무튼 청년의 때에 철저한 헌신과 성경 묵상과 기도와 헌금 생활을 가르치는 게 무엇보다 중요합니다.

(2) 직업적 소명을 갖게 하는 데 중점을 두어야 합니다.

흔히들 목사를 성직자라고 하는데 목사만 성직자라고 생각하지 않습니다. 목사라는 직업은 여러 성직 중의 하나일 뿐입니다. 목사는 다만 목회의 전문가일 뿐이고, 모든 예수 믿는 사람이 가지고 있는 직업은 다 성직이어야 한다는 것입니다. 장사꾼도 성직자여야 하고 교수도 성직자여야 하고 군인도 성직자여야 하고 공무원도 성직자여야 합니다. 목사도 그 중의 하나일 뿐입니다. 다만 목회의 전문가는 평신도가 아니라 목사이기 때문에 성경을 가르치거나 설교하는 일은 신학을 공부한 사람만이 해야 한다는 것입니다. 그 대신 모든 직업은 다 성직입니다. 그렇기 때문에 음악 잘하는 사람이 하나님 앞에 헌신한다고 음악 때려치우고 신학교 가는 것은 옳지 않습니다. 음악 잘하는 사람은 훌륭한 음악가가 되고 장사에 소질 있는 사람은 사업가가 되고 정치에 재능 있는 사람은 훌륭한 정치가가 되어야 합니다. 청년들에게 소명(召命)을 주는 일은 참 중요합니다. 직업이 하나님께서 주신 소명이라는 것을 청년들에게 가르쳐야 합니다.

(3) 훌륭한 인재 양성에 중점을 두어야 합니다.

씨 뿌려서 많이 거두는 것도 중요하지만 인재를 양성하는 목회가 무엇보다 중요합니다. 오산학교(五山學校)를 세우신 남강 이승훈 장로님, '오산가'라고 불리는 오산학교의 교가는 이렇게 시작됩니다. '백두산서 자란 범은 백두호라고 범 중의 범으로 불리우느니라 너희들은 오산에서 자라났으니 어디를 가든지 오산이어라'. 근사하지 않습니까? 오산 출신을 호랑이 같은 지도자로 기르겠다는 이승훈 장로님의 열정이 담겨 있는 구절입니다. '백두산서 자란 호랑이는 백두호라고 호랑이 중의 호랑이라고 불리우느니라'. 호랑이라고 다 같은 호랑이가 아니라는 말입니다. 백두산 호랑이가 진짜 호랑이란 말입니다. 백두산 호랑이를 본 사람들이 하는 얘기가 잡 호랑이와 백두호는 품위부터 다르다고 합니다. 그러니까 '백두산서 자란 범은 백두호라고 범 중의 범으로' 불리듯이 '너희들은 오산에서 자라 났으니 어디를 가든지 오산이라'는 말입니다. 예배당만 근사하게 지어 놓으면 사람들이 몰려들고 하던 시대는 70년대로 끝났습니다. 유럽에 있는 수많은 대형 교회들을 보십시오. 유럽의 큰 교회들은 문을 닫은 지가 이미 오래되었고 그 관리를 시에서 하는데 신문에 '이 교회들은 기둥이 많아서 탁구장으로도 쓸 수가 없다'. 사람을 키워야 합니다.

3. 청년 세대 이탈 방지책

청년은 교회의 현재이며 미래입니다. 교회에서 청년 세대가 약화되는 것은 현재의 교회를 위축시키고 미래의 교회를 불확실하게 만듦은 명약관화합니다. 기성세대는 교회를 이탈하는 청년들을 믿음이 없어서 교회를 등지는 자들로 여겨서는 안 될 것입니다. 어떻게 해야 조용하지만 급속하게 교회를 이탈하는 청년 세대를 붙잡을 수 있을까? 교회는 이탈하는 MZ세대를 붙들기 위해 어떤 노력을 해왔는가?

(1) 청년 세대 이해

청년 세대의 교회 이탈을 방지하기 위해서 가장 급선무는 기성세대의 청년 세대에 대한 인식 전환입니다. 기성세대가 청년 세대에 관하여 공부하고 그들을 이해해야 한다는 점입니다. 기성세대는 다음 세대, 즉 청년 세대들의 특징과 상황을 충분히 인지해야만 합니다. 그들을 기성세대의 가치관이나 문화로 평가하지 않도록 해야 합니다. 최샛별의 MZ세대 분석은 MZ세대를 이해하는 데 큰 도움을 줍니다. MZ세대는 기성세대가 이루어 놓은 반짝이는 세상 속에서 어둡고 암울한 세대 정체성을 갖고 있다고 말합니다. 기성세대인 베이비 붐 세대는 비록 열악한 상황이었지만 그러나 사회경제적으로 계급 이동이 가능했다는 것입니다. 왜냐하면 그 시대는 급속한 경제 성장의 시대였기 때문입니다. 그러나 MZ세대들은 그러한 이동이 불가능합니다. 따라서 MZ세대는 상대적 박탈감을 가진 세대라는 것입니다. 따라서 교회는 먼저 이러한 청년 세대를 이해하고 기성세대와 다른 점을 옳고 그름으로 접근하는 것이 아니라 다름으로 접근하여 그 다름에 따른 변화를 시도해야만 합니다. 이를 위해서 교회 내의 기성세대는 기성세대의 익숙함을 포기하는 희생의 결단이 필요합니다. 교회가 청년세대를 있는 그대로 인정하고 받아들임이 먼저 필요합니다.

(2) 청년들과의 소통과 공감

청년들의 교회 이탈을 방지하는 데 필요한 것은 청년들과의 소통이며 또한 공감입니다. 이미 전술한 바와 같이 청년은 불안의 세대이며 청년으로 짊어져야 하는 무거운 짐을 지고 있는 세대입니다. 그러한 청년들과 소통이 중요하며, 그들의 소리를 듣고 공감해야 합니다. 교회에서 청년들은 무엇보다도 먼저 목양의 대상으로 여겨져야 합니다. 그렇기에 청년들은 위로의 대상입니다. 교회는 청년들을 교회 일을 위한 소모품이나 수단으로 여길 것이 아니라 그들의 웰빙을 위해 관심을 두어야 합니다. 그들은 교회의 잡다한 일을 위해 존재하는 도구가 아니기 때문입니다. 흔히 교회마다 청년 세대 혹은 다음 세대를 위한 사역이 중요하고 필요하다고 말하곤 합니다. 그런데 정작 청년 세대를 위해 어떤 사역을 하고 있으며 어느 정도 예산을 사용하고 있는지를 묻는다면 대답할 수 있는 교회가 얼마나 있을까? 어쩌면 청년을 위한 교회의 강조는 말뿐인지도 모릅니다. 왜냐하면, 청년에 관하여 교회가 혹은 목회자가 잘 알고 있지 못하다고 판단되기 때문입니다. 교회는 먼저 청년을 충분히 이해하고 그들과 소통하는 것을 우선으로 삼아야 합니다. 그들의 목소리를 들어야 합니다. 청년 세대는 자기 생각을 중요하게 여깁니다. 그래서 교회는 그들과 소통이 필요합니다. 이해와 소통이 있는 그곳에 청년이 머뭅니다.

(3) 열린 교회 구조

교회 내의 권위주의 구조는 청년 이탈에 지대한 영향을 끼칩니다. 따라서 청년 이탈 방지를 위해서 교회는 열린 교회 구조를 정착시켜야 합니다. 청년 이탈을 방지하기 위한 교회의 열린 구조를 위해 가장 우선적인 사항은 교회가 청년들을 하나의 동등한 객체로 인정하는 것입니다. 청년 역시 당당한 발언권을 가진 교회의 주체입니다. 교회는 청년들의 의견을 기성 세대의 의견과 동등하게 여겨야 합니다. 청년 세대의 의견이 교회의 의사 결정 과정에 반영되고 그 과정에 청년들이 참여할 수 있어야 합니다. 교회가 청년들을 어리게만 보아 못 미다워한다거나 교회 생활 경험 부족을 이유로 무시해서는 안 됩니다. 청년 세대는 매우 똑똑한 세대입니다. 그들에게 교회를 맡겨도 전혀 문제가 없을뿐더러 오히려 교회가 발전합니다.

(4) 청년 사역자들의 전문성 강화

청년이 교회를 이탈하지 못하도록 하는 중요한 요소가 바로 청년들을 위한 전문 교역자의 필요성입니다. MZ세대의 교회 이탈을 방지하기 위해 MZ세대를 위한 전문 사역자가 필요합니다. 하지만 한국교회 구조상 청년 세대를 위한 전문 교역자 양성이 쉽지 않습니다. 왜냐하면, 청년 사역자들이 아직 신학생들로서 대부분 파트 타임 교역자이며, 또한 장년 목회자로 가기 위한 과정의 철새목회자이기 때문입니다. 바쁘고, 자주 교체되고, 교회 당국자와 청년들 사이에 낀 목회자가 청년 목회자입니다. 청년 사역은 배고픈 사역이고, 시간을 많이 투자하는 사역이고 다루기 까다로운 대상의 목회라고 인식합니다. 청년의 교회 이탈을 방지하기 위해 전문 목회자가 필요합니다. 청년 사역을 위한 전문가 양성을 위한 대책이 총회 차원에서 필요합니다. 전문 사역자들이 한 교회에서 장기적인 사역을 펼칠 수 있도록 지원하는 방안이 필요합니다. 교회가 청년 사역자들의 위치를 존중하고 그들에게 합당한 대우를 해야만 합니다. 유능하고 전문적인 청년 사역자가 삶의 안정감을 유지하고 사역할 수 있도록 하는 제도적 장치 마련이 필요합니다. 이것이야말로 장기적으로 한국교회가 유지되는 한 방안입니다.

(5) 신앙의 본질 제공

신앙을 갖고 교회 생활을 하는 근본적인 이유가 무엇인가? 소위 말해 교회와 신앙이 본질이 무엇인가? 그것은 다름 아닌 예수 그리스도일 것입니다. 제아무리 훌륭한 시설과 조직과 프로그램을 가진 교회라 할지라도 신앙의 본질인 예수 그리스도, 즉 복음의 가치와 능력이 살아 있지 않다면 교회의 존재 의미는 상실한다고 하겠습니다. 청년이 교회를 이탈하고 있습니다. 왜 청년들이 교회를 이탈하는가? 그리고 이탈하는 그 청년들을 어떻게 다시 교회 안에 머물 수 있도록 할 수 있겠는가? 전술한 많은 조건을 충족하는 것이 청년 이탈을 막을 수 있는 정답인가? 아니라고 봅니다.

비록 그러한 조건 충족이 청년 이탈 방지를 위한 명답은 될 수 있을지언정 정답은 아닙니다. 정답은 교회의 신앙의 본질인 예수 그리스도를 청년 세대에게 안겨주는 것입니다. 그것이 청년들의 교회 이탈을 막는 본질적인 방안일 것입니다. MZ세대는 영적입니다. 더군다나 이 세대는 불안의 세대입니다. 따라서 이 세대에게는 영적인 갈급함이 있을 수밖에 없습니다. 따라서 교회 안의 MZ세대는 새로운 것과 변화도 갈망하기도 하지만, 그것보다는 영적인 것을 갈망합니다. 성경 말씀을 알기를 원하고 예수 그리스도를 알기를 갈망합니다. 그들은 성장하기를 원합니다. 문제는 교회가 청년 세대의 그 신앙의 본질 추구를 돕지 못한다는 사실입니다. 교회만이 줄 수 있는 것을 주지 못하고 비본질적인 것들로 승부를 보려 하기에 청년 이탈을 막지 못합니다. 교회는 세상이 주는 것보다 더 좋은 것을 주기 위해서 존재하는 것이 아니라 세상은 줄 수 없는 유일한 것을 주는 곳입니다. 즉 예수 그리스도를 주는 곳입니다. 오직 우리가 승부를 볼 수 있는 것은 교회만이 줄 수 있는 것입니다. 청년 이탈 문제는 제도나 문화의 문제가 아니라 교회의 본질의 문제입니다. 교회는 성경의 본질을 파헤치되 그것을 어떻게 현실과 연결할지를 고민해야 합니다.

(6) 기성세대의 신앙 관리

〈목회데이터연구소〉의 조사에 근거하면, 많은 교회 이탈 의향을 가진 청년들이 실제로는 교회를 이탈하지 않고 있습니다. 그 가장 큰 이유가 바로 가족들, 특별히 부모들의 신앙과 부모들의 만류 때문입니다. 이와 같은 사실은 청년 이탈 방지와 관련하여 매우 중요한 사실 하나를 알려줍니다. 그것은 가정, 특별히 부모의 신실한 신앙과 교회 생활은 청년들의 교회 이탈을 막는데 지대한 공헌을 한다는 것입니다. 따라서 청년들의 교회 이탈 방지를 위한 간접적이면서도 그러나 효과적인 방안은 기성세대의 교회 생활을 강화하는 것입니다. 먼저 기성세대가 진리에 대한 확신으로 하나님을 만나야 합니다. 진리를 아는 지식을 회복해야 합니다. 기성세대와 청년세대의 끈끈한 관계와 환대는 청년 이탈을 방지하는 중요한 방안이 됩니다. 청년과 기성세대가 함께 신앙을 주제로 소통하고 공감할 수 있을 것인가가 매우 중요한 이슈가 됩니다. 기성세대에 대한 신앙교육은 그들의 자녀 세대인 청년들의 교회 이탈을 방지하는데 매우 효과적입니다.

4. 청년목회 : 기·부·조

청년·대학부를 활성화 시키기 위해서는 먼저 청년 대학부를 구성하는 중요한 '축'을 파악해야 합니다. 청년·대학부를 구성하며 모든 활동의 특징을 가늠하는 세 가지 축이 존재하는데, 그것이 다름 아닌 기·부·조입니다. 이 세 가지 축 중에서 어떤 것을 강조하느냐에 따라 그 청년·대학부의 특징은 달라질 수밖에 없습니다. 먼저 그 의미를 간단히 설명하면 다음과 같습니다. '기'는 동기들, 즉 또래를 의미하는 것으로서 일반적으로 고등부를 졸업한 연도를 중심으로 연차 별로 묶여지는 공동체라고 할 수 있습니다. '부'는 청년부의 각종 활동을 수행하는 집단으로서 선교부, 찬양부, 친교부, 봉사부, 홍보부 등의 부서별 모임을 의미합니다. '조'는 성경 공부를 하는 집단분류 방식으로 단계별 성경 공부, 또는 주제별 성경 공부로 모이는 단위 공동체라고 할 수 있습니다.

　한국교회의 청년부의 유형을 크게 세 가지로 분류한다면 첫째 '기'를 강조하는 유형과 둘째, '부'를 강조하는 유형 셋째, '조'를 강조하는 유형으로 나눌 수 있습니다.

(1) 기를 강조하는 유형

　이 유형의 청년부는 '친교 중심의 청년부'라고 할 수 있습니다. '기'가 강조된다고 하는 것은 각자의 신앙적인 수준이나 관심 영역과 관계없이 '또래' 이기 때문에 모이고 뭉쳐야 한다는 생각이 깔려 있는 것입니다. 소위 기모임이라는 것은 '고등부 동창회' 같은 성격을 지니는 것으로 옛정을 토대로 모이는 것입니다. 그렇기 때문에 고등부를 졸업한 청년들을 계속 공동체로 유지하고 존속시키는 데 아주 유용한 분류 방식이라고 할 수 있습니다. 그러나 다분히 과거 지향적이고 친교 지향적이어서 인간적인 유대로 모임을 유지하려는 경향이 있습니다. 그래서 각자의 신앙 성숙을 격려하기가 어렵고 또한 관심 영역별 활동을 활성화 시키기에도 적절치 않은 구조라고 할 수 있습니다. 무엇보다도 모임을 과거 지향적인 폐쇄적 모임으로 만들기 때문에 새로운 신입회원을 수용하기에는 문턱이 높은 유형이라고 할 수 있습니다.

(2) 부를 강조하는 유형

　이 유형의 청년부는 '행사 중심의 청년부' 또는 '프로그램 중심의 청년부'라고 할 수 있습니다. '부'가 강조된다는 것은 각 부별 활동이 강조된다는 것을 의미하고 각 부가 진행하는 프로그램이 청년부의 활성화를 결정 짓는 요인이 된다는 것입니다. 이 유형에서는 임역원의 역할이 강조되고 계속 새로운 프로그램, 흥미 있는 프로그램이 개발되는 것이 가장 중요한 과제가 됩니다. 관심 영역 별로 모일 수 있기 때문에 각자의 은사를 개발할 수 있고, 또 직접적인 봉사나 사역을 담당할 수 있기 때문에 현장감을 살릴 수 있다는 장점도 있습니다. 또한 한 또래(기)만으로 국한되지 않고 선·후배가 함께 사역할 수 있다는 이점도 있습니다. 그러나 계속적으로 새로운 행사와 프로그램을 계획하고 실행해야 하기 때문에 지칠 수 있고, 각자의 신앙을 내적으로 성숙 시키는 과정이 아니라는 점에서 어떤 '영적 고갈'을 느낄 수도 있는 유형이라고 할 수 있습니다.

(3) 조를 강조하는 유형

이 유형의 청년부는 '성경 공부 중심의 청년부' 또는 '양육 및 제자훈련 중심의 청년부' 라고 할 수 있습니다. '조'가 강조된다는 것은 성경 공부를 강조하는 것을 의미하고 '기'나 '부'와는 달리 철저히 회원들의 신앙 성숙을 위한 그룹 편성이라는 특징을 가지고 있습니다. 이 유형에서는 성경 공부 리더(leader)들의 역할이 강조되고 그들이 어느 정도 효과적으로 조를 이끌어 나가느냐가 활성화의 주된 요인이 되는 구조입니다. 이 '조'의 특성을 최대한 강화하는 구조는 '단계별 성경 공부 구조' 인데 또래나 학년, 부서와 관계없이 그 사람의 신앙 단계에 따라 성경 공부를 하도록 함으로써 가장 효과적으로 그들의 신앙 성숙을 꾀하려고 하는 구조입니다. 이러한 유형은 실제적으로 신앙적인 관심을 그 모임의 주된 관심으로 삼게 되고 개인의 신앙 성장의 차이에 따라 민감하게 도울 수 있으며, 의도된 신앙 단계가 실제적으로 성취 되어지지 않는 경우 산만한 구조로 전락될 가능성이 있습니다. 또한 신앙 성숙에 대한 관심이 취약한 경우에는 이러한 체계가 청년들에게 부담을 가중시켜 모임에 출석치 않게 할 수도 있을 것입니다.

(4) 청년부 활성화를 위한 교육구조

바람직한 한국교회 청년·대학부의 구조는 어떤 모습이어야 할까? 이것에 대해서 정답을 줄 수 있는 사람은 아무도 없으며, 어느 유형도 모든 상황에 적합하다고 말할 수는 없을 것입니다. 그러나 한 가지 지적할 수 있는 것은 위에서 언급한 기·부·조의 세 가지 요소가 모두 중요한 요소이며 이 각 요소의 장점을 최대한 살릴 수 있는 방안이 바람직하다는 것입니다. 물론 이 세 가지 요소를 모두 극대화 시키는 것은 현실적으로 가능하지 않습니다. 하나가 강조되면 다른 하나는 약화 될 수밖에 없습니다. 그렇기 때문에 부득이 우선순위의 문제가 생기는데 지역교회의 경우 어느 정도의 요소로 세 가지 측면을 고려해야 할 것인가는 쉽지 않은 문제입니다. 이것을 결정할 때에는 그 교회의 지역적 상황, 교회의 성향, 담임목사의 목회 스타일, 청년·대학부의 전통이나 특징 등을 염두에 두어야 합니다.

여기에서 한 가지 언급할 것은 지역 교회와 선교단체의 차이입니다. 많은 교회들이 대학생 선교단체의 유형을 청년·대학부에 받아들이고 있는데, 상당 부분은 그대로 적용될 수 있지만 간혹 지역교회의 특성과 장점을 충분히 살리지 못하는 경우를 보게 됩니다.

분류/단체	교회	선교단체
모임 성격	행사 중심	사람 중심
모임 내용	예배 중심	성경공부
양육 방법	목회자의 설교	리더의 성경공부
지도 방식	일대 다	일대일 또는 소그룹
주활동내용	교회 봉사	전도와 양육
강조점	참석 신도수	중생한 신자수

선교단체는 자원하는 청년들의 그룹이고 그 단체의 이상과 방향에 동조하는 청년들로 제한할 수 있지만 지역 교회는 구성원이 되는 모든 청년들을 대상으로 하며, 청년부의 특성으로 인해 그들을 제외 시킬 수 있는 것이 아닙니다. 선교단체는 이미 복음을 받아들인 사람들을 대상으로 양육하는 체제라면 지역 교회는 복음을 아직 받아들이지 않더라도 그 교회 교인의 자녀들에 대한 신앙교육의 책임이 있는 것입니다. 그렇기 때문에 교회의 청년부가 선교단체의 일반적인 특성인 '조' 중심의 유형만을 강조하게 되면 상당한 숫자의 청년들이 교회학교 고등부를 졸업하고 올라오는데 이들을 잘 엮어서 청년부에 정착하게 만드는 '기' 의 장점을 살리지 못하게 되는 것입니다. 그러므로 역시 청년부가 교육적이 되기 위해서는 성경공부 '조'에 가장 큰 비중을 두어야 하지만 '기'와 '부'를 충분히 보완하는 체제가 되는 것이 바람직할 것입니다. 정확하게 비율을 계산할 수는 없지만 일반적인 한국교회의 경우. 청년부에 있어서 '조'가 50%, '부'가 30%. '기'가 20% 정도의 비중을 차지하게 되는 것이 바람직하다고 생각됩니다. 그러나 그 교회의 상황에 따라 이 비율을 적절하게 변동시키는 것이 더 지

혜로울 수 있음을 항상 기억해야 할 것입니다. 예컨대, 전체 교회가 제자 훈련 중심 체계고 그 교회가 캠퍼스 근처에 위치하고 있어서 청년·대학부의 경우, 고등부 출신자들보다는 외부 영입 학생들이 훨씬 많은 비중을 차지하고 있다면 '조'를 보다 더 강조하는 것이 바람직할 것입니다. 반면에 선교나 봉사에 주력하기를 원하는 청년·대학부가 있다면 '조' 못지않게 '부'를 강조하면 선교 사역과 봉사 사역을 추진력 있게 감당할 수 있을 것입니다. 또한 고등부까지는 활성화되어 있지만 청년·대학부의 연결에 문제가 심각한 경우는 '기'에 대한 특별한 강조와 투자를 통해 기별 프로그램을 활성화 시킬 수 있고 이는 안정적인 청년·대학부의 기반을 마련하는 초석이 될 것입니다.

(5) 기·부·조의 조화

청년·대학부를 활성화 시키는 것이 중요하지만 이것은 어느 교회나 선교단체를 모방하는 것으로 이루어지는 것은 아닙니다. 각 교회와 청년·대학부의 상황에 맞추어 이 상황에서 어떤 조직 구성이 이들을 복음으로 변화 시키는데 가장 효과적인가를 기도하며 탐색해야 할 것입니다. 한 교회의 성공 사례가 그대로 다른 교회의 성공 사례가 되기를 기대할 수는 없습니다. 앞에서 언급한 청년·대학부의 세 가지 '축'의 의미를 잘 헤아려 이를 짜임새 있게 조화시킬 때 청년·대학부의 활성화를 가능케 할 수 있습니다. 즉, 성경 공부 체제를 정착시키고 그러면서도 부서별 활동을 통해 자신들의 은사를 개발하며 봉사하도록 하고, 또한 기모임을 통해 평생 사역의 동지로 서로를 엮어 가도록 해야 할 것입니다.

5. 청년부 전도 축제

(1) 전도 축제가 꼭 필요할까?

　전도 축제의 목적은 공동체의 성장이 아니라 복음의 나눔이 되어야 합니다. 참여하는 사역자와 성도들 모두가 이 목적을 분명하게 공유하고 있다면 전도 축제는 그 가시적 결과와 무관하게 모두에게 진정한 축제가 될 수 있을 것입니다. 수적 변화보다 복음의 나눔에 초점을 맞추어 준비하는 과정은 참여하는 모든 청년들에게 가슴 벅찬 경험이 됩니다. 조직의 성장을 위해 동원된 일꾼이라는 생각과 싸워 왔던 이들에게는 더욱 그럴 것입니다. 하나님께서 맡겨주신 위대한 사명이 비로소 방향과 목적을 회복하는 시간이라 느낄 것입니다. 신기하게도 이렇게 준비된 전도 축제는 수적 결과를 목표로 하지 않아서, 아니 오히려 그것에서 자유했기 때문에 더욱 진정성을 갖게 되고 초대받은 이들도 그 매력을 발견하게 될 것입니다. 억지스럽지 않은 자연스러운 성장이야말로 우리 모두가 바라는 유기적 공동체의 부흥이 아닐까요? 청년들로 하여금 증거의 삶을 살도록 돕는 것이 신앙 공동체가 지향하는 바입니다. 증거의 삶이란 대규모 집회에 사람들을 데리고 오는 노력을 뜻하는 것이 아닙니다. 이벤트나 프로그램으로 할 수 있는 것은 더욱 아닙니다. 전도 축제에 열심히 참여하는 것으로 전도의 삶에 성공했다고 말한다면 지나친 비약일 것입니다. 하지만 적어도 바른 목적을 공유한 공동체의 노력은 궁극적 목적을 위한 기폭제가 되는 것은 분명합니다. 여기에 청년 공동체가 전도 축제를 잘 준비해야 할 이유가 있습니다. 몇 번의 행사를 위한 강요와 동원이 아니라 전도의 삶을 이어갈 훈련과 실천으로서의 의미가 있는 것입니다.

(2) 전도 축제를 위해 무엇을 준비해야 할까?

교회가 부흥하는 원인은 다양할 수 있으나 교회가 부흥하는 현상은 한 가지입니다. 새가족이 정착하는 것입니다. 친구의 권유로 교회를 찾은 사람, 지나가다가 들른 사람, 부모와의 평화를 위해 떠밀려 온 사람, 애인 때문에 혹은 애인을 만들려고 나온 사람, 교회 쇼핑 중인 사람 등 다양한 사람들이 다양한 이유를 가지고 교회를 찾아옵니다. 바로 그 사람들이 정착하면 성장하는 것이고 그들이 떠나면 정체되는 것입니다. 그렇기 때문에 새가족이 정착하는 이유도 한 가지만으로는 설명할 수 없습니다. 영감 있는 예배와 찬양이 있어야 하고, 좋은 새가족 정착 프로그램이 있어야 하고, 정성껏 돌보는 리더들이 있어야 합니다. 그들이 찾아오는 이유가 다양한 만큼 새가족 정착을 위한 교회의 노력도 다양해야 한다는 것을 잊어서는 안 됩니다. 새가족들이 정착하게 된 이유가 무엇인지 정확하게 규명할 수는 없지만 적어도 우리 교회에서 거부감이 아니라 매력을 느꼈다는 것은 분명합니다. 규모와 상관없이 교회는 새가족들에게 매력적이어야 합니다. 큰 교회라고 당연히 매력적이라는 법도, 작은 교회니까 매력적이지 않다는 법도 없습니다. 작은 공동체는 큰 교회가 상상도 못할 일을 기획하면 됩니다. 크건 작건 매력이 있어야 한다는 사실은 꼭 염두에 두라. 설교도 매력적이어야 하고 예배도, 소그룹도 매력적이어야 합니다. 그들이 마음을 열어 우리의 이야기, 하나님의 말씀에 관심을 줄 수 있도록 준비하자는 말입니다.

설교가 차지하는 비중이 결코 작지 않습니다. 설교는 그들이 온전히 이해하고 알아듣지 못한다 해도 최소한 매력을 잃지는 말아야 합니다. '설득적으로 공감을 얻어가며 뜨겁게' 전해야 합니다. 무엇을 하든지 설득적이어야 하고 새가족의 공감을 얻어야 하며 가슴이 울리도록 뜨겁게 전달되어야 한다는 뜻입니다. 예배도 마찬가지입니다. 새가족을 위한 맞춤 예배라는 것이 과연 존재할까? 그들이 정말로 보기 원하는 것은 자신들에게 맞춰진 예배 형식이 아니라 기존 성도들의 모습 속에서 무언가를 찾으려는 것입니다. 다시 말해 새가족은 예배에 관심이 있기보다 예배드리는 사람에게 관심이 있습니다. 그러므로 새가족을 위한 예배는 그들에게 맞춰진 예배라기보다는 철저하게 하나님께 집중하여 드리는 온전한 예배입니다. 새가족을 위한 예배 보다는 새가족이 보고 싶은 예배가 있을 뿐입니다. 기존의 청년들이 진실하게, 마음을 다하여 기쁘게 찬양하고, 진지하게 말씀을 듣고, 간절하게 기도하는 것보다 더 매력적인 것은 없습니다. 이런 예배야말로 새가족에게 성도의 삶을 가르치는 가장 좋은 학교입니다. 청년 공동체는 어떻게든 성장하는 것이 아니라 건강하게 성장하는 교회가 되어야 합니다. 단기간에 이루는 성장은 꼭 그만큼의 속도로 쉽게 무너질 수 있기 때문입니다. 그래서 전도하려면 성장보다 건강에 신경을 써야 합니다. 새가족을 데리고 오고 싶은 건강하고 매력적인 공동체를 꿈꿔야 합니다.

3) 군산 드림교회 전도 축제 큐시트

NO	순서	시간	소요	내용	담당 (출연자)	MIC	MR	자막	영상 카메라
경배/찬양		13:20 ~13:40	20분		찬양팀	O	O	O	카메라
1	영상	13:40 ~13:42	2분	청년부 소개영상	교역자 방송실	X	O	O	영상
2	콘서트	13:42 ~13:57	15분	'복음가왕' 대중가요를 복음적 메 시지로 개 사하고 복 면을 하고 노래를 한 다. 심사위원과 관객의 점 수를 합산 해 순위를 가린다.	청년1부 OO팀, 방송실	핸드 마이크 6개	O	O	카메라
3	설교	13:57 ~14:17	20분		담당 목사	헤드셋 1개	O	O	카메라
4	영상	14:17 ~14:19	2분	연예인 ○ ○○ 소개 동 영 상 을 송출한다.	방송실	X	O	O	영상
5	공연	14:19 ~14:50	31분	○○○가 간증과 함 께 공연을 한다.	방송실	무선 마이크 1개	O	O	카메라

6	광고, 방문자 카드 작성	14:50 ~14:58	8분	광고, 방문자 카드 및 필기구 준비	교역자	O	X		카메라
7	축도	14:58 ~15:00	2분	축복기도	담당 목사	O	X	X	카메라

6. 청년 또래 모임

교회 공동체는 기본적으로 가족 공동체입니다. 그래서 가족 간의 유대를 강화하고 사랑이 넘치는 공동체를 이루는 과정이 꼭 필요합니다. 이런 활동의 중심에는 '또래'를 중심으로 한 공동체의 결속력이 있습니다. 역사가 짧지 않은 교회들은 대부분 이런 또래 모임들이 오래 지속됩니다. 오래 정도가 아니라 거의 평생 간다고 봐도 과언이 아닙니다. 또래를 중심으로 자연스럽게 소그룹도 형성되고, 신앙과 삶을 나누며 그렇게 나이 들어가는 것입니다. 이렇게 중요한 또래 모임을 청년 시기 초반에 제대로 경험하면 교회 공동체 안에서 건강한 소그룹으로서 좋은 역할을 감당할 것입니다. 어느 교회 공동체 구성원을 볼 때 또래 그룹이 갖는 영향력과 파급력은 막대하다고 할 수 있습니다. 또래가 잘 뭉치는 기관들은 분위기 자체가 다릅니다. 그런 또래들이 은혜로 잘 다져지면 교회 안에서 엄청난 힘을 발휘하면서 교회의 중심적인 역할을 감당하게 됩니다. 그러므로 교회는 또래들이 모일 수 있는 장을 마련해 주어야 합니다.

1) 또래 모임, 어떻게 준비해야 할까?

(1) 또래 장 교육을 실시해야 합니다.

또래 장이 선정되었다면 또래 장들의 교육을 실시해야 합니다. 또래 모임은 언제 모여야 하는지, 모여서 어떠한 것을 해야 하는지, 그리고 아직 또래 모임에 나오지 않는 사람은 어떻게 접근해서 참석을 유도해야 하는지, 새가족이 들어온 경우 또래들이 어떻게 마음을 모아서 환영해야 하는지 등을 교육합니다. 사역자가 점검해 주지 않을 경우, 편차가 심해서 매우 활성화되는 또래 모임이 있는가 하면 아예 와해 되는 경우도 생기게 됩니다. 공동체 전체에도 영향을 미칠 수 있으므로 또래들의 모임이 어떻게 진행되고 있는지 유심히 살필 필요가 있습니다. 또한, 또래 장 교육에서는 다른 또래 모임에서 하고 있는 좋은 것들을 서로 공유하면서 전체적인 분위기를 좋게 이어갈 수 있습니다. 또래 장 교육은 초반에만 하는 것이 아니라 정기적으로 실시하여 또래 모임이 지속적으로 유지될 수 있도록 합니다.

(2) 공동체에서 또래 모임이 차지하는 비중을 고려해야 합니다.

또래 모임은 기본적으로 청년 담당 사역자의 소그룹에 대한 목회 철학이 반영되어야 합니다. 공동체의 전체적인 그림 안에서 또래 모임이 차지하는 비중도 잘 따져 보아야 합니다. 상황에 따라서는 또래 모임이 공동체의 전체적인 방향이나 흐름을 거스르는 경우, 또래 모임을 한동안 강조하지 않아도 괜찮습니다. 사역자 리더십의 공백이나 어려움이 있었던 교회들은 청년들의 또래 모임이 공동체 전체의 분위기를 부정적으로 가져갈 수도 있다는 것을 명심해야 합니다. 성인 공동체에 있어서도 그렇지만 청년 공동체에서도 또래 그룹은 공동체의 다양한 생각들이 공유되는 자리입니다. 공동체 전체적인 분위기를 좌우할 수도 있는 것입니다. 사역자는 공동체 전체적인 상황을 잘 파악해서 또래 모임이 어떤 방향으로 나아가야 하는지를 잘 제시해주어야 합니다.

2) 또래 모임, 어떻게 진행해야 할까?

또래 모임은 자율적으로 운영하되 필요에 따라 매월 혹은 분기별로 단합을 위하여 모임을 갖는 것이 필요합니다. 때에 따라서는 또래 모임을 활성화하기 위하여 소그룹 시간에 또래 모임을 진행하기도 합니다. 그러나 원칙적으로는 소그룹의 영역이 약화 되지 않는 선에서 모임을 갖도록 합니다. 즐거움을 위해서는 레크레이션이나 스포츠(볼링, 자전거 등) 야외 활동 등을 할 수 있습니다. 서로를 알아가기 위해서는 기질 테스트(에니어그램, MBTI 등)와 같은 활동 등을 할 수 있습니다. 좀 더 깊이 있는 모임을 위해서는 독서 토론, 교회 내 캠페인, 봉사활동, 기도회 등을 하는 것도 좋습니다.

(1) 계절을 활용하라.

계절을 활용하여 모임을 진행하면 좋은 점이 많습니다. 계절별로 야외로 나가서 자연 속에서 즐거운 시간을 갖는 것입니다. 감사하게도 우리나라는 사계절이 있어서 그 변화가 주는 장점이 있습니다. 봄에는 꽃놀이, 여름에는 물놀이, 가을에는 단풍놀이, 겨울에는 눈썰매나 스케이트 보드(스키)를 함께 하는 것입니다. 때때로 또래별로 사진 콘테스트를 하는 것도 공동체 분위기에 좋습니다.

(2) 트렌드를 주목하라.

트렌드란 이 시대를 살아가고 있는 청년들이 공감할 수 있는 문화적 요소입니다. 이 시대 청년들이 그들 스스로 즐거워하는 모임이 될 때, 그 모임은 더욱 생명력 있는 모임이 될 것입니다. 맛있는 음식을 먹으러 다니는 맛집 여행, 작은 소그룹으로 또래를 나눠 미션을 수행하는 셀카 콘테스트, 분위기 좋은 카페에 함께 모여 시간을 보내는 카페 모임, 예배가 끝난 후 지역의 명소를 방문하는 이벤트 등, 청년들이 스스로 즐거워 할 수 있는 트렌드를 파악하는 것은 매우 중요합니다.

(3) 함께할 수 있는 활동을 찾아라.

정기적으로 MT를 다녀오면 또래 모임의 결속력은 더욱 커집니다. 교회에서 비용 일부나 차량을 제공하면 또래 모임이 더욱 활성화될 수 있습니다. 그리고 이런 경우 MT에서 어떤 내용으로 시간을 보낼지 어느 정도 사역자가 가이드 라인을 제시하는 것이 필요합니다. 그런 경우가 없길 바라지만 아주 간혹 이런 모임에서 음주를 하거나 불미스러운 일이 생길 수 있기 때문에 적절히 교육을 시킬 필요가 있습니다. 무엇보다도 관계가 건강히 잘 형성되도록 노력해야 합니다. 오랫동안 함께해 왔기 때문에 의외로 또래끼리 갈등을 경험한 지체들이 적지 않습니다. 그런 상황을 극복하기 위해 서로를 알아가는 시간을 많이 보내고, 또 은혜로 서로를 품을 수 있도록 노력해야 합니다. 관계가 깊이 있게 형성되면 무엇을 해도 즐겁기 마련입니다. 반대로 관계가 온전하지 못하면 아무리 다양한 프로그램을 진행해도 또래 모임이 어색할 수밖에 없습니다.

• 함께 할 수 있는 모임을 크게 '영적 모임'과 '여가 모임'으로 구분하여 정리해 보았습니다.

영적 모임	여가 모임
중보기도모임 소그룹 예배 큐티 나눔 성경 통독 전도모임 교회내 캠페인 (교회 청소, 독거 노인 방문 등) 후원 프로젝트 (비전트립, 교회, 선교지 등) 교회 내 기도회 참석	스포츠 활동 (볼링, 탁구, 자전거 등) 레크레이션 기질 테스트 (MBTI, 애니어그램, DISC 등) 산책, 등산, 사진 콘테스트 지역 명소, 박물관 탐방 맛집 투어, 카페 티타임 공연 관람 (연극, 뮤지컬, 영화 등) 독서 토론, 보드 게임 정기적인 MT

(4) 연합 또래 모임으로 단합하라.

또래들이 평생 같이 가는 모임이지만 그렇다고 해서 다른 세대들과 단절되어서는 안 됩니다. 교회는 가족 공동체이므로 서로 유기적인 관계를 유지해야 장기적으로 건강한 교회를 세우는 일꾼들이 됩니다. 정기적으로 또래들이 서로 알아갈 수 있는 시간을 갖는 것이 중요합니다. 공동체의 규모가 중대형인 경우 정기적으로 연합 또래 모임으로 두 또래들끼리 연결해 주면 좋습니다. 소형 교회인 경우 전체 모임을 통해서 또래 간 단합을 도모하거나 몇 또래를 묶어서 특별한 모임을 해 보는 것도 바람직합니다. 나이 많은 또래와 어린 또래를 묶는 식으로 위아래로 한 또래씩 묶어서 연합 또래 모임을 실시할 수 있습니다. 모임 시 필요한 경비는 윗 또래들이 모범을 보이는 의미로 윗 또래가 부담하는 것도 좋습니다. 어린 또래 자매에게 접근하는 나이든 또래 형제들 때문에 살짝 불편한 일이 생길 수 있음을 감안하여 모임에 주의를 주는 것도 필요합니다.

(5) 비정기적인 또래 모임을 가져라.

사람은 인생의 중요한 시기를 어떻게 보내느냐에 따라 삶도 신앙도 달라집니다. 또래 모임은 그 의미 있는 순간을 같이 하며 서로의 삶을 더욱 의미 있게 만들어 주는 공동체입니다. 공동의 경험을 나누면서 함께 성장하는 것입니다. 정기적 또래 모임뿐 아니라 비정기적으로 또래 중 특별한 시기를 보내고 있는 지체가 있을 때 바로바로 모이는 것이 좋습니다. 대학 입학 및 졸업, 취업, 입대, 결혼과 같은 날에는 또래 장의 인도로 축복의 메시지를 담기도 하고, 작은 선물도 준비하면 더욱 감동적일 수 있습니다.

(6) 새가족이나 아웃 사이더를 돌볼 사람을 정하라.

새가족이나 또래 청년 중에서 약간 소외되는 사람이 나올 수 있습니다. 문제는 또래의 분위기가 폐쇄적, 배타적인 경우와 개인이 갖고 있는 성향이 모임에 참여하고 싶은 의지가 적기 때문일 수 있습니다. 어떤 경우든 서두르지 말고 그 청년을 지속적으로 돌볼 사람을 정하여 관심을 가져야 합니다. 어차피 평생 가는 그룹의 형성이 목적이라면 몇 달, 혹은 한두 해 늦어진다고 해서 크게 문제 될 것이 없습니다. 또래 모임이나 교회의 행사에 정기적으로 정보를 제공하고, 또 그 청년의 생일이나 다른 특별한 날에는 관심과 성의를 보인다면 언젠가는 함께할 날이 올 것입니다.

(7) 모임을 위한 회비는 정기적으로 걷어라.

또래 모임에서 정기적으로 회비를 모아 모임을 진행하고, 또 의미 있는 곳에 사용하도록 합니다. 다만 새가족이나 경제적인 상황이 어려운 지체들에 대해서는 지혜롭게 차등을 두는 것도 나쁘지 않습니다. 여유로운 지체들이 조금 더 헌신하는 아름다운 의식이 자리 잡는다면 더욱 건강하고 행복한 공동체가 될 것입니다. 또래 모임을 할 때, 갓 대학생이 된 청년 또래와 직장인으로 오래 지낸 또래는 경제적 차이가 있을 수 있습니다. 이러한 부분을 감안하여 또래 모임 지원비와 모임 회비를 결정할 수 있다면 또래 모임은 더 풍성한 교제를 나누게 될 것입니다.

(8) 마무리는 기도로 마치게 하라.

초반부에도 말한 것처럼 또래 모임은 교회 공동체 모임에 속해 있다는 사실을 잊으면 안 됩니다. 또래 모임은 그 나눔의 성격이 어떠했든지 상관없이 기도로 마치는 것이 좋습니다. 우리의 모임이 세상적 모임과 다르다는 정체성을 부여해 줘야 합니다. 마지막이 기도로 마쳐지게 될 때 또래들이 신앙으로 연결된 모임이었다는 것을 기억하게 될 것입니다. 그리고 그 기억은 하나님의 사람으로 세워져 가는 밑거름이 될 것입니다.

(9) 실제 또래 모임 진행안

아래 표는 B교회 새내기 또래 모임 진행안입니다. 총 4주로 이루어진 활동으로 첫 만남부터 시작하여 안에서 할 수 있는 나눔 활동과 밖으로 나가는 소풍까지 다양한 활동이 진행됩니다.

횟수	날짜	내용	비고
1	12월 마지막 주	첫 만남 - 새 출발 잘 모르는 친구가 있으면 알 수 있는 시간. 청년 도우미(멘토)와 친해질 수 있는 시간 • 신입 또래 전체 모임 • 조 편성, 아이스브레이크 • 앞으로 10년 동안 하고 싶은 100가지 일 적기 • 일정 설명	첫 만남인 만큼 너무 오랜 시간 모이지 않는다.
2	1월 첫 주	두 번째 만남 - 친밀감 다지기 각 조별로 혹은 전체적으로 서로에 대해 조금 더 알아갈 수 있는 시간 • 각자 어떻게 지내는지 나누기 • 청년 예배의 소감 나누기 • 생각 공감하기 (앙케이트 조사)	다양한 공동체 게임을 통해서 서로에 대해 조금씩 알고 마음이 열리는 시간이다.
3	1월 둘째 주	세 번째 만남 - Outing 야외 소풍을 통한 돈독한 우정 다지기 및 추억 쌓기 • 미션 수행을 한 뒤, 일정 장소에 집결하기 • 저녁 식사 • Bye~!	장소, 미션 등을 같이 정하면 더욱 참여도가 높아진다.
4	1월 셋째 주	네 번째 만남 - 마무리 함께 했던 시간들을 되돌아보며 앞으로 가게 될 소그룹에 대해 알아보기 • 소감 말하기 • Feedback • 소그룹에 대한 정보 (큐티, 나눔, 모임 등)	

7. 청년 수련회

1) 수련회, 참된 목적은 무엇인가?

수련회를 하는 목적은 '변화'되기 위함입니다. 열정적으로 찬양하고, 길게 말씀을 듣고, 부르짖어 기도하는 것 자체가 수련회의 목적이 아닙니다. 수련회는 교회에서 풀어낼 수 없었던 젊음을 표출하는 장이 아닙니다. 그것이 공동의 경험이 될 수는 있지만 목적이 되어서는 안 됩니다. 수련회의 목적은 그것을 통해 '변화'를 경험하기 위함입니다. 우리는 변화 받기 원하여 시간을 구별하여 수련회라는 행사를 진행하는 것입니다. 성령님의 도우심을 구하고, 일상에서 잠시 벗어나 하나님께만 집중하는 이유도 그 은혜를 힘입어 변화 받기 위함임을 잊지 말아야 합니다.

사역자뿐만 아니라 함께 참여하는 청년들에게도 반드시 기억하게 해야 할 명제입니다. 그래서 수련회는 공동체적 변화의 모멘 텀이 되는 시간이라고도 할 수 있습니다. 수련회를 통해 참된 의미의 부흥이 일어나는 경우도 있고, 주저앉는 경우도 있습니다. 여름이니까 당연히 수련회를 해야 한다고 생각한다면 하지 않는 것이 낫습니다. 수련회는 모두가 은혜를 경험하는 자리가 될 수도 있지만 모두가 실망하고 기대감을 잃는 시간이 될 수 있기 때문입니다. 하나님의 일을 다시 살아나게 하는 '부흥'이 목적이 될 때 지속 가능한 공동체적 변화가 나타날 것입니다.

2) 가장 중요한 것은 동기부여임을 잊지 말라

교회는 강제 집단이 아니라 자발 집단입니다. 그래서 회사와 다릅니다. 돈을 주고 이익을 위해 일하는 회사 조직과 자발적으로 헌신하는 교회 조직은 그 운영 방식이 같을 수 없습니다. 회사는 월급이라는 것이 있어서 명령할 수 있지만 교회는 봉사하고 섬기는 공동체이기 때문에 자발적인 헌신을 도모해야 합니다.

이 개념이 분명하지 않으면 서로 상처를 받습니다. 기대하는 바가 다르기 때문입니다. 책임을 맡은 사람들이 최선의 결과를 맺게 하려면 그들의 자발성이 칭찬받고 헌신이 격려받는 분위기를 만들어야 합니다. 이것이 사역자와 공동체가 행사를 위해 자발적으로 헌신하는 이들에게 가져야 할 가장 기본적인 태도입니다. 그들이 즐겁고 행복하게 사역할 수 있도록 도와주는 것이야말로 가장 교회다운 가치입니다. '의무'를 강조하면 지치지만 '의미'를 강조하면 헌신합니다. 수련회에 참석하는 것은 모든 청년의 의무가 아니라 오히려 그들의 자유입니다. 이것이 교회입니다. 청년들이 수련회에 모두 참석하기를 바란다면 보다 많은 청년들의 마음이 움직일 수 있도록 정성껏 동기를 부여하는 방법을 찾는 것이 정공법입니다. 이 일이 쉽지 않기 때문에 명령도 하고, 요구도 하고, 심지어 조르기도 합니다. 애써 행사를 준비한 스텝들이 또다시 청년들을 동원하기 위해 굽실대는 형국이 벌어지기도 합니다.

행사를 준비하는 스텝들에게도 동일하게 적용됩니다. 그들을 일하게 하는 힘은 책임을 추궁하는 사역자의 잔소리가 아닙니다. 일을 맡겨 놓고 정말로 신경 써야 할 부분이 있다면 책임자가 더욱 일을 즐겁게 할 수 있도록 의미를 부여해 주는 일입니다. 수련회를 준비하는 과정에서 가장 보람된 순간은 많은 청년이 참여한다는 소식을 들을 때입니다. 그런데 참 신기한 것은 그 소식에 더 기뻐하는 이들이 청년들이라는 것입니다. 가장 강력한 동기부여는 모이는 것입니다. 갈 수 있는 최고 인원이 참석한 수련회가 가장 좋은 수련회가 될 가능성이 높습니다. 수련회는 그렇게 공동체성을 확인하는 자리이기 때문입니다.

그래서 수련회 일정을 면밀하게 검토하여 가장 많은 이들이 참석할 수 있는 시간으로 정하는 것이 좋습니다. 예전에는 3박 4일 수련회가 추세였다면 최근에는 휴일을 끼거나 주일을 포함해서 1박 2일 혹은 2박 3일로 진행하는 것이 대세입니다. 청년이라는 이름으로 묶이는 대상이 공부하는 학생이 아니라 회사에 다니는 미혼의 청년들에게까지 확장되었기 때문에 그들을 배려하는 것입니다. 동기 부여에 성공한다면 이미 수련회는 성공적이라 느껴질 것입니다. 청년공동체는 행사를 통해 성장하지 않습니다. 행사를 준비하며 부흥하는 것입니다.

3) 더 좋은 수련회가 되기 위한 두 가지 조건

① 재미와 은혜의 균형이 있어야 합니다.

가장 좋은 행사는 균형 잡힌 행사입니다. 균형 잡혔다는 것이 주관적인 기준이 될 때가 많기 때문에 균형 잡힌 수련회는 이것이라고 보여줄 수 있는 예는 존재하지 않습니다. 하지만 어떻게 균형을 갖추어야 하는지에 대한 질문을 갖는 것 자체가 해법입니다. 그 질문을 갖고 있는 사람과 그렇지 못한 사람은 전혀 다릅니다. 조금 치우칠 수는 있지만 매몰되지는 않을 것입니다. 수련회는 비장함이 있어야 합니다. 하나님께서 우리에게 베푸신 은혜에 대한 깊은 공감이 있어야 하고 말씀에 자신을 비추어 심연으로 들어가게 하는 진지함이 있어야 합니다. 이것이 신앙 공동체가 함께 모여 집중적으로 훈련하는 목적이기도 합니다. 하나님 나라를 위해 헌신하겠다는 결연함이 있어야 하고, 함께 힘을 모아 동행하는 친구들과의 연합에는 젊음이 갖고 있는 비장함이라는 옷이 입혀져야 합니다. 가볍게 헌신하고 결단을 소홀히 여기는 분위기는 용납될 수 없습니다. 그렇다고 유쾌함을 놓쳐서는 안 됩니다. 유쾌함과 비장함은 서로 반대되는 것 같지만 실은 서로를 빛나게 해주는 가치입니다. 청년들이 모인 곳에 웃음이 그친다면 비극입니다. 함께 말씀을 나누는 것이 즐겁고 사랑하는 주님을 찬양하는 것이 행복하지 않을 수 없습니다. 집회에서 다짐한 비장한 결단은 교제 시간에 나누는 유쾌함이 있어야 더욱 도드라집니다. 유쾌함도 마찬가지입니다. 그저 즐겁기만 한 수련회는 기억에 남지 않습니다. 유쾌함을 지키려면 반드시 비장함을 채워야 합니다. 이 균형이 중요하며 균형에 대한 관심도 중요합니다.

② 새로운 문화를 경험시켜 주어야 합니다.

청년 사역은 무엇을 하느냐(what to do)의 문제가 아니라 어떻게 하느냐(how to do)의 문제입니다. 현대적인 밴드를 갖춘 찬양이 있는 곳이 청년 사역의 현장이라고 정의할 수 없습니다. 단순화되고 자유로운 예배의 형식을 통칭하여 청년 예배라고 말할 수도 없습니다. 마찬가지로, 함께 이야기를 나누고 큐티를 나누는 자리라고 해서 무조건 청년을 위한 소그룹 모임이라 단정 지을 수 없습니다. 단순히 형식을 갖추지 못해서 청년들이 모이지 않는 것이 아닙니다. 반대로 형식을 갖춘다고 사역이 자동적으로 이루어지는 법도 없습니다. 각 공동체에 맡겨주신 청년들의 영적인 필요를 정확히 진단하고 그들의 신앙 성장을 위해 어떻게 만들어 가느냐가 가장 중요한 문제입니다. 청년들은 대개 자신들이 무엇을 참으로 원하는지 정확히 알지 못합니다. 아직 경험이 부족하고 시야가 좁을 수밖에 없기 때문입니다. 우리는 무엇을 원한다고 말하는 경우도 있지만, 실은 그 말을 정확히 통역하자면 '우리는 영적으로 목마르다'는 뜻입니다. 채워지지 않는 것이 있다는 의미이기도 합니다. 아이폰을 만들던 스티브 잡스가 유명한 말을 남겼습니다. '사람들은 자신들이 무엇을 원하는지 아직은 알지 못한다. 그러나 그들이 이것을 손에 들었을 때 이렇게 외칠 것이다. 이것이 바로 내가 원하던 것이야! 라고 말이다'.

우리가 청년 사역을 하면서 주목해야 할 부분도 이것입니다. 그들의 문화와 그들이 경험한 세계를 이해하고 그들이 아직 정의할 수는 없지만 그들에게 가장 필요한 것을 먼저 보여 주어야 합니다. 수련회는 청년들에게 새로운 문화를 경험시켜 주어야 하는 것이 사역자의 사명 중의 하나입니다. 혼탁한 가치관이 만든 문화에 익숙해진 청년들에게 하나님이 원하시는 문화를 경험하게 하는 것입니다. 자기를 위해 다른 이의 아픔은 가볍게 여기는 문화의 옷을 벗고, 서로를 위해 자신을 내어 주는 예수님의 길을 따르는 새로운 문화의 옷을 입혀주는 일입니다. 무엇이 옳은 일인가 진지하게 고민하고 나누는 문화, 서로를 행복하게 해주기 위해 힘쓰는 문화, 하나님 앞에서 작은 자로 겸손해지는 문화를 맛보는 자리가 될 수 있도록 관심을 가져야 합니다.

4) 수련회를 준비하는 다양한 접근의 예

① 연합 수련회

교회와 교회가 연합하는 것도 가능합니다. 서로 비슷한 형편과 규모의 공동체가 힘을 모을 때 기대 이상의 시너지가 나타나기도 합니다. 혹은 대규모 집회에 참여하는 것도 독자적인 수련회를 준비하기 어려운 교회가 선택 할 수 있는 방법이기도 합니다. 하지만 작더라도 수련회로 모여야 하는 이유를 생각한다면 그 교회만의 방법과 형태를 구상해 보는 것이 더욱 좋습니다.

② 자체 수련회

소규모의 공동체여도 구성해 볼 만한 형식이 있습니다. 담당 사역자와 함께 떠나는 성경 공부 수련회는 큰 교회는 경험할 수 없는 친밀감과 깊은 나눔을 경험하게 할 것입니다. 함께 국내 여행을 떠나는 것도 좋습니다. 소규모이기 때문에 보다 자유롭게 이동할 수 있다는 장점이 있습니다. 매년 떠날 여행지를 함께 정하고 프로그램을 구성해 보는 것은 어떤가? 테마를 갖고 매년 변화무쌍한 모임을 기획할 수도 있습니다. 그러고 보니 작은 공동체가 도전할 수 있는 수련회가 더 많습니다. 대형 집회 같은 형식이라야 꼭 수련회가 아닙니다. 공동의 경험, 하나의 말씀과 은혜를 나누는 자리가 수련회입니다.

5) 내수동교회 청년 수련회 타임 테이블

8/4 (수)	8/5 (목)	8/6 (금)	8/7 (토)
	새벽 기도회		
	세면		
	경건의 시간		
<시간엄수는	아침 식사		
율화연의 증거>	찬 양		
모이자!	아침 강의	강의 & 대회 예배
버스 안에서도 즐겁게 교제를!		사건 촬영 / 청소
→김화수련원	조별 성경 공부	점심 식사
개회 예배		
숙소 배정		악수례
점심 식사		
가족별 모임	공동체놀이 I (실내)	공동체놀이 II (야외)	출발
조별모임(기도회)	휴식	"주의 은혜가 늘 내게 머무르게 하소서"
저녁 식사		
"온 맘으로 주님을 찬양"		
저녁 은혜의 시간		
친교의 방 (가족 소개)	결치 기도회 / 개인 기도	온전케 하신 하나님
취침		취침

8. 청년 단기선교

1) 단기선교란 무엇인가.

단기선교란 글자 그대로 짧은 기간 즉, 단기로 선교하는 것을 말합니다. 현재는 선교학자마다, 선교단체마다, 지역 교회마다 이 단기선교라는 용어를 기간과 목적에 따라 여러 가지 형태로 사용하고 있기에 단기선교라는 용어의 객관화되고 표준화된 정의는 사실 없습니다. 다만, 단기선교에는 단기 선교 여행(short-term mission trip)적인 모습과. 단기 선교훈련(short-term mission training)적인 모습과 단기 선교 사역(shortterm mission ministry)적인 모습이 다양하게 존재한다고 볼 수 있습니다. 한국교회에서 실시하고 있는 대부분 단기선교는 보통 1주에서 열흘, 길어야 2주 정도의 기간 동안 진행됩니다. 그리고 짧은 기간을 가지만 현지에서 장기적으로 머물고 있는 선교사와 협의를 해서 구체적인 업무와 사역 등을 준비해서 갑니다. 따라서 오늘날 대부분의 한국교회에서 실시하고 있는 단기선교는 기간으로 치면 '단기 선교 여행'에 해당하고, 사역의 성격으로 치면 '단기 선교 훈련'에 가까운 형태라고 할 수 있습니다.

2) 단기선교의 유익

선교의 현장을 직접 방문하면서 섬기는 단기선교는 여러 가지 면에서 매우 유익합니다. 사실 교회에서 선교사를 파송하고 기도 편지를 통해서 전해 듣는 현장은 때때로 실감이 나지 않을 때가 많습니다. 그러나 잘 준비된 단기선교는 참가자들뿐만 아니라 단기선교를 실시하는 교회에도, 단기 선교팀을 맞이하는 선교사에게도, 그리고 단기 선교팀이 만나게 되는 선교지의 현지인들에게도 매우 유익합니다.

① 참가자의 유익

우선 단기선교에 참가하는 이들은 단기선교의 전 과정에 참여함을 통해서 영적 성장을 기대할 수 있습니다. 준비 과정을 통해, 현지에서의 경험을 통해 참가자들은 영적으로 성장하게 됩니다. 특히 단기선교 참가자들은 타민족과 세계 열방을 향한 하나님의 역사하심에 참여하게 되면서 자연스럽게 세계를 품은 그리스도인으로 변화될 수 있습니다. 그저 나만 쳐다보며 살아가던 이기적인 신앙인에서 나를 넘어서는 신앙인 세계를 바라보는 이타적인 신앙인으로의 변화가 단기선교를 통해 만들어지는 것입니다. 그래서일까, 단기선교 참가자들에게는 가치관이 바뀌거나 진로가 수정되는 일이 자주 일어납니다. 단기선교를 통해 비전과 시야가 넓어질 수 있다는 것 역시 매우 소중한 단기선교의 유익입니다. 또한 단기선교는 진정한 신앙 공동체를 경험하게 되는 최고의 시간이 됩니다. 매주 거룩한 공동 목적을 가지고 팀을 이뤄 선교를 준비하는 과정을 통해 진정한 신앙 공동체를 경험하게 됩니다. 그래서 단기선교 참가자들 가운데에는 단기선교가 끝난 이후 공동체에 필요한 좋은 헌신자로 세워지는 경우가 많습니다.

② 교회의 유익

교회는 단기선교를 통해서 매우 유기적인 선교 공동체로 변화될 수 있습니다. 단기선교를 통해 지역 교회는 선교에 대한 관심과 사역의 지경을 구체적으로 확장 시킬 수 있습니다. 또 단기선교는 선교사와 교회 사이에 끈끈한 네트워크를 형성하는 데에도 큰 도움을 줍니다. 뿐만 아니라 단기선교는 직접 가는 사람들뿐만 아니라 교회에 남아서 기도와 물질로 함께 파송에 참여하는 성도들에게도 매우 유익합니다. 비록 직접 가지는 않지만 보내는 선교사로서 사명을 함께 감당하면서 교회 구성원 전체가 선교에 참여한다는 의미를 갖습니다. 또한, 장기 선교사를 파송할 계획을 가지고 있는 교회라면 단기선교는 장기 선교사를 발굴해내고 검증해낼 수 있는 매우 좋은 통로가 되기도 합니다.

③ 선교사의 유익

잘 준비된 단기 선교팀이 선교지에 가면 현지에서 장기로 사역하고 있는 선교사들에게는 매우 큰 힘이 됩니다. 우선 선교사들은 영적 열정을 회복할 수 있습니다. 그동안 사지와 같은 선교지에서 홀로 각개전투를 하듯 사역했던 선교사들이 단기선교 팀원들 때문에 새 힘을 낼 수 있기 때문입니다. 혹시 나태했던 마음이나 느슨해진 마음이 있었다 하더라도 단기선교 팀원들과 함께 선교지를 방문하고 사역을 하다 보면 파송 받았을 때의 첫 마음, 초심을 회복하게 됩니다. 함께 하는 동역자들이 있다는 사실, 나를 위해 기도해 주고 시간과 재정을 투자해서 선교지까지 와주는 이들이 있다는 사실에 장기 선교사들은 큰 용기와 격려를 받게 됩니다. 자연스럽게 함께 하는 시간만큼 선교사들은 단기선교 팀원들에게 선교 비전을 나눌 수 있고 기도 제목과 필요들을 공유할 수 있게 됩니다. 또한 선교사들이 개인적으로는 쉽게 하지 못했던 일들도 단기 선교팀의 지원과 후원 속에 뚝딱 해 내게 됩니다. 그리고 선교사 입장에서 단기선교는 장기 사역에 필요한 재정이나 물품을 공급받을 수 있는 좋은 기회이기도 합니다.

④ 현지 공동체의 유익

잘 준비된 단기선교는 선교지 현지의 신앙 공동체에도 큰 유익을 줍니다. 선교지 공동체의 성도들은 단기 선교팀이 보여주는 성숙한 인격과 겸손한 섬김을 통하여 바람직한 성도의 모습을 배울 수 있습니다. 지구 반대편에서 자신들을 위해 기도해 주고, 찾아와 주고, 필요를 채워주고, 좋은 관계를 맺는 영적 가족이 있다는 사실에 큰 격려를 받습니다.

3) 단기선교지에서의 실행 과정

단기선교지에서의 실행 과정도 시간의 흐름에 따라 나누어 정리합니다. 즉 기상에서부터 아침 식사까지의 아침 시간, 그리고 저녁 식사 전까지의 낮 시간, 그리고 저녁 식사 이후 취침 전까지의 밤 시간으로 분류할 수 있습니다.

① 아침 시간에는 예배와 말씀 묵상을 합니다.

선교지에서 아침 시간은 보통 새벽 6시~9시까지를 말합니다. 이때 해야 할 일은 예배와 말씀 묵상과 나눔 그리고 아침 식사입니다. 아침에 기상하면 우선 세면을 하고 모여 찬양으로 먼저 예배합니다. 그리고 말씀 묵상(QT) 시간을 갖고 그 묵상을 나눈 뒤 아침 식사를 합니다. 팀 리더는 이때 몸이 아픈 사람, 마음이 어려운 사람을 체크하여 격려하고 기도하는 시간을 갖습니다. 말씀 묵상을 꾸준히 해 온 공동체는 그 순서에 따라 본문을 정하면 좋고, 단기선교 여행 기간만을 위해서는 팀웍과 사랑에 관한 말씀이 많은 요한일서를 선택하면 좋습니다.

② 낮 시간에는 현지 선교사의 인도를 그대로 따릅니다.

이때는 고민할 필요가 전혀 없습니다. 무조건 선교사의 인도에 따르는 것이 좋습니다. 좋은 단기선교는 장기 선교사와 현지에 도움이 되는 단기선교입니다. 그러므로 단기선교를 하면서 현지 일정 중 낮 시간에 대해서는 철저하게 선교사에게 그 결정의 주도권을 주는 것이 좋습니다. 그래야 단기 선교팀도 좋고 장기 선교사도 좋습니다. 현지에서 사역하는 장기 선교사를 가이드로 만들지 않아야 합니다. 현지를 잘 알지도 못하면서 절대로 '이렇게 합시다. 저기로 갑시다' 하지 말고, '어떻게 할까요? 무엇을 할까요?'라고 겸손하게 물어보면서 현지 선교사의 인도를 받아야 합니다. 현지인들과의 관계에 있어서도 철저하게 장기 선교사의 지침을 따르는 것이 좋습니다. 만약 이러한 원칙을 따르지 않으면 단기 선교팀이 장기 선교사에게는 오히려 선교의 장애가 될 수도 있기 때문입니다. 필

리핀에서 장기 선교사로 사역하고 있는 H 선교사는 한 기독교 잡지에 단기 선교팀의 잘못된 모습과 관련하여 이런 글을 기고했습니다. '가난한 현지인들에게 동정으로 현금을 덥석덥석 쥐여 주어 그간 눈물 나게 싸움의 사역을 하며 가르쳐 놓은 자존감을 순식간에 변질시켜 놓았습니다. 선교사 몰래 받은 돈이라 십일조 안 해도 모르겠지 하는 십일조 도둑을 만들어 놓고는 그런 일을 지양해 달라고 부탁하면 저렇게 가난한데 우리가 도와줘야지요 하며 자기만족을 채웁니다. 그런 일이 일어나면 가난한 빈민들은 한국인에게 불쌍하게 보이면 돈이나 물질을 얻을 것이라는 로또

같은 기대와 의존성을 갖게 되고, 심지어 거짓 연기까지 동원하는 경우도 종종 있습니다'. 물론 때로는 열심히 준비해 간 내용들을 써먹지 못해 속상 할 수도 있을 것입니다. 그러나 조급해할 필요는 없습니다. 하루아침에 세계 선교를 다 할 수 있는 것이 아닙니다. 우리를 보여주고 자랑하려고 엄청난 투자를 해서 선교지에 간 것이 아닙니다. 그저 며칠 선교지에 다녀오면서 단번에 모든 것을 하겠다는 잘못된 성취욕을 버려야 합니다. 낮 시간은 고민하지 말고 현지 선교사의 인도에 따르는 것이 필요합니다.

③ 밤에는 중보기도, 감사의 보물찾기, 팀원 격려, 사역 준비를 합니다.

중보기도는 철저하게 그날 하루의 사역을 기반으로 합니다. 즉, 그날 만났던 사람들을 위해, 그날 방문했던 선교지를 위해 그날 있었던 특별한 사역을 위해 구체적으로 하루의 사역을 기도로 정리하는 시간을 가지면 좋습니다. 그리고 '감사의 보물찾기'를 하면 좋습니다. 이것은 사역 나눔을 하되 특별히 감사한 것, 은혜를 경험한 것 등을 구체적으로 나누는 시간입니다. 빡빡한 일정의 단기선교를 진행하다 보면 여러 가지 면에서 어려움이 찾아오게 되어 있습니다. 괜히 마음이 어려워지거나 관계가 어려워지기도 합니다. 이럴 때 가장 좋은 것이 바로 오늘 하루 일정 중에서 감사 거리를 찾아 감사를 나누는 것입니다.

한 명 두 명 감사를 나누다 보면 생각지 못했던 다양한 감사의 제목들이 만들어집니다. 어느새 감사 거리가 풍성해집니다. 그러다 보면 불평거리, 어려움 등은 자연스레 사라지게 됩니다. 그리고 반드시 모든 팀원들 한 사람 한 사람을 격려하며 세워주고 다음 날 있게 될 사역을 준비합니다. 특별히 선교지의 마지막 밤에는 애찬식을 하면 좋습니다. 1부는 선교사와 가족을 위한 시간으로 식사, 쇼, 감사와 격려의 시간, 세족식 등을, 2부는 팀원들을 위한 시간으로 격려와 감사의 보물찾기 그리고 결단을 하는 시간으로 삼습니다. 만약 현지에서 계속 현지식을 했다면. 이때 식사는 한국식으로 해도 좋습니다. 미리 준비해 간 고추장이나 김치, 라면 등으로 식사 교제를 하면 분위기는 더욱 좋아집니다.

4) 단기선교의 후속 과정

단기선교를 마치고 돌아온 것으로 단기선교가 끝났다고 생각해서는 안 됩니다. 반드시 후속 과정을 거쳐야 합니다. 여기서 고려해야 할 것은 보고 예배, 보고 자료집 작성, 후원자 관리, 후속 모임 등입니다.

① 보고 예배를 드립니다.

단기선교를 마치고 보고 예배를 잘 드리는 것은 대단히 중요합니다. 그 것은 마치 전쟁터에 나간 병사들이 돌아와 전리품을 나누는 것과 같은 시간이기 때문입니다. 기도로, 재정으로, 후원을 해 준 남아 있던 공동체에게는 단기선교의 은혜를 동일하게 나누는 시간이며 참가자들에게는 단기선교를 다시 한번 정리할 수 있는 시간이기 때문입니다. 보고 예배를 위해서는 우선 사진전을 준비하면 좋습니다. 조금 큰 사이즈로 주요한 사역 사진들을 뽑아 간단한 설명을 붙여 전시합니다. 또 영상 보고를 하는 것도 좋습니다. 단, 이때 준비되는 영상의 시간은 10분을 넘지 않도록 편집합니다. 그리고 참가자들 가운데 3~4명이 간증을 합니다. 이때 주의 사항은 3~4명이 각각 다른 한 가지의 포인트를 가지고 간증을 준비한다는 것과 반드시 간증은 써서 읽어야 한다는 것입니다. 그래야 길어지지 않습니다. 그리고 현지 사역으로 준비했던 것 중의 한 가지를 전체가 한 뒤 약속의 말씀을 가지고 메시지를 전하면 좋습니다.

② 보고 자료집을 제작합니다.

단기선교의 준비 과정에서부터 마지막 평가와 사진 등 단기선교의 모든 흔적과 자료가 담긴 보고 자료집을 잘 남길 필요가 있습니다. 참가자들에게도, 후원자들에게도 다음의 단기 선교팀을 위해서도 이 자료집은 대단히 유용한 도움이 됩니다.

③ 후원자를 관리합니다.

단기선교를 위해서 재정과 물품으로 후원을 해 준 이들의 섬김을 기억할 필요가 있습니다. 가장 좋은 것은 사진전에 사용한 사진 중에서 15~20장을 골라 미니 앨범을 만들고 미니 앨범과 보고 자료집, 그리고 감사 편지를 함께 전하는 것입니다. 이렇게 하면 후원자는 분명 자신이 한 헌신에 대해 큰 의미를 얻게 될 것입니다. 또한 후원자는 이후의 또 다른 단기선교에도 반드시 다시 후원에 동참할 확률이 높습니다.

④ 후속 모임을 가집니다.

단기선교 이후에는 반드시 후속 모임을 가지는 것이 좋습니다. 공동체마다 상황에 맞게 모임을 갖되, 보통 한 달에 한 번씩 6개월 동안이면 적당하다고 생각됩니다. 이때는 단기선교를 통해 받았던 은혜들을 다시 나누며, 그 이후에 들려오는 선교지의 소식을 나누고 중보기도 하는 시간으로 삼습니다. 이때 선교사를 위해 지속적인 연락과 작은 섬김이 만들어진다면 더욱 좋을 것입니다.

9. 미혼 캠프(데이트학교)

청년 사역은 아직 짝이 정해지지 않은 싱글들을 위한 미혼 캠프와 짝이 정해져서 결혼을 준비하고 있는 커플들을 위한 결혼예비학교의 둘로 나눌 수가 있습니다.

1) 미혼 캠프의 필요성

아직 결혼을 구체적으로 생각하고 있지 않는 청년들을 대상으로 하는 이 사역은 데이트에 대한 개념과 이성 교제에 대해 눈을 뜨게 만들고 결혼을 제대로 건강하게 준비할 수 있도록 돕습니다. 많은 청년들이 이성과의 데이트에 대해 그 매너라든지 구체적인 방법을 모른 채 교제를 하다보니 많은 문제들이 생겨납니다. 특별히 이성 교제에 대한 지식이 없이 교회 안에서 이성 교제를 함으로 인해 서로가 상처를 받고 심지어 교회를 등지는 일까지 벌어집니다. 데이트학교라고도 불리우는 미혼 캠프는 이러한 청년들의 시대적 요구에 부응하는 사역이라 할 수 있습니다.

2) 미혼 캠프는 다음의 내용들을 커리큘럼으로 잡습니다.

① 데이트, 어떻게 할 것인가?

데이트는 이성을 알게 하는 참으로 좋은 기회입니다. 문제는 그 방법을 잘 모르기 때문에 일어납니다. 데이트는 어떻게 해야 할까? 얼마나 자주 만나는 것이 좋을까? 접촉은 어디까지 해야 하나? 혼전 성관계는 어떠한 결과를 가져오나? 데이트할 때 어떠한 주제를 소재로 대화를 나누어야 할까? 결혼에 대한 구체적인 계획은 언제 세워야 하나? 교회 안에서 이성 교제는 어떻게 하야 하나? 이러한 주제들을 폭넓게 다루면서 청년들이 데이트에 대한 올바른 가치관을 갖도록 만듭니다.

② 나의 자아상

많은 청년들이 어린 시절로부터의 상처 등으로 인해 자아상이 손상되어 있습니다. 과연 자신의 자아상은 얼마나 병이 들어 있는지, 그 상처의 회복은 가능한지, 어떻게 하면 아픔을 극복할 수 있는지 등을 배우게 됩니다. 초점은 마음의 상처 치유를 통한 자아상의 회복에 둡니다.

③ 가정과 결혼

의외로 가정에 대한 병적인 그림을 가지고 살고 있는 청년들이 많습니다. 부모로 인해 생겨난 잘못된 가치관이나 가정의 그림들을 스스로 돌아보게 하고, 잘못된 그림을 지워버리고 건강한 그림을 다시 그릴 수 있도록 돕습니다. 병적인 가정의 그림을 마음에 품고 산다면 이성 교제 역시 병적일 수밖에 없습니다. 그리고 당연히 결혼 후의 삶에도 영향을 미칩니다. 그렇기에 건강한 가정상을 갖도록 만드는 것은 미래의 삶을 위해서도 중요한 것입니다. 이를 통해 부모와의 정서적 관계 회복도 할 수 있도록 만듭니다.

④ 데이트와 성

청년은 정욕의 때입니다. 데이트의 방법론 측면에서 성을 간단하게 다룰 수도 있지만 아예 성을 독립시켜 구체적으로 청년의 때에 성에 대한 문제들, 그리고 성경적인 성의 개념, 정욕의 해결 문제, 잘못된 성이 가져오는 결과, 특히 낙태나 성병 등의 문제를 다룹니다.

• 이외에도 한국 가정 상담연구소가 개발한 또 하나의 데이트학교 워크북은 크게 4 주제, 작게는 18 소주제로 편성되어 있는데, 4주로 간단하게 진행할 수도 있고 18주로 나누어서 진행할 수도 있습니다. 이 워크북은 데이트에서 지켜야 할 한계들, 누구와 데이트를 해야 하는가? 데이트에서 자신에게 문제가 있을 때의 문제 해결 방법, 데이트에서 상대방에게 문제가 있을 때의 문제 해결 방법 등을 구체적으로 다루게 됩니다.

• 이러한 주제들로 꾸며지는 미혼 캠프는 가끔 짝짓기까지 이어지는 경우도 있는데 교회 안에서의 행사라면 별로 바람직하지는 않습니다. 더불어 미혼 캠프는 많은 시간을 소요할 필요는 없습니다. 그리고 세미나를 위주로 한 워크샵 형식으로 진행하면 됩니다. 3주 코스로 하는 것이 좋으며 경우에 따라서는 아예 1박 2일의 코스를 만들어서 진행하는 것도 좋은 방법입니다. 3주간 하는 방식이라면 1회당 3~4시간 정도 예정으로 진행하면 좋을 것입니다.

• '두란노'에서 행한바 있던 '미혼남녀 캠프'의 경우에는 다음과 같은 내용으로 진행되었습니다.

① 1강 : 결혼이 뭐예요?
 - 결혼이 뭐예요? - 결혼은 꼭 해야 하나요? - 혼자 살면 어떻게 되요? - 우리 부모의 결혼의 모습은 어떤가요? - 결혼에 대한 기대와 비전은 무엇인가요?

② 2강 : 결혼은 누구와 해야 하나요?
 - 결혼할 때 어떤 조건의 배우자를 선택해야 합니까? - 배우자를 위한 기도를 계속하고 계십니까? 기도 제목을 나누어 보세요. - 배우자를 선택할 때 순결에 얼마만큼의 의미를 두십니까? - 어떤 성격의 배우자가 나와 잘 어울릴까요? - 사랑에 상처받은 경험이 있어요? - 배우자를 선택할 때 하나님의 뜻을 어떻게 알 수 있을까요? - 만약 부모가 반대한다면 어떻게 할까요? -데이트 방법은 어떻게 하는 것이 좋을까요? - 어디까지 성적 접촉을 하는 것이 바람직할까요? - 연상과 연하의 결혼은?

③ 3강 : 나는 지금 결혼할 수 있나요?
 - 나는 나 자신에 대해 어떻게 생각 하십니까? - 인간관계의 능력은 어느 정도입니까? - 대화의 능력이나 일을 해결하는 능력은 어떻습니까? - 내가 가진 달란트는 무엇입니까? - 내가 갖고 있는 정서적, 정신적 결핍은 무엇입니까?

• 한편, 황성철은 '결혼 준비 학교' 라는 책을 통해 다음과 같은 프로그램을 제시하고 있습니다.

① 1강 : 가정이 무너지고 있습니다.

② 2강 : 자기 사람을 찾으세요.

③ 3강 : 이 사람이 내 짝 맞나요.

④ 4강 : 결혼과 가정의 의미를 찾으세요.

⑤ 5강 : 남자와 여자는 다르게 만드셨어요.

⑥ 6강 : 부부 갈등은 생기기 마련입니다.

⑦ 7강 : 당신도 존경받는 남편이 될 수 있습니다.

⑧ 8강 : 당신도 사랑받는 아내가 될 수 있습니다.

⑨ 9강 : 부부가 함께 하면 얻는 것이 많습니다.

⑩ 10강 : 부부의 성은 아름다운 것입니다.

⑪ 11강 : 공중의 새는 누가 먹이십니까?

⑫ 12강 : 이 아이를 어떻게 기르오리이까?

그러나 이 프로그램을 사용할 때는 전체를 모두 사용하기 보다는 6강 이후는 적절하게 조절하는 것이 좋을 것입니다.

10. 결혼 예비 학교

여기서의 프로그램이란 일반적인 의미인 '어떤 구체적인 목표를 성취하기 위해 구조화된 학습 기회의 개념'으로 사용되며, 여러 가지 유형-예를 들어, 대상은 배우자가 결정된 예비부부들이나 일반적인 청년기의 사람들이 개인, 소그룹(집단)으로, 또는 대집단 중심으로 이루어질 수 있으며, 방법으로 강좌, 상담, 설문 조사, 집단 토의 등을 선택할 수 있게 됩니다. 그러한 결혼 및 성교육 프로그램의 목적과 내용은 무엇이며, 프로그램은 어떤 형태로 이루어지고 있는가를 개관해 봅니다.

(1) 결혼 예비 학교의 목적

프로그램의 발전에 따라 다양하게 기술되어 왔으나 결혼을 약속한 결혼예비부부들을 위한 프로그램의 목적은 대체로 다음 8가지로 구분됩니다.

첫째, 자신과 배우자를 바로 이해합니다.

둘째, 결혼에 대한 준비도를 평가합니다.

셋째, 결혼에 필요한 실제적인 지식과 정보를 갖게 합니다.

넷째, 의사소통 기술과 창조적인 갈등 해결을 배웁니다.

다섯째, 성공적인 결혼생활을 위한 중요영역에서 일치 정도를 증가 시킵니다.

여섯째, 스트레스 가능 영역을 예상해 보고 대비합니다.

일곱째, 자신들이 적극적으로 성숙해야 할 부분을 확인하고 성숙의 방법을 배웁니다.

여덟째, 결혼 후 그들이 필요할 때 망설임 없이 상담에 응할 수 있도록 그들과 관계를 형성하는 것입니다.

그러나 배우자를 선택하지 않고, 일반적으로 결혼 및 성에 대한 관심을 가진 이들을 위한 교육의 경우 올바른 성에 대한 인식, 이성과의 친밀관계를 배우는 것, 결혼에 대한 바른 가치관을 갖는 것에 초점을 맞출 수 있습니다.

결혼 준비 교육 요구 조사에 의하면 다음과 같은 내용들을 요구하는 것으로 알려졌습니다. 성격의 조화 여부 검토, 의사 소통 기술 향상, 동반자 의식 및 친밀감 증진, 자녀 출산 및 양육의 지식과 기술 형성, 실제적인 기대 형성, 바람직한 결혼관 정립, 건강한 자아상 확립, 가정 배경 및 성장 배경의 차이 이해, 종교 문제의 조화 여부 검토, 전설적인 갈등 해결 기술 향상, 가정 경제 관리의 지식과 기술 형성, 여가 활동 개발의 필요성 인식, 책임 및 역할 기대의 확인과 적응, 합리적인 의사 결정 방법 형성, 성 교육의 실시, 성적 태도 이해 및 성적 적응, 양가 가족 관계의 원만함, 가사 분담 의논, 의식주 문제의 의논 결정, 건강 상태 점검, 전통적인 성 역할 수행 준비, 의미 있는 혼수 약혼 결혼 예식 계획 등입니다.

• 결혼과 성 강좌에서 다루는 내용

A대학	H대학
Marriage: Life and Sacrament	가족 및 부부의 심리와 성장
Sex and Existence	왜 사는가? 삶의 목적 – 자아실현
The Relation of Love and Will	나는 누구인가? 자아개념의 형성과 인간관계
Premarital Sexuality	나는 왜 나를 드러내기를 두려워하는가?

Sexuality-God's Gift	사랑의 심리학-성숙한 사랑의 특징
Man Fully Alive	사랑과 성장
The Daily Bread of Dialogue	배우자 선택과 결혼 – 결혼상담
Male-Female Differences	배우자 선택과 비합리적 신념
How to Select a Spouse	부부심리학
Am I in Love? A Self-Analysis Test	갈등과 성장
The Sacrament of Marriage	부부의 성
Being a Parent	가족심리학-가족치료문제
Friendship in Marriage	구조적 가족이론
The Many Meanings of Sexual Intercourse	병리적 인간관계
The Filipino Family Confronts the Modern World	T. A를 통한 인간의 성장이해
The Filipino Family as a Basic Unit in Bulding Christian Community etc.	MBTI를 통한 인간의 성장이해

　실제로 결혼 교육에 어떤 내용이 필요한 것인가에 대한 연구가 계속 되어 왔는바 몇몇 학자들의 견해를 소개하면 다음과 같습니다. 먼저 Yeh(1977)는 결혼에 대한 준비도 평가, 예비 부부의 상호 관계 증진, 결 혼에 관한 기초적인 정보 토의, 양가 가족과 관련된 긴장을 해결하기, 종 교성 등을 꼽고 있습니다. Gangsei(1969)는 결혼의 본질, 결혼 여부를 선 택하는 문제 이해, 성적 관계에 대한 가치 평가, 혼전 성교의 문제, 남편과 아내의 역할 형태, 책임 있는 부모 되기 요구 조건, 종교성을 포함하고 있 으며, Wright(1981)는 결혼의 본질, 결혼의 목적, 결혼생활과 배우자의 독특함 인정, 역할, 책임, 의사 결정, 의사 소통, 가정 경제, 시댁과의 관

계, 성생활 등을 제안하고 있습니다. Olson(1986) 등은 결혼에 대한 실제적인 기대, 성격 문제, 의사 소통, 갈등 해결, 가계 관리, 여가 활동, 성적 관계, 자녀와 양육, 가족과 친구 문제, 역할 분담, 종교적 지향, 생식 가족의 순응성 및 결속력 등을 다루고 있습니다.

이를 정리하면 종교 철학적 영역, 개인 및 정서적 영역, 관계 및 기술 영역 등으로 나눌 수 있습니다. 종교 철학적 영역에는 신앙의 문제와 함께 생활 철학과 결혼에 관한 전반적 기초를 놓는 것이며 개인 및 정서적 영역에서는 가족 배경과 성격 등을 이해하고 자신 속에 내재하고 있는 여러 문제들을 치유할 수 있게 합니다. 관계 및 기술 영역에서는 성생활에서부터 자녀 양육, 양가와의 관계, 대화의 기법 등 결혼생활에 필요한 실제적인 기술을 익히게 하는 것입니다. 따라서 이상의 세 영역을 중심으로 대상에 따른 내용 선택이 중요하다고 할 수 있습니다. 지나치게 정서적인 면에만 치우쳐도 안되며 기법 중심으로 흐르거나 신앙적인 면에만 집착해도 안될 것입니다.

• 결혼과 성교육에서 다루는 내용 분석표

주제요인	문헌 언급 빈도 순위	설문 결과 빈도 순위
개인/내적 영역	정서적 문제들, 가족배경. 가치, 관계 기술들	결혼에의 동기, 개인적 습관, 관계 기술들, 가치
상호관계 영역	성생활, 재정, 의사소통, 역할, 파트너의 요구 인지	동반자 의식, 재정, 의사소통, 위기갈등, 파트너의 요구 인지

외적 영역	인척관계, 고용/직업, 친구, 교육, 주거시설	주거시설, 교회활동, 결혼생활에서의 경제운영, 인척관계, 고용/직업
철학적 영역	신앙, 사랑의 정의. 이상적인 결혼, 이혼/재혼, 기본적 단위로서의 가족	신앙, 사랑의 정의, 기본적 단위로서의 가족, 이혼/재혼, 전통존중
기타 영역	신체적 건강, 카운슬링, 결혼연령/성숙, 카운슬링, 사회적 유사성, 결혼예식	신체적 건강, 카운슬링, 물질남용, 사회적 유사성, 결혼연령/성숙
기술 영역	의사소통 기술, 문제해결 기술, 성숙 기술, 재정관리 기술, 수용하는 기술	의사소통 기술, 수용하는 기술, 남편/아내로서의 기술, 문제해결 기술

(3) 결혼 예비 학교의 운영 형태

현재 가장 흔한 형태로 활용되는 프로그램은 대단위식 강의입니다. 결혼 준비에 필요하다고 생각되는 주제들에 관한 지식 제공에 일차적인 목적을 두고 의식 변화를 꾀하려 합니다. 이를테면 결혼관, 의사 소통, 갈등 해결, 성적 문제, 재정 등 결혼 및 결혼생활에 관련된 주제 중심으로 해당 분야의 전문가나 전문가 팀이 대단위식 강의와 세미나를 실시하는 경우입니다. 여기에는 고등학교 및 대학에서 실시하는 '가정 생활 교육''결혼 및 가정 생활'등의 강좌까지도 포함될 수 있습니다.

이러한 접근은 지식의 습득이라던지 지적인 이해 촉구라는 측면에서는 도움을 줄지 모르지만 기술, 기능의 습득과 습관의 확립과는 거리가 멉니다. 즉 많은 대상자를 상대로 할 수 있고 짧은 시간 내에 접근할 수 있다는 장점에도 불구하고 태도나 행동의 변화에까지 도움을 주지는 못합니다. 특히 학습하는 내용이 지도자에 의해 규제된다는 점에서 개인적인 필요를 채우기에 적합하지 못합니다. 이와는 반대로 소그룹 토의 집단은 지적인 이해를 촉진하는 일과 함께 상호작용을 통한 변화가 가능해집니다. 즉 소그룹은 그 자체가 관계 지향적이며 치유적인 성격을 포함하고 있습니다. 그룹 작업을 통해 넓은 시야를 갖게되고 지식과 정보를 교류하게 되며 새로운 결단이 가능하게 됩니다. 따라서 Yeh(1977)는 모든 참여자들이 상호작용에 자주 참여할 수 있을 정도로 작아야 하며 이 때문에 4~6 커플이 가장 이상적이며 8커플을 넘어서서는 곤란하다고 했습니다. Wright(1981)는 최소 4커플이며 최고 15커플까지 가능하다고 하면서 15커플일 경우 토의 시 4~6커플의 소그룹으로 나누어 실시해야 한다고 주장했습니다. Bader외 4인(1980)은 6커플 이하의 소집단 토의 그룹을 운영했고, Donal and Nett(1974)는 3~4쌍의 혼전 예비 부부와 1~2쌍의 기혼 부부 즉 4~6커플의 소집단 그룹 경험을 실시했습니다.

그러나 한국 실정에서는 이런 방식의 접근이 자칫 참가자들을 얼어붙게 할 수 있습니다. 자신의 문제가 지나치게 노출되는 것을 꺼려 할 수 있는 것입니다. 따라서 어느 정도의 익명성이 보장되면서 그룹 다이나믹스를 달성할 수 있는 그룹의 크기(20~30쌍)에서 활동 단위를 소그룹으로 나누는 것이 바람직하다고 할 수 있습니다. 여기에는 경제성이라든지 이들을 도울 수 있는 전문가가 미국처럼 많지 못하다는 현실적 요인도 포함됩니다. 그룹의 형태에서 나아가 교육의 방법에는 자료 제공, 강의, 상담형태의 교육, 인터뷰, 소그룹 활동 등을 꼽을 수 있는데 Mace에 의해 제안된 ACME(Association of Couples for Marriage Enrichment)가 가장 효과적이라고 할 수 있습니다. ACME는 기혼 커플들을 돕기 위해 개발된 방식을 원용하는 것입니다. 이를테면 훈련된 비전문가 기혼 커플들은 프로그램 리더로 활용하는 것입니다. 이들이 가진 장점이 있다면 자신들의 경험 세계-기쁨과 슬픔, 고통과 환희, 위기와 지혜를 충분히 전달 할 수 있으며 예비 부부들에게 좋은 조언자와 상담자 역할을 충분히 해낼 수 있다는 점입니다.

더욱 흥미로운 것은 이러한 참여를 통해 기혼 커플 자신들의 결혼생활에도 큰 도움이 된다는 점입니다. 과정에 참여하는 일을 통해 자신들의 결혼생활을 반추해 보게 되고 그들을 돕는 가운데 결혼생활의 이치를 새롭게 깨달아 결혼생활을 향상시키며 부부 관계를 강화시키게 되는 것입니다. 때문에 그들을 돕기보다 도움을 받았다는 평가를 많이 얻게 됩니다. 따라서 이들을 선정하는 일과 훈련 과정이 매우 중요하게 되며 자격 요건으로는 일반적으로 5년 이상의 결혼생활과 자신들의 결혼생활을 통해 젊은이들을 돕고자 하는 열망과 섬김의 자세를 지녀야 합니다. 또한 결혼생활을 긍정적인 시각으로 바라보며 자신들의 결혼생활에 치유를 경험 한 자라야 합니다. 이들은 공식적인 결혼 교육이 끝나고 나서도 젊은 커플들과 좋은 관계를 유지하며 그들을 양육할 수 있는 자리에까지 이르게 됩니다. 이러한 사후 지도, 감독 등을 통해 세대 간의 연대로 이루어지며 공동체적 삶의 비전을 나눌 수 있게 됩니다.

교수 학습 방법으로는 강의, 집단 토의, 커플 토의, 기술 훈련, 사례 연구, 브레인스토밍, 역할 놀이, 필름 상영, 질의응답, 시청각 학습 등의 다양한 방법과 함께 간이 매체 실물, 표본, 모형, 사진, 그림, 차트 등, 광학적 기재(슬라이드와 환등기, 영화와 영사기 등), 음향적 교재(T.V. 녹음테이프, 녹음기, 레코드, 전축 등)와 기재, 영상적 교재와 기재, 자동화 장치

등의 다양한 학습 장치를 활용하여 교육 효과를 극대화 할 수 있습니다.

• 국내의 결혼 및 성교육 프로그램 현황

기관/프로그램명	목적	주요내용	대상	방법
K대 사회교육원의 신부대학	결혼 적령기 미혼 여성들의 교양함양	결혼관, 정신위생, 인간관계 등	결혼적령기 미혼여성	강의, 토의, 웍샵
YMCA 결혼강좌	올바른 가치관, 건전한 가정		미혼남녀 혼성	강의 (1회 90분 강의 12회), 토의
가정법률상담소의 혼인 준비교실	부부, 부모준비, 민주적 가정	혼전교제, 배우자 선택, 인간관계, 성생활, 법률 등	미혼남녀 혼성	전문가 강의, 토의
한국임상심리 치료센타의 결혼적합성테스트	상대방 이해, 감정일치, 원만한 가정	PREPARE II 설문지측정	커플	1회 2~4시간의 측정과 자문
두란노서원의 결혼예비학교	온전한 결혼	결혼목적 자아상,	예비부부 2~30 커플	강의, 그룹토의 비디오 상영
명동성당의 혼인강좌	가정의 지혜를 배움	가족계획, 의사소통 등	예비부부 커플	강의

(4) 결혼 예비 학교 시기

"결혼은 이미 태어나는 순간부터 시작 되었다"고 할 수 있습니다. 그러므로 어떤 경우의 결혼 교육도 빠른 법은 없습니다. 하지만 일반적으로 논의되는 프로그램의 실시 시기는 결혼 적령기의 젊은 남녀들이 적당한 시기에 교육 기회를 갖는 것을 의미합니다. Collins(1980)는 혼전에 5회, 결혼 후에 1회의 모임을 제안하고 Sell(1981)도, 결혼 전에 4회, 결혼 후에 1회의 모임을 제안하고, Bader외 4인 (1980)도 결혼 전에 5회, 결혼 후 6개월에 3회의 모임을 실시했습니다. 이처럼 대부분의 학자들은 결혼 전 기간만의 교육이 아닌 결혼 후의 지속적인 돌봄이 필요하다고 제안합니다.

Olson은 결혼 전의 6~8주 만의 집중적인 노력만으로는 큰 변화를 기대하기 어려우며, 이 결혼 전의 노력은 신혼 기간 동안 그룹 모임 프로그램에 참여함으로써 보완될 때에만 진정한 효과를 기대할 수 있다고 하였습니다. 그러나 한국에서 실시되는 대부분의 프로그램은 사전 프로그램에 머물고 있습니다. 그러므로 이러한 약점을 보완하기 위한 수단으로서 ACME 모델이 적절하다고 할 수 있습니다.

(5) 결혼 예비 학교 장소

장소는 앞서서 제기된 교육 형태에 따라 달라지게 됩니다. 그러나 대체적으로 아늑하고 편안함을 느낄 수 있는 곳이어야 한다는 것이 첫째 조건입니다. 여기에다 교육 설비가 가능한 편리성과 재정적인 부담이 크지 않는 경제성 등도 함께 고려되어야 할 것입니다. 그러나 최근 들어 공식적인 장소의 틀을 깨서 프로그램 진행자나 참여자의 가정도 좋은 교육 장소로 활용되고 있습니다. 목회자의 경우 자신의 가정과 교회의 교육 시설을 적절하게 활용하면 많은 효과를 거둘 수 있게 될 것입니다.

① 사랑 유형 퀴즈와 열여섯 가지 사랑 유형

당신의 사랑 유형을 결정하기 위해서 다음의 퀴즈를 풀라. 혹은 이것을 당신의 미래의 연인에게 그(녀)의 사랑 유형을 확인하도록 제공하라.

• 사랑 유형 퀴즈

당신이 질문에 대한 두 가지 대답 모두에 해당되는 것으로 보인다 하더라도 당신을 가장 잘 설명해 주는 대답을 선택하라.

1. 나는

E) 다른 사람들에게서 더 많은 에너지를 얻는 경향이 있다.

I) 나 자신의 생각들에서 더 많은 에너지를 얻는 경향이 있다.

2. 사교 모임에 있을 때 나는

E) 시간이 지날수록 에너지를 더 많이 얻고, 일단 모임에 참석하면 가장 마지막까지 남는 경향이 있다.

I) 처음에는 에너지를 얻지만 곧 피곤해져서 집에 가려고 하는 경향이 있다.

3. 어떤 표현이 더 끌리는가?

E) 데이트 상대와 함께 나이트클럽이나 파티와 같이 사람들이 많고 사회적 상호작용이 많은 곳으로 간다.

I) 데이트 상대와 함께 집에서 비디오를 보거나 좋아하는 음식을 시켜 먹는 것과 같은 뭔가 특별한 일을 한다.

4. 데이트할 때 나는 대개

E) 전반적으로 말을 많이 하는 편이다.

I) 조용하고 내가 편안하다고 느낄 때까지 말을 하지 않는다.

5. 과거에 나는

E) 파티나 나이트클럽, 직장, 우연한 만남과 같이 바깥에서 무엇인가 하고 있을 때, 혹은 친구들이 나를 자신들의 친구에게 소개시켜 줄 때 나의 데이트 상대들을 만나는 경향이 있었다.

I) 개인적인 소개, 동영상 데이트와 같은 비공식적인 방법을 통해서, 혹은 때때로 가까운 친구와 가족의 개인적인 소개에 의해서 나의 데이트 상대들을 만나는 경향이 있었다.

6. 나는

E) 아는 사람이 많고, 친한 친구가 많다.

I) 소수의 친한 친구가 있고, 아는 사람이 많지 않다.

7. 과거에 내가 사랑했던 사람들과 동료들은 나에게 이렇게 말하는 경향이 있었다.

E) 잠시라도 조용히 있을 수 없나요?

I) 좀 터놓고 말씀을 해보세요. 네?

8. 나는 정보를

N) 가능한 것에 대한 나의 상상과 기대를 통해서 더 많이 얻는다.

S) 지금 여기에 대한 나의 현실적인 감각을 통해서 더 많이 얻는다.

9. 나는

N) 나의 직관의 비약을 신뢰하는 경향이 있다.

S) 나의 직접적인 관찰과 실제 경험을 신뢰하는 경향이 있다.

10. 나는 관계를 맺을 때

N) 언제나 개선의 여지가 있다고 믿는 경향이 있다.

S) 만약 그것이 깨어지지 않았다면 바꾸지 말라고 믿는 경향이 있다.

11. 데이트 상대를 편하게 느낄 때 나는

N) 미래의 발전적이거나 창조적인 것들과 삶의 가능성에 대해 말하는 것을 좋아한다. 예를 들면, 나는 새로운 과학적 발견이나 나의 느낌을 표현하는 더 좋은 방법에 대해 얘기한다.

S) 실제적이고 구체적이며 지금 여기서의 주제들에 대해 말하는 것을 좋아한다. 예를 들면, 나는 와인을 맛보는 좋은 요령이나 내가 가려는 흥미진진한 여행에 대해 말한다.

12. 나는

N) 먼저 큰 그림을 보는 것을 좋아하는 유형의 사람이다.

S) 먼저 세부적인 것들을 파악하는 것을 좋아하는 유형의 사람이다.

13. 나는

N) 현실보다는 상상의 세계에 사는 것을 좋아하는 유형의 사람이다.

S) 상상의 세계보다는 현실 속에 사는 것을 좋아하는 유형의 사람이다.

14. 나는 대개

N) 내가 계속 하려고 하는 데이트에 대해 환상의 나래를 펼치는 경향이 있다.

S) 별로 공상을 하지 않고 단순히 데이트가 예정된 방식으로 진행되도록 하는 경향이 있다.

15. 나는

F) 먼저 내 감정으로 결정하고, 그 다음에 내 논리로 결정하는 경향이 있다.

T) 먼저 내 논리로 결정하고, 그 다음에 내 감정으로 결정하는 경향이 있다.

16. 나는

F) 사람들이 정서적인 지지를 필요로 할 때 그것을 더 잘 알아채는 경향이 있다.

T) 사람들이 비논리적일 때 그것을 더 잘 알아채는 경향이 있다.

17. 누군가와 관계가 깨졌을 때

F) 나는 종종 내 감정이 흘러가는 대로 놔둔다. 그리고 그것을 잊는 것은 나에게 매우 힘든 일이다.

T) 비록 상처로 느낄 수도 있지만, 나는 일단 마음을 정하면 대개 바로 마음에서 그 사람을 정리한다.

18. 누군가와 데이트할 때 나는

F) 감정을 표현하고 다른 사람의 필요에 민감한 것과 같은 정서적 적합성을 중요시하는 경향이 있다.

T) 중요한 생각을 나누고 문제를 객관적으로 토론하고 논쟁하는 것과 같은 지적인 적합성을 중요시하는 경향이 있다.

19. 상대방에게 동의하지 않을 때 나는

F) 그 사람의 감정을 상하게 하는 것을 피하기 위해서 할 수 있는 모든 것을 하고, 그것이 많이 상처가 되더라도 아무런 말을 하지 않을 수 있다.

T) 대개 그것을 말하고 옳은 것은 옳은 것이기 때문에 상대방에게 분명

히 전달한다.

20. 나를 아는 사람들은 내가

F) 마음이 따뜻하고 민감하다고 말하는 경향이 있다.

T) 논리적이고 솔직하다고 말하는 경향이 있다.

21. 나는 사람들과의 대부분의 만남을

F) 그 자체로 우호적이고 중요하다고 본다.

T) 목적이 있는 것이라고 본다.

22. 만약 나에게 시간과 돈이 있고 친구가 나를 색다른 곳으로 초대한다면, 나는

J) 먼저 나의 일정을 확인해야만 한다.

P) 두말할 것 없이 가방을 싼다.

23. 첫 번째 데이트에서

J) 만약 데이트 상대가 늦는다면 나는 심란해질 것이다.

P) 보통 나 자신이 늦기 때문에 그것에 대해 염려하지 않는다.

24. 나는

J) 나의 데이트에서 어떤 일이 진행되는지 미리 아는 것을 선호한다. 예를 들어, 어디로 가는지, 그곳에 누가 있는지, 그곳에 얼마나 있을지, 어떤 옷을 입어야 하는지….

P) 데이트가 미리 계획된 것 없이 자유롭게 진행되도록 하는 것을 선호한다.

25. 나는

J) 일정과 조직을 중심으로 돌아가는 삶을 선호한다.

P) 자유로움과 융통성을 중심으로 돌아가는 삶을 선호한다.

26. 이런 경우가 더 많다.

J) 나는 시간에 맞춰 오고, 다른 사람들이 늦는다.

P) 다른 사람들은 시간에 맞춰 오고, 나는 늦는다.

27. 나는

J) 심사숙고해서 분명한 결론을 내리는 것을 좋아하는 유형의 사람이
다.

P) 선택의 여지를 남겨 두고 계속해서 정보를 모으는 것을 좋아하는 유
형의 사람이다.

28. 나는

J) 일이 끝날 때까지 한 번에 한 가지 일을 하는 것을 좋아한다.

P) 한꺼번에 여러 가지 일을 하는 것을 즐긴다.

• 채점하기

각각 일곱 개의 문제에 대해 답을 해서 아래 빈칸에 그 숫자를 기록하시
오. 그리고 각 쌍에서 보다 높은 숫자에 해당하는 글자에 동그라미를 치
시오.

• 당신의 사랑 유형


```
_ _   _ _   _ _   _ _
E I   N S   F T   J P
```

• 열여섯 가지 사랑 유형

여기에 열여섯 가지 사랑 유형과 그것들을 설명해 주는 문구들이 있다. 당신(혹은 당신의 미래의 연인)에게 적당한 사랑 유형을 찾아보라.

1. 이상주의적 철학자형(INFP) : 내향 직관 감정 인식형 / '사랑은 조용하고, 평화롭고 쾌적한 성채다.'

2. 신비감을 주는 작가형(INFJ) : 내향 직관 감정 판단형 / '사랑은 나의 마음이요, 가슴이요, 영혼이다.'

3. 사회 철학자형(ENFP) : 외향 직관 감정 인식형 / '사랑은 신비롭고, 영감을 불러일으키고, 즐거운 것이다.'

4. 성장을 돕는 선생님형(ENFJ) : 외향 직관 감정 판단형 / '사랑은 나의 사랑하는 사람에 의해 소모되는 것이다.'

5. 학자형(INTP) : 내향 직관 사고 인식형 / '사랑은 단지 또 하나의 관념이다.'

6. 전문가형(INTJ) : 내향 직관 사고 판단형 / '사랑은 분석되고 완성될 수 있다.'

7. 혁신가형(ENTP) : 외향 직관 사고 인식형 / '나는 먼저 내 마음속에 사랑을 만들어 낸다.'

8. 장군형(ENTJ) : 외향 직관 사고 판단형 / '사랑은 힘과 영향력, 성취에 의해 강화된다.'

9. 돌보는 사람형(ISFJ) : 내향 감각 감정 판단형 / '사랑은 그것을 위해 희생할 만한 가치가 있는 목표다.'

10. 관리자형(ISTJ) : 내향 감각 사고 판단형 / ‘사랑은 의무와 책임에 기초한다.’

11. 성실한 주인형(ESFJ) : 외향 감각 감정 판단형 / ‘사랑은 다른 사람들을 섬기는 것에 기초한다.’

12. 전통주의자형(ESTJ) : 외향 감각 사고 판단형 / ‘사랑은 가족과 전통, 충성이라는 확고한 가치들을 토대로 한다.’

13. 친절한 예술가형(ISFP) : 내향 감각 감정 인식형 / ‘사랑은 친절, 자연스러움, 헌신이다.’

14. 장인형(ISTP) : 내향 감각 사고 인식형 / ‘사랑은 행동이다.’

15. 연예인형(ESFP) : 외향 감각 감정 인식형 / ‘사랑은 현재의 열정을 음미하고 즐기는 것이다.’

16. 활동가형(ESTP) : 외향 감각 사고 인식형 / ‘사랑은 항상 흥미진진하고 자극적이어야만 한다.’

② 열여섯 가지 사랑 유형의 주요 특징들

• INFP (이상주의적 철학자형)

- 예술, 철학 그리고 심리학을 좋아한다/삶의 사명이 있어야만 한다/민감하다/이상주의적이다/그들의 가치가 침해당할 때까지는 대개 느긋하다/그들의 연인에 관하여 높은 기대를 가지는 경향이 있다.

• INFJ (신비감을 주는 작가형)

- 심리학, 철학, 신비주의 그리고 영성에 흥미가 있다/경청을 잘하는 사

람이다/동정심이 깊다/평소 조용하다/ 극단적으로 완고한 면이 있다/독
서와 글쓰기를 좋아한다.

 • ENFP (사회 철학자형)

 - 관계와 사상, 그리고 삶의 의미를 발견하는 일에 큰 관심이 있다/사람
에 대해 긍정적이다/사교성이 풍부하다/카리스마가 있다/많은 일(관계를
포함해서)을 벌이지만 마무리하지 못하는 경향이 있다.

 • ENFJ (성장을 돕는 선생님형)

 - 대화와 설득에 탁월하다/유능한 지도자와 동기 부여자가 될 수 있다/
만약 그들의 상대가 그들을 당연하게 생각하고 있다고 느낀다면 질투하고
소유하려고 할 수 있다/모든 일에 대해 그들의 친구들에게 충고하는 것을
좋아한다/정서적으로 지지를 잘해 준다.

 • INTP (학자형)

 - 이론에 흥미가 많다/사물을 잊어버리거나 잃어버리는 넋 잃은 교수
처럼 될 수 있지만, 여전히 탁월한 사고력과 관찰력을 보여줄 수 있다/일
반적으로 느긋하고 융통성 있는 동료들이다/관계에 있어서 정서적 욕구
들에 주의를 기울이지 않을 수 있다/조용한 모습과 논쟁적인 모습 사이
를 오락가락 한다.

 • INTJ (전문가형)

 - 사랑에 대한 상세한 이론적 개념을 가지고 있다/상대방의 능력을 가

치 있게 생각한다/ 사랑 유형 가운데 가장 교양이 있는 유형에 속한다/대개 과학이나 사상의 세계에 소양이 있다/자기 개발과 능력을 위해 계속적으로 노력한다.

• ENTP (혁신가형)

- 거의 어떤 것에 대해서도 짧은 시간에 많은 것을 말할 수 있다/새로운 발명이나 계획, 설계를 제안하는 데 천재다/다양한 면모를 가진 사람이다/심한 위험도 무릅쓰는 사람이다/한꺼번에 여러 가지 일을 하는 것을 좋아하고 그것들을 모두 잘할 수 있다.

• ENTJ (장군형)

- 강한 성격의 소유자다/대개 자신이 선택한 영역에 능통하다/대화에 능한 사람이다/야심적이고 그들 자신과 상대방에 대해 높은 기준을 갖고 있다/법정 변호사 스타일의 소유자로서 활발한 논쟁을 즐기고 양쪽 모두를 동일하게 잘 설득할 수 있다.

• ISFJ (돌보는 사람형)

- 책임감이 강하다/대개 삶 속에서 약자에게 관심이 있다: 어린이, 동물, 아픈 사람, 노인, 질서를 믿는다. '모든 것은 각기 자리가 있기 때문에 그 자리에 두어야 한다'/ 실제적인 인간의 필요들을 채워 주고 그들의 가족들을 돌봄으로써 행복을 찾는다(그들 가운데는 간호사, 교사, 엄마/아빠가 많다).

• ISTJ (관리자형)

\- 책임감이 강하다/충실하다/조용하다/상대방의 일시적인 구애 제스처나 신체적 접촉을 중심으로 하는 표현들을 싫어한다/든든하게 신뢰할 수 있다.

• ESFJ (성실한 주인형)

\- 관계에서 조화를 중요하게 생각한다/다른 사람들에게 호의적이다/훌륭한 파티 기획자다/완벽한 주인이다/매우 가족 중심적이다.

• ESTJ (전통주의자형)

\- 책임감 있는 성격을 보여준다/권위와 명령 계통을 중요하게 생각한다/왁자지껄한 유머를 즐긴다/가족들을 위한 탁월한 보호자요 부양자다/결혼과 가정생활의 안정과 구조를 추구한다.

• ISFP (친절한 예술가형)

\- 예술가적 성향이 강하다/동물과 자연을 사랑한다/친절하고 다정한 연인이다/조용하다/융통성이 있다.

• ISTP (장인형)

\- 손으로 일하는 것을 즐긴다/자신의 취미를 중심으로 생활과 관계가 이루어진다/자신들의 개인적인 공간에 중요한 가치를 부여한다/공존 공생의 철학을 믿는다/격렬한 열광과 조용한 보유 사이를 오가기 때문에 예측할 수 없다.

• ESFP (연예인형)

- 타고난 연예인이다/흔히 부드럽고 붙임성 있는 사람과 매혹적인 사람으로 알려진다/전형적으로 나이트클럽을 누비고 다니는 사람이고 함께 있으면 믿을 수 없을 만큼 재미있는 사람이다/영원한 낙관주의자다/관계에 있어서 갈등을 싫어한다. 만약 관계에서 초기에 중요한 불일치가 있다면 즉시 떠나 버릴 수 있다.

• ESTP (활동가형)

- 관계를 포함하여 모든 일에서 흥미와 자극, 다양성을 추구한다/능숙하게 매혹적인 사람이다/이론이 아니라 행동을 믿는다/숙련된 촉진자다/사람을 조종할 수 있다.

③ 당신의 베스트 사랑 유형에 대한 요약

이 책에서 추천하는 사랑 유형은 융의 심리 유형론과 조화로운 관계 영역에 있는 종합된 연구 결과에 기초한 것입니다. 어떤 결합이 우월한 것으로 보였을 수도 있지만, 어떤 식으로든 추천할 만큼 자료가 충분하지 않은 수많은 조합이 있습니다. 그러므로 가장 좋은 방법은 만약 당신이 추천된 사랑 유형의 사람을 찾을 수 있다면 먼저 그 사람을 만나려고 노력하는 것입니다.

만약 당신의 이상적인 사랑 유형과 만나는 것이 힘들다면, 차선의 방법은 어떤 중요한 선호성들이 조화를 이루거나 사랑 기질이 유사한 데이트 상대를 선택하는 것입니다. 당신이 당신과 동일한 사랑 기질을 가진 누군가와 데이트할 때 조화로운 관계를 가질 수 있는 기회를 최대화할 수 있음을 보여줍니다. 예를 들어 당신이 의미 추구자형 사랑 유형(INFP, INFJ, ENFP, ENFJ) 가운데 한 사람이라면, 당신은 이러한 사람과 어울리고 유사한 가치와 목표, 그리고 선호성을 공유하는 경향이 있기 때문에 보통 또 다른 의미 추구자형을 만나는 것이 더 좋을 것입니다. 당신이 추천된 사랑 유형을 만나는가 아니면 그렇지 않는가와 상관없이, 당신은 종교와 도덕적 가치의 조화와 개인적인 습관들(흡연 등등의), 다른 성격 요인들(뛰어난 유머 감각과 같은)뿐만 아니라 신체적 매력, 직업, 수입, 교육 수준 등의 다양한 추가적 요인들에 기초하여 당신의 데이트 상대를 선택하기를 원할 것입니다.

• 요약 : 아래의 사랑 유형 조합을 그것이 추천된 목적에 맞게 활용하라. 궁극적으로 당신은 당신이 미래의 연인을 선택할 때 보상을 얻게 될 사람입니다. 시간을 충분히 갖고 즐겁게 보내라.

• 당신의 사랑 유형 / 당신의 베스트 사랑 유형

• INFP : 이상주의적 철학자형

남자	이상주의적 철학자형(INFP) 신비감을 주는 작가형(INFJ)
여자	이상주의적 철학자형(INFP) 사회 철학자형(ENFP) 성장을 돕는 선생님형(ENFJ) 신비감을 주는 작가형(INFJ)

• INFJ : 신비감을 주는 작가형

남자	이상주의적 철학자형(INFP) 신비감을 주는 작가형(INFJ)
여자	신비감을 주는 작가형(INFJ) 이상주의적 철학자형(INFP) 학자형(INTP) 활동가형(ESTP)

• ENFP : 사회 철학자형

남자	사회 철학자형(ENFP) 이상주의적 철학자형(INFP)
여자	사회 철학자형(ENFP) 성장을 돕는 선생님형(ENFJ) 판단형(J)이 그리 강하지 않은 성장을 돕는 선생님형

• ENFJ : 성장을 돕는 선생님형

남자	사회 철학자형(ENFP) 성장을 돕는 선생님형(ENFJ) 이상주의적 철학자형(INFP) 장인형(ISTP)
여자	성장을 돕는 선생님형(ENFJ) 장인형(ISTP)

• INTP : 학자형

남자	신비감을 주는 작가형(INFJ)
여자	전문가형(INTJ) 장군형(ENTJ) 혁신가형(ENTP)

• INTJ : 전문가형

남자	학자형(INTP) 전문가형(INTJ)
여자	전문가형(INTJ) 전통주의자형(ESTJ) 감각형(S)이 강하지 않은 전통주의자형

• ENTP : 혁신가형

남자	학자형(INTP) 활동가형(ESTP)
여자	장군형(ENTJ)

• ENTJ : 장군형

남자	학자형(INTP) 혁신가형(ENTP) 장군형(ENTJ) 전통주의자형(ESTJ)

| 여자 | 장군형(ENTJ)
전통주의자형(ESTJ)
감각형(S)이 강하지 않은 전통주의자형 |

• ISFJ : 돌보는 사람형

| 남자 | 돌보는 사람형(ISFJ)
관리자형(ISTJ) |
| 여자 | 돌보는 사람형(ISFJ)
성실한 주인형(ESFJ)
관리자형(ISTJ) |

• ISTJ : 관리자형

| 남자 | 관리자형(ISTJ)
돌보는 사람형(ISFJ) |
| 여자 | 관리자형(ISTJ)
돌보는 사람형(ISFJ)
전통주의자형(ESTJ) |

• ESFJ : 성실한 주인형

| 남자 | 돌보는 사람형(ISFJ)
성실한 주인형(ESFJ) |
| 여자 | 성실한 주인형(ESFJ)
전통주의자형(ESTJ) |

• ESTJ : 전통주의자형

남자	전통주의자형(ESTJ) 성실한 주인형(ESFJ) 관리자형(ISTJ) 장군형(ENTJ) 전문가형(INTJ) 직관형(N)이 강하지 않은 장군형과 전문가형
여자	전통주의자형(ESTJ) 장군형(ENTJ) 직관형(N)이 강하지 않은 장군형

• ISFP : 친절한 예술가형

남자	친절한 예술가형(ISFP)
여자	친절한 예술가형(ISFP) 연예인형(ESFP) 활동가형(ESTP) 장인형(ISTP)

• ISTP : 장인형

남자	장인형(ISTP) 친절한 예술가형(ISFP) 성장을 돕는 선생님형(ENFJ)
여자	장인형(ISTP) 활동가형(ESTP) 성장을 돕는 선생님형(ENFJ)

• ESFP : 연예인형

남자	친절한 예술가형(ISFP) 연예인형(ESFP)
여자	연예인형(ESFP) 활동가형(ESTP)

• ESTP 활동가형

남자	활동가형(ESTP) 친절한 예술가형(ISFP) 장인형(ISTP) 연예인형(ESFP) 신비감을 주는 작가형(INFJ)
여자	활동가형(ESTP) 혁신가형(ENTP) 직관형(N)이 강하지 않은 혁신가형

④ 성격적 특성의 가정

아래의 특성 목록을 활용해서 가정적 방법(assumptive approach)의 관찰에 의한 설명으로 당신의 새로운 친구의 사랑 유형을 결정하라. 다음은 융의 여덟 가지 선호성과 그것들의 가정적 특성들입니다.

I. 내향형 : 당신의 새로운 친구가 다음과 같다면 내향형이다.

(1) 대개 혼자서 책을 읽거나, 글을 쓰거나, 생각을 하거나, 휴식을 취하면서 집에 오래 머무는 것을 즐긴다.

(2) 친한 친구나 아는 사람이 많지 않다.

(3) 별로 말을 하지 않거나 말하더라도 짧은 시간에 많은 것을 말하고 금방 지친다.

(4) 혼자 조용한 시간을 보냄으로써 재충전한다.

(5) 사교 모임에 일찍 가고 일찍 떠나는 경향이 있다.

II. 외향형 : 당신의 새로운 친구가 다음과 같으면 외향형이다.

(1) 친구들이나 아는 사람들과 함께 집단적으로 정기적인 사회 활동에 참여하는 것을 좋아한다.

(2) 집 밖에서, 특히 사람들 사이의 상호작용의 가능성이 많은 곳에서 시간 보내는 것을 좋아한다.

(3) 말을 많이 하는 것을 즐긴다.

(4) 사회적인 상호작용에서 많은 에너지를 얻는다.

(5) 사교 모임에서 가장 늦게 떠나는 사람인 경향이 있다.

III. 직관형 : 당신의 새로운 친구가 다음과 같으면 직관형이다.

(1) 대화에서 은유와 유비, 그림 언어를 즐겨 사용한다.

(2) 있는 그대로의 사물에 거의 만족하지 않는다. 항상 세상을 개선하려고 노력한다.

(3) 미래에 대한 것을 생각하거나, 읽거나 말하는 것과 새로운 것을 발견하는 것, 그리고 삶의 가능성에 대해 배우는 것을 좋아한다.

(4) 장부를 정리하는 것과 같은 실제적인 문제에 서투르고, 시를 쓰거나 사업 구상을 하는 것과 같은 상상력이 필요한 과제들을 수행하는 것을 좋

아한다.

(5) 이중으로 해석되는 말을 하거나 말을 우스꽝스럽게 사용하는 것과 같은 추상적인 유머를 즐긴다.

IV. 감각형 : 당신의 새로운 친구가 다음과 같으면 감각형이다.

(1) 대화할 때 관찰할 수 있고 측정할 수 있는 사실과 통계, 개념들을 쉽게 인용하는 것을 좋아한다.

(2) 삶을 있는 그대로 받아들이고 '당신이 보는 대로 얻게 될 것이다'라는 말을 믿는다.

(3) 실제적이고 구체적이며 '지금 여기'의 주제들에 대해 생각하고 읽고 말하는 것을 좋아한다.

(4) 세부적인 것들과 실제적인 것들을 다루는 데 능숙하고, 공상가들이 생각하고 말하는 '그림의 떡'과 같은 주제들에 대해 관심이 없다.

(5) 실제적인 농담, 겸연쩍은 실수, 익살극 등과 같은 현실적인 코미디를 즐긴다.

V. 당신의 새로운 친구가 다음과 같으면 감정형이다.

(1) 감정과 관계, 개인적인 문제에 대해 말하는 것을 즐긴다.

(2) 누구에게도 감정적으로 상처 주는 것을 원치 않기 때문에 말다툼이나 뜨거운 논쟁을 피한다.

(3) 언제 사람들이 정서적인 지원을 필요로 하는지에 대해 민감한 경향이 있다.

(4) 대화가 끝날 때 다른 사람이 자신을 좋아하고 지지한다고. 그리고 이

제는 대화를 나눈 결과로서 더욱 가까워졌다고 느끼고 싶다.

(5) 따뜻하고 호감이 가는 사람을 좋아한다.

Ⅵ. 당신의 새로운 친구가 다음과 같으면 사고형이다.

(1) 다소 객관적이고 공평한 것처럼 보이고 사람들과 정서적인 수준에서 상호작용하는 것에 대해 그리 관심이 없어 보인다.

(2) 자신의 분석적인 기질을 발휘하기 위해서 자극적이고 논쟁적인 말싸움이나 토론을 즐긴다.

(3) 언제 사람들이 비논리적인지에 대해 민감한 경향이 있다.

(4) 대화에서 가치 있는 정보가 교환되었다는 것과 대화의 소기의 목적이 달성되었다는 것을 알고 싶어한다.

(5) 현명하고 무엇을 얘기하고 있는지 아는 사람을 좋아한다.

Ⅶ. 당신의 새로운 친구가 다음과 같으면 인식형이다.

(1) 대화할 때 여러 주제를 빨리 옮겨가면서 대화하는 것을 좋아한다.

(2) 항상 자신의 계획을 바꾸고, 당신은 그 사람이 언제 나타날지 전혀 모른다.

(3) 흔히 늦었다고 하면서 뛰어간다.

(4) 다른 사람들이 보기에 혼란스럽고 부주의한 경향이 있다.

(5) 한꺼번에 여러 가지 일을 하는 것을 즐긴다. 비록 그것들을 마무리하지 못한다 할지라도.

Ⅷ. 당신의 새로운 친구가 다음과 같으면 판단형이다.

⑴ 다른 대화 주제를 시작하기 전에 하나의 대화 주제를 철저히 마무리하는 것을 좋아한다.

⑵ 규칙적인 일정에 충실한 것을 좋아하고, 당신은 대개 그 사람을 정해진 시간에 만날 수 있을 것이다.

⑶ 약속 시간에 거의 늦지 않는다.

⑷ 다른 사람들이 보기에 때때로 강박적으로 깔끔하고 정리하거나 그렇게 되려고 노력한다.

⑸ 일을 마칠 때까지 한 번에 한 가지씩 하는 것을 좋아한다.

(7) 결혼예비학교 실제

이러한 결혼예비학교는 대형교회를 제외하고는 개교회에서 미혼자 대상의 청년 사역 프로그램을 수시로 연다는 것은 사실상 힘듭니다. 그래도 년 2회 정도는 개최하여야 하나, 자원이 여의치 못할 경우가 문제가 됩니다. 그런 측면에서 교단 연합 사업, 또는 지역내 교회 연합 사업으로 이러한 미혼자 대상 프로그램을 실시한다면 아주 좋을 것으로 보여집니다. 개교회 또는 교회 연합으로 이런 프로그램을 진행한다면 꼭 1박 2일이나 2박 3일 프로그램이 아니더라도 3회 또는 5~6회 정도의 정기 모임으로 진행해도 좋은 효과를 거둘 수가 있습니다. 효과적인 프로그램이 되기 위해서 알아 두어야 할 사항은 다음과 같습니다.

• 보편적으로 결혼 예비사역은 다음과 같은 목표 아래 아래의 프로그램으로 진행됩니다.

① 예비 부부의 의사소통 기술을 향상 시킵니다.

- 언어적, 비언어적 의사소통을 향상 시킨다. - 사적인 주제를 토론하는 능력을 증진 시킨다. - 일상적인 일을 토론하고 나눈다.

② 관계에 우정과 헌신을 발달 시킵니다.

- 함께 대화를 하기 위한 시간을 가진다. - 함께 즐긴다.

③ 예비 부부 친밀감을 발달 시킵니다.

- 느낌을 나눈다. - 개인적 경험을 나눈다. - 심리적으로 가깝게 된다.

④ 문제 해결 기술을 발달시키고 이것을 다음의 면에 적용 시킵니다.

- 부부 역할 - 재정 - 감정적인 행동

⑤ 부정적인 의사소통보다는 긍정적인 의사소통을 발달시키는 것에 중점을 둡니다.

• 한편 이러한 목표를 개교회에서 충분히 반영하기 위해서는 다음과 같은 프로그램들이 진행되면 좋을 것입니다.

① 결혼과 하나님의 뜻 : 결혼과 가정에 대한 하나님의 설계를 배웁니다. 이를 통해 가정을 통해 이루고자 하시는 하나님의 뜻을 알아봅니다.

② 결혼과 나의 자아상 : 나의 자아상이 결혼생활에 미치는 영향을 알아보고, 나의 자아상이 왜 이렇게 되었는가에 대한 탐구의 시간을 갖습니다. 자신의 정체성 발견을 통해 자기 존중감을 갖게 하고, 서로 다른 자아상이 만나게 되는 부부의 삶에서 갈등을 최소화 시킬 수 있는 방법을 찾아봅니다.

③ 결혼과 대화 : 말이 우리의 삶에서 얼마나 중요한지에 대해 알아봅니

다. 특별히 부부의 삶에서 말이 차지하는 비중과 더불어 말이 사람을 살릴 수도 죽일 수도 있음을 알아봅니다.

④ 결혼과 사랑 : 사랑은 어떻게 하는 것일까? 부부들의 갈등은 서로에 대한 사랑의 방법을 모르는데서부터 시작됩니다. 성경적인 사랑의 방식을 배우고 훈련함으로 인해 부부 사이에 사랑의 커뮤니케이션이 원활하도록 돕습니다.

⑤ 결혼과 성 : 하나님께서 창조하신 '성'에 대한 바른 개념을 알게 하고, 혼전 순결이 왜 중요한지, 그리고 임신이라는 사건이 얼마나 하나님 앞에서도 소중한지를 알게 합니다.

⑥ 임신과 출산 : 결혼을 함으로써 이루어지는 임신과 출산, 이를 위한 성경적인 태교, 행복한 임신과 출산에 대해 알아보고, 또 낙태나 제왕절개 등의 문제점을 분명히 앎으로 인해 임신에 대한 두려움을 없애고 행복한 마음으로 출산을 준비할 수 있도록 돕습니다.

⑦ 결혼과 가정 경제 : 이제는 혼자만의 삶이 아니라 둘이 하나되어 살아가야 합니다. 이렇게 하나됨에 걸림돌이 되는 것이 바로 경제의 문제입니다. 성경적인 경제생활은 무엇인지, 어떻게 벌고 어떻게 써야 하는지를 알아봅니다.

⑧ 결혼과 영성 : 결혼을 하면 영적인 삶을 어떻게 해야 하나? 풍성한 삶을 살아가기 위한 구체적인 방법들을 배웁니다.

⑨ 결혼과 가족 관계 : 결혼은 가족과 가족과의 결합입니다. 중요한 것은 그 가족을 내 가슴에 품어야만 한다는 사실입니다. 그러나 많은 부부들이 가족관계 안에서 갈등을 일으킵니다. 왜 이러한 일이 일어나는 것일까? 행복한 가족 관계를 유지하는 비결은 없는가? 이를 배우도록 합니다.

⑩ 결혼, 어떻게 할까? : 결혼을 위한 실제적인 준비, 그리고 영적인 혼수감은 어떻게 준비하여야 하는지 알아봅니다.

• 한국에서의 결혼 예비사역으로 대표적인 프로그램은 두란노의 '결혼예비학교'를 들 수 있습니다. 이 사역의 목적은 이 사역이 결혼을 준비하는 한 쌍의 남녀가 그들의 Date 과정과 약혼 과정, 결혼식을 지나 평생토록 결혼생활에 대한 성경적 가르침과 훈련되지 못하여 시행착오를 거듭하여 깨어지기 쉬운 문제를 미리 점검하고 예방함으로써 성숙하고 행복한 부부 관계를 통해 하나님께 영광을 돌리게 하기 위하여 돕는데 있습니다. 특히 미래를 위한 예방교육과 과거를 위한 상담 치료가 균형있게 조화되어 이들의 결혼생활의 실제적 필요를 적극적으로 돕는 교육이라 할 것입니다.

• 결혼 예비사역의 철학으로는 다음의 10가지가 있습니다.

① 예수 그리스도가 개인적으로 당신과 어떻게 관계되며 그 관계를 통해 배우자와의 관계를 배웁니다. ② 부모를 떠나기 전에 가족과 온전한 관계가 되어 있지 못할 경우 속 사람이 치료를 받을 수 있도록 합니다. ③ 성경의 진리를 통해 삶의 원리를 적용하고 순종하는 것을 배웁니다. ④ 배우자 선택의 확신이 없을 경우 하나님의 뜻 앞에 다시 점검 할 수 있는 기회를 갖습니다. ⑤ 결혼은 추상적이 아니고 현실임을 직시하고 상황에 맞는 훈련에 임합니다. ⑥ 약혼 기간 동안에 배우자의 부모나 가족 관계의 이해를 돕습니다. ⑦ 신체적으로 건강함을 체크하고 서로를 위해 체력을 증

진시킵니다. ⑧ 약혼 예배, 결혼 예배 등 예식에 관한 준비를 도모하게 합니다. ⑨ 배우자뿐만이 아니라 같은 상황에 있는 예비부부들과 영적 교제 그룹을 만들어 줍니다. ⑩ 결혼생활에서 일어 날 문제에 대비해 일대일로 상담을 해 줍니다.

한편 두란노 결혼예비학교의 프로그램으로 성경적 결혼관, 건강한 자아상, 부부의 역할, 부부의 성, 부부의 대화, 경제생활, 자녀교육, 가족 관계, 헌신 등이 준비되어 있습니다. 그리고 특별순서로 정신, 정서, 심성 검사를 통해 개별 상담과 그룹 상담, 모의 결혼식, 월별 생일파티, 세미나 기간 중에 결혼한 부부의 간증, 부모 초청, 매주 선물 교환, 결단 헌신예배 등이 있습니다.

한국 가정 상담연구소도 '결혼 준비학교'라는 교재를 펴내고 청년 사역에 적극적으로 뛰어들고 있습니다. 한국 가정 상담연구소의 결혼 준비학교는 특별히 성경적으로 분명한 결혼관의 정립에 초점을 맞추어 진행하는데 그 내용은 다음과 같습니다.

① 결혼 바로 알기
 - 결혼의 정의 - 결혼 제도 알기 - 결혼의 원리 - 결혼을 하는 이유 - 결혼생활의 반석이 되는 예수 그리스도

② 배우자를 이해하기
 - 차이를 이해하기 - 차이는 성장과 성숙의 밑거름이 된다. - 가족사

(Family History)를 통한 서로를 이해하기 - 서로를 이해하기 위하여

③ 결혼에 대한 기대와 환상
- 배우자에 대한 기대 - 결혼에 대해 갖는 3가지의 기대 - 결혼생활의 3단계 - 서로를 이해하기 - 결혼생활 시뮬레이션(Simulation) - 행복한 결혼생활을 위해

④ 부부의 역할과 책임
- 서로의 필요를 채워주기 - 부부의 역할과 책임 - 의사결정

⑤ 의사소통과 갈등
- 부부간의 의사소통 - 의사소통의 수준 - 갈등에 대한 이해 - 갈등의 해결

⑥ 행복한 성
- 하나님의 아이디어에 의해 창조된 성 - 성의 4가지 목적 - 성에 대한 편견과 오해 - 성에 대한 남성과 여성의 차이 - 성에 대한 세계관의 차이 - 풍성한 성생활을 위한 10대 원리 - 행복한 성을 위한 기도

⑦ 특별 프로그램
- 결혼 계획하기 - 이고그램을 통한 서로를 이해하기 - 결혼에 대한 비전 세우기 - 새로운 가족 만들기 - 우리 가정의 재정 - 결혼예식의 실제

• 한편, 결혼 준비학교의 프로그램 진행은 보통 금요일 오후 7시부터 10시까지 3시간 동안 진행되는데 그 방법은 다음과 같습니다.

7:00~7:30	충분한 찬양과 QT 나눔
7:30~7:40	주제에 관한 드라마
7:40~8:30	약 50분간의 주제 강의
8:30~9:00	조장의 인도에 의한 그룹 워크샵과 저녁식사
9:00~9:10	찬양과 친교
9:10~9:20	조별 발표
9:20~9:40	주제에 대한 마무리와 질의 응답
9:40~9:50	기도(제목마다 깊은 묵상과 기도)
9:50~10:00	서로를 위한 선물을 주고 받으며 특별한 것은 전체 공개
10:00	집으로.....

참고문헌

• 김동호 외 5인, 청년 대학부가 살아야 된다, 나침반, 1997.

• 도나파토, 기질과 가정생활, 홍종락 역, 생명의 말씀사, 2003.

• 로이 B 주크, 장년교육, 신청기 역, 기독교문서선교회, 1999.

• 박상진, 교회교육 현장론, 장로회신학대학교, 2015.

• 알렉산더 아빌라, MBTI로 보는 데이트와 사랑, 문희경 역, 솔로몬, 2005.

• 양현표, 청년 부흥 진단과 대책, 총회정책연구소 포럼, 대한예수교장로회 총회, 2025.

- 양형주, 청년 리더사역, 홍성사, 2006.

- 오대희, 우리시대의 어부들, 엘맨, 1997.

- 이규민 김난예 김재우 김희영, 인간발달과 기독교교육, 동연, 2023.

- 임만호, 아이들이 교회로 몰려온다, 생명의말씀사, 2017.

- 조세영 외 3인, 콕 집어 알려주는 청년사역 가이드, 생명의말씀사, 2022.

- 최대복, 청년들이 몰려온다, 생명의말씀사, 2014.

- 최홍준, 송길원, 가정사역 핸드북, 기독교 가정사역연구소, 1996.

- 추부길, 패밀리 미니스트리, 한국가정상담연구소, 2005.

- 헨리에타 미어즈, 주일학교의 모든 것, 조계광 역, 생명의 말씀사, 2023.

11장 성년부
(결혼~35세)

I. 부부·청년부

1. 부부·청년부의 필요성

한 교회에 신실한 남자 청년과 여자 청년이 있었습니다. 남자 청년은 소그룹 리더였고, 여자 청년은 찬양단 반주자였습니다. 이 두 사람은 청년부에서 가장 열심히 신앙생활 하며 봉사하였고, 다른 청년들의 모범이 되었습니다. 열심히 청년부에서 봉사하다가 남자 청년과 여자 청년은 사귀게 되었고 결국 결혼에 골인하게 되었습니다. 부서를 맡은 사역자는 너무나도 기뻤으나 한편으로는 이제 두 청년이 청년부를 떠날 수밖에 없다는 생각에 아쉬움이 많았습니다. 두 청년은 결혼하고 나서 2주 후에 부서 담당 사역자에게 상담을 요청하였습니다. 두 사람이 이야기하는 내용이 참으로 뜻밖이었습니다. 상담내용을 한마디로 말하면, 성인 구역으로 가기 싫다는 것이었습니다. 계속 청년부 예배를 드리고, 청년부 소그룹 모임에 참여하고 싶다는 것입니다. 성인들만 드리는 예배는 너무 형식적이고 따분하며, 성인 구역에 배정되어서 어른들의 눈치를 보면서 소그룹 모임을 하고 싶지 않다는 것이었습니다. 두 사람이 워낙 신실한 청년들이었기 때문에 이들의 이야기를 듣고 많이 놀랐습니다. 결혼했으니까 당연히 성인 구역으로 배정되고, 성인 일반 예배를 드리는 것이 당연한데, 그것이 너무 싫다는 것입니다. 목회자로서 그 상담을 듣고 갈등이 되었습니다. 이 두 청년의 이야기를 들어주자니 교회가 정한 제도에 어긋나는 것이고, 그렇다고 무시하자니 두 청년의 신앙생활이 걱정이 되었습니다. 그래서 담임 목사와 상의한 끝에 일 년 동안 청년부에 남아있게 하고, 대신 청년부 안에서는 젊은 청년들의 교사와 같은 역할을 하기로 결정 하였습니다. 그래서 두 청년은 일 년 동안 '청년 도우미 교사'라는 타이틀을 가지고 청년부에서 예배드리고, 청년부 소그룹 모임에 참여하였습니다. 물론 청년부 안에서는 일반 청년들이 이 두 사람을 결혼했다는 이유로 어른으로 대접하고, 신앙적으로 성숙한 교사로서 인식했기 때문에 소그룹 모임 때도 자신의 속 이야기와 부족한 신앙의 모습을 쉽게 털어놓고 이야기할 수는 없는 한계가 있었습니다. 계속 청년부 활동을 하면서 이 부분에 대해 답답함과 아쉬움을 토로하였습니다. 이러한 경험을 통해 교회 안에 갓 결혼한 부부, 아직 성인 구역에 배정되기를 부담스러워 하는 젊은 부부들을 위한 부부·청년부가 교회 안에 마련되어야 한다고 확신하게 되었습니다. 그리고 더 나아가 부부·청년부가 성인 구역으로 배정되기 전 단계의 임시적 성격의 부서가 아니라, 목회자가 신앙교육을 하는 엄연한 하나의 독립 부서가 되어야 한다고 확신하게 되었습니다.

2. 부부·청년부에 대한 발달 이론적 기초

부부·청년부의 필요성과 부부청년부가 해야 할 기능을 파악하기 위해 발달이론을 주장한 네 명의 학자들-다니엘 레빈슨, 에릭 에릭슨, 로렌스 콜버그, 제임스 파울러의 이론을 살펴보려고 합니다. 다니엘 레빈슨의 이론을 통해서는 부부·청년부가 교회 안에서 왜 필요한지 그 필요성을 찾아볼 것이고, 에릭 에릭슨, 로렌스 콜버그, 제임스 파울러의 이론을 통해서는 부부·청년부가 어떤 사역적 특성과 색깔을 가져야 하는지 그 기능에 대해서 살펴볼 것입니다.

1) 다니엘 레빈슨

다니엘 레빈슨은 남성의 성인기에 대해서 집중적으로 연구한 학자입니다. 레빈슨은 '인생 주기'라는 용어를 사용한 학자이며, 인생에는 발달단계가 있음을 인식했던 학자입니다. 즉, 그는 인생이란 탄생에서부터 죽음까지 가는 인생의 단계들이 있음을 인지하며 자신의 이론을 전개해 나갔습니다.

(1) 성인 초기 전환기(17~22세) : 성인 이전 기에서 성인 초기로의 이동

성인 초기 전환기에 있어서 발달과제는 성인 되기 전 단계를 벗어나기 시작하는 것인데, 이것은 성인이 되기 전에 경험한 세계의 본질에 대해 질문을 던지는 것입니다. 그리고 그 세계 안에서 자신의 위치는 어떠했는지 질문을 던져보며 성찰하는 것입니다. 성인 초기 전환기에는 인간관계에 변화가 오는데, 성인 되기 이전 단계에서 관계를 맺은 중요한 공동체와 사람들, 기관들과의 관계를 수정하거나 끝맺습니다. 이런 과정을 통해서 성

인 되기 이전 단계에서 맺어진 관계들 속에 형성된 자아를 성찰하고 평가하는 기회를 갖습니다. 성인 초기 전환기의 또 하나의 중요한 발달과제는 성인의 세계 속으로 들어가는 것입니다. 즉, 본인이 성인이라는 것에 대한 정체성을 갖고, 성인으로 살아가기 위해 준비해야 할 것들을 생각하고 선택하는 경험을 가지게 됩니다.

(2) 성인 입문기(22~28세) : 첫 번째 성인 인생 구조

성인 입문기의 발달과제는 자신의 소중한 자아와 성인 사회를 연결 시켜 줄 수 있는 구조를 내적으로 형성하는 것입니다. 즉, 성인 입문기에는 성인기의 삶이 어떤 것인지에 대한 가능성을 탐구하면서 동시에 어떻게 하면 안정적인 인생이 될 수 있는지에 대해 관심을 갖습니다. 성인 입문기 때는 자신이 성인 이전까지 살아오면서 형성한 인생 구조가 흔들릴 수 있는 시기입니다. 성인 입문기 때 새로 형성하는 인생 구조와 이전에 견지해온 인생 구조 사이에는 약간의 상당한 불연속성(discontinuity)이 있기 마련입니다.

(3) 30대 전환기(28~33세) : 첫 인생 구조의 수정

30대 전환기의 발달과제는 성인 입문기 때에 형성한 인생관에 문제가 있는 것을 발견하고, 수정하는 것입니다. 또한 이 시기는 성인 초기 시대를 마무리하는 데 있어 필요한 좀 더 견고하고 만족스러운 인생관을 구축하기 위해 기반을 마련하는 시기입니다. '전환기'라는 단어는 약간의 '위기'를 전제합니다. 전환기는 새로움을 위해 긴장감이 조성되는 시기입니다. 이 위기를 '발달적 위기'라고 부릅니다. '발달적 위기'란 개인이 한 시기의 발달과제를 해결하는 데 큰 어려움을 가질 때 생기는데, 이 위기가 30대 전환기에 찾아옵니다.

(4) 안정기 (30대 말~40세) : 두 번째 성인 인생 구조

안정기의 발달과제는 첫째, 사회적 존재로서 자신이 사회에서 해야 할 일을 찾고 있어야 할 자리를 찾기 위해 노력하는 것입니다. 둘째, 목표를 가지고 성취하기 위해 열심히 노력하는 것입니다. 즉, 인생의 목표와 시간표를 세우고, 그 목표와 시간표에 맞춰서 승진하고 발전하기 위해 부단히 노력하는 것입니다.

이상으로 살펴본 레빈슨의 발달단계 중에 부부·청년부에 해당하는 시기는 보통 30대 전환기와 안정기입니다. 발달적 위기를 극복하는 과제를 위해서는 또래 공동체의 형성이 필요합니다. 이들에게는 자신의 발달적 문제와 고민, 스트레스를 함께 나누고, 진솔한 대화를 나눌 수 있는 진정한 공동체가 필요합니다. 또래 공동체는 함께 문제를 인식하고 있기 때문에 공감할 수 있는 큰 장점이 있고, 함께 그 문제를 해결하는 데 있어 큰 힘이 될 수 있습니다.

그리고 남성 발달의 경우 사회적 존재로서 사회에서 해야 할 일을 찾고, 열심히 일하면서 목표를 이루고, 발전하기 위해 노력하다 보면 가정에 소홀해지기 쉬운 시기입니다. 이럴 때 부부·청년부는 교회에서 부부가 함께 활동하면서 부부의 소중함을 깨달을 수 있고, 부부와 함께 시간을 보내면서 관계가 더 단단해지고 깊어질 수 있습니다. 그리고 다른 부부들과의 대화와 교제를 통해서 서로 실질적으로 도와줌을 통해 신혼 초의 관계에 어려움과 육아의 고민을 함께 해결해나갈 수 있는 길이 마련될 수 있습니다.

정리하면, 부부·청년부를 위한 사역은 또래 공동체를 중심으로 관계 지향적인 방향으로 나아가야 하며, 서로 대화하고 이야기를 진솔하게 나눌 수 있는 교제가 이루어져야 함을 알 수 있습니다. 레빈슨의 이론은 '부부·청년부'라는 조직이 왜 교회 안에 필요한지 그 필요성에 대해 뒷받침해 주는 역할을 해준다고 보입니다.

2) 에릭 에릭슨 : 심리사회 발달

에릭 에릭슨은 인간 발달의 전 생애 이론을 제시한 대표적인 학자입니다. 그는 인간의 심리사회 발달이론을 전개하면서 주목받은 학자입니다. 에릭 에릭슨은 8단계로 이루어진 인간의 발달단계를 제시하였습니다. 이 중 부부·청년부에 해당 되는 단계는 보통 일곱 번째 단계입니다. 일곱 번째 단계는 성인 중기에 해당하고, 일곱 번째 단계의 심리 사회적 역동은 생산성 대 침체이고, 이루어야 할 발달과업은 생산성의 확립입니다. 일곱 번째 단계에서 중요한 '생산성'은 '다음 세대를 기르고 이끌어 주는 데에 대한 관심'을 뜻합니다. 이 생산성은 자신의 아이를 키우면서 발달할 수도 있지만, 다음 세대 아이들을 지도하고 가르침을 통해서도 발달할 수 있습니다. 이 단계에서 요구되는 생산성이라는 발달과제를 제대로 이루지 못하면 삶의 침체와 우울이 찾아오게 되고, 대인관계의 부족을 느끼며, 결국 자기 자신에 대해 몰두하게 됩니다. 이렇게 되면, 이기주의적인 삶의 자세가 굳혀지게 되고, 인간관계의 풍성함을 통해서 스트레스를 해소하는 것이 아니라 컴퓨터 게임이나 쇼핑 등을 통해서 스트레스를 해소하려는 경향이 나타나게 됩니다. 이렇게 되면 '중독'의 문제가 생겨나게 됩니다. 그렇기 때문에 부부·청년부는 가정 안에서 자라나는 자녀들을 어떻게 성경적으로, 하나님께서 기뻐하시는 방식으로 양육할 수 있는지를 서로 이야기하고 나눌 수 있는 장이 되어야 합니다. 더 나아가 산후 우울증이나 부모로서의 스트레스를 어떻게 해소할 수 있는지도 서로 나누어 대화 가운데 그 문제를 해결할 수 있도록 해야 합니다. 이것은 '동료 상담' 효과의 측면입니다. 동료끼리의 대화를 통해 문제를 같이 공유하고 있다는 것을 인식하며 그 안에서 동질성을 가지고 솔직한 대화를 통해서 문제를 같이 해결할 수 있는 길을 찾게 하는 것입니다.

이 밖에도 일곱 번째 단계의 주요 발달과제인 생산성이라는 필요를 충족하기 위해 부부·청년부 구성원들이 교회 안에서 교회학교 교사로 사역할 수 있도록 격려하고 도와주어야 합니다. 부부·청년부는 젊은 감각을 가지고 있기 때문에 교회학교 어느 부서에 가도 눈높이를 맞춰서 아이들을 잘 가르칠 수 있을 것입니다. 그리고 청년부에도 선배 입장에서 참여해서 청년들의 어려움을 들어주고, 그들을 위로하고 세워주는 귀한 봉사의 역할도 감당할 수 있을 것입니다. 이 단계의 발달과업을 이루지 못했을 때 나타나는 위기인 침체의 문제를 예방하기 위해서는 전문가를 모셔서 특강이나 세미나를 정기적으로 열면 좋을 것입니다. 예를 들어, 여러 중독의 문제성, 알코올, 쇼핑, 게임을 다루면 이 중독의 문제에 대해 경각심을 가지게 되고, 자기 침체에 빠지지 않도록 노력하게 될 것입니다. 에릭슨의 이론을 근거로 하면, 부부·청년부는 '교제의 장', '봉사 격려의 장', '주제교육의 장'이 되어야 함을 확인할 수 있습니다.

3) 로렌스 콜버그 : 도덕성 발달

　로렌스 콜버그는 발달이론 중에 특히 도덕성 발달을 주장한 학자입니다. 콜버그는 인습 이전 수준과 인습 수준, 그리고 인습 이후 수준으로 이루어진 도덕 발달단계를 주장하였습니다. 인습 이전 수준에서는 발달단계 1과 2가 포함되고, 인습 수준에는 발달단계 3과 4가 포함되고, 인습 이후 수준에는 발달단계 5와 6이 포함됩니다. 구체적으로 살펴보면, 인습 이전 수준에는 9세 미만의 아동들과 문제를 일으키는 범법 청소년 그리고 범법 성인이 포함됩니다. 인습 수준에는 대부분의 청소년과 성인들이 포함됩니다. 인습 이후 수준에는 소수의 성인들이 포함됩니다. 단계별 특징을 알아보면, 발달단계 1은 타율적 도덕성의 단계이며, 발달단계 2는 개인주의, 도구적 목적, 교환의 단계이며, 발달단계 3은 개인 상호 간의 기대, 관계 맺음, 동조의 단계이며, 발달단계 4는 사회체제와 양심의 단계이며, 발달단계 5는 사회계약 내지 유용성과 개인 권리의 단계이며, 발달단계 6은 보편적, 윤리적 원리의 단계입니다.

　여기서 부부·청년부에 해당하는 단계는 발달단계 3과 4입니다. 발달단계 3은 자기와 가까운 사람들의 기대를 인지하고, 기대에 부응하려고 노력하는 단계입니다. 그렇기 때문에 남자의 경우 남편으로서, 여자의 경우 아내로서 자신의 역할에 대해 상대방이 기대하는 바에 따라 행동하려고 노력하는 단계입니다. 발달단계 4는 자기 스스로 맞다고 동의한 의무를 지키는 단계이고, 그 의무를 지킴으로써 자기가 소속된 집단과 사회에 공헌하는 것이라고 믿는 단계입니다. 그렇기 때문에 부부·청년부에서는 아내가 원하는 남편, 그리고 남편이 원하는 아내와 같은 주제를 가지고 상담 프로그램이 수시로 진행되면 부부·청년들에게 유용한 교육이 될 것입니다. 이뿐만 아니라, 부부·청년들의 도덕 발달에 의하면 이들은 이성적으로 동의한 적절한 의무를 원하기 때문에 부부·청년부 안에서 적절한 의무를 설명해서 지키도록 하고, 봉사를 소개하고 참여를 장려하는 가운데 부부·청년부라는 공동체가 더 발전할 수 있도록 노력해야 합니다. 콜버그의 이론을 근거로 하면, 부부·청년부는 '상담의 장'과 '공동체 내 봉사의 장'이 되어야 함을 확인할 수 있습니다.

4) 제임스 파울러 : 신앙 발달단계

제임스 파울러는 신앙에도 발달단계가 있음을 주장했습니다. 즉, 영아기와 미분화된 신앙, 제1단계 직관적 투사적 신앙, 제2단계 신화적 문자적 신앙, 제3단계 종합적 인습적 신앙, 제4단계 개별적 반성적 신앙, 제5단계 결합적 신앙, 제6단계 보편화 된 신앙의 단계를 제시했습니다. 부부·청년부에 해당하는 발달단계는 주로 다섯 번째 단계인 결합적 신앙의 단계입니다. 5단계에서는 개방성을 가지고 다른 사람들의 입장도 수용하는 태도를 갖게 되어 변증법적인 사고를 하게 됩니다. 이때는 주로 개방성을 가지고 다른 사람의 입장을 수용하는 태도를 가진 사고를 하기 때문에 자신의 생각이 틀리다는 것을 인지하면 자신의 생각을 수정할 수 있는 여유가 있습니다. 이러한 사고의 특징을 이해한다면 부부·청년부에서 신앙이 크게 성장하고 성숙할 수 있는 가능성이 있습니다.

부부·청년부가 단지 교제하는 모임이 아니라, 목회자를 통한 체계적인 성경 공부와 가르침이 이루어진다면, 자신이 지금까지 쌓아 왔던 신앙을 점검하고 발전과 성숙을 위해 수정하는 계기가 될 수 있을 것입니다. 부부·청년부가 단지 청년부도 아닌, 그렇다고 성인부서에 바로 올리기도 애매한 사람들이 거쳐 가는 임시 부서로 생각한다면 교제 위주의 모임이 될 수밖에 없을 것입니다. 그러나 부부·청년부의 시기는 변증법적인 사고를 통해서 신앙을 점검하고 수정하며 성숙으로 나아갈 수 있는 중요한 시기임을 인지하며, 목회자가 부서를 책임지고 이들의 신앙발달을 위한 신앙교육, 예배를 통한 신앙교육을 체계적으로 시행해 나가야 합니다. 파울러의 이론을 근거로 하면, 부부청년부는 '신앙교육의 장'이 되어야 함을 확인할 수 있습니다.

3. 부부·청년부 세우기

부부·청년부에 대한 발달이론들을 살펴보면서 비슷한 또래로 구성되는 부부·청년부가 교회에서 하나의 독립 부서로 세워져야 함을 확인할 수 있습니다. 그리고 부부·청년부는 아래 여섯 가지의 특징에 중점을 두어야 하는 사역이기도 합니다.

1) 교제의 장

부부·청년부는 비슷한 또래의 구성원들이 공유하는 삶의 주제와 문화를 나누는 장이 되어야 합니다. 부부·청년부 구성원들의 공통점은 첫째, 결혼을 했다는 점입니다. 둘째, 청년의 특징을 가지고 있다는 점입니다. 즉, 아직 청년의 문화 속에 있다는 점입니다. 셋째, 출산과 육아에 관심을 가지고 있다는 점입니다. 부부·청년부는 결혼한 지 얼마 되지 않았기 때문에 아이를 낳았어도 그 아이들은 아직 어립니다. 그리고 아이를 낳지 않은 부부는 출산에 대해 관심을 가지고 있습니다. 즉, 부부·청년부는 출산과 육아에 깊은 관심을 가지고 있습니다. 넷째, 함께 모이고 싶다는 점입니다. 부부·청년들은 함께 모이고 싶은 갈망이 있습니다. 결혼했기 때문에 청년들 속에서 함께 어울리기는 어렵고 그렇다고 성인 구역에는 배정되어 활동하기는 부담스럽기 때문에 부부·청년들은 비슷한 사람들끼리 함께 모여서 밥도 같이 먹고, 대화도 나누기 원합니다. 이러한 부부·청년들의 필요를 채워주기 위해 부부·청년부는 교제의 장으로서의 역할을 해야 합니다. 즉, 교회의 코이노니아 기능을 온전히 수행할 수 있어야 합니다. 매주 정기적인 모임을 통해서 부부·청년들이 함께 모이고, 그 안에서 예수 그리스도의 사랑을 느낄 수 있어야 합니다. 부부·청년들은 대부분 직장생활을 한 지 얼마 안 된 상황에서 어떻게 하면 하나님께서 기뻐하시는 직장생활을 할 것인지, 크리스천다운 사회생활을 할 것인지에 대해 허심탄회하게 대화할 수 있어야 합니다.

그리고 출산에 대한 정보들을 서로 공유하고, 어떻게 하면 하나님께서 기뻐하시는 아이로 키울 수 있는지 육아에 대해 진솔한 대화를 할 수 있어야 합니다. 즉, 서로 공유하고 있는 삶의 주제들을 나눌 수 있어야 합니다. 부부·청년부 안에서 만나는 사람들이 서로 진실한 친구가 되어야 합니다. 마틴 부버의 용어에 따르면, '나와 너'의 관계가 되어야 합니다. '나와 너'의 관계는 상호 인격적인 관계입니다. 상대를 이용하기 위한 나와 그것의 관계가 아니라 인간 대 인간, 인격 대 인격의 진실한 만남이 이루어지는 관계입니다. 숨기는 것 없이 자신의 모든 것을 내어놓을 수 있고, 서로 존중받을 수 있는 따뜻한 만남의 관계인 것입니다.

2) 봉사 격려의 장

부부·청년부는 그저 단순히 교제하고 스트레스 해소하는 장이 아니라 봉사를 권장하고, 격려하는 장이 되어야 합니다. 부부·청년부 구성원의 발달 특성인 '생산성'에 초점을 맞추고 부부·청년부 구성원은 교육부서에 들어가서 교사로서 봉사할 수 있어야 합니다. 부부·청년부는 어느 교육부서에 들어가도 아이들 눈높이에 잘 맞춰서 교사의 역할을 감당할 수 있습니다. 영·유치부의 경우는 부부·청년부 구성원 대부분이 실제 자신의 자녀들의 연령대에 맞기 때문에 부모 같은 교사로서 역할을 제대로 감당할 수 있습니다. 아동부 및 중·고등부는 부부·청년부의 구성원들이 젊은 감각을 가지고 있기 때문에 아이들의 눈높이에 쉽게 맞출 수 있고, 아이들도 청년 교사가 가지지 못한 넓은 이해의 폭을 가지고 있는 젊은 부부·청년 교사들을 좋아하게 됩니다. 더 나아가 청년부에서도 부부·청년들은 선한 영향력을 발휘할 수 있습니다. 청년들의 선배로서 청년들이 겪고 있는 고민과 어려움, 문제들을 누구보다 잘 알기 때문에 공감의 폭이 넓고, 선배의 입장에서 다양한 조언들과 격려를 해 줄 수 있습니다. 나아가 결혼을 앞둔 청년들에게 결혼을 준비하는 노하우나 좋은 가정을 이루는 노하우를 알려줄 수 있습니다. 그리고 결혼 후에 자연스럽게 청년들이 부부·청년부에 들어올 수 있도록 홍보할 수 있는 효과까지 있습니다.

3) 주제교육의 장

부부·청년들은 그 시기에 맞는 발달과제를 이루지 못하면 여러 중독의 문제에 빠질 수 있습니다. 그렇기 때문에 예방적 차원에서 여러 중독의 문제(성, 알코올, 쇼핑, 게임)와 관련된 주제를 가지고 전문가를 초청해 교육을 진행하면 좋을 것입니다. 나아가 아름다운 가정을 가꾸는 법, 부부간의 대화법, 언제 아이를 가질 것인가, 어떻게 출산을 준비할 것인가, 아이를 바르게 키우는 법과 같은 교육을 진행하면 부부·청년들의 필요에 정확히 맞을 것입니다. 더 나아가 이러한 교육을 교회 밖에 홍보해서 불신자들도 자연스럽게 이 교육에 참여할 수 있도록 하고, 그럼으로써 불신자들이 부부·청년부에 참여하다가 교회에 정착할 수 있게 도울 수 있어야 합니다.

더 효과적인 교육을 위해서 일방적인 교육이 아닌, 강의와 토론이 병행된 세미나 형식의 교육이 진행된다면 교육에 참여하는 구성원들의 만족도가 훨씬 좋을 것입니다. 외부의 강사진을 모셔 와서 교육을 진행하면 좋지만, 교회 안에서 충분히 강사진을 섭외할 수 있습니다. 교회 어른 중에 심리학 교수, 상담사, 정신과 교수가 있다면 이들을 활용하면 되고, 교회 안에 부부 사이가 좋다고 소문난 집사님, 권사님, 장로님 내외를 강사로 초대하거나 자녀들을 훌륭하게 키운 어른 집사님, 권사님, 장로님을 강사로 모시면 됩니다. 이렇게 되면, 예산 절감의 효과도 있고, 교회 안의 어른들과 자연스럽게 교제하고 친해지는 계기가 될 수 있습니다.

4) 상담의 장

부부·청년들은 스트레스가 다른 연령대에 비교해서 더 많습니다. 처음 가정을 이뤄서 부부가 서로 맞춰가야 하는 스트레스, 출산과 육아에 대한 스트레스, 사회생활을 시작하고 적응하면서 생겨나는 스트레스 등 스트레스의 내용이 다양하고, 지수도 높습니다. 그렇기 때문에 부부·청년들은 부부·청년부에 참여하면서 자신이 가지고 있는 어려움과 삶 속에서 겪는 문제들을 서로 나누고 진솔하게 대화하면서 스트레스를 해소할 수 있어야 합니다. 즉, 부부·청년부 구성원들이 서로서로 상담사가 되어 주는 것입니다. 한 사람이 이야기하면 다른 사람들이 들어주고 조언해주고, 또 다른 사람이 이야기하면 공감하고 맞장구쳐주고 조언해줌으로 말미암아 '동료 상담'의 효과가 나타날 수 있습니다. 이 밖에도 부부·청년부의 특징은 부부가 함께 참여하기 때문에 부부 사이에 더 친밀한 관계를 위한 상담 프로그램이 진행될 수 있습니다. 예를 들어 '아내가 원하는 남편, 그리고 남편이 원하는 아내'와 같은 주제를 가지고 한 커플이 앞에 나와서 상대방으로부터 받기 원하는 것, 상대방에 대한 불만 등을 이야기하고 다른 구성원들은 이에 대해 서로 동의하고, 반대도 하고, 타협도 하면서 부부 상담이 이루어질 수 있습니다.

상담은 공감할 수 있는 사람과 함께해야 효과가 나타납니다. 상담 전문가들은 공감할 수 있도록 훈련 되어졌기 때문에 내담자의 이야기에 공감할 수 있습니다. 그러나 동일한 문화 속에서 동일한 문제를 경험하고 있는 동료들은 공감이 자연스럽게 일어날 수 있습니다. 그래서 상담의 효과가 더 극대화됩니다. 이런 면에서 동일한 문화 속에 동일한 문제들로 고민하고 씨름하고 있는 부부·청년들은 서로가 상담사가 되어 이야기를 나누게 되면 위로와 힘을 얻고 어려움을 극복하고 해결해가는 노하우를 얻게 됩니다.

5) 공동체 내 봉사의 장

부부·청년들은 자신이 이성적으로 동의한 의무에 대해서는 헌신하려는 발달단계의 특징이 있습니다. 그렇기 때문에 부부·청년부의 발전을 위해 부부·청년부 안에서 여러 봉사 프로그램을 진행해야 합니다. 부부·청년부가 운영되기 위해서는 일단은 회장, 부회장, 총무와 같은 임원들이 필요합니다. 그리고 소그룹 모임을 진행하려면 소그룹 리더들이 필요합니다. 이밖에 예배를 드리려면 예배실을 세팅하는 봉사의 손길이 필요합니다. 그리고 식사를 하기 위해서는 식사 준비하는 봉사가 필요하고, 여러 프로그램을 시행하려면 프로그램 진행을 담당하고 도와주는 봉사가 필요합니다. 이러한 봉사에 참여할 때 부부·청년들의 재능을 잘 체크해서 재능에 맞는 봉사를 할 수 있게 도와주어야 합니다. 자신이 이성적으로 동의한 의무의 경우는 대부분 자신의 재능과 맞아 떨어지는 경우입니다. 자신의 재능과 은사에 맞을 때 즐겁게 헌신할 수 있습니다. 그리고 그 봉사를 통해서 부부·청년부가 교회 안의 독립 부서로 더더욱 발전할 수 있습니다.

6) 신앙교육의 장

부부·청년부도 엄연히 교회의 독립 부서입니다. 즉, 부부·청년부는 교회입니다. 교회의 여러 가지 기능에서 제일 중요한 기능은 바로 신앙교육의 기능입니다. 그렇기 때문에 부부·청년부도 목회자가 담당해야 하고, 목회자를 통한 체계적인 성경 공부와 제자훈련 등이 이루어져야 합니다. 그리고 위에서 살펴보았듯이 이 시기에 부부·청년들은 변증법적인 사고를 하기 때문에 일방적인 주입식 신앙교육보다는 더 생각하고 탐구하고, 깨닫게 하는 교육이 이루어져야 교육의 효과가 큽니다. 신앙교육은 예배에서 가장 극대화될 수 있습니다. 사실 부부·청년들이 성인 구역에 배정되기 싫어하는 이유 중의 중요한 하나는 바로 예배문화의 변화 때문입니다. 청년부를 벗어나면 전통적인 성인 예배에 참여해야 하고, 그것이 부담스럽기 때문입니다. 따라서 예배도 부부·청년들이 따로 드리면 좋지만, 교회 여건상 그것이 어려우면 청년부와 함께 예배를 드리면 좋습니다. 그다음 부서 모임을 나눠서 하면 됩니다. 경배와 찬양 중심의 예배, 도전적인 메시지를 던지는 설교가 있는 예배, 열정적으로 기도하는 예배를 드린다면 부부·청년들이 계속 신앙이 성장할 수 있을 것이고, 청년부와의 연계도 계속적으로 이루어질 수 있어서 청년부서와 부부·청년부서 간에 시너지 효과가 날수 있을 것입니다. 그리고 청년들이 결혼하면 자연스럽게 부부·청년부로 올라가는 문화가 교회 안에서 생겨나게 될 것입니다. 교회 입장에서는 청년들이 결혼 후에 방황하거나 이탈하는 문제를 방지할 수 있을 것입니다.

4. 부부·청년부 사역의 방향

1) 신혼부부 사역의 방향

신혼부부의 사역과 일반적인 부부 사역, 특히 중년 부부 사역과는 무엇이 달라야 하는가? 기본적으로 접근 개념부터가 달라야 합니다. 우선 신혼부부는 사랑에 눈이 어두운 시기에 들어가 있습니다. 그래서 갈등에 대한 나눔을 해도 깊이가 없습니다. 어떻게 보면 중년의 부부들이 보기에는 간지러운 사랑싸움 정도에 지나지 않기 때문에 중년 부부들과 신혼부부들이 함께 그룹에 참여한다면 역동성은 당연히 떨어질 수밖에 없습니다. 더불어 신혼부부 그룹과 중년 그룹은 관심사가 다릅니다. 우선 신혼부부 그룹은 환상적 사랑기에 있기 때문에 사랑에 대한 독점욕이 당연히 강한 때이고, 더불어 새롭게 가족으로 태어날 신생아에 대한 관심이 집중되는 때이기도 합니다. 첫 임신 또는 둘째 아이 임신과 함께 첫째 자녀 양육에 온통 관심이 있기 때문에 웬만한 부부 문제는 덮혀 질 수밖에 없습니다. 그렇기 때문에 가정 사역도 당연히 초점이 달라야 한다는 것입니다. 따라서 이들에게는 하나님께서 제정하신 가정의 원리와 설계도를 마음 깊숙이 다지게 만들면서 이들 부부에게 주신 다음과 같은 하나님의 가정 설계도를 직접 그리도록 만들어야 합니다.

- 하나님께서 그 가정을 통해 이루고자 하는 뜻이 무엇인가?

- 그 뜻을 이루시기 위해 우리 부부에게 주신 달란트는 무엇인가?

- 우리 가정의 푯대는 과연 무엇인가?

- 그 푯대를 향해 달리기 위해 지금 나는 무엇을 해야 하며, 5년 후, 10년 후, 20년 후의 우리 부부의 모습은 어떻게 되어 있어야 하는가? 그리고 각 인생의 시기별로 우리 부부는 각자, 그리고 함께 무엇을 해야 하는가?

- 자녀는 몇 명을 낳을 것이며, 그 자녀들을 어떻게 양육해 갈 것인가?

- 그 자녀들을 주시는 하나님의 뜻은 무엇인가?

• 이러한 기본적인 설계도 외에도 풍성한 삶을 위한 원리들을 배우고 익히도록 해야 합니다.

- 부부간의 의사소통은 어떻게 해야 하는가?

- 부부간의 성생활은 어떻게 해야 하는가?

- 부부 역할은 어떠해야 하는가?

- 경제생활에 대한 성경적인 원리는 무엇인가?

• 또 하나 중요한 것은 부부 갈등을 예방하고, 혹시 갈등이 일어나더라도 치유의 자생력을 가질 수 있도록 도와주어야 합니다.

- 나는 누구인가? 자아상의 문제로 인한 부부 갈등 여지는 없는가?

- 각자의 성장 과정에서 있었던 마음의 상처는 없는가? 그 상처들이 지금의 나를 지배하고 있지는 않는가? 성인 아이적 기질은 어떠한가?

- 서로를 이해하기 위해 무엇을 해야 하는가?

- 가족간의 갈등의 씨앗은 없는가?

• 특별히 자녀를 생산하는 시점이므로 여기에 좀 더 많은 관심을 가져야 합니다.

- 태교는 어떻게 해야 하는가?

- 자녀 양육의 구체적인 방법

- 아버지로서, 어머니로서 나는 어떻게 살아가야 하는가?

이러한 4가지 관점에서 신혼부부 사역은 준비되어야 합니다.

2) 신혼부부학교의 과제

신혼부부학교에서는 다음의 주제들에 대해 특별한 관심을 가질 필요가 있습니다.

① 하나님이 설계하신 가정의 모습을 가르쳐야 합니다. 우리가 결혼하

여 가정을 이룬 목적은 무엇인지, 그 가정의 목적을 발견하도록 도와야 합니다. 즉, 우리의 가정을 통해 이루고자 하는 하나님의 뜻은 무엇인지, 가정에 대한 하나님의 뜻을 발견하도록 인도해야 한다는 것입니다.

② 제3의 결혼 틀을 만들 수 있도록 훈련 시켜야 합니다. 남녀의 차이를 알게 하여 서로를 이해하도록 해야 합니다.

③ 자녀 양육기를 대비한 예비 자녀 교육이 이루어져야 합니다. 자녀를 허락하신 하나님의 뜻을 생각하면서 어떻게 자녀를 생산할 것인지, 성경적인 태교 및 자녀 양육 기초를 배우도록 합니다.

④ 가족 관계의 이해를 돕도록 합니다. 가족 체계도나 MBTI 등을 통해 상호이해의 폭을 넓히도록 돕습니다.

3) 신혼부부학교의 과정

(1) 신혼부부 모임의 과정은 부부 모임과 유사하나 단지 초점을 달리 해야 한다는 차이가 있습니다. 이 과정은 한국 가정 상담연구소가 제시하는 1차 워크샵 내용입니다.

• 제1과정 : 하나님의 가정설계

구체적인 것은 일반 부부 과정의 하나님의 가정 설계를 참고하면 됩니다. 그러나 신혼부부과정에서 더욱 관심을 가질 것은 우리 부부에게 주어진 인생의 목표를 정리하는 것입니다. 그래서 이들 부부에게 주신 다음과 같은 하나님의 가정 설계도를 직접 그리도록 만들어야 합니다.

- 하나님께서 우리 가정을 통해 이루고자 하는 뜻은 무엇인가?

- 그 뜻을 이루시기 위해 우리 부부에게 주신 달란트는 무엇인가?

- 우리 가정의 목표(푯대)는 과연 무엇인가?

- 그 푯대를 향해 달리기 위해 지금 나는 무엇을 해야 하며, 5년 후, 10년 후, 20년 후의 우리 부부의 모습은 어떻게 되어 있어야 하는가?

- 인생의 예상 라이프 사이클 그리기 : 각 인생의 시기별로 우리 부부는 각자, 그리고 함께 무엇을 해야 하는가?

• 제2과정 : 부부와 사랑

• 제3과정 : 부부의 의사소통

• 제4과정 : 남녀의 차이와 부부 역할

• 제5과정 : 가정과 자녀

- 태교는 어떻게 해야 하는가?

- 자녀 양육의 구체적인 방법

- 아버지로서, 어머니로서 나는 어떻게 살아가야 하는가?

- 자녀는 몇 명을 낳을 것이며, 그 자녀들을 어떻게 양육해 갈 것인가?

- 그 자녀들을 주시는 하나님의 뜻은 무엇인가?

• 제6과정 : 부부와 성

• 제7과정 : 부부와 자아상

이고그램이나 MBTI 등을 통해 자신에 대해 더 성찰하게 하고 부부간의 차이를 알게 합니다. 이를 통해 부부 갈등의 요소들을 미리 알아 예방하도록 합니다. 가장 중요한 것은 서로를 이해하게 만드는 것입니다.

• 제8과정 : 서로를 이해하기

각자의 가족력과 라이프스토리를 통해 서로를 깊이 이해하도록 만듭니다. 특별히 각자의 성장 과정에서 있었던 마음의 상처는 없는가?, 그 상처들이 지금의 나를 지배하고 있지는 않는가? 성인 아이적 기질은 어떠한가?, 서로를 이해하기 위해 무엇을 해야 하는가?, 가족 간의 갈등의 씨앗은 없는가? 등을 알아보도록 합니다.

- 제9과정 : 부부와 경제생활
- 제10과정 : 부부와 영성

하나님의 가정을 만들기 위해 우리 부부가 해야 할 일은 무엇인가? 가정예배는 어떻게 드려야 하는가? 팀 사역자로서 부부의 삶은 어떠해야 하는가? 이러한 점들을 생각하도록 만듭니다.

(2) 또 다른 관점에서 구체적인 성경적 지침을 학습하고 훈련하는 내용으로 다음과 같이 제시될 수 있습니다. 한국 가정 상담연구소의 2차 신혼부부학교 교재 발간 워크북 내용입니다.

- 제1부 나는 당신을 나의 배우자로 받아들입니다.

제1과 결혼은 하나님이 제정하셨습니다.
제2과 우리는 한 가정을 꾸며가고 있습니다.
제3과 결혼은 하나의 언약입니다.
제4과 하나님의 사랑이 우리의 모범입니다.
제5과 결혼에서 기대되는 것들
제6과 당신을 사랑하기 위해서는, 내가 내 자신을 사랑해야 합니다.
제7과 함께 결혼에 맞추어 갑시다.

• 제2부 사랑하며 아끼며

제8과 나는 어떻게 당신과 대화할까요?
제9과 남편의 역할은 무엇입니까?
제10과 아내의 역할은 무엇입니까?
제11과 내가 당신의 사회적 필요들을 충족시켜도 될까요?
제12과 내가 당신의 성적인 필요들을 충족시켜도 될까요?
제13과 내가 당신의 영적인 필요를 채워도 될까요?

• 제3부 아플 때나 건강할 때나

제14과 기쁨을 준비하십시오.
제15과 실망을 준비하십시오.
제16과 당신의 개인적인 삶을 개발하십시오.
제17과 기독교적인 생활이 당신의 결혼을 돕도록 하십시오.

• 제4부 부유할 때나 가난할 때나

제18과 맞습니다. 우리는 우리가 소유한 모든 것에 대해 지불해야 합니다.
제19과 맞습니다. 우리는 우리가 필요로 하는 모든 것에 대해 지불 할 수 있습니다.
제20과 맞습니다. 우리는 함께 모든 삶을 즐기기 위해 일할 수 있습니

다.

제21과 우리는 재정에 관한 하나님의 계획에서 배울 수 있습니다.

제22과 우리의 결혼이 죽을 때까지 지속될 수 있을까요?

제23과 왜 결혼생활 가운데 갈등이 생겨날까요?

제24과 갈등은 해소될 수 있습니다. 정말 그럴까요?

제25과 우리의 결혼생활은 어떻게 더 만족스러워질 수 있을까요?

제26과 나는 당신을 사랑할 것을 선서합니다 : '예'

이 워크북은 성경적인 지혜를 제시하는 '연구하기'와 그 말씀을 바탕으로 삶에 적용하는 '적용하기', 그리고 마지막 부분에 주제에 맞는 결론과 결단의 내용으로 구성되어 있습니다.

5. 부부·청년부 활성화 방안

직장인부와 나란히 운영해야 할 부서가 있습니다. 바로 젊은 부부반입니다. 이들은 연령대는 같지만 관심사는 매우 다릅니다. 직장인부 청년들은 갓난아이를 기르는 방법이나 가정 경제를 잘 꾸려나가는 방법에 전혀 관심이 없습니다. 그러나 젊은 부부들은 그런 문제에 큰 관심을 기울입니다. 젊은 부부들은 많은 적응 과정을 거치고 있습니다. 교회는 그들이 문제를 잘 해결하도록 도와야 합니다. 젊은 부부들을 진정으로 염려하는 사람이 사역자가 되어 가르칠 때, 많은 사람이 그 모임에 동참하고 싶어 할 것입니다. 젊은 부부들은 가정과 자녀 양육을 비롯해 지역 사회와 국가, 교회에 대한 책임을 가르치는 성경 말씀에 관심이 많습니다.

⑴ 섬길 기회를 주라.

젊은 부부반은 봉사 정신이 강합니다. 이들은 교회학교 교실을 예쁘게 꾸미는 일을 돕고 싶어 합니다. 그들의 자녀도 언젠가는 교회학교에 다닐 것이기 때문입니다. 또한 협력해서 일하기를 좋아하기 때문에 그런 기회가 있다면 깊은 관심을 보일 것입니다. 교회학교 반을 맡아 가르치는 것도 다른 사람을 돕는 일이 될 수 있습니다.

⑵ 친교 활동을 제공하라.

젊은 부부들은 집에만 머물러 있는 것을 좋지 않게 생각하기 때문에 직접 참여할 수 있는 동아리나 또래와 함께할 수 있는 활동을 찾습니다. 지역 내에 있는 동호회나 기타 모임에 참여하는 것보다 교회에서 주최하는 친교 활동에 참여하도록 이끄는 것이 훨씬 낫습니다. 젊은 부부들은 대체로 친교 활동에 쓸 돈이 충분하지 못하기 때문에 교회가 제공하는 친교 활동은 그들에게 큰 유익을 가져다줄 수 있습니다.

⑶ 결혼생활의 문제를 나누는 자리를 마련하라.

젊은 부부들은 결혼생활을 하면서 많은 문제에 부딪칩니다. 이들은 자기들을 가르치는 사람이 신뢰할 수 있다고 생각하면, 그들의 문제와 어려움을 솔직하게 털어놓을 것입니다. 이들은 스스로 결혼생활 경험이 매우 부족하다는 것을 잘 알고 있습니다. 부부들이 서로 질문하고 그 질문에 대답하는 대화의 자리를 마련하라. 가능하다면, 그런 문제에 정통한 사람을 초청해 가르치게 하라. 또는 나이가 든 경건한 부부를 초청해 젊은 부부들에게 경험담을 들려주고, 그동안 결혼생활을 해오면서 여러 가지 걱정

거리와 문제를 어떻게 극복했는지 알려주는 방법도 괜찮습니다. 그런 기회가 주어진다면, 서로 친밀하게 교제할 수 있을 것입니다. 교회가 생명을 유지하려면 성도의 가정을 구원해야 합니다. 세상에는 남편과 아내 사이를 갈라놓는 것이 굉장히 많습니다. 교회는 이들이 세상이 아닌 예수님께 향하도록 이끌어야 합니다.

(4) 교회 생활에 참여하도록 이끌라.

젊은 부부들은 자신들의 사회생활과 서로에게만 관심을 기울이느라 교회를 등한시할 때가 많습니다. 젊은 부부반에 초청되어 친교 활동에만 참석한 부부들은 파티나 행사가 아닌 다른 것에는 전혀 관심이 없습니다. 그러나 기도회에 참석한 부부들은 계속 교회에 다니는 경향이 있습니다. 이 점을 주의 깊게 관찰해 보라. 또한 교회에 한 번도 나온 적이 없는 젊은 남편들도 나이가 같고 관심사가 비슷한 사람들이 모이는 장소는 아내와 함께 즐겨 찾습니다. 젊은 부부가 보기에 주일교회학교에 자녀들의 관심을 끌 만한 것이 있다면, 아이들을 데리고 나올 가능성이 높습니다. 바로 그때 이들을 붙잡아야 합니다. 일단 붙잡기만 하면, 주일교회학교와 교육에 차츰 관심을 기울일 것입니다. 종교적인 가르침이 자녀에게 좋은 영향을 끼친다는 것을 알기 때문입니다. 부모들을 붙잡겠다는 생각 없이 아이들만을 위해 주일교회학교를 운영하는 것은 바람직하지 않습니다.

(5) 부서 구성

젊은 부부만을 위한 부서를 따로 구성하는 것이 좋습니다. 이들을 나이 차이가 많이 나는 성인들과 함께 둔다면, 관심을 사로잡기 어려울 것입니다. 이들과 나이든 성인들은 서로 다른 점이 많습니다. 젊은 부부반의 임원은 부부가 맡는 것이 좋습니다. 그렇게 하면, 부부가 똑같이 관심을 갖고 동등하게 책임을 짊어질 수 있습니다.

교회에서 나이 어린 세대를 가르치고 인도하는 일에 가장 적합한 사람은 바로 젊은 부부들입니다. 젊은 부부들이 동호회나 시시한 활동에 시간과 재능과 재정을 허비하게 두지 말라. 지역 사회와 교회 안에는 이들의 도움이 필요한 아이가 많습니다. 이들은 스스로 예수 그리스도의 교회를 무시하지 말아야 하지만, 나이 어린 세대가 교회를 무시하도록 방치해서도 안 됩니다. 이들은 교회가 나이 어린 세대를 위한 희망이자 그들이 겪는 많은 문제를 해결해 줄 유일한 기관이라는 사실을 인식하고, 그들에게 그렇게 가르쳐야 합니다. 젊은 부부들이 청소년들의 교사이자 조언자요 친구가 될 수 있도록 최선을 다해 훈련하라. 이들은 지혜로운 지도자가 될 수 있을 만큼 충분히 성장 한데다 여전히 젊기 때문에 학생들에게 좋은 친구가 될 수 있습니다. 이들 연령대라면 중고등부 학생들이 잘 따를 수 있습니다. 어린 학생들을 비롯해 모든 세대의 문제를 해결해 줄 방책(즉, 주 예수 그리스도의 복음의 진리)이 젊은 부부들의 손에 들려 있습니다. 교회의 일원으로서 나이 어린 세대를 이끌고 지도해야 할 책임이 이들에게 있다는 사실을 깨달을 수 있게 도와주라.

6. 부부·청년부 모델 : 하늘꿈 연동교회

첫째, 청년의 감성을 그대로 가지고 있는 갓 결혼한 신혼부부들이나 아기가 없는 부부들이 부부·청년부에 참여하는데, 이들이 장년부 모임에 참여했을 때는 공감대를 갖기 어려워 적응을 잘 못 했는데 부부·청년부에서는 서로 공감도 잘 되고 필요한 정보도 교환하므로 적응을 잘합니다. 둘째, 결혼과 바쁜 직장생활로 식은 청년 때의 열정이 같은 고민을 가지고 있는 또래들과의 만남을 통해 회복됩니다. 셋째, 교회 활동의 중심에서 소외될 수 있는 여건이었으나 그룹을 형성해 줌으로 주인의식을 갖게 해줍니다. 부부·청년부를 통해서 부부·청년들이 소외된 집단이 아니라 가장 역동적인 교회의 구성원임을 알게 해줍니다.

2) 부부·청년부 운영의 어려운 점을 말씀해주세요.

첫째, 갓 결혼한 신혼부부들은 여기저기 인사 다니는 행사가 많아서 수시로 모임에 빠지게 되어 순모임이 불안정합니다. 둘째, 임신, 출산으로 오랜 기간 예배에 못 나오는 부부가 많아집니다. 셋째, 몸조리를 끝낸 후 모임에 나오더라도 아기를 돌보느라 나눔에 집중하기가 어렵습니다. 넷째, 서로 직장생활과 육아에 지쳐 있으므로 필요할 때 서로 도움주기가 쉽지는 않습니다.

3) 부부·청년부와 청년부와의 연계성은 있는지 말씀해주세요.

청년부 예배를 같이 드린다든가, 아니면 청년들이 결혼하면 부부·청년부로 갈 수 있도록 교회 문화가 형성되어 있는지 알고 싶습니다.

특별한 프로그램은 없습니다. 자연스럽게 청년들이 결혼하면 부부·청년부로 올라옵니다. 본인의 의사에 따라 장년부로 갈 수도 있지만 장년부를 원하는 청년들은 없었습니다. 대부분 결혼을 하게 되면 그 해는 그대로 청년부 모임에 참석하고 다음 해에 부부·청년부로 올라옵니다. 배우자가 다른 교회에 다니다가 결혼과 동시에 우리 교회로 함께 합친 경우 청년부보다 부부·청년부에서 더 잘 적응합니다.

4) 부부·청년부에 대한 교회의 시각, 교회 어른들이나 당회원들의 시각이 어떤지 알고 싶습니다.

부부·청년부에 대해 교회가 교회의 다른 구성원들이 적극적으로 관심을 갖는지 알고 싶습니다. 현재의 경우는 부부·청년부 소속 회원들이 청년부에서 결혼하여 온 경우보다는 대부분 결혼과 동시에 새로운 교회를 찾아 우리 교회로 온 경우가 많습니다. 청년도 아닌, 장년도 아닌 애매한 정체성을 가지고 있는 세대라 적응이 쉽지 않은데 부부·청년부라는 부서가 있어 교회 공동체에 잘 정착하고 있습니다. 젊은 교회라는 이미지를 주는 것에 큰 역할을 하고 있으며 교회 양육훈련과정을 통해 장년들과 함께 사역에도 적극 동참함으로 교회나 당회원들의 관심과 사랑을 받고 있습니다.

5) 부부·청년부가 전도의 관점에서 어떤 효과를 주는지 알고 싶습니다.
부부·청년부를 통해 신혼부부의 정착률이 높아졌다든가, 전도에 좋은 영향을 주었는지의 여부를 알고 싶습니다.

우리 교회에 부부·청년부가 있다는 것을 알고 오는 신혼부부들이 많이 있습니다. 또래 집단으로 서로 공감대가 많아 정착률이 높습니다. 전도보다는 홈피를 통해 정보를 듣고 오는 경우가 많습니다.

갓 결혼한 청년들은 애매한 정체성을 가지고 있습니다. 마음은 여전히 청년이고 외모도 청년이지만 결혼하지 않은 청년들과는 분명히 구별된 새로운 문화 속에 살고 있어 공감대를 갖기가 어렵습니다. 그렇다고 아이들이 있는 장년들과도 쉽게 동화되기 어려운 그런 위치에 있는 신혼 부부들을 같은 입장에 있는 또래 집단으로 형성해 주면 교회에 쉽게 적용하고 마음의 문을 열며 서로의 고민들을 나누게 됩니다. 서로 정보도 나누고 지혜도 나누면서 믿음으로 새 가정을 시작하는데 큰 힘이 됩니다. 교회에서 이들을 영적으로 도울 수 있는 지도자를 세워 도와준다면 믿음이 약해지고 해이해질 수 있는 이 시기를 믿음 안에서 잘 보내게 됩니다. 부부·청년부는 교회 공동체에서 누수 될 수 있는 집단을 묶어 교회 공동체의 중심으로 끌어올리는 중요한 대안이라 생각됩니다.

그렇기 때문에 구체적으로 부부·청년부가 한국교회에 잘 정착하기 위해 필요한 점은 첫째, 일단 각 교회가 갓 결혼한 부부들의 모임을 형성해야 합니다. 담임목사가 부부·청년부에 대한 마인드를 가지고 적극적으로 후원해서 모임을 만들어야 합니다. 둘째, 중심 멤버가 될 수 있는 세 부부 정도를 확보해야 합니다. 처음에는 이들의 헌신을 통해서 부부·청년부가 세워질 수 있습니다. 셋째, SNS 등을 통하여 멤버들의 결속력을 다져야 합니다. 페이스북 클럽, 카톡 등을 통해서 온라인에서 서로 교제할 수 있도록 도와야 합니다. 넷째, 청년의 열정을 일깨울 수 있도록 그들만의 프로그램을 자발적으로 만들도록 독려해야 합니다. 부부·청년들이 주축이 되어서 그들이 필요한 프로그램을 만들 수 있어야 합니다. 다섯째, 나눔 이외에 부부가 함께하는 성경 공부 모임이 있어야 합니다. 부부·청년부는 신앙 공동체이기 때문에 신앙적인 배움이 있어야 합니다. 여섯째, 아기를 출산하고 육아로 시달리는 젊은 엄마들을 대상으로 마더와이즈 프로그램과 같은 평일 낮 프로그램이 있어야 합니다. 그러기 위해서는 평일 낮 프로그램에 엄마들이 참여할 때 아이들을 돌보아줄 인력이 교회 안에 필요합니다. 평일 낮 프로그램이 잘 정착되면 전도에 있어서도 큰 효과를 발휘할 수 있을 것입니다.

7. 태아 발달

1) 배종기(germinal period)

성경은 이 세상이 만들어지기 전에 이미 우리의 생명이 계획된 것이라고 말합니다. 18세기 말 스위스 동물학자 볼프(Caspar F. Wolff)는 인간의 생명은 남성의 정자와 여성의 난자가 수정되어 만들어진 단세포에서 출발하며 남자의 성염색체에 따라 남아와 여아가 결정된다고 하였습니다. 여자의 둥근 모양 난자는 인체 내에서 가장 큰 세포이고 정자의 약 40

배입니다. 여아는 출생 시부터 약 500만 개의 미성숙한 난자를 가지고 있는데 성장하면서 그 수가 감소하여 월경이 시작되면 약 3만 개 정도가 남고, 성숙한 난자는 두 개의 난소에서 번갈아 가며 한 달에 한 개씩 배출됩니다. 배출된 난자는 난관 속의 음모가 건강하고 수축 운동이 활발해야 자궁까지 이동합니다. 남자에게는 긴 꼬리를 가진 올챙이 모양의 정자가 있고, 1회 사정되는 정액의 양은 약 3~5ml입니다. 이 속에 들어 있는 정자의 수는 3~5억 개이며 4872시간 정도 생존합니다. 여성의 질 내에 사출된 정자는 꼬리 운동과 근육수축, 호르몬의 영향으로 자궁을 거쳐 난관까지 헤엄쳐 갑니다. 난관의 난자에까지 제일 먼저 가는 정자는 건강하고 활동성이 강하며, 힘든 조건을 이겨내고 수정할 수 있습니다. 대부분의 정자는 질 밖으로 흘러나오거나 도중에 길을 잃고 파괴됩니다. 1분에 0.5cm 정도 헤엄쳐 간 많은 정자가 난자와 만나게 되면 그중 하나가 난자의 막을 뚫고 들어가며 꼬리는 떨어져 없어지는데 이때부터 수정아가 됩니다. 정자와 난자가 만나 생명체가 된 수정아는 1~2일을 떠돌다가 자궁벽에 착상합니다. 수정 후 착상하기까지는 약 10~14일 정도 걸리며 착상과 동시에 배종기(germinal period)는 끝납니다. 수정 후 3일까지 16~32개의 세포로 분열하고 1주일 후 약 100~150개로 세포 분열합니다. 그러나 자궁 내에 성공적으로 착상되었어도 모두 임신으로 이어지는 것은 아닙니다. 이 중 25%는 유전자 결합으로 수정 후 2~3일 내에 소실되고, 나머지 25%는 임신 중 자연유산 됩니다.

2) 배아기(embryonic period)

수정아가 자궁벽에 착상하면 그때부터 어머니와 의존적인 관계가 형성되고 약 8주까지를 배아기라 합니다. 배아기에는 급격한 변화를 일으켜 하나의 개체로 발달하며 신체 계통(호흡기, 소화기, 신경)과 각 주요 기관과 조직이 형성되고 분화됩니다. 머리 부분이 가장 먼저 발달하여 배아기 때에는 전체 길이의 절반 정도가 됩니다. 수정아 3주에는 심장이 뛰고, 4주 말에는 소화기관의 분화도 이루어집니다. 8주 말 배아의 길이는 약 2.5cm 무게는 약 14g입니다. 배아기는 신체의 여러 기관이 형성되는 시기이므로 태내 환경에 각별한 주의가 필요합니다. 사실상 모든 출생 시의 결합이나 기형(구순구개열, 사지 기형, 맹아, 농아 등)은 임신 기간 중에서 결정적 시기인 첫 3개월 동안에 일어납니다. 두통, 구토, 특정한 음식에 대한 욕구나 피로감을 보이며 감정적으로 예민해집니다. 이러한 변화를 통해 자신의 신체에 대한 지각이 증가하며 태아와 일체감이 형성됩니다.

• 배아의 성장과 발달

기간	특징
1~2주 전	착상된 수정란은 외배엽, 중배엽, 내배엽으로 분리
2주	태반 발달 시작
3주	심장 형성과 3주 말경 심장이 뛴다.
4주	손발이 될 부분이 보인다. 눈 귀 및 소화기관 형성, 정맥과 동맥 완성, 척추와 신경계 형성
5주	배꼽 형성. 허파가 될 기관지 부분 생성
6주	머리가 가장 큼
7주	얼굴과 목, 눈꺼풀 형성. 위가 완전한 형태와 위치를 잡음. 근육이 빠르게 분화, 신경이 매우 빠른 속도로 발달

| 8주 | 명확한 손가락과 발가락이 보이고 귀, 턱의 형성으로 인간의 모습. 머리가 전체의 절반. 8주 말경 태아는 움직이며 입 주위 자극에 반응 성별 분별 가능 |

3) 태아기(fetal period)

배아기 이후 출생까지를 태아기라고 합니다. 인간 발달에서 출생 이전인 태아기의 중요성이 학문적, 임상적으로 밝혀지면서 종전의 아동 발달 단계에 첨가되었습니다. 태아기에는 배아기에 형성된 기관들의 성장이 가속화되고 여러 신체 조직이 급격히 발달하고 기능하기 시작합니다. 태아기의 태아는 촉각적 자극에 반응하며, 운동기능이 점차 분화되고 복잡해집니다. 또한 태아는 신생아와 유사한 수면 주기를 가지며, 큰 소리나 음악에 따라 움직임이 달라집니다. 12주경에는 인간의 형체를 갖추고 태아의 성별을 확실하게 구분할 수 있으며 팔과 다리의 움직임이 나타납니다. 16주경에는 어머니가 태동을 느낄 수 있고, 20주 태아의 크기는 25cm, 몸무게는 400~450g이며 태아의 움직임이 더욱 활발해집니다. 모체가 태동을 느끼는 것은 임신 경험에 따라 차이가 있습니다. 일반적으로 태동은 8개월경부터 심하다가 출산일이 가까우면 조용해집니다. 23주가 되면 신생아처럼 잠을 자고 깨며 편안한 수면 자세도 취합니다. 24주가 되면 눈을 감고 뜨며 엄지손가락을 입으로 빨기도 합니다.

마지막 3개월 동안 태아는 피하 지방층 발달로 체중이 급격히 증가하고 자궁 내에서 더 많은 자리를 차지하여 움직임의 공간이 줄어듭니다. 36주경 대부분의 태아는 머리를 아래로 향하여 자궁 내에서 가장 많은 공간을 확보하고 출산을 쉽게 합니다. 한편 임신 24주 이전은 태아의 신경계와 호흡기 및 기타 신체 조절 기능이 성숙하지 않아 출산하면 생존할 가능성이 희박합니다. 임신 29~38주에 조산할 경우는 태아의 신체적 기능이 충분히 발달하여 출산하더라도 생존할 가능성이 높습니다. 엄마의 몸속에 있는 태아도 모든 감각을 가졌으며 감각기관은 뇌를 통하여 느낍니다. 태아의 뇌세포가 조직화 되는 임신 5~6개월(24~26주)부터 태아는 직접 혹은 엄마를 통하여 간접적으로 감각을 느끼고 배웁니다. 일반적으로 임신 6개월에는 시각과 청각, 임신 7개월에는 미각과 후각이 발달합니다. 촉각은 엄마를 통해 간접적으로 느낍니다.

4) 태아 교육

태아 교육은 임신 중 예비 부모들이 태아의 발달과 임신 중 어떤 변화가 일어나는지 이해하고, 건강한 임신을 유지하고, 태아의 안전을 위한 도움을 주기 위해 중요합니다. 따라서 태아 교육은 다음과 같이 요약할 수 있습니다.

① 태아 발달 : 임신 기간 동안 태아의 신체 기관, 장기, 신경계의 형성, 성장, 발달에 대한 이해

② 임신 중 건강관리 : 올바른 영양, 적절한 운동, 스트레스 관리 안전한 환경에서의 활동 등을 통한 건강한 임신을 위한 교육

③ 태아 감지 및 모니터링 : 태아에게 어떠한 합병증이나 문제가 발생할 수 있는가.

④ 임신 중 감정적 지원 : 임신 중에 부모가 겪을 수 있는 감정적 변화에 대한 이해와 지원

⑤ 출산 및 분만에 대한 이해 : 분만 프로세스, 출산 방법, 태아를 안전하게 낳기 위한 준비

⑥ 육아와 돌봄 : 태어난 후 수유, 기저귀 교체, 수면 등 돌봄과 관련된 기본적 지식과 방법

부모들을 대상으로 하는 프로그램 중 '태아 교육 세미나'라는 것이 있습니다. 대표적인 프로그램이 두란노의 '태아 교육 세미나'입니다. 두란노의 도은미 사모가 시작한 이 프로그램은 생명의 존엄성을 강조하며 생명에 대한 하나님의 주권을 인정하는 교육이라 할 수 있습니다. 이 프로그램은 또, 아이들의 모습 그대로 감사와 감격으로 관계를 맺으며 아이를 기를 수 있는 부모의 영적 능력과 인격적 그릇을 준비하고 지혜와 지식으로 아이를 돕는 교육이라 할 수 있습니다.

• 이 프로그램은 다음과 같은 6가지의 철학을 가지고 있습니다.

① 생명의 존엄성을 일깨워줍니다. ② 부모가 되는 이름에 책임을 지기 위한 훈련입니다. ③ 부모와 자녀의 성숙과 이해와 관계 훈련 ④ 생명을 낙태나 또 다른 학대에서 건집니다. ⑤ 모태에서 자존감을 높여줍니다. ⑥ 부모와 태아와의 관계를 통해 하나님을 발견합니다.

• 또, 이 프로그램에서 행하는 강의는 다음의 4가지 주제를 다룹니다.

① 하나님이 보시는 태아 ② 태아의 성장 과정과 임산부의 생활 관리 ③ 대대로 내려오는 상처 ④ 부모와 자녀와의 관계 형성

어느 부인이 자신의 귀여운 아기를 안고 유명한 철학자를 찾아가 '이 아기를 잘 키우려면 언제부터 교육을 하는 것이 좋겠습니까?'라고 물었습니다. 철학자는 아기를 바라보면서 '벌써 두 달이 된듯한데 아무것도 가르치지 않았습니까? 늦었습니다. 아기를 제대로 키우려면 부인은 결혼하기 전, 즉 배우자를 선택할 때부터 키워야 합니다'라고 말했다는 일화가 있습니다. 17C 보헤미아의 목사와 신학자이며 교육자였던 코메니우스(Johannes Amos Comenius)는 인간의 일생을 통해 이루어지는 하나님 형상을 회복하는 교육은 마땅히 태아기에 시작되어야 한다고 했습니다. 인간에 대한 하나님의 교육적 관심은 이미 그 형질이 이루어지기 전부터 시작되며(시139:16, 렘1:5), 태아기 교육은 임신한 부모를 통해 간접적으로 이루어지며 임신한 부모가 인지하고 행해야 할 점들에 대해 말합니다. 태아 발달을 위한 기독교 교육의 과제는 무엇일까?

(1) 사랑의 결혼

결혼은 하나님의 계획을 이루는 일이기에 경건하고 아름답게 축복 속에서 이루어져야 합니다. 남자와 여자의 결혼은 서로 간의 동의와 성실과 신뢰를 요구하며, 인생이라는 길고 험한 통로를 함께 걸어가고자 하는 서약이며, 즐거움과 기쁨과 슬픔을 함께 나누는 존재에 대한 약속입니다. 행복한 결혼과 가정생활은 가족들이 성경적인 원리를 따라 살아갈 때에만 가능합니다. 남자와 여자의 사랑은 두 사람의 결혼 언약으로 하나님의 백성이라는 결혼 관계 안에서 아름다운 성(性)을 이루어 가며, 부도덕한 관계에 자신을 내어 맡기지 않겠다는 약속입니다. 사랑과 성(性)은 하나님으로부터 주어진 선물입니다. 하나님은 결혼이라는 집과 아름다운 사랑의 성을 통하여 자녀 출산이라는 선물과 위로와 기쁨을 누릴 수 있게 하셨습니다. 부부는 사랑의 아름다운 시간을 가지며 희망으로 아기를 기다립니다.

(2) 경건 훈련

부부는 사랑과 기도로 아기를 맞이할 준비를 해야 합니다. 예수님을 가장 먼저 환영하고 가장 먼저 알아본 사람은 엘리사벳의 태중에 있던 세례 요한이었습니다. 하나님은 당신의 아들이 오셨다는 사실을 알리기 위해 아직 태어나지 않았지만, 살아있고 생명이 있는 가장 작은 아기를 선택하셨습니다(눅1:13). 요한은 태중에서 태중에 있는 예수님을 알아보고 뛰놀았습니다. 요한의 어머니 엘리사벳과 아버지 사가랴는 성령이 충만하였기에 요한의 삶도 성령으로 충만하여 태어나서도 자신이 해야 할 일을 알고 잘 감당할 수 있었습니다. 요한이 태내에 있을 때 부모는 물론 모든 주변 사람이 기뻐하였고(눅1:14), 태어났을 때도 이웃과 친족 모두 함께 즐거워하였습니다(눅1:57~58). 또한 마노아와 그의 아내는 삼손을 태중에서부터 나실인으로 키우기 위해 그의 어머니는 포도주와 독주를 마시지 않았고 부정한 것을 먹지 않았습니다(삿13:4이하), 삼손의 부모는 태아에게 어떻게 해야 하는지와 태어나서도 어떻게 양육해야 할 것인지를 하나님께 물으며 양육하였기에(삿13:5~20) 삼손은 자신이 해야 할 일을 알았고, 블레셋 사람의 손에서 이스라엘을 구할 수 있었습니다.

예수님의 어머니 마리아는 자신이 임신한 것을 알게 되었을 때 경건한 엘리사벳을 찾아가 그녀와 대화를 나누고 하나님을 찬양하며 경건의 시간을 보냈습니다. 엘리사벳은 마리아를 격려했을 뿐 아니라 존경의 마음을 표현했으며 태중에 있는 예수님의 복된 존재를 기뻐하였습니다. 마리아는 몸과 마음이 정결하였고 성령이 임했으며, 요셉은 의로운 사람이었기에 예수님이 성령으로 잉태됨과 하나님의 아들임을 기뻐하였고, 예수님을 낳기까지 동침하지 않았습니다(마1:18~25). 예수님은 자신의 할 일을 알고 십자가의 길을 갈 수 있었습니다. 태아가 잘 태어나기 위해서 이들이 보여준 것은 부모가 하나님께 끊임없이 기도하며 태중의 아기가 잘 자라도록 하나님께 지혜를 구했고 성령의 영이 태아와 태어날 아기에게도 충만하기를 구했습니다(창1:3).

(3) 행복한 부부 관계

인간 발달에서 인생의 시작은 수정의 순간부터이며 이때부터 태아 교육이 시작됩니다. 태아 교육은 기본적인 것부터 생각하고 실천하는 것이 바람직합니다. 그런데 태아 교육 이전에 엄마나 아빠, 즉 부모가 하나님의 형상을 지닌 인간으로서 행복해야 합니다. 부모가 되기 전에 지금까지의 삶을 반성하고 성찰하면서 예수 그리스도 안에서 참 행복을 느끼며 하나님의 자녀답게 자신감을 가지고 인생을 긍정적이고 적극적으로 살아가려는 마음이 중요합니다. 임신한 부부들은 태아를 하나님이 주신 선물로 여기며 부모와 태아가 함께 하나로 조화로운 삶을 살면서 그리스도 예수 안에서 행복을 찾아가는 방법이 무엇인지 성경에서 그 답을 찾고 하루하루 살아가는 것이 중요합니다. 하나님이 주신 선물을 위해 가장 중요한 태교는 음악도, 공부도, 창의력 증진도 아닙니다. 태아가 가장 좋아하는 것은 엄마 아빠가 서로를 돌보며 행복하게 바라보는 시선과 따뜻한 말, 기분 좋은 감정의 교류입니다.

또 태아기 교육을 위해 다음과 같은 질문을 부부가 함께해 보며 하나님의 선물을 기다리고 양육해야 합니다. 우리 부부는 축복받은 결혼인가? 부부간의 관계가 원만한가? 성경 말씀에 근거하여 자녀 양육에 대한 예비 지식이나 경험이 있는가? 자녀 간의 터울이 적당한가? 부부가 정서적으로 안정되었으며 편안한 마음으로 아기를 기다리고 있는가? 가족 스트레스 요인은 어떻게 관리할 것인가? 임신과 출산 준비로 하나님께 기도하는가?

자녀는 하나님이 인간에게 주신 가장 크고 귀한 선물입니다. 사랑하는 사람에게 받는 선물은 그 기쁨도 더 큽니다. 정상적인 사랑의 관계에서 부모가 아이를 가지려면 사랑하고 신뢰하는 마음을 바탕으로 경건한 마음과 몸으로 좋은 습관을 기르며, 경건에 이르는 훈련을 해야 태아가 건강하며 행복한 태내의 삶을 살 수 있을 뿐 아니라 출생 이후에도 건강하고 행복하게 살 수 있습니다.

(4) 사랑의 수고

태아가 가장 좋아하는 것은 엄마 아빠가 서로를 행복하게 바라보는 시선과 따뜻한 말, 기분 좋은 감정의 교류이며 태내에서 이를 공유해야 합니다. 하나님은 결혼한 부부에게 결혼 선물로 자녀를 주시고, 부부는 자녀를 통해 기쁨을 얻지만 때로는 걱정거리도 생깁니다. 그러나 사람을 키우는 일이야말로 인간이 하는 일 중에서 가장 위대한 일입니다. 하나님이 우리에게 맡겨주신 가장 큰 일을 하는 것이기 때문입니다. 부모의 믿음과 신앙의 유산은 태내에서부터 영향력을 미칩니다. 따라서 부모의 태아 교육은 경건한 삶과 행복한 부부생활과 거룩한 삶의 방식을 통해 자신을 돌보는 것에서 시작되며, 이것이 태아에게 전달되고 태아는 또 성인이 되고 성인이 된 그들은 또 태아를 돌보고 교육하며 인간교육의 역사는 이루어집니다.

8. 자녀 사역

1) 자녀 사역이란 무엇인가?

시편 127편 3절에 보면 자식은 여호와의 주신 기업이라 말씀합니다. 그 자식이 하나님의 족보에 오르는 경건한 자손임을 생각한다면 우리가 자녀 하나를 잘 낳아서 하나님 보시기에 합당한 자녀로 기른다는 것만 해도 엄청난 사역임을 생각하게 됩니다. 그렇기에 우리는 자녀를 정말 '나의 자녀'가 아닌 '주의 자녀'로 양육해야 할 것입니다. 이러한 관점에서 자녀 사역은 시작됩니다. 요지는 이것입니다. 어떻게 하면 주님이 기뻐하시는 자녀로 양육할 수 있을 것인가?. 분명한 것은 '문제 부모는 있어도 문제 자녀는 없다'라는 사실입니다. 그렇기에 자녀 사역이라는 관점은 사실 자녀들을 직접 대상으로 하기보다는 그 자녀들을 양육하는 부모들이 이 사역의 대상이 되어야만 합니다. 그러나 문제는 부모들이 부모 자신들에게는 별로 관심이 없고 자녀들에게만 신경을 쏟는다는 점입니다. 일전에 어느 기관에서 '부모교육 세미나'라고 이름을 붙였더니 신청자가 별로 많지 않았습니다. 그래서 다음 모집 때에는 같은 내용으로 하면서 '자녀 교육 세미나'라고 했더니 사람들이 몰려들었다는 웃지 못 할 이야기가 있습니다. 이것이 현실입니다. 자녀 사역은 곧 그 자녀들을 양육하는 부모들을 어떻게 교육할 것인가에 초점이 맞춰져야만 합니다. 그리고 그 다음에 자녀들에게 소망과 비전을 갖게 만드는 실제적인 자녀 대상 사역도 이어져야만 하는 것입니다.

2) 자녀 사역의 현실

한국에서의 자녀 사역은 사실상 너무나도 미미합니다. 교회보다는 오히려 여러 기관들에서 활발하게 펼쳐지고 있을 뿐입니다.

• 현재 부모들을 대상으로 하여 펼쳐지고 있는 프로그램들은 다음과 같습니다.

(1) 부모 효율성 훈련(Parent Effectiveness Training, PET)

고든(Thomas Gorden)이 1962년, 캘리포니아의 파사데나(Pasadena)에서 17명의 부모들을 대상으로 하여 처음 시작된 이 프로그램은 8주 동안 펼쳐지는데, 주된 내용은 자율적인 자녀 육성을 위해 부모가 힘과 권위로 자녀들을 다루지 않는 방법으로 효과적인 의사소통 기술을 가르칩니다.

(2) 기독교적 양육 프로그램(Christian Parenting Peace and Justice, CPPJ)

사회에서 문제를 일으키는 비행 십대들을 상담하던 칼보(Fr. Calvo) 신부는 십대들의 문제가 문제 부모에서 비롯된다는 사실을 발견하고, 부모들을 위한 프로그램을 만든 것이 ME운동 이었습니다. 이 운동이 확산 되면서 결혼을 앞둔 예비부부를 위한 주말 프로그램(Discovery Weekend), 가족 만남(Family Encounter) 등의 프로그램이 더하여졌습니다. 결국 부모가 변하지 않으면 자녀의 미래 역시 잿빛일 수밖에 없다는 가정에서 이러한 부모교육 프로그램이 실시된 것입니다.

'사람들은 평화를 위해 전쟁을 일으키지만 하나님은 평화를 위해 아기를 보내신다'라는 말이 있습니다. 한 아기로 말미암아 세상에 평화가 왔듯 이 새 가정에 태어난 아기는 많은 사람들에게 기쁨과 감격을 안겨줍니다. 그렇게 소중한 자녀들을 사랑하면서도 양육 기술이 부족하여 오히려 자녀의 마음을 아프게 하기도 하고 오히려 실족시키기도 합니다. 이 프로그램은 바로 이러한 점을 고려하여 어떻게 하면 자녀 양육을 잘할 수 있을 것인지를 워크샵을 통해 배웁니다. 1990년 초부터 10여 년의 임상 실습을 통해 정리된 이 프로그램이 2001년 한국 가정 상담연구소를 통해 선을 보였는데 인도는 강기호 목사가 하고 있습니다.

① 자녀 교육의 두 기둥 ② 욕구를 가진 존재 ③ 성공한 사람들의 생활 습관 ④ 변하는 세상, 반석 같은 부모 ⑤ 자녀 교육의 목적 ⑥ 학습 촉진자 ⑦ 상담자 ⑧ 경청 ⑨ 경청과 나 전달 ⑩ 갈등을 해결하는 기술 ⑪ 추억의 박물관 ⑫ 자녀를 위한 기도

두란노에서는 또, 부모, 자녀 교육 세미나를 열고 있는데, 자녀를 하나님의 형상으로 바라보고 부모로서 영적 성숙과 인격적 성숙을 통해 부모가 결속되어 하나님 나라를 통치하고 다스리며 모든 족속으로 제자를 삼는 훈련이며 자녀의 구체적인 문제와 행동의 원인을 분석하고 함께 세워져서 하나님께 영광을 돌리는 훈련이라 할 수 있습니다.

• 이 프로그램은 다음의 8가지 철학을 가지고 있습니다.
① 경건한 자녀 양육하기 ② 성숙한 부모 교육하기 ③ 자녀 양육을 통해 하나님 나라 확장 ④ 이 어려운 세상을 본받지 않고 구별하기 ⑤ 이웃에 대한 관심으로 함께 지어져 갈 수 있도록 ⑥ 건강한 사회의 일원이 되기 위해 ⑦ 자녀의 영성 훈련으로 하나님을 만날 수 있도록 ⑧ 이 땅을 위한 선교사로 헌신토록 하기 위해

• 강의는 보통 다음의 10가지 주제로 진행됩니다.
① 자녀 이해 ② 부모 이해 ③ 자녀의 목소리 ④ 자녀의 신앙교육 ⑤ 자녀의 생활교육 ⑥ 자녀의 학교생활 ⑦ 자녀의 성교육 ⑧ 자녀의 대화 ⑨ 자녀의 문화생활 ⑩ 성경적인 자녀 교육

3) 부모교육, 무엇을 다루어야 하는가?

어떻게 보면 부모교육은 단지 자녀를 어떻게 양육해야 할 것인가에 대해서만 초점을 맞춘다면 반쪽 교육이 될 가능성이 많습니다. 그것은 부모 자신의 삶이 변하지 않고 어떠한 기술로 자녀를 양육한다는 것은 그 효율

성이 떨어지기 때문입니다. 결국은 부모 자신의 삶이 먼저 변해야 제대로 된 자녀 양육을 할 수 있습니다. 따라서 부모교육의 초점은 하나님을 대신하는 자로서의 부모, 하나님 앞에 바로 선 부모로서의 모습을 갖출 수 있도록 만드는 것이 교육의 키 포인트가 될 것입니다.

• 그러한 관점에서 바라본 부모교육의 내용으로는 다음과 같은 것들이 있을 수 있습니다.

(1) 패러다임의 대변환

먼저 '부부'에서 '부모'로의 변환을 가져오는 시기임을 알아야 합니다. 특별히 이 시기에 맡겨진 가장 큰 과제는 다름 아닌 자녀 양육입니다. '지난날의 어린 시절은 그 시절의 모든 감정이나 태도와 더불어 우리의 삶이 끝나는 그날까지 실질적으로 우리를 따라 다닌다'(미실다인, '몸에 밴 어린 시절'중에서)는 말을 기억하여야 합니다. 결국 내 자녀의 미래는 부모인 우리의 절대적인 영향력 하에 있다는 사실을 알고 그야말로 철이 든 부모로서 자녀 앞에 서야 합니다.

(2) 가정교육의 모델

가장 좋은 자녀 교육의 모델은 결국 성경에서 찾아야 합니다. 그러나 많은 주의 백성들이 지식이 없어서 망해갑니다(호4:6). 성경에서 찾는 자녀 교육의 모델은 곧 하나님과 이스라엘 백성과의 관계에서 찾아 볼 수 있습니다.

• 다음은 하나님과 이스라엘 백성과의 관계에서 찾아본 4가지의 교육 모델입니다.

① 하나님은 자기의 백성들을 복되고 풍성한 삶을 누리기를 원하십니다. ② 하나님은 자기 백성의 필요를 채워주십니다. ③ 하나님은 그 백성들을 사랑과 용서로 감싸주십니다. ④ 하나님은 그들의 백성들의 풍성한 삶을 위해 끊임없이 가르치고, 지도하고, 훈련 시키십니다.

(3) 발달 과업

① 부모 된 자로서의 새로운 과업

자녀는 부모가 뿌린 씨의 열매입니다. 문제 자녀는 문제 부모가 만든다는 사실을 분명히 알아야 합니다.

② 부모 역할 수행에서 부딪치는 부부 문제 해결 과제

자녀 양육이 중요하기는 하지만 그것이 부부 문제의 제1순위 과업이 되어서는 안 된다는 또 다른 2중성의 문제가 있습니다. 즉, 수직축과 수평축을 잘 형성해 가야합니다. 어쩌면 조화 속의 독립과 같다고 말할 수 있을 것입니다. 이러한 문제가 해결되지 아니하면 우선, 핵가족의 삼각관계, 즉 자녀에 의해 부부의 밀접한 위치가 위협을 받아 관계가 불안정 해질 가능성이 농후해 집니다. 더불어 부부의 친밀감이 약화 되면서 결혼의 질이 낮아질 가능성이 많습니다. 통계적으로도 남자는 높아가지만 여자는 낮아진다는 사실이 밝혀진 바 있습니다. 또, 가정과 직장 생활 간의 갈등이 있을 수 있습니다. 특별히 맞벌이 부부인 가정의 경우에 있어서 자녀 문제로 인한 부부 갈등의 가능성이 엿보입니다. 그래서 남편과 아내 사이에 책임감의 균형이 있어야 하며, 하나된 부부로서의 삶의 모습이 중요합니다.

③ 청소년기 자녀를 둔 가정의 과업

청소년기 자녀를 둔 경우는 우선 융통성이 필요합니다. 즉, 가족 경계의 융통성을 증가시켜야 하는데, 특별히 부모의 권위를 조정해야 합니다. 두 번째로는 자녀를 성숙해 가는 또 하나의 성인으로 인정해 주어야 합니다. 신체상의 변화를 오히려 하나님께 감사하면서, 이 시기에 일어나는 신체적 변화에 대한 부모의 태도가 자녀의 자아개념과 자기 평가에 엄청난 영향을 미친다는 사실을 생각해야 합니다. 특별히 성적 자아개념의 발달에 부모의 태도가 큰 영향을 미칩니다. 세 번째로는 자녀에게 긍정적 역할 모델이 되어야 합니다. 일반적으로 아들은 아버지를 통해, 딸은 어머니를 통해 남성과 여성이 되어 가는가를 배우게 됩니다. 결국 부모가 중요한 성역할 모델이 됩니다. 자녀들은 스스로 이상형을 찾는 과정에서 부모가 위선자라고 느끼게 됩니다. 그럴 때 자녀들은 부모에게 반발합니다. 그래서 나타나는 현상이 화를 내거나 부모의 충고를 거부하는 것입니다. 네 번째로는 자녀에게 자율성을 심어주어야 한다는 것입니다. 자율성을 줄수록 부모와 자녀 간에 친밀감이 더욱 형성됩니다. 지나친 통제는 오히려 역효과를 가져옵니다.

④ 훈련의 주안점

우선 무엇보다도 예방이 중요하다는 점을 강조해야 합니다. 특별히 교회에서의 예방 교육이 절대적입니다. 그래서 신혼 부부반을 운영함으로 갈등의 요소를 미연에 방지해야 하는 것입니다. 이를 위해 교회 교육에서 다루어야 할 주요 주제로는 성경적인 자녀 양육의 실제, 부부와 가족 간 갈등 해결, 부부와 성 문제 등을 들 수 있을 것입니다.

더불어 자녀 문제의 경우, 나타난 문제보다는 근본 원인에 대한 분석이 있어야 합니다. 예를 들면 부모가 자녀에게 지나치게 개입하는 이유는 부모들이 자신의 부모와 가졌던, 또 가지고 있는 관계 때문인 경우가 많고, 최근 또는 예전에 배우자, 형제, 자매 등과의 관계가 악화된 경우도 그럴 수 있습니다. 이 경우에 반드시 자녀에게 문제를 초래하게 됩니다. 결국 원인은 부모에게 있다는 점입니다. 그래서 개인의 문제나 나타난 문제보다는 가족 체계의 역기능 요소와 원인을 찾아 문제 해결을 시도해야 합니다. 신혼부부 훈련은 이러한 방향을 잡아주는 중요한 과정임을 알아야 하는 것입니다.

II. 싱글을 위한 사역

오늘날 우리들이 사역하여야 할 대상 가운데는 '싱글'들이 있습니다. 이들은 연령이나 삶의 형태, 사회적 조건들이 다르지만 '혼자 산다'라는 공통점을 가지고 있습니다. 싱글 장년 그룹은 '미혼자, 이혼자, 사별자'라는 세 그룹으로 구성되어 있으나 그들의 특성이 독특 하기 때문에 일방적으로 규정하기 어렵습니다. 이들은 교회가 외면할 수 없는 그룹들이며, 또 그리스도의 사랑의 실천을 가장 필요로 하는 계층입니다. 다양한 그룹인 싱글 장년들을 위한 교회의 사역이 어떠해야 하는지를 규명하기 위해서 시대적 특성을 분석하고, 이러한 분석 결과를 바탕으로 하여 교육 사역의 방안을 강구해야 할 것입니다.

1. 싱글에 대한 이해

하나님의 창조원리는 남자와 여자가 가정을 이루어 함께 살아가는 것입니다. 가장 자연스러운 이러한 원리에서 떠나서 혼자 산다는 것은 일반적인 관점에서 '이상한 눈초리'의 대상이 됩니다. 우리는 하나님의 창조질서라는 차원에서 가정을 이해하고 가정을 통하여 역사하시는 하나님의 손길을 체험합니다. 그러나 여러 가지 이유들 때문에 싱글로 살아가는 사람들에게는 그들 나름의 고통이 있고, 이것을 바로 이해하며 치유하는 역사가 필요합니다.

오늘의 시대적 변화는 가정에서 강하게 일어나고 있습니다. 가정 문제는 하나의 위기로 받아들여지고 있는데 이미 1937년에 와이맨(Regina Weiman)은 다음과 같이 경고하였습니다. '가정은 지금 길고도 위험한 위기를 겪고 있습니다. 그것이 언제 시작되었는지 아무도 알지 못했고, 그것이 얼마나 오래 갈지 아무도 예측할 수 없으며, 그 결과가 어떨지 아무도 모르고 있다'. 오늘에 와서 와이맨의 경고는 하나의 고전적 기록이 되었습니다. 가정은 불안정의 자리에 빠지고, 이혼율의 급증으로 인한 가정의 붕괴가 보편화 되었습니다. 이혼과 함께 성적 혁명은 가정을 흔드는 하나의 바람이 되었습니다. 성의 혁명은 서구사회에서는 1950년대부터 일기 시작하였고, 전통 문화권에 속한 한국에서도 1980년대부터 확산되기 시작하였습니다. 성의 혁명은 세속주의의 한 여파로서 가치관의 중요한 부분들을 차지하게 되었고, 이것이 교회에도 강한 부담을 주기 시작하였습니다. 산업의 발달과 민주주의의 확산은 가정에서 남편과 아내의 역할에 심각한 도전을 해왔습니다. 여성의 경제적 능력 증대는 가족제도에도 영향을 미쳐서 싱글로 살아가는 여성들이 늘어나는데, 그것도 전문직 여성들에게서 나타나는 현상입니다. 이혼이나 미혼의 싱글만이 아니라 배우자의 사망으로 인하여 사별한 싱글들이 늘어납니다. 한국의 40대 남성의 사망률이 매우 높은 것은 그만큼 사별로 인한 싱글의 수가 늘어난다는 것을 의미합니다.

2. 싱글의 종류

1) 미혼자

예수님은 이혼에 관한 바리새인들과의 대화 속에서, 그리고 그 일이 있은 후 제자들에게 독신자 특히 미혼자들에 대한 문제에 매우 중요한 원리를 교훈하셨습니다. 이혼에 관한 예수님의 말씀 때문에 제자들은 '만일 사람이 아내에게 이같이 할진대 장가 들지 않는 것이 좋삽나이다'(마19:10)라고 하자 예수님은 '모든 사람마다 이 말을 받지 못하고 오직 타고난 자라야 할지니라'(마19:11)고 하셨습니다. 이 말씀은 성적으로 괴로움을 받지 않고 싱글생활을 한다는 것, 또는 인간적인 동반자가 없다는 것을 전혀 느끼지 않고 싱글 생활을 한다는 것은 어떤 특별한 은사가 아니면, 그렇게 할 수 있는 '특별한 능력'을 부여받지 않고는 불가능하다는 것입니다. 그 후에 예수께서는 성적 욕구를 표현하기 위한 정상적 출구로서의 결혼을 하지 않고서 사는 세 가지 경우의 고자에 대하여 이야기 하셨습니다.

예수님은 날 때부터 고자가 되었거나 혹은 완전히 정상적인 성관계의 능력이 없이 태어난 고자가 있고, 또 사람이 만든 고자, 마지막으로 천국을 위하여 스스로 된 고자가 있다고 하셨습니다(마19:12). 이 마지막 부류는 '영적 고자'라고 하는데 하나님의 나라 일을 더 잘 하기 위해서 자신의 생식 능력의 사용을 자원하여 포기한 사람입니다. '천국을 위하여'라는 말은 크리스챤 싱글 생활을 하는데 있어서 하나님이 인정하시는 동기를 의미하고 있습니다. 크리스챤은 금욕주의적 이유 때문에, 혹은 결혼생활의 책임을 모면하기 위해서, 혹은 싱글 생활이 결혼생활보다 더 낫다는 생각 때문에 싱글 생활을 선택해서는 안 됩니다. 미혼자들은 싱글생활이 하나님께서 그들의 생애에 대해서 가지고 계신 뜻이요 의도라는 확신이 있어야 합니다. 이러한 확신이 없이 싱글생활을 한다면 그 생활은 실패로 끝날 것입니다. 예수께서는 제자들에게 '이 말을 받을만한 자는 받을지어다'(12절)라고 결론지었습니다. 그러므로 싱글생활 또는 영적 고자가 되어야 할 자는 그러한 삶을 살아갈 수 있는 하나님의 특별한 은사를 가지고 있어야 한다는 것입니다.

바울은 고린도전서 7장에서 초대교회에서의 싱글이 어떻게 받아들여지고 있었는지를 보여 줍니다. 바울은 '남자가 여자를 가까이 아니함이 좋으나'(고전7:1) 라고 시작하였습니다. 그러나 바울은 고린도에 존재하고 있는 비기독교적 생활 양식에 대해서 의식하고 있었습니다. 그렇기 때문에 '음행의 연고로 남자마다 자기 아내를 두고 여자마다 자기 남편을 두라'(2절)고 하였습니다. 고린도전서 7장의 내용들은 특정적으로 고린도인에게 적용되는 것이었습니다. 바울은 그들이 싱글의 삶을 진지하게 고려해 보아야 한다고 생각한 듯합니다. 그는 '명령이 아닌 부탁으로'남편과 아내의 성관계에 대한 몇 가지 지시를 하였습니다(16절). 7절에서 바울은 '모든 사람이 나와 같기를 원하노라'고 말하면서 '각각 하나님께 받은 자기의 은사가 있다'라고 하였습니다. 어떤 이들은 싱글 생활의 은사를, 어떤 이들은 가정생활의 은사를 받았다는 것입니다. 8절에서 바울은 다시 싱글 문제를 논하고 있습니다. '혼인하지 아니한 자들과 과부들에게'라는 말을 사용하였습니다. '혼인하지 아니한 자들'이란 한 번도 결혼하지 않은 사람을 가리킵니다. 결혼과 싱글 생활에 관한 바울의 일반적인 입장은 고린도전서 7:27,28과 7:38에 분명히 나타납니다. 바울이 원했던 것은 '주님께 대한 분산되지 않는 헌신'이었습니다(32~35절). 바울의 말의 근본적 취지는 결혼한 자들과 미혼자들 각자가 그들의 관계에 있어서 진실함과 건전함을 추구하는 것, 그리고 가장 중요한 것은 '주님께 대한 분산되지 않은 헌신'입니다.

2) 이혼자

구약의 율법에서는 어느 특정한 조건에서 남편이 아내를 내어 쫓거나 이혼하는 것을 허용하고 있습니다. 아내는 여기에 상응할만한 권리를 갖지 못하였습니다. 구약에는 이혼에 대해서 동의하지 않는 기록도 있습니다. 제사장이나 대제사장은 이혼한 자와 결혼할 수 없습니다(레21:7,14). 말라기에서는 조강지처를 내어 쫓는 일을 하나님이 미워하신다고 하였습니다(말2:16). 예수님은 '그러므로 하나님이 짝지어주신 것을 사람이 나누지 못할지니라'(마19:6)고 하였습니다. 적어도 간음의 이유를 제외하고는 이혼을 인정하지 않으셨습니다(마5:32; 19:9). 바울은 어떠한 이유가 있을지라도 이혼을 인정하지 않았습니다. 그는 마태복음의 예외 규정에 대해서 논의하지 않았고, 결혼의 영원성을 강조하였습니다.

3) 사별자

성경에서는 사별자 특히 과부에 대한 많은 논의가 있습니다. 구약에 나오는 '과부'라는 단어의 어근은 '말문이 막히다', '할 말을 잃다', '말 못하다'등을 뜻하는 '알람'(alam)이라는 단어입니다. 신약에서는 '체라'인데 '간격, 공백, 느낄 수 없는 거리'등의 뜻을 가지고 있습니다. 히브리 사회에서 미망인들은 열등한 위치에 있었습니다. 예를 들면 대제사장은 처녀와 결혼해야 하고 '과부나 이혼한 여인이나 더러운 여인이나 기생을 취하여'결혼하지 말도록 한 일입니다(레21:13~14). 룻기는 과부의 어두운 면을 그렸고(룻1:20~21), 이사야는 '과부 때의 치욕'에 대해서 언급하였습니다(사54:4).

성경에는 과부의 수혼에 대한 언급이 나옵니다(창38:11). 여기에 대한 율법의 보장도 있습니다(신25:5~10). 자녀가 없는 과부의 경우, 죽은 남편의 형제가 있다면 그는 과부된 여인을 위해서 아들을 낳게 하였습니다. 이것은 집안의 유산을 보호하기 위한 목적도 있지만, 과부의 안녕과 복지도 고려된 것입니다. 과부의 권리 중에는 자녀가 없을 경우 자기 아비의 집으로 되돌아 갈 수 있는 혜택도 포함되었습니다(레22:13). 또 재혼할 권리가 있는 것도 분명합니다(룻1:9~13, 삼상25:39~42, 겔44:22). 과부를 보호하는 율법적 조치도 있었습니다(출22:22). 하나님은 '고아와 과부를 위하여 신원 하신다'(신10:18). 과부들도 하나님과 언약을 맺은 공동체의 일원이기 때문에 다른 모든 사람에게 주어진 동일한 은혜를 받을 수 있는 대상들이었습니다(신14:29; 16:11,14). 신약에 와서, 예수님은 과부들에 대해서 관심을 가졌고(막12:40, 눅20:47), 사도행전에는 예루살렘 교회에 있던 헬라파 과부들에게 특별한 주의를 기울였습니다(행6:1). 바울은 고린도전서 7장에서 과부에 대하여 말하고 있습니다(39,40절). 디모데전서 5:3~16에는 과부에 대한 문제를 다루고 있습니다. '참 과부'에 대해서 말하고 교회의 도움을 받을 자격이 있는 사람을으로 규정 하였습니다.

3. 싱글에 대한 교회의 관심

현대 사회에서 싱글들의 수가 증가하자 교회들도 여기에 서서히 관심을 가지게 되었습니다. 그러나 교회의 관심은 지극히 소극적인 면이 많은데 그 이유는 싱글과의 관계에서 생기는 불필요한 오해를 피하기 위해서입니다. 교회들이 싱글을 위한 사역을 제대로 하지 못하는 데는 몇 가지 이유가 있습니다. 첫째, 인식의 문제입니다. 사회의 잘못된 통념이 교회 안에도 들어와서 혼자 사는 사람은 하나의 과도기적 상태로 이해하거나 문제 있는 존재로 보는 경향이 있습니다. 둘째, 전문 사역자의 부족입니다. 이들을 돌볼 수 있는 훈련받은 사역자가 있어야 하는데 그렇지 못한 것이 문제입니다. 또한 교회가 싱글들을 위해서 일할 때 가정 사역의 차원이 아니라 구제 차원에서 일을 하는 경우가 많습니다. '고아와 과부를 돌보는'식의 사고방식으로 문제에 접근하고 있습니다.

우리나라에서 이혼자를 위한 프로그램을 실시하고 있는 곳으로는 서울의 한국가정법률상담소 교육원의 기러기 교실, 새 출발교회(한국 이혼자

클럽), 부산의 홀로서기 복지상담소 정도입니다. 그중에서 교회와 연관된 두 단체를 살펴보자. 새 출발교회는 1988년 한국 이혼자클럽으로 시작하였으나 신앙의 힘을 통해서 상처를 치유한다는 취지에서 새 출발교회를 중심으로 모이고 있습니다. 이혼의 과정을 겪으면서 주위 사람들과 관계를 끊게 되고 점차 대인 기피증세를 보이는 이들에게 적극적인 자세로 살아갈 수 있도록 하는 프로그램을 실시하고 있습니다. 따라서 주로 친화 위주의 프로그램에 역점을 두고 있습니다. 부산 지역에서 활동하는 홀로서기 복지상담연구소는 기독교 산하 기관으로 부부 갈등 상담과 이혼자를 위한 모임을 통해서 이혼자들의 후유증 치료에 주력하고 있습니다. 이혼자 뿐만 아니라 싱글, 미망인 등 사회로부터 자칫 소외되기 쉬운 사람들을 대상으로 상담을 통해서 홀로서기를 돕는다는 취지로 1990년 8월에 설립되었습니다. 매주 토요일에 집단 상담 시간을 마련하고 있으며, 첫째 토요일에는 미혼자 모임, 둘째 토요일은 20~30대 이혼자 모임, 셋째 토요일에는 40대 이후의 이혼자 모임, 넷째 토요일은 사별자 모임을 갖고 있습니다. 이혼자들을 위한 프로그램으로는 상담을 통해서 이혼 이후의 재결합이나 재혼을 서두르기 보다는 홀로 설 수 있다는 자신감을 갖도록 하는데 중점을 두고 있습니다.

4. 싱글의 적절한 필요 알아차리기

최근에 미국 전역에서 1,400명의 그리스도인 싱글들이 조사에 참여하였습니다. 이 조사의 목적 중의 하나는 그들이 가장 필요로 하는 것이 무엇인지를 알아내는 것이었습니다. 이 조사의 결과는 그리스도인이 아닌 싱글들을 연구한 다른 사회과학의 연구 결과를 확증했습니다. 설문에서 싱글들은 그리스도인이든지 그리스도인이 아니든지 인간으로서 기본적으로 같을 필요를 가지고 있습니다. 이들이 필요로 하는 것들을 나열하면 다음과 같습니다.

(1) 다른 사람들과의 유대감

여러 국가 조사에 따르면 싱글 상태일 때 첫 번째로 불리한 점이 외로움입니다. 그것은 대인관계에서 안정감이나 애착을 찾지 못하고 떠돌며 이 세상에 오직 나 홀로 있는 것 같은 느낌입니다. 싱글들은 그들 주변에 있는 다른 사람들과 연결됨을 느낄 필요가 있습니다. 결혼한 친구들이든지 혹은 다른 싱글 친구들이든지 대부분의 싱글들은 다른 사람들과 유대감을 느끼기 원합니다.

(2) 건설적인 사회적 활동

많은 싱글들은 다른 싱글들과 사귈 기회가 부족함에 대하여 호소합니다. 데이트하는 게임은 끝없이 이어질 수 있습니다. 그리스도인 싱글들은 대중매체에서 그리는 인기 있는 싱글 술집이 그들에게는 적절하지 않다고 느끼고 있으며, 비슷할 필요와 흥미를 느낀 다른 사람들을 만날 수 있는 곳이 어디에 있을까 궁금해했습니다. 어떤 이들은 대안적 장소로 교회, 헬스클럽, 학교, 직장으로 향합니다. 다른 싱글들과 사귀고 싶은 욕구는 인간에게 매우 기본적인 욕구입니다.

(3) 봉사 프로젝트 경험 기회

휴일이 낀 주말이나 여름 방학 등에 단기 과제이든지 혹은 여러 해 동안의 장기 임무이든지, 싱글들은 더 넓은 세계관을 개발할 필요가 있습니다. 1,500명의 그리스도인 싱글들에게 싱글 상태의 불리함에 대해 순위를 정하라고 하였을 때, 세 번째로 불리한 점으로 꼽은 것이 '자기 중심적이게 된다'는 것이었습니다. 많은 싱글은 성공의 기업 사다리를 오르는 탐색을 합니다. 어떤 이들은 물질을 통하여 불안정을 보상받고 싶어합니다. 또 다른 이들은 자신의 문제를 너무 포장하고 있어서 그들을 기다리고 있는 기회들을 스스로 보지 못합니다.

싱글이기 때문에 그들은 더 큰 유동성을 가지고 있습니다. 많은 경우 그들이 단기 봉사 프로젝트에 참여하지 못하게 제한하는 것이나 책임을 져야 하는 것이 더 적습니다. 싱글의 인구 증가는 단기 사역이 최근에 왜 그렇게 극적으로 증가했는지 알 수 있는 이유 중의 하나였습니다.

⑷ 성 정체감에 대한 성경적 기준을 유지하도록 격려

우리는 싱글들이 서로 사랑한다면 이성 친구와 잠자리를 같이 해도 괜찮다는 메시지가 난무하는 세계에 살고 있습니다. 세계는 우리의 신앙을 타협하고 우리의 가치를 위조하도록 추구하는 성 윤리를 장려합니다. 이전에 결혼했던(이혼, 사별, 별거 등으로 홀로 된) 사람들은 지금까지 해왔던 성생활을 단절하는 것이 쉽지 않습니다. 따라서 윤리와 도덕과 가치를 재평가하는 것이 자연적인 반응입니다. 그러나 성경적 성 윤리는 영화에서는 등장하는 윤리 기준과 타협하는 걸 허락하지 않습니다. 교회는 결혼 밖에서 성적 표현을 하는 것을 금하는 가치를 계속 높이 들어야만 합니다.

많은 그리스도인 싱글들은 긍정적 정체감을 찾는 것을 어려워하는 듯 보입니다. 일반적으로 사회는 싱글들의 필요에 맞추지 않고 그들이 버림받고 원치 않는다는 느낌을 남겨 줍니다. 이것은 더 낮은 자기 개념을 가지게 합니다. 싱글들은 그리스도 안에서 그들이 누구인지 그리고 그들이 교회의 구성원으로서 어떤 가치를 가졌는지 상기될 필요가 있습니다.

대중매체에서 유행하는 '멋진 싱글'이라는 이미지와는 달리 대부분의 싱글들은 끝없이 소비할 수 있을 만큼 많은 돈을 소유하고 있지 않습니다. 그들은 겨우 살아가고 있으며 그들이 원하는 것을 다른 사람의 기대에 맞추느라고 힘들어하고 있습니다. 싱글 부모인 경우, 그 문제는 훨씬 더 심각합니다. 미국 정부의 통계는 법정에서 자녀 양육비를 받도록 판결받은 엄마들의 절반 정도만 양육비 전액을 받는다고 밝히고 있습니다. 사실, 4분의 1 정도의 엄마들은 양육비를 전혀 받지 못하고 있습니다.

5. 싱글을 위한 사역

그러면 우리들은 싱글들을 위해서 어떠한 사역을 할 것인가라는 심각한 질문이 제기됩니다. 우리 교회들은 이들에 대하여 깊은 관심을 가지지 못하였으나 사회 변동 요인들을 감안할 때 언제까지 이대로 방치할 수만은 없는 중요한 과제로 등장하고 있습니다.

1) 성경적 관점에서의 접근

싱글 그룹은 그 연령이나 생활 여건이 다양하여 매우 복잡한 특성을 가지고 있습니다. 이들을 위한 사역이 성경적 원리를 바탕으로 하여 추진되어야 합니다.

(1) 미혼자

미혼자를 위한 사역에 있어서 가장 중요한 것은 관점의 변화입니다. 교회는 미혼자를 '실패자'로 규정하고 있는 오늘날의 사회적 태도를 배격하고, 미혼자를 부정적인 고정관념에 묶인 그룹으로 여기는 비인간화의 경향을 바로 잡으려고 노력해야 합니다. 미혼자들이 직면하고 있는 사회적 및 신학적 태도는 매우 중요합니다. 많은 사람들은 사회적 역할을 성공적으로 이행하는 데는 일차적으로 결혼과 가족관계의 차원에서 고려합니다. 그러므로 미혼자는 보다 폭넓은 사회질서의 차원에서 볼 때 사회적 격식을 벗어난 부류로 간주 될 수 있습니다. 하나님 앞에서 개인의 가치에 대한 성경적 메시지는 결혼 여부로 평가되는 것이 아닙니다. 기혼자든 미혼자든 그가 신자라면 그리스도를 위해서 봉사하는 기본적 자세를 가져야 합니다. 미혼자가 자신의 삶에서 하나님의 목적을 성취할 수 있다는 점을 깨닫지 못한다면 자신과 하나님과의 관계는 근심과 좌절로 점철될 것입니다. 미혼자가 미혼으로 살면서 중요하게 생각해야 할 것은 결혼이나 싱글이라는 문제보다는 예수 그리스도와 관련된 자기 인정에 근거한 제자직을 깨닫는 데 있습니다. 미혼자에게는 고립, 고독, 그리고 성욕이라는 어려운 난제들이 있습니다. 이러한 난제들을 신앙으로 풀어갈 수 있는 사역이 이들에게 필요합니다. 그래서 아담스(Jay E. Adams)는 미혼자를 위한 사역 방안으로 '결혼을 위한 짝 찾기'를 제시하면서 첫째, 결혼을 위해서 기도하라. 둘째, 결혼을 위해서 자신을 준비하라. 셋째, 결혼이라는 목표를 향하여 전진하라고 하였습니다.

(2) 이혼자

이혼자의 수가 늘고 있지만 이혼에 대한 사회적 평가는 비판적이고 냉엄합니다. 교회가 이혼자들을 위해서 어떠한 사역을 할 것인지는 교회의 신학적, 신앙적 태도와 연관됩니다. 교회는 이혼자들에게 용서와 위로의 자세보다 심판의 자세를 취하여 왔습니다. 교회가 결혼과 가정생활의 높은 이상을 지켜 나가는데 집중하느라고 각 사람이 처한 형편과 사람들에게 하나님의 대변자로서 구속의 도리를 전달하는 일을 망각한 것입니다. 교회는 이혼자를 위한 사역을 위해서 재혼에 대한 바른 견해를 가져야 하며, 이것을 구체적으로 실천하는 노력을 해야 합니다. 이혼에 관련된 문제들은 복잡하고 심각하기 때문에 전문가들의 연구와 개입이 필요합니다. 이혼으로 인해서 발생하는 문제들 가운데 교회가 관심을 가져야 하는 것은 이혼으로 인하여 생기는 자녀들의 문제입니다. 한국의 경우에도 소년 소녀 가장들이 증가하고 있는데 이들의 상당수가 부모의 이혼 혹은 사별에서 오는 경우입니다. 이들에 대한 교회의 적극적 사역이 요구되고 있습니다.

(3) 사별자

배우자와의 사별을 통해서 싱글 생활을 하는 사람들을 위한 교회들의 사역 영역은 매우 넓습니다. 성경에서 교훈하는 대로 '고아와 과부'를 돌보는 일에 관심을 가져야 합니다. 신학적 입장에서 볼 때, 교회는 사별자가 필요로 하는 동정과 이해, 그리고 사랑을 제공하는 일에 대한 결정적 역할을 할 수 있습니다. 배우자를 잃고 슬픔에 잠겨있는 사람들에게 어떠한 사역을 해야 할 것인지를 깊이 연구해야 합니다. 사별자는 죄책감에 사로잡히기 쉽습니다. '만일 그랬더라면'이라는 말을 자주하고 후회와 아쉬움 속에서 죄책감에 빠지는 경우가 많습니다. 이들을 위해서 교회가 해야 할 일은 첫째, 우리에게 부드러운 마음을 주시기를 기도해야 합니다. 둘째, 경청의 자세를 가져야 합니다. 셋째, 슬픔을 당한 사람이 어떤 말을 하든지 충격을 받아서는 안 됩니다. 넷째, 영적 지원을 해야 합니다. 다섯째, 필요한 것을 배려해야 합니다. 여섯째, 위로의 역할을 계속해야 합니다.

2) 교회 프로그램의 개발

국내에서는 온누리교회가 '뉴라이프 사역팀'을 통해 싱글 사역을 활발하게 펼치고 있는데, 이 팀은 이혼 치유학교도 운영하고 있습니다. 온누리교회의 사역 내용은 다음과 같습니다.

(1) 목적 : 교회의 수적인 급성장으로 인해, 교회는 보편 다수를 위한 프로그램의 개발에 주력하게 되었고, 이로 인해 소수의 특별한 위로와 격려를 필요로 하는 그룹들이 생기게 되었습니다. 그중에서 특별히 홀로서기 위해 노력하는 싱글들의 필요를 알고, 그들의 신앙생활을 격려하며 도와야 할 필요가 있습니다. 더불어 그들의 적극적인 교회 생활을 통해 그들

의 은사를 개발하고, 또한 리더십을 개발함으로서 그리스도의 몸된 교회로 자라게 하며, 그들이 사랑 안에서 스스로 설 수 있도록 돕는 사역을 감당합니다.

(2) 전략 : 이 사역은 대상자에 따라 사역의 방향과 프로그램의 내용이 달라져야 한다는 어려움이 있습니다. 홀로 살고 있다는 사실을 감추기 원하는 한국적인 정서를 감안해서 조심스럽게 비공개적으로 추진해 가는 것이 바람직합니다. 일대일의 모임이나 아주 작은 소그룹을 통해 시작하고 점차 확대해가는 것이 필요할 것입니다. 결혼이나 재혼을 원하는 사람들, 홀로서기를 원하는 사람들 모두의 필요를 수용하고 격려하며 도와야 합니다. 더불어 대상자들의 자녀들을 돕는 프로그램도 있어야 합니다.

(3) 대상 :
- 35세 이상의 독신자(Focus Ministry) / 믿음의 모임
- 이혼자(Rebuilder Ministry) / 소망의 모임
- 상배자(Single Parent Families Ministry) / 사랑의 모임

(4) 사역의 영역 :
① 치유와 상담 : 치유와 상담을 통해서 상처를 치유하며, 아픔으로부터 빨리 회복될 수 있도록 돕습니다. 문제점을 파악하고 해결하기 위해 함께 노력합니다.
② 교육 : 자녀 교육, 또는 실생활에 적응 훈련에 대한 교육을 통해 홀로서기를 준비하며, 실행해 나갈 수 있도록 준비시킵니다.

③ 지원 : 서로의 필요를 돕고, 격려하며 Mentorship을 통해서 혹은 Big-Brothers, Big-Sisters를 통해서 자녀들과 사역 대상자들이 홀로서기를 할 수 있도록 돕습니다.

④ Out-Reach : 그리스도의 사랑 안에서 홀로서기 혹은 새로운 가정을 갖기에 성공한 이후에는 사역 대상자들을 돕기 위하여 스스로 사역자가 됩니다.

• 한편 최근 들어 여러 교회들에서 싱글 사역이 활발하게 펼쳐지고 있습니다. 새 출발교회(김성희 목사)는 이혼이나 사별 후 홀로된 이들이 공동체 속에서 자신의 소중함을 재인식하도록 돕고 있습니다. 이 교회는 프로그램을 통해 나를 필요로 하는 곳이 있구나, 나도 할 수 있구나 라는 자아 의식을 심어줍니다. 주일 예배 후에는 독후감 발표, 시 낭송 등의 행사로 교감을 갖게 합니다. 여의도순복음교회(이영훈 목사)의 뽈라선교회도 나오미 교실을 정기적으로 열고 있습니다. 나오미 교실은 남편을 잃고 홀로 자녀를 양육하는 여성들을 위한 프로그램입니다. 서울 평창동의 예능교회(조건회 목사)는 싱글 카페를 운영하고 있습니다. 이 모임은 믿지 않는 홀로 된 이들을 위해 예배 형식을 취하지 않고 차와 다과 접대, 연예인들의 간증과 노래 등으로 부담없이 대화를 나눌 수 있는 자리로 만들고 있습니다. 한국 가정 상담연구소에서는 '승리하는 싱글'이라는 워크북을 교재로 하여 30주 프로그램과 이혼 싱글을 대상으로 한 '행복한 싱글'이라는 워크북을 중심으로 16주 프로그램을 운영하고 있습니다.

싱글 사역에 있어서 필수적으로 검토되어야 할 사역 중의 하나가 '홀부모 사역'(Single Parent Families Ministry)입니다. 이 사역은 홀부모와 그들의 자녀들이 하나님과 사람에 대한 그들의 관계에서 성장할 수 있는 환경을 갖도록 그들을 무장시키고 돕는 것을 목적으로 합니다.

3) 싱글 사역의 적용 가능한 원리들

① 이혼과 재혼에 대한 교회의 입장을 결정함으로 시작하라.

홀부모를 다루는 어떤 사역도 교회가 대체로 이혼의 주제에 대해서 불편함을 느끼기 때문에 상반된 두 가지 감정으로 받아들여질 것입니다. 담임목사와 함께 시작하고 장로들과 함께 일하면서 폭넓은 연구가 수행되고, 이혼과 재혼에 관해 한 가지 입장이 받아들여져야 합니다. 이 입장은 문서로 유포되고, 강단으로부터 가르쳐져야 합니다. 이렇게 함으로써 교회는 성경적인 입장에서 뿐만 아니라 감정적인 입장에서도 홀부모 가정 사역의 필요성에 대해서 반응할 수 있을 것입니다.

② 규모가 큰 사역은 사역의 대상이 되는 사람들의 삶에 교인들이 개인적으로 참여함으로써 시작됩니다.

우리는 홀부모 가족을 돕기 위해서 굳이 토대를 제공해주는 공식적인 사역을 기다릴 필요가 없습니다. 홀부모 가정의 자녀들과 함께 특별 캠핑, 주말이나 재미있는 시간을 기꺼이 갖기 원하는 사람들을 함께 그룹으로 모아서 시작하는 것은 장기간의 헌신, 재정적인 의무, 특별한 계획이 필요하지 않습니다. 그러나 이러한 일들은 매우 귀중한 경험을 제공합니다. 이런 일들을 통해서 교인들은 홀부모 가정에서의 특별한 필요들을 알고, 돌아서기보다는 오히려 전에 하지 못한 봉사를 할 수 있는 힘을 얻습니다. 그들은 그들의 봉사의 열망을 더욱 가속 시키는 직접적인 좋은 결과들을 볼 수 있습니다.

③ 그룹 내에 있는 홀부모들에게 자녀들을 데려오는 기회, 가족 소풍이나 놀이를 통해서 주기적으로 제공함으로써 홀부모 사역을 시작할 수 있는 터를 준비할 수 있습니다.

이것은 홀부모들이 서로의 관계를 시작하는 계기를 허락합니다. 이렇게 하여 홀부모 사역을 갖는 것이 바람직하지만, 언제나 홀부모 가정을 위한 별도의 사역을 갖는 것이 가능한 것은 아닙니다. 때로는 싱글들 사역 아래에서 홀부모 사역을 수행할 수도 있습니다.

④ 양육 강좌를 개설하는 것은 부모가 모두 있든지 홀부모만 있든지 간에 아이들에게 매우 가치있는 일입니다.

양부모에게 훌륭한 육아는 홀부모에게도 훌륭한 육아이며, 홀부모에게 훌륭한 양육은 양부모에게도 훌륭한 양육입니다. 홀부모와 함께 공유한 가치를 가지기 위해서는 홀부모가 될 필요는 없습니다. 원리와 실제는 양부모와 홀부모 모두에게 훌륭한 자녀를 양육하기 위해서 동일합니다. 문제는 부모가 얼마나 자녀의 양육을 위해서 무장되고 훈련이 되어 있는가 하는데 있습니다. 아이들은 부모 중 정서적으로 건강한 한쪽의 지도와 지원 그리고 도움으로 정서적으로 건강한 어른으로서 성장할 수 있습니다.

⑤ 홀부모, 이전 홀부모, 혹은 독신 성인, 어릴 때 홀부모 가정에서 자랐던 사람들이 홀부모 사역의 핵심적인 자리를 차지하는 것이 필요합니다.

혼자 살아보지 못한 사람이 홀부모 가정이 무엇을 겪는지 이해하는 것은 어렵습니다. 교회 내의 모든 사람들이 홀부모 사역을 섬기고 도와줄 수 있지만, 홀부모들이 앞으로 사역이 취할 방향을 결정하는 팀의 전면에 있을 필요가 있습니다.

한편 Bob Burns와 Tom Whiteman이 쓴 'Divorce Recovery Workbook'은 11과정으로 진행되도록 되어 있으며, Bill Flanagan이 쓴 'Developing a Divorce Recovery Ministry'는 사역자들이 실제적으로 활용할 수 있는 매뉴얼로 실제적인 사역에 많은 도움을 줍니다. 싱글 사역 전반에 걸쳐 좋은 조언을 주는 책으로는 Bobbie Reed가 편찬한 'Baker Handbook of Single Parent Ministry'가 있습니다.

4) 싱글 사역의 내용

• 이러한 싱글 사역의 구체적인 프로그램들로는 다음의 내용들을 들 수 있을 것입니다.

(1) 상처받은 마음의 치유

이들에게 있어서 가정 우선적인 일은 마음의 상처를 치유하는 일입니다. 하나님은 인간을 관계 맺는 존재로 만드셨습니다. 그렇기에 당연히 인간은 하나님과(눅10:27), 이웃과(요13:34~35) 그리고 배우자와(엡5:28~33) 관계를 맺도록 되어 있습니다. 그런데 하나님과(눅10:27), 이웃과(요13:34~35), 배우자와(엡5:28~33) 어떤 관계든지 깨어진다면 결국은 상처를 받게 되고, 그 상처는 이들의 삶을 지배하게 됩니다. 그렇기 때문에 이들의 상처를 치유한다는 것은 관계회복의 첫걸음이 되는 것입니다. 이들을 위해 교회는 우선 '이혼 회복 프로그램'이나 '슬픔 회복 프로그램', '자녀를 위한 회복 프로그램' 등을 도입할 필요가 있습니다. 미국 교회들에서 이미 시행되고 있는 이 프로그램은 한국 가정 상담연구소에서도 2000년에 시도된 바 있습니다.

이혼 회복(divorce recovery) 프로그램은 워크샵이나 세미나 형태로도 진행될 수 있으며 기간은 1~2주, 또는 수주에 걸쳐 진행될 수도 있습니다. 즐거워하는 자들과 함께 즐거워하고 우는 자들과 함께 울라(롬12:15)는 말씀대로 교회가 그들과 함께 감정을 나눌 필요가 있습니다. 슬픔 회복(grief recovery) 프로그램은 특별히 사별한 싱글과 이혼한 싱글들이 보이는 슬픔의 사이클을 치유하기 위한 프로그램입니다. 그러나 이들 두 그룹이 갖는 슬픔의 양태가 다르기 때문에 소그룹은 분리하여 운영해야 합니다. 즉, 이혼자들은 과거를 돌아보고 싶어 하지 않는 반면, 사별자들은 과거를 회상하고 고인에 대한 대화를 나누기를 원합니다. 이러한 심성을 고려하여 진행해야 할 것입니다. 슬픔 회복 프로그램의 포맷은 이혼 회복 프로그램과 유사합니다.

싱글들에게 또 새로운 관계를 만들어 가기 위한 관계 세미나(relation-ship seminars)도 중요한 프로그램이 됩니다. 이 프로그램은 싱글이 자기 자신에 대해 더 많은 것을 배우도록 돕습니다. 자기 자신에 대해 객관적으로 많은 것을 알아야만 이들은 건강하게 홀로 설 수 있습니다. 과거의 자기 자신을 돌아보고 이해하여야만 이들은 또 다른 실패를 예방할 수 있습니다. 또, 왜 그들이 특정 유형의 성격에 매력을 느끼는지, 관계에서 어떠한 반응을 보이는 경향을 갖는지 등에 대해 알도록 합니다. 더불어 이전의 관계에 무엇이 잘못되어 있는지를 이해할 수 있도록 돕는다면 미래의 관계에 있어서 실패를 예방할 수 있을 것입니다. 그래서 이 프로그램에서 자아상, 성격 유형과 나, 성, 갈등 다루기, 의사소통, 용서, 과거의 상처 치유, 재혼 또는 데이트 준비, 그리스도와의 관계 속에서의 헌신 등을 성경에 기초하여 다루어 준다면 홀로서기에 큰 도움을 주게 될 것입니다.

(2) 웃음을 격려하는 프로그램

이러한 치유의 프로그램이 진행되면서 이들에게는 이제 웃음을 건강하게 되찾게 하기 위한 프로그램도 진행되어야 합니다. 진짜 웃음과 진정한 기쁨은 한 걸음 차이입니다(빌4:4). 그런데 싱글 사역에서는 균형적인 접근 방법을 사용합니다. 즉, 함께 모여서 공부할 때에는 영적인 커리큘럼으로 함께 기도하며 진행합니다. 그러나 친목회 성격의 이벤트도 함께 제공됩니다. 물론 프로그램의 성격에 따라 싱글들만 참여하기도 하고 그들의 자녀가 함께 참여할 수도 있습니다. 즉 건강한 홀로 서기의 프로그램은 싱글들만, 가족의 회복을 위한 내용이라면 가족 모두가 참여하는 것이 바람직합니다. 예를 들면 편모가정의 자녀들은 남자의 역할 모델을 상실하기 때문에 이들에게 긍정적인 그리스도인 남성의 역할을 가르쳐 주어야 할 필요가 있고, 편부가정의 자녀들에게는 여성의 역할 역시 보여 주어야 합니다. 이를 위해 싱글들의 공동체 모임을 만드는 것을 적극 고려해야 합니다. 이들은 적극적인 의사소통 상대를 찾고자 합니다. 그래도 그러한 상대가 있다면 이들은 넘어지려 할 때 의지할 수 있는 축으로 인해 힘을 얻게 되는데 교회가 그러한 장을 만들어 주어야 한다는 것입니다.

이미 교회 밖에는 그러한 모임들이 시작되고 있습니다. 그러나 그들은 전혀 영적으로 건강하지 못하기 때문에 교회가 신속하게 나서서 이들을 도와주어야 한다는 것입니다. 즉, 교회 안에 이들의 소그룹을 적극적으로 활성화 시켜 주어야 하고 이들을 격려해 주어야 합니다. 이 소그룹에서 일정한 주제를 가지고 정기적으로 모임을 가질 수도 있고, 주말 가족 여행을 할 수도 있을 것이며, 방학 기간 중에는 퇴수회(Retreats)나 패밀리 캠프를 갖는 것도 좋은 방법이 될 것입니다. 이러한 친목 모임은 열린 마음을 갖게 하고 매일의 일상에서 혼자가 아니라는 것을 알게 해 준다(롬12:15)는 점에서 아주 중요하다고 하겠습니다.

• 이러한 프로그램으로 다음의 예들을 들수 있습니다.

① 테마 파티 : 한 달에 한 번, 교회에서 늘 하는 음식과 어떤 일정한 주제를 가지고 장식을 하고, 싱글들을 초대합니다. 모든 사람들이 음식을 가져오고, 복장, 모자 등을 그 달의 주제에 맞게 입습니다.

② 주말 모험 : 주말에 싱글 가족들이 함께 보낼 수 있는 활동들로 여름 캠핑, 겨울 리트릿, 봄철 주말 외박, 패밀리 캠프, 친목회 등을 들 수 있습니다.

(3) 지지그룹 만들기

모임의 형태로는 최근에 이혼한 싱글들을 위해서는 6주에서 8주 정도의 회복 프로그램이 운영되어야 하며, 이혼 가정의 자녀들을 위한 소그룹도 만들어져야 할 것입니다. 더불어 같은 성격을 가진 사람들, 예를 들면 사별자 그룹(사별자도 젊은 사별자와 나이가 든 사별자로 나눌 수도 있다), 이혼자 그룹, 비혼 그룹끼리 소그룹을 만들어서 정기적 모임을 갖는 것이 좋습니다. 이때 그 그룹들에게 새로운 이름을 붙이는 것을 잊어서는 안됩니다. 가끔은 싱글 그룹과 그 자녀들과의 연합 모임도 할 필요가 있으며 이들을 정기적으로 상담할 팀을 만들어 상처의 치유와 회복으로부터 후견인 문제, 법적인 문제, 재정문제 등 전반적인 지원을 하도록 합니다. 특별히 부부가 이혼한 자녀들을 위한 회복 프로그램을 운영해야 하며, 싱글과 그 가족들에게 우정과 여가를 함께할 수 있는 지지그룹을 운영하는 것이 좋은데, 이들 모두 소그룹 형태로 운영해야 합니다. 특별한 필요를 다루는 지지그룹(예: 학대로부터 회복, 약물이나 알코올 중독 치료 등)을 운영하는 것도 좋습니다.

(4) 가족의 자매결연(partnering parents)

더불어 이들 가운데 멘토링 프로그램을 도입하여 서로를 지원하도록 할 필요도 있으며, 가족 간 자매결연 프로그램도 검토해 볼만 합니다. 접붙이기의 원리(롬11:17~24)를 가정에 적용하는 것으로서, 양부모가 다 있는 가정과 홀부모 가정이 서로의 자녀를 자기 자녀로 받아들이고 확대 가족이 되는 것을 말합니다. 그러나 이를 시행하기 위해서는 남녀의 관계로 인한 감정적인 문제, 가족 체계의 문제 등에 대한 사전 해결이 있어야만 할 것입니다.

(5) 싱글 가족을 돕기 위한 다양한 활동들

또, 싱글 자녀들을 위한 소년단 구성을 통해 스포츠 팀을 만든다든지 이들이 그룹 안에서 정체감을 찾을 수 있도록 돕는 것도 아주 좋은 방법입니다. 또 교회 차원에서 정기적인 세미나나 워크샵을 열어 이들이 갖게 되는 여러 문제들, 즉 자존감의 개발이나 자녀들의 자아상 문제, 의사소통 문제, 편부모 가정의 스트레스 극복, 효과적인 부모 역할 등의 문제에 대한 해결점을 함께 토의하고 길을 열어 줄 필요가 있습니다. 이와 함께 필수적인 것이 영적인 훈련입니다. 이들이 건강한 신앙생활을 하는 것은 올바른 홀로서기를 위해서도 필요합니다. 이들을 위한 별도의 영성개발 프로그램이나 영적 훈련도 적극적으로 도입되어야 할 것입니다. 물론 그동안에는 이들만을 모아 놓으면 오히려 모이지 않을 것이라는 우려도 있고, 더 상처를 주는 것이 아닌가 하는 생각을 갖기도 합니다.

그러나 이는 근본적인 문제 해결이 되지 않음으로 인해 생겨나는 오해일 뿐입니다. 진정으로 교회라 하면, 사랑의 공동체라 하면 마음을 나눌 수가 있어야 하는데, 그러한 터전이 이루어지지 않았다면 교회의 근간에 문제가 있는 것 아니겠는가? 같은 심정을 가진 사람들끼리 마음을 나누며 서로를 위로하고 격려하며 서로에게서 사랑을 회복하는 공동의 장을 만들어 주는 것이야말로 너무나도 중요한 교회의 역할인 것입니다. 안타깝게도 대화할 상대가 없어서 홀로 마음을 삭히는 싱글들이 의외로 많다는 점을 잘 생각해 봐야 합니다. 그들에게 인간관계 연결망을 만들어 주는 것이 아주 중요하다는 것입니다. 물론 이 모임이 그저 한숨만 쉬는 것으로 진행되어서는 안됩니다. 목표는 건강한 자아상을 회복함으로 인해 영적으로,

정신적으로 건강하게 설 수 있도록 만들어 주는 것입니다. 그런 의미에서 건강한 싱글 사역자들의 발굴은 아주 중요한 과제로 떠오르고 있습니다.

이들 모임에게 의미 있는 일을 부여하는 것도 아주 중요합니다. 예를 들면 사회복지단체와 손을 잡고 이들에게 정기적인 봉사와 헌신의 기회를 부여해 주고, 그러한 일에는 자녀들도 함께 참여해서 '더불어 함께'의 의미를 심어줍니다. 나아가서는 이들 싱글들이 주축이 되어 복지 사업을 실행하도록 하는 것도 아주 좋은 방법입니다. 이들에게 '의미 있는 일'을 행한다는 것은 삶의 활기를 불어넣을 수 있다는 점에서 신나는 일이 될 수 있기 때문입니다. 더불어 새로운 출발을 하려는 싱글들을 돕는 프로그램도 있어야 합니다. 이들이 자아상을 회복하고 건강한 새 출발을 할 수 있도록 준비하는 결혼 예비 프로그램 및 새로운 출발을 위한 여러 가지 상담이 뒤따라 주어야 합니다. 특히 자녀를 동반하는 재혼의 경우 많은 상담이 수반되지 않으면 심각한 문제를 가져올 수도 있음을 잊어서는 안됩니다.

(6) 재혼 사역

㈀ 재혼 사역의 필요성

재혼 사역은 한마디로 재혼을 앞두고 있는 사람들을 대상으로 한 사역으로, 어떻게 보면 싱글 사역의 한 파트라고 말할 수도 있습니다. 곧 대상자가 이미 이혼 또는 사별을 한 상태에서 현재는 싱글의 상태이기 때문에 당연히 싱글 사역의 범주에 포함된다고 할 수 있을 것입니다. 그러나 싱글 사역은 싱글로서의 건강한 홀로서기에 초점을 맞추고 있다면 재혼 사역은 싱글들 중에서도 새 출발을 원하는 사람들을 대상으로 하면서 건강한 재혼, 실패하지 않는 재혼에 초점을 맞춘다고 할 수 있을 것입니다. 중요한 것은 준비되지 않은 상태에서 재혼을 하게 될 경우 또다시 실패할 가능성이 높기 때문에 그러한 문제를 사전에 예방해야 할 필요성은 아무리 강조해도 지나치지 않을 것입니다.

ⓛ 재혼 사역의 대상

재혼 사역은 이혼 또는 사별로 인해 일시적 싱글이 되었지만 재혼을 하기로 한 사람들이나 당사자는 초혼이지만 결혼을 할 사람이 재혼일 경우에 해당되는 것으로 '재혼+재혼', '재혼+초혼'커플 모두가 사역의 대상이 됩니다. 당연히 재혼을 돕는 사역과 재혼 후의 건강한 가정을 이룰 수 있도록 지원하는 사역으로 나눌 수가 있습니다.

ⓒ 재혼 사역의 내용

재혼 준비자들을 위한 훈련 과정의 구체적인 내용은 다음과 같습니다. '건강하고 행복한 재혼 만들기'라는 제목으로 준비되는 이 과정은 보통 12주 프로그램으로 진행됩니다(추부길 편, 건강하고 행복한 재혼 만들기 워크북, 서울 : 한국가정상담연구소, 2005, 미발매 교재).

• 제1주 : 재혼 준비는 되었나요?

이 과정에서는 재혼의 동기를 점검하면서 결혼에 대한 의미를 다시 한번 정리해 보는 시간입니다. 더불어 결혼 혹은 재혼하면서 갖게 되는 잘못된 환상이나 문제들을 살펴봅니다. 특별히 치유되고 회복되어야 할 문제들을 집중적으로 살펴봅니다.

• 제2주 : 사랑, 결혼의 기초입니다.

이 과정에서는 부부간에 사랑을 만들어가기 위한 실제적인 방법을 제시합니다.

• 제3주 : 결혼에 대한 비전도 세워야죠?

이 과정에서는 결혼에 대한 비전을 다시 정리하며 푯대를 세우는 작업을 합니다.

• 제4주 : 행복한 습관을 만듭시다.

이 과정에서는 부부간에 행복한 습관을 만들어 감으로 인해 진정한 행복을 가꾸는 방법을 제시합니다.

• 제5주 : 결혼에는 많은 필요가 채워져야 합니다.

이 과정에서는 매슬로우의 욕구 5단계 설을 기초로 하여 결혼에 있어서 서로의 필요를 어떻게 채울 것인가를 살펴봅니다.

• 제6주 : 서로 대화가 잘 통하나요?

이 과정에서는 부부 간의 의사 소통의 방법과 부부 역할에 대해 점검하고 배웁니다.

• 제7주 : 서로의 차이를 이해했나요?

이 과정에서는 서로의 배경 차이, 역사의 차이, 습관의 차이, 남자와 여자에 대한 차이를 배우고 이해하게 됩니다.

• 제8주 : 부부싸움, 피할 길이 없습니다.

이 과정에서는 어쩔 수 없는 부부간의 갈등을 어떻게 해결하고 극복해 갈 것인가를 배우게 됩니다. 특별히 재혼 가정의 문제들을 집중적으로 분석합니다.

• 제9주 : 행복한 성이 행복한 결혼을 만듭니다.

이 과정에서는 부부간의 행복하고 건강한 성 문제를 다루게 됩니다.

• 제10주 : 당신 자녀, 내 자녀, 그리고 우리 자녀.

이 과정에서는 복합 가정의 자녀들을 제대로 양육하기 위한 방법을 배우게 됩니다.

• 제11주 : 돈 문제, 어떻게 할까요?

이 과정에서는 건강한 경제 문제 해결 방법을 제시하게 됩니다.

• 제12주 : 영적인 동반자라고 느끼십니까?

이 과정에서는 영적인 동반자로서의 부부에 대해 생각하고 어떻게 서로의 영적 성장을 도울 것인가를 훈련받게 됩니다.

예수님의 지상 사역은 선포하고, 고치시고, 가르치시는 사역이었습니다. 연약한 자를 고치신 사역은 오늘의 우리들에게도 중요한 주제입니다. 외롭고 고통 당하는 사람들을 찾아 그리스도의 사랑으로 돌보는 손길이 필요합니다. 싱글들은 고립과 고독 속에서 고통을 당합니다. 이들에게 그리스도의 사랑으로 사랑을 나누는 사역이야말로 가장 중요한 사역입니다. 오늘의 우리들은 소외된 계층에게 우리들이 받은 축복을 함께 나누는 노력이 있어야 합니다. 이것은 '섬기려고 오신'그리스도를 본받는 삶이기 때문입니다.

<h2 style="text-align:center;color:#3b8fd4">참고문헌</h2>

- 김성중 외 7인, 교회교육 현장으로 가다, 동연, 2016.
- 도나파토, 기질과 가정생활, 홍종락 역, 생명의 말씀사, 2003.
- 로이 B 주크, 장년교육, 신청기 역, 기독교문서선교회, 1999.
- 마이클 J. 앤서니 편저, 기독교 교육 개론, 정은심, 최창국 역, 기독교문서선교회, 2022.
- 알렉산더 아빌라, MBTI로 보는 데이트와 사랑, 문희경 역, 솔로몬, 2005.
- 이규민 김난예 김재우 김희영, 인간발달과 기독교교육, 동연, 2023.
- 정정숙, 성경적 가정사역, 베다니, 1994.
- 최임선, 신앙의 발달과정, 종로서적, 1984.
- 최홍준, 송길원, 가정사역 핸드북, 기독교 가정사역연구소, 1996.
- 추부길, 패밀리 미니스트리, 한국가정상담연구소, 2005.
- 헨리에타 미어즈, 주일학교의 모든 것, 조계광 역, 생명의 말씀사, 2023.

12장 장년부
(36세~64세)

30대는 인생에서 분명 바쁜 시기이기도 하지만 당황하는 시기이기도 합니다. 결혼하여 아기를 낳고, 초보 부모로서 자녀 양육과 교육에 시행착오를 거치며 매달리는 동안 서른 잔치는 끝나버립니다. 40대는 불혹의 나이로 세상일에 정신을 빼앗겨 판단을 흐리는 일이 없는 나이라지만 실상은 사춘기 자녀와 자녀들의 대학 진학 문제로 온갖 정신을 다 빼앗깁니다. 50대는 자녀가 대학교를 졸업하고 시집 장가가고 나면 인생이 거의 끝나는 것 같고 내가 해야 할 일은 마친 것 같은 기분이 듭니다. 그리고 언제인가부터 허전함과 허무감이 가끔 삶을 흔들어 외로움 앞으로 몰고 갑니다. 눈물이 많아지고 어디론가 훌쩍 떠나고 싶습니다. 1900년대에는 세계 인구의 평균 수명이 50을 넘지 못하여 중년기가 짧고 곧 노년기로 들어갔으나 과학과 의학의 발달로 이제 평균 수명이 길어졌기에 중년기는 짧지 않습니다. 인생의 3분의 2를 중년기로 보내지만, 성인으로 간주되는 보편적인 시기는 경제적으로 독립하고 결혼하여 부모 곁을 떠나 자녀를 낳아 부모가 되고 사회적 역할과 맡은 바 책임을 다하는 시기입니다.

많은 사회학자는 중년기가 일생에서 가장 스트레스가 많은 시기라고 하는 것은 그만큼 다양한 변화를 겪는다는 것입니다. 에릭슨(Erik Erikson)

은 중년기가 30~60세로 생산성이나 침체성을 겪는 시기라 합니다. 융 (Carl Jung)은 중년기는 참 자기, 즉 진정한 자기를 찾아가는 시기라 했으며, 하비거스트(Havighurst)는 배우자와 친밀한 관계를 유지하며 자녀들이 행복한 성인이 되도록 도와주고 시민의 의무와 책임을 다하는 시기라 했습니다. 중년기는 완성과 성숙의 시기입니다. 자신의 인생 목표를 점검하고 평가하며 여러 가지 경험을 통해 가정과 직장과 사회에서 자신의 역량을 발휘하는 시기입니다. 중년기의 큰 과제는 자녀 양육과 부모 역할 뿐 아니라 자신의 전문적 기술과 능력을 전수하여 생산성을 획득하고 신체적, 경제적, 심리적으로 안정하는 것입니다. 그렇지 못할 때에는 침체감을 갖습니다. 자신의 부모 역할과 직업을 통해 느끼는 만족도는 중년기 성격 발달에 중요한 역할을 합니다. 성인 초기가 가장 바쁘고 스트레스가 많은 시기라면 중년 후기는 신체적, 심리적으로 변화를 경험합니다.

1. 장년부의 특성

1) 신체 발달과 변화

성인 초기는 대부분 신체 발달과 성숙이 절정에 이르며 전반적으로 건강 상태는 좋고 힘이 넘치며 정력적입니다. 속도와 강도, 협응 능력, 지구력 등 모든 신체 능력도 좋으며 30대는 활동력이 높고 더 많이 일할 수도 있습니다. 신체 발달의 절정기 이후에는 점진적인 감소가 일어나지만, 40대 중반에 이를 때까지 분명하게 확인될 수 있는 변화는 나타나지 않습니다. 연령에 따른 신체 변화는 급격하지 않기에 적절한 계속적인 운동과 훈련은 성인 중기 이후에도 젊음을 유지하며 살 수 있습니다. 그러나 성인 중·후기로 들어가면 사람들은 노화 과정이 일어나고 있음을 분명하게 느낍니다. 피부 탄력성이 떨어지고 눈 가장자리와 이마에 주름이 생기며, 머리카락이 빠지고 흰 머리카락이 생기며 회복력이 늦어집니다. 신장은 대개 55세까지는 일정하게 유지되나 뼈 밀도가 줄어듦에 따라 여성은 평균 2인치, 남성은 1인치 정도 줄어듭니다. 여성은 골다공증의 위험이 높아 신장이 더 줄어들 가능성이 있습니다. 신장이 줄어드는 것에 비해 체중과 체지방은 증가하는 경향이 있어 비만이 될 가능성이 커집니다. 성인 중·후기는 특히 노화 현상에 스트레스를 많이 받습니다. 남성들은 지나온 삶을 보여주는 이마 및 눈가의 주름, 거칠어진 피부와 은발이 노련미와 안정감을 주지만, 여성들에게는 이런 모든 것들이 위기로 느껴집니다. 이런 위기감은 더욱 젊어 보이고 젊게 행동하고 젊게 살고 싶은 욕구로 심리적 위기를 줍니다. 소위 말하는 중년기 위기의 한 원인이 됩니다. 건강한 마음으로 살면서 스트레스를 긍정적인 성취로 바꾸면 중년기를 인생의 황금기로 만들 수 있습니다.

중년기의 중요한 신체 변화는 갱년기(climacteric)이며 여성은 물론 남성에게도 나타납니다. 여성의 난소와 남성의 고환에서 분비되는 성호르몬은 사춘기에서 시작하여 성인 초기까지 비교적 변화 없이 일정한 수준을 유지합니다. 여성들은 30대 후반이나 40대 초반 남성들은 50대 초반에 이르면 성호르몬 분비가 감소하기 시작합니다. 여성 호르몬 감소는 쉽게 감지될 수 있으나 남성 호르몬 감소는 매우 점진적으로 일어나기 때문에 쉽게 감지되지 않습니다. 여성 갱년기는 신체적으로 극적 변화를 일으켜 신체적-생리적 불편을 경험하지만, 남성들의 갱년기는 보다 미묘하고 점진적이어서 여성들과는 차이를 보입니다.

2) 인지 발달과 변화

과거에는 인간 지능이 20대 초반에 절정에 달하고 그 이후 점차 쇠퇴하다가 60대 이후 쇠퇴가 가속화된다고 생각하였습니다. 그러나 최근의 연구들은 인간의 전 생애를 통한 지능 변화가 더 복잡한 것이라 합니다. 중년기 인지 발달의 일반적 특징은 지능의 여러 요인이 일률적으로 감퇴하지 않고, 교육 경험, 사회문화적·심리적 배경 등에 따라 개인차가 크고 과제에 따라 차이가 있습니다. 정보처리능력, 논리 능력, 기억능력과 같은 유동성 지능 감퇴는 신경원의 정보전달 기제의 쇠퇴가 정보 능력을 떨어뜨리기 때문이며, 사람들이 학습과 경험을 통해 배우고 문제 해결 상황에 적용할 수 있는 정보와 기술 및 전략과 같은 결정성 지능 감퇴는 교육 수준, 직업, 문화적 배경에 따라 차이가 있습니다.

샤이에(K. W. Schaie)는 인지 발달을 지식의 획득 단계와 적용 단계로 구분하고 일생 동안 5단계를 거쳐 이루어진다고 하였습니다. 개인의 인지 능력은 연령증가와 함께 지식 획득에서 지식 적용 방향으로 발달하며 중년기는 지식을 적용하고 책임지는 단계에 해당합니다. 중년기 인지 발달에서 기억력을 호소하는 사람들이 많습니다. 40대가 되면 자연스럽게 자신의 기억력이 감퇴 되고 있다는 것을 느끼고 화젯거리가 됩니다. 연령이 증가하면서 기억력 감퇴는 다양합니다. 실질적으로 성인 초기에는 그 증상을 잘 모르지만 50세가 되면 저장된 정보를 인출 하는데 20~50세 사이의 사람들이 걸리는 시간보다 60%가 증가하는 것을 보면 성인 중기에는 기억력이 감퇴하고 있음을 보여줍니다. 그러나 엄밀히 말해 중년기 기억의 변화는 그 이전부터 있었으나 큰 관심을 갖지 않다가 나이가 들면서 건망증을 기억능력의 감퇴로 인식하는 경향이 커지는 것입니다. 감각기억과 단기기억은 중년기에 약화 되지만 장기기억은 기억 손실이라기 보다는 저장된 정보를 인출 하는 데 비효율적이기 때문입니다. 또한 추상적인 문제 해결 능력은 성인 초기에 감소하나 현실적이고 실제적인 문제 해결 능력은 중년기에 절정을 이루는 것도 이와 같은 맥락에서 말할 수 있습니다. 즉, 전문가로서 오랜 시간 종사해오면서 전문지식과 능력을 획득하여 그 분야에서 인지능력이 발달한 것입니다. 과학과 수학 분야에서 괄목할 만한 발견은 중년기에 이루어졌으며, 평범한 과학자나 수학자의 생산성과 창의성은 40대와 50대까지도 활발하며 단순히 양 보다는 질을 따질 때 50대, 60대에도 심지어는 90대에도 창의적 업적이 계속되는 것으로 나타납니다.

3) 사회 심리 발달과 변화

중년기는 생산성 대 침체감(Generativity vs. Stagnation)을 경험합니다. 생산성이란 자녀 출산과 양육으로 다음 세대를 돌보고 이끌어 감으로써 자신의 존재가치를 확장하며, 직업과 친 사회적 활동을 통해 자신의 기술과 능력을 전수하여 사회 존속과 유지 및 발전에 헌신하는 것입니다. 생산성은 젊은 세대의 삶을 개선 시키기 위한 자원과 창조적 기술이며 사회의 존속을 위한 중요한 능력입니다. 자녀에 대한 자애로운 부모 역할과 직업에서의 탁월한 업적 그리고 접촉하는 다양한 사람들에 대한 존경의 표현은 젊은 세대들 사이에 낙관주의와 인내심을 증진 시키는 모델의 역할을 합니다. 생산적으로 활동하는 40~50대 성인들은 친 사회적 성격 특성을 가지고 부모 역할에 전념하며 직업에서도 생산적 태도를 나타내며 가족 이외의 타인에 대해서도 관심을 가지며 배우자 역할도 잘합니다.

중년기 사회 심리적 위기의 부정적 해결은 침체감으로 나타납니다. 침체감은 심리적 성장의 결핍이며 매사에 불평하고 비판적인 사람이 됩니다. 부모 또는 어른으로서의 역할 수행이 원만하지 못하고 자신이 할 일이 없다고 느끼며 자신의 에너지와 기술을 오직 자기 확대와 자기만족을 위해서만 사용합니다. 가정관리나 자녀 양육 혹은 직업 역할을 만족스럽게 수행하지 못하는 성인들은 침체감을 경험합니다.

매슬로우(Abraham Maslow)는 인간의 욕구 위계에서 자아실현 욕구가 가장 높은 수준이라 하였습니다. 인간 행동의 동기는 단순히 쾌락을 추구하고, 고통을 회피하거나 내적 긴장을 감소하려는 노력 이상의 것입니다. 인간은 자아실현을 위해 생존 욕구에서 해방되어 자신이 하는 일에 자긍심을 가지고 가족원이나 직장동료로부터 인정을 받으며 자신을 존중하는 마음이 있어야 합니다. 스위스 심리학자인 융(Jung)은 환자를 치료한 임상적 경험과 그 자신의 자아 분석을 통해 중년기 성격발달을 제시하며 발달의 궁극적 목표는 자아실현으로 보았습니다. 그는 40세를 인생의 전반에서 후반으로 바뀌는 전환점으로 보았습니다. 성인 초기에는 가족과 사회가 요구하는 책임과 의무를 완수하려는 외적 목표로 에너지가 분산되고 그에 따른 성격이 발달해 나갑니다. 그러나 중년기에는 이런 욕구를 대부분 충족시키고, 자아 성숙과 자아실현을 향한 내부적 노력에 정신 에너지를 집중하면서 억압되고 방치되어 있던 내면의 진정한 자아를 찾기 위한 탐색이 시작됩니다. 즉, 청년기나 중년기 목표였던 돈, 명예, 지위, 출세 등이 중년기까지 계속된다면 삶의 의미를 잃고 허무감을 느끼며 고독감에 정체됩니다. 그러나 고통스럽지만 의미 있는 내면적 여행을 통해 진정한 자아와 맞닥뜨려 직면할 때 성장이 이루어집니다. 이러한 자아 탐색을 통한 내적 성장 과정이 개성화(individuation)입니다. 개성화는 일반적인 가치나 목적에 일상적으로 동조하는 것이 아니라 자신의 삶을 주체적이고 개체적인 방식으로 살아가는 것입니다. 따라서 중년기에는 급격한 가치관의 변화가 일어나며, 보다 내향적이고 충동성이 적어지며 생물학적이 아닌 사회문화적인 새로운 관심으로 대체되며 개성화가 나타납니다.

또한 중년기 이후는 남녀 모두 자신이 이전에 소유하지 않았던 생물학적 다른 성의 특성과의 통합을 추구하는 성격을 나타냅니다. 즉, 남성은 자신 속의 억압된 여성적 특성인 아니마(anima)를 표출하여 덜 공격적이 되고 대인 관계에 보다 많은 관심을 보이며, 여성은 자신 속의 억압된 남성적 특성인 아니무스(animus)를 표출하여 보다 공격적이고 독립적이 됩니다. 따라서 중년 남성은 점차 가정과 자녀에 대한 관심이 많아지고 내향적이 되는 반면에 가정에서 자녀와 가족에게만 관심을 갖던 여성은 사회적 활동에 참여하고 사회 문제에 관심을 가지며 적극적이고 외향적이며 독립적인 성향으로 바뀝니다.

4) 신앙 발달

파울러는 신앙의 발달 단계에 대한 연구를 하였는데, 그 출발점은 다음과 같습니다. 신앙은 구별이 가능한 구조를 지녔으며, 지식의 활동적인 형태입니다. 이 구조는 삐아제와 콜버그의 이론에 근거를 둡니다. 신앙은 자기 중심적인 것으로부터 좀 더 복잡하고 분화된 상태를 향하여 움직이는 것입니다. 또 신앙의 특성은 하나님과의 관계, 그리고 다른 사람과의 관계 속에서만 이해 되어질 수 있는 것입니다. 하나님과 관계되어 있다고 느끼는 개인 신앙의 내적 구조에 근거를 둡니다.

중년기는 파울러의 신앙 단계에서 5단계입니다. 신앙의 5단계는 접속적인 신앙이라 부릅니다. 여기서의 신앙-앎의 형태는 복잡합니다. 5단계의 앎의 방법은 4단계의 이것이냐 혹은 저것이냐(either, or)의 형태인 이분법적인 방법을 뛰어넘는 방법으로 문제의 양면을 동시에 볼 수 있습니다. 접속적인 신앙의 단계에서는 사물들이 원초적으로 서로 연결 되어 있다는 것을 알기 때문입니다. '변증법적 지식'(dialectical knowing)은 5단계를 묘사하는 사고 방식이라 말할 수 있습니다. 그러나 아직은 방법론적으로 충분히 조절되지는 않습니다. 차라리 '대화적인 지식'(dialogical knowing)으로 말할 수 있습니다. 여기서 지식(knowing)이란 자신의 언어로 자신의 지식을 표현할 수 있는 것입니다. '대화적인 지식'을 통해 세상에 대한 다양한 구조를 명백히 알 수 있습니다. 여기에서 말하는 사람과 듣는 사람의 상호 관계는 둘 다 인격적 존재인 '나-너'(I-thou)의 관계입니다. 5단계에서는 대화하는 자에게는 자기 확실성이 요구됩니다. 인식론적으로 볼 때 아는 것에 독창성을 부여하기 위해서는 충분한 자기 확실성이 요구되기 때문입니다. 더 나아가 5단계의 앎의 행위에 있어서 실체에 대해 독창력을 주기 위해서는 아는 사람의 자기 확실성 뿐만 아니라 아는 것이 신뢰할 만한 가치와 연결 되어야 합니다. 이런 의미에 있어서 5단계는 그 연결됨이 보충적이고 상호적입니다. 5단계에서는 4단계에서 형성하려고 노력했던 분명한 이념 체계나 분명한 주체성의 영역이 초월됩니다. 또 4단계가 자기 자신을 인식하려는 의식적인 노력과 연결된다면 5단계는 자신의 무의식과도 연결된다고 볼 수 있습니다. 이러한 무의식들이 우리의 행동과 응답을 부분적으로 결정시키는 사람, 사회, 종족 등을 만나게 합니다. 즉 5단계에서는 의식과 무의식을 통합하고 조정할 수 있는 능력이 형성되는 것입니다. 이 단계에서 받아들여진 진리는 보다 광범위한 것이며 상호 의존적인 것입니다.

5단계의 상호 의존적이라는 것은 3단계와는 다른 성격을 지니는 것입니다. 5단계는 주체성이 확립된 상태에서 상호 교환을 한다는 의미가 포함됩니다. 5단계에서는 종교적인 상징이나 이야기, 교리 등은 제공 되어진 것이며 하나님에 대한 특별한 개념은 특별한 개인의 경험에 제한된 것이므로 불가피하게 부분적일 수밖에 없다는 것과 불완전하다는 것을 압니다. 또 5단계의 신앙에서는 다른 계통의 전통들일지라도 그 자체의 근본 의미들은 상관되어 있다는 것을 확신하기 때문에 다른 계통의 진리에 대해서 배타성을 보이기보다는 급진적인 개방성을 나타냅니다. 자기 자신이 경험한 진리의 경험을 다른 사람이 주장하는 진리의 원리에 근거해서 판단할 수 있게 됩니다. 더 나아가 다른 사람이 진리와 실체를 향하여 나갈 수 있도록 서로서로 다른 사람의 견해에 대하여 교정해 주며 더욱 진리와 가깝게 인도합니다.

5단계의 접속적인 신앙의 중심적인 구조를 요약하면 다음과 같습니다. 5단계는 4단계의 자기 확실성과 의식적인 인식과 실체에 대한 감정적인 채택에 더욱 중점을 둠으로 억제되었고 인식되지 않았던 관점들이 함께 통합되기 시작합니다. 이 단계에서는 리코에르가 말하는 상징적인 힘이 개념적 의미들과 연합되는 '의지적인 순수성'이 발달됩니다. 여기에서는 깊은 내면적인 소리에 대하여 개방적이어야 합니다. 이 단계에서는 역설적이며, 분명한 모순 속에 있는 진리일지라도 통합하려고 노력하며 타인의 약점까지도 포용하려는 노력이 있게 됩니다. 정의의 개념도 종족이나 계급, 종교나 국가 공동체에 국한되지 않고 자유롭습니다. 이 단계가 되면 다른 사람들에게 주체성이나 의미의 가능성을 보존시켜 주거나 개발시켜 주기 위한 준비가 되어 있습니다. 초월적인 실체를 이해하는 데 있어서도 역설적인 창의력의 발생으로 부분적이었으며 불가피하게 왜곡되었던 점들까지도 이해할 수 있게 되고 그 사이의 상관성까지도 이해할 수 있게 됩니다. 이 단계의 위험은 진리에 대한 역설적 이해 때문에 자기 만족심이 일어나게 되는 것과 모든 것에 대해 냉소적으로 되어 후퇴하여 활동하지 않거나 능동적이지 못한 상태에 놓이게 되는 것입니다.

(1) 중년기 신앙교육

중년기 신앙교육은 성인들이 삶의 문제를 자율적이고 적극적으로 해결하며 자신이 속한 사회에서 주도적으로 빛과 소금의 역할을 할 수 있도록 돕는 것입니다. 성인 초기는 결혼하여 가정을 이루고 자녀를 낳고 양육하고 교육하는 등 가장 역동적이며 책임 있는 성인이 되는 때입니다. 이들이 그리스도 안에서 자신의 부족한 점과 한계성을 성찰하고 보다 자기다운 개성화로 자기실현을 이루도록 교회는 든든한 후견자나 멘토와 교사가 되어 주어야 합니다. 따라서 성인 초기 신앙교육의 과제는 건전한 직업관과 직업을 통해 하나님이 무엇을 이루시고자 하는지에 대한 성찰, 직업윤리, 부의 축적과 나눔 교육, 하나님의 소명 교육, 기독교 가정교육과 결혼 교육, 자녀 교육. 성경에서 말하는 평등 부부 되기, 부부간의 의사소통 기술, 가정 경제 운영 방법, 신앙생활상의 관점 좁히기, 양 가족의 원활한 관계 등 너무나도 많습니다. 교회는 풍성한 부부생활 프로그램과 함께 가족들 사이에서 의미 있는 성장들, 즉 임신, 출산, 아기가 처음 말을 한 것, 유아 봉헌(유아세례) 등 공동체 안에서 일어나는 크고 작은 것들을 축하할 수 있는 장을 마련하여 공동체의 하나됨과 기쁨을 심화시켜 나갈 수 있습니다. 중년기는 자녀 독립과 분가 등으로 과거 삶에 대한 재평가가 이루어지는 시기이므로 삶의 구조가 수정됩니다. 자신의 꿈과 관계를 수정하기도 하고 멘티에서 멘토로 종속적 부부 관계에서 동반자적 부부 관계로 변합니다.

또한 남성과 여성이 서로 다른 성을 융합하여 다른 성격 특성을 나타내는 시기이므로 통전적 신앙으로 나아갈 수 있는 방향을 제시해야 합니다. 즉, 나이 드는 것을 아름답게 받아들이고 지나친 권력, 명예, 재물, 일 중독에서 벗어나 자신을 객관화하는 훈련 공동체와 사회에 환원할 것과 기여 할 것을 찾도록 안내합니다. 포기와 나눔의 인생관을 수립하여 행복한 중년기를 살 수 있도록 도와야 합니다. 교회 공동체가 이 세상을 아름답게 살려면 삶의 위기가 닥쳐왔을 때 과감히 대처하고 그 위기를 성장의 기회로 활용하도록 촉진하며, 숨겨진 재능과 가능성을 개발하고 교회에서 실시하는 행사에 적극 참여하도록 유도하는 것도 좋습니다. 내면의 친구, 즉 자신과 더욱 친해져 내면의 자아를 더욱 풍요롭게 만들고, 자신이 돌보고 있는 가정 등을 더 풍요롭게 만들고 강화 시키도록 돕습니다. 흥미를 느끼고 몰두할 수 있는 일을 발견하여 자신을 투자하며, 쓸데없이 힘을 낭비 시키는 분노와 죄의식 그리고 슬픔의 짐을 벗도록 돕습니다.

(2) 중년기 신앙교육 방법

성인들의 신앙교육은 신뢰에서 출발하며 공동체와 연결되고 삶의 의미를 제공해 주어야 하며, 삶의 긴장들을 이겨내기 위한 힘이 있어야 합니다. 중년기는 자기완성을 꾀하는 시기로서 이 세상을 살아갈 사람들과 전 세계, 전 인류 가족의 잠재력을 키우는 데 도움이 될 사람들, 가치들, 이념들을 위해 자신의 일부를 투여함으로써 미래를 걱정하고 돌봅니다. 따라서 중년기 사람들이 신앙 공동체에서 자신의 정체성을 형성하며 자아를 찾아가는 길은 다음과 같습니다.

(1) 예배 의식

각종 예배와 의식을 통하여 신앙은 보존됩니다. 중년들은 연대적 의식으로서의 공동예배를 통하여 하나님과의 관계를 회복하고, 하나님이 하나님 되게 하며, 인간이 인간답게 되는 정체성의 질서를 회복합니다. 중년들은 종교의식을 통하여 하나님의 백성이 되고 함께 성화되어 갑니다. 또한 개인 삶의 변화인 출생, 생일, 부모됨, 회갑, 죽음 등과 결혼, 졸업, 취직, 은퇴 등 사회적 신분의 변화와 사고, 병, 가뭄, 전쟁 등 삶에 당면하는 위기에 드리는 예배를 통하여 개인 삶의 전 과정을 하나님과 연결 지어 의미를 부여합니다. 참된 예배자는 개인의 안녕과 집착에서 떠나 초연히 자신을 비울 수 있습니다.

⑵ 공동체 삶에서의 경험

신앙으로 사는 사람들은 교회학교 성경 교육, 교회력에 의한 축하 행사, 성도 간의 교제 및 보살핌, 각종 모임, 행정 절차와 의사 결정 과정, 지도력의 행사 유형 등, 이 모든 것이 학습의 장입니다. 따라서 코이노니아의 삶(나눔), 레이투르기아의 삶(기도), 디다케의 삶(가르침, 교육), 케리그마의 삶(말씀 선포, 신학, 성경, 설교 포함), 디아코니아의 삶(봉사)의 경험의 장에서 성인교육의 기회에 참여해야 합니다.

⑶ 세상을 향한 청지기

기독교 신앙으로 회심하고 하나님의 길을 따르는 성도들을 세상의 증언자로 파송하고 세상에서 돌아와 다시 회심하도록 양육하는 것입니다. 특히 세상이 타락할 때 기독교 공동체는 등불 공동체와 소금공동체가 되기를 하나님은 요구하시며 성인들은 이 세상을 위한 책임 있는 청지기로서 배우고 확신함에 거해야 합니다. 정직하고 충성된 청지기 신앙인들은 보다 포괄적인 정의를 구현하고 사랑을 실천하기 위해, 정의와 평화를 위해 자신을 희생할 수 있습니다.

2. 장년부 사역

직장인부와 젊은 부부반에 속하는 성인들보다 나이가 많은 성인은 어떻게 해야 할까? 지금까지 다른 연령대를 다루며 언급해 온 것 가운데 많은 것이 이들에게도 똑같이 적용됩니다. 그러나 35세가 넘은 성인은 부서를 여러 개로 나눌 수 있는 뚜렷한 경계선을 찾기가 어렵습니다. 이 시기 성인들은 주중에 각자 자신의 성별에 적합한 모임을 선택해 모이는 것을 좋아하지만, 중년에 접어든 성인들을 위한 부서를 개설하는 것도 여전히 좋은 아이디어가 될 수 있습니다. 성인부를 조직하는 것도 그보다 어린 사람들을 대상으로 부서를 조직하는 것과 크게 다르지 않습니다.

(1) 모두 공통점이 있습니다.

중년에 접어든 성인들은 최고의 시기를 지나고 있습니다. 돈을 버는 능력이 뛰어나고, 사회적 지위가 확고하며, 자녀들도 점차 자리를 잡아가고 있습니다. 물론 개중에는 자산이 많지 않아 생활고를 겪는 사람도 적지 않습니다. 그러나 모두 그리스도와 그분의 말씀 안에서 공통점을 지니고 있습니다. 교회는 이들의 관심을 어떻게 사로잡을 수 있을까? 이들의 관심을 사로잡으려면 폭넓고 다양한 프로그램을 제시해야 합니다. 세상에 가장 절실하게 필요한 것을 제시하고 그리스도를 통해 그런 필요를 충족시킬 수 있다고 강조하면, 관심을 기울이기 시작할 것입니다. 이런 점에서 성인부는 선교와 봉사활동을 위한 아이디어를 개발하는 산실이 될 수 있습니다. 2차 세계대전 당시 주일마다 젊은 군인들을 섬기는 모임을 시작한 것도 이 연령층이었습니다. 이들은 군인들을 가족처럼 대하며 고향을 느끼게 해주었고, 주 예수 그리스도를 영접하고 그분을 섬기도록 독려했습니다. 그 엄청난 행사를 이끈 배후에는 당시에 어느 큰 신탁회사를 경영하던 사장이 있었습니다.

(2) 모두 훈련받아야 합니다.

성인들은 계속 훈련받아야 합니다. 교회의 주축이기 때문입니다. 사실,

교회 직분자 가운데 거의 대부분이 35세 이상의 성인들입니다. 과거에는 이 시기의 성인들이 천막 전도 집회를 통해 수많은 젊은이를 인도해 주 예수 그리스도와 관계를 맺게 했습니다. 또한 많은 사람에게 영향을 끼친 선교 프로그램과 건축 사업을 후원하고 실행했습니다. 교회의 위대한 선교는 이들이 놀라운 주님의 손에 붙잡힐 때 비로소 이루어지기 시작합니다.

이 시기 성인들은 남녀 모두 제각기 관심사가 독특합니다. 여성들은 주로 선교사를 후원하는 일이나 교회의 보조 업무를 담당하는 데 관심이 있고, 남성들은 교회를 다스리고 운영하는 데 관심이 있습니다. 과거만 해도 여성들은 가사와 자녀 양육에 주로 종사했지만, 지금은 직장에서 일하는 여성이 적지 않습니다. 또한 과거만 해도 남성들이 직장생활에 치중했지만, 지금은 아내가 직장에서 일하는 동안 가사를 돌보는 남자가 많아졌습니다. '전통적'이라고 여긴 남자와 여자의 역할이 더 이상 전통적이지 않습니다. 이런 변화와 상관없이 남편과 아내 모두가 하나님의 말씀에 도전받고 교회 사역에 동참한다면, 가정생활이나 개인 생활에서 영적으로 크게 성장할 수 있을 것입니다. 여자는 대체로 남자보다 영적으로 빠르게 성장하는 편입니다. 그러나 남편이 뜻을 같이 하지 않으면, 아내는 가정에서 영향력을 발휘하는 데 큰 제약을 받기 마련입니다. 물론, 남편이 영적으로 더 많이 성장했더라도 아내가 돕지 않으면 똑같이 제약을 받을 수밖에 없습니다. 따라서 남편과 아내가 함께 참여하는 성경 공부반을 운영하는 것이 중요합니다. 부부가 똑같은 가르침과 영감을 받고, 함께 일을 도모해나갈 수 있어야 합니다.

3. 장년부 전도

1) 사영리 전도법

(1) 사영리의 단계적 설명과 구조 이해

⑴ 1원리 : 신론

하나님의 사랑과 계획에 관한 메시지는 누구나 듣기를 원하고 있습니다. 인간 관심의 모든 초점을 모을 만한 소식입니다. 그런 사랑과 계획이 왜 사람에게 활용되고 있지 않은지 자연히 마음 속으로 묻게 됩니다(핵심 성경 인용/요3:16, 10:10).

⑵ 2원리 : 인간론

죄에 빠진 인간에 대해 설명합니다. 여기서 죄 문제는 거짓말, 도적질, 살인 등의 죄보다는 하나님 편에서 보는 인간의 상태, 즉 하나님에 대한 무관심, 하나님에 대한 무지, 하나님과의 단절상태를 더 강조합니다. 이 죄는 원죄로서 하나님 없는 인간이 인생사와 지·정·의 모든 영역에서 적극적으로 하나님께 반항하며 소극적이며 무관심하고 의식적으로나 무의식적으로 불순종하여 사랑의 대화가 단절되어 있는 것을 말합니다. 인간에게는 그 끊어진 것을 회복할 가능성이 전혀 없습니다. 그래서 하나님 편에서 손을 뻗쳐 해결의 길을 열어주신 것입니다(핵심 성경 인용/롬 3:23, 6:23).

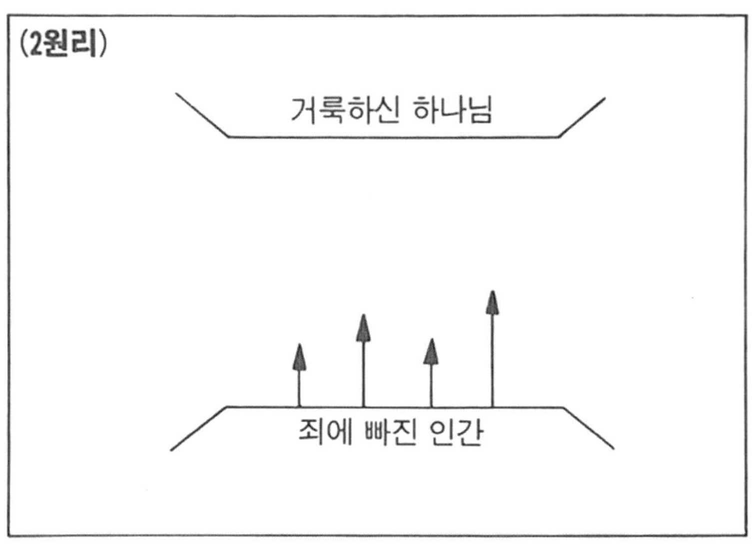

⑶ 3원리 : 기독론

죄에 대한 유일한 해결책인 예수를 설명합니다. 사람은 죄 때문에 자신의 노력으로 하나님께 도달할 수 없습니다. 예수 그리스도께서 사람이 지은 죄의 대가로 십자가에 대신 죽으심으로써 하나님과 인간이 만날 수 있는 길이 열렸습니다. 사람은 그리스도를 통해서만 하나님과의 잃어버린 사랑의 관계를 회복할 수 있는 것입니다(핵심 성경 인용/롬5:8, 고전 15:3~6, 요14:6).

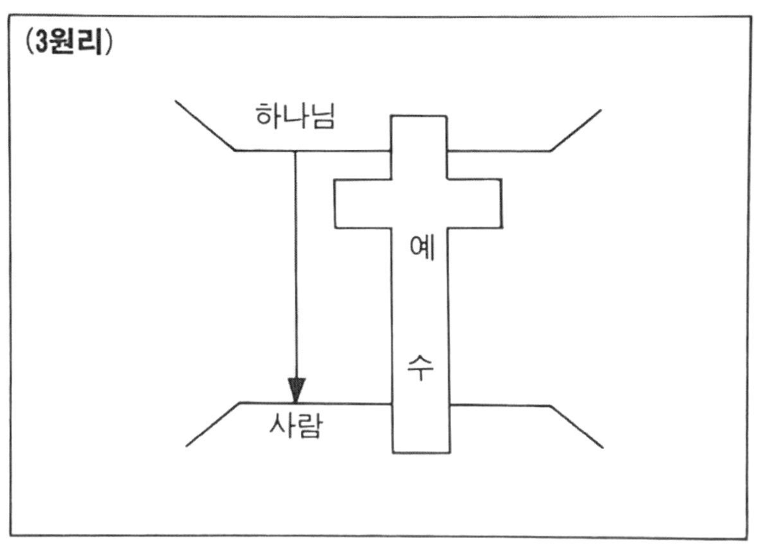

⑷ 4원리 : 구원론

믿음으로 예수 그리스도를 영접합니다. 그리스도께서 인간의 죄를 대신 짊어지고 죽으신 사실을 지적으로 아는 사람이 많으나, 그리스도를 나의 구주와 나의 주님으로 믿음과 의지, 행위를 통해 영접하는 방법을 이해하는 사람은 드뭅니다. 3원리까지는 우리의 머리로 이해할 수 있는 부분이지만, 제4원리는 영원한 운명의 기로에서 의지의 행위로 자기의 갈 길을 결정해야 할 긴장된 순간인 것입니다(핵심 성경 인용/요1:12, 엡 2:8~9, 계3:20).

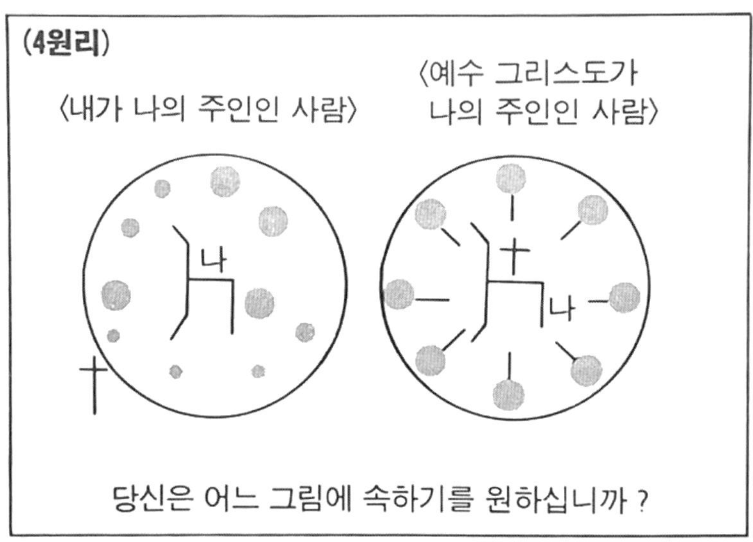

⑸ 구원을 확신시키는 방법

그리스도께서 우리 중심에 계시는 것을 확증합니다. 그리스도가 영원한 생명 주이신 것을 확신시키고, 감정에 의지하지 않도록 성경의 약속을 가르쳐줍니다(핵심 성경 인용/요일5:11~13, 히13:5, 골1:14,27, 요5:24).

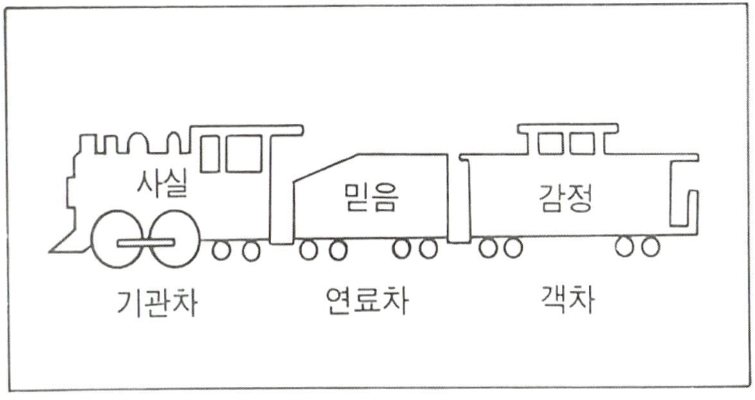

⑥ 신앙의 성장원리와 교회의 중요성

기도와 성경 읽기, 순종과 전도, 맡김과 성령 의지에 관한 여섯 가지 성장원리를 알려줍니다(핵심 성경 인용/갈3:11, 히10:25).

(2) 「사영리」를 사용하는 방법

첫째, 가장 쉽고 효과적인 방법은 그대로 소리내어 읽어주는 것입니다.

둘째, 누구에게도 그리스도를 영접하도록 강요하여서는 안됩니다.

셋째, 만일 상대방이 내용에서 빗나간 질문을 할 때에는, 「사영리」를 계속 읽어가는 동안에 해답을 얻을 것이라고 설명해 주라. 또는 '좋은 질문입니다. 「사영리」를 읽은 뒤에 그 질문에 대하여 이야기해 봅시다'라고 말합니다. 진실성의 여부를 분별하여, 간단한 질문은 대답해 주고, 계속해서 「사영리」를 진행하라.

넷째, 상대방이 볼 수 있도록 책자를 손에 들고 읽으라. 주의를 집중시키기 위하여, 읽는 곳을 연필로 가리키면서 말하라.

다섯째, 만일 상대방이 아무런 반응도 보이지 않으면 말을 중단하고 '이해되십니까?'라고 물어보라. 그리고 처음부터 다시 시작하라.

여섯째, 사람들로 하여금 그리스도를 영접하도록 확신 시키시는 분은 성령이심을 기억하라.

일곱째, 모임에서는 각 사람에게 「사영리」를 한 권씩 나눠주라. 모인 무리 가운데 그리스도를 영접하기를 원하는 사람들과 기도하라. 만일 한두 명 일 때에는 그와 따로 만나 이야기하는 것이 좋습니다.

여덟째, 그리스도는 믿음을 통해서 우리 마음에 들어오신다는 것을 이해시키고, 그리스도께서 그의 기도를 들어주신다는 것을 믿고 기도하도록 격려하라. 만일 어떤 사람이 그리스도께서 그의 생애에 들어오실 것을 믿지 않고 「사영리」에 있는 기도를 하였다면, 아무일도 일어나지 않을 것입니다.

아홉째, 각 사람이 자기 스스로 기도하길 원하는지, 「사영리」에 있는 대로 기도하길 원하는지에 대해 민감해야 합니다. 어떤 사람은 그리스도를 영접하는데 묵도로 하기 원할 것입니다.

열 번째, 이미 「사영리」에 대해 들어본 사람이라면 「사영리」에 대해 어떻게 생각하는지, 또는 질문이 있는지를 물어봅니다. 만일 관심이 있으나 복음을 잘 모르고 있다면 다시 한번 「사영리」를 전해주라. 같은 사람과 「사영리」를 두 번 이상 나누는데 대해 두려워하지 말라.

열한 번째, 처음 만났을 때 상대방이 그리스도를 영접하지 않았지만 그리스도를 더 알기 원한다면, 다시 시간을 내어 이야기하고 그의 질문에 의논하기 위해 만날 약속을 하라.

열두 번째, 상대방이 다시 만나기를 원하지 않는다면 만나기를 강요하지는 말라. 그러나 그를 위해 기도하고, 그가 새로운 질문이 있는지 또는 더 이야기하고 싶어 하는지 가끔 물어보라.

열세 번째, 처음 「사영리」를 전했을 때 상대방이 그리스도를 영접하지 않았다 해서 실망하지 말라.

(3) 「사영리」의 장점 및 사용할 때의 실제적인 권면

첫째, '「사영리」에 대하여 들어본 일이 있습니까?'라는 간단한 말로 대화를 시작할 수 있습니다.

둘째, '하나님은 당신을 사랑합니다'라고 긍정적인 말로 시작할 수 있습니다.

셋째, 그리스도를 영접하는 방법이 명백하게 제시되어 있고, 영접할 수 있는 기도가 실려있습니다.

넷째, 구원의 확신과 성장을 위한 권면을 통해 직접적인 육성 도구가 됩니다.

다섯째, 무엇을 어떻게 말할 것인지 당신에게 확신을 줍니다. 즉 주제에서 빗나가지 않게 도와줍니다.

여섯째, 성령의 인도하심으로 「사영리」를 간결하게 전하는 방법을 배움으로, 짧은 시간에 그리스도를 영접하도록 도와줍니다.

일곱째, 항상 가지고 다니기 쉽고, 전도자를 준비 시켜 줍니다.

여덟째, 긍정적인 태도와 사랑으로 대하라. 미소를 지으라. 친구처럼 대하라. 긴장하지 말라. 확신있는 선의의 시선을 가지라. 재치있고 공격적이어야 합니다. 말할 때는 입에서 냄새가 나지 않게 합니다. 절대로 논쟁하지 말라. 남자는 남자에게, 여자는 여자에게 전하라.

아홉째, 「사영리」에 표현된 복음은 설득력이나 판매기술이나 훈련이 아니라 구원에 이르는 하나님의 능력입니다. 그렇기에 하나님께서 '가라' '전하라'는 명령에 대한 우리의 순종을 가장 귀히 여기신다는 사실을 알아야 합니다.

2) 전도폭발

(1) 전도폭발의 특징

첫째, 단순한 전도 이론이 아닙니다. 전도폭발은 말씀을 바로 전파한 결과에서 오는 기하급수적인 능력을 체험하는 현장 경험 속에서 이루어져 가는 강력한 무기입니다.

둘째, 전도자를 무장시켜 주는 사역입니다. 전도폭발은 단순한 프로그램이 아닙니다. 단순히 전도만 하는 것도 아닙니다. 중요하게 다루는 것은 '단순히 영혼 하나를 건지는 것보다는 영혼을 건지는 사람 하나를 훈련시키는 것'이고, 더욱더 중요하게 여기는 것은 '단순히 영혼 하나를 건지는 사람 하나를 훈련 시키는 것 보다는 영혼을 건지는 사람을 가르칠 훈련자 하나를 무장시켜 주는 것'입니다.

셋째, 지역 교회를 활동기지로 삼아 전개해 나아가는 사적인 개인전도입니다. 전도폭발은 철저히 지역 교회를 중심으로 합니다. 또 단체 운동을 통한 전도가 아니며, 강단을 통한 전도도 아닌 사적인 개인 전도훈련입니다. 물론 교회 자체 내에서 훈련 과정을 전개해 나가지만 지역 교회에만 시야를 고정 시키지 않고, 복음이 모든 족속에게 확대되도록 하는 일에 있어서도 능동적인 역할을 담당할 것을 장려하는 훈련이라고 할 수 있습니다.

넷째, 전도폭발 사역은 3가지 특징을 가지고 있습니다. ㉠ 복음의 내용과 복음을 효과적으로 전달하는 방법을 배워서 전도하게 합니다. ㉡ 새신자는 지역 교회에 가입을 시키므로, 단순히 교회에 출석만 하는 교인들을 활동적인 일꾼으로 변화시켜서 제자를 삼습니다. ㉢ 교회에서 양육을 가능하게 합니다.

다섯째, 평신도가 중심이 되는 사역입니다. 무한한 잠재력을 가지고 있지만, 그러나 잠자고 있는 교회 안의 99%를 점유하고 있는 평신도들을 무장시키므로 그들이 중심이 되어 그들이 가진 다양한 삶의 현장 곳곳에서 증인의 삶을 살게 하는 사역입니다.

(2) 전도폭발의 내용

크리스챤이라면 누구나 전도에 대해서 생각하게 되고 거기에 대한 부담을 갖게 됩니다. 하기는 해야겠다고 마음을 먹지만 잘 안되는 것이 전도입니다. 하나님의 존재와 십자가의 대속의 진리도 알고, 자신의 중생과 영생의 기쁨도 분명히 있고 예수 그리스도께서 제자들에게 마지막으로 분부하신 명령인 것을 인식하고 있습니다. 그런데 쉽사리 입이 열려지지 않습니다. 그리고는 오히려 고민만 쌓입니다. 무슨 말을 어떻게 시작할까? 곤란한 질문이라도 하는 날에는 무엇이라고 대답할까? 망신이라도 당하지는 않을까? 실컷 다 듣고도 믿지 않는다고 하면 어떻게 하지? 나에 대해선 어떤 인상을 가질까? 전도폭발은 이런 고민들과 두려움을 시원하게 깨뜨려주는 폭발물입니다.

⑴ 첫째, 훈련방법은 대강 다음과 같습니다.

전도폭발 한국본부가 주관하는 1주일 동안의 지도자 임상 훈련에 참가한 목회자가 양질의 훈련을 위하여 두 명의 훈련생을 모집, 16주 동안 훈련시켜 복음 제시를 능숙하게 하도록 만듭니다. 다음으로 16주 동안 훈련을 받은 훈련생이 훈련자가 되어 두 명의 훈련생을 새로 모집해 16주 동안 훈련시켜 전도자를 배가시킵니다. 이 훈련은 16주간을 한 학기로 합니다. 처음 4주 동안 훈련생들은 훈련자와 더불어 전도 현장에 따라가되 복음 제시를 하지 않고 다만 훈련자의 전도 활동 모습만을 관찰합니다. 5주째가 되면서 훈련생은 철저한 훈련자의 도움 속에서 전체 내용 중 일부분을 조금씩, 조금씩 맡아서 동참하다가 후반부에 들어서면 전체 내용을 떠맡아 복음 제시를 완전히 주도하게 되는데, 이때 훈련자는 훈련생을 격려와 사랑이 담긴 충고로 지도해줍니다. 매주 마다의 모임은 약 3시간 정도의 시간이 소요되는데, 숙제 점검과 간단한 강의, 전도팀별 현장실습, 현장실습 후 돌아와서 하게 되는 방문 보고 등으로 진행됩니다. 전도폭발의 핵심은 바로 이 현장실습이라 하겠습니다. 왜냐하면 전도의 현장을 보여주고, 현장에서 모든 내용이 단계적으로 훈련생에게 전해지며 현장에서 모든 것이 마무리되기 때문입니다.

⑵ 둘째, 전도폭발의 주요 내용은 네 부분으로 이루어져 있습니다.

㈀ 서론 : 전도자와 전도대상자 사이에 우호 관계를 형성하는 단계, 즉 복음 제시를 본격적으로 하기 위해 전도대상자의 마음 문을 열게 하고, 복음에 대해 잔뜩 기대감을 갖도록 유도하는 준비 단계입니다. 자연스러운 대화를 통해서 종교적 배경과 교회에 대한 관심과 반응, 영적 상태를 진단

하고 개인 간증을 통해서 영생에 대한 갈증을 느끼도록 만듭니다.

㈦ 복음 제시 : 전도 대상자에게 복음의 내용이 어느 한쪽 면으로만 편중되어 강조되지 않도록 복음을 다섯 부분으로 나누어, 균형있게 그리고 적절한 예화와 더불어 집중적으로 복음을 제시함으로 그로 하여금 구원의 도리를 바로 이해하도록 돕습니다.

㈢ 결신 : 제시된 복음을 통해서 성령의 도우심으로 의지적인 결단을 하게 될 때, 기도를 통해서 신앙을 고백하게 하고, 성경을 통해 구원의 확신을 확고히 갖도록 도와주는 단계입니다.

㈣ 즉석 양육 지도 : 갓 태어난 새로운 생명에게 성장을 위한 다섯 가지 방편을 소개해서 교회의 훌륭한 일꾼으로 자라도록 돕습니다.

⑶ 셋째, 전도폭발은 앞에서 말한 30분 이상의 충분한 시간이 허용될 때 사용하는 대화체 전도방법 이외에도, 몇 가지 질문을 가지고 설문 조사 형식으로 접근하는 질문지 전도방법, 그리고 주님께서 크리스챤의 전 생활 영역 가운데서 수시로 인도하시는 여러 상황들을 전도의 기회로 연결하는 전도방법 등이 마련되어 있어 어떤 사람(타종교인, 기독교를 비판하는 자 등), 어떤 상황이든지 상대에게 접근하여 복음을 전할 수 있도록 도와주는 강점을 가지고 있습니다.

3) 연쇄 전도 훈련

연쇄 전도훈련(CWT; Continuing Witness Training)은 1978년에 미국 남침례교에서 태동되었습니다. 1978년에 미국 남침례교는 남침례교

교회들에게 '전도폭발훈련'을 시키고 자격을 부여하도록 국제 전도폭발 관계자들과 협상하였으나 만족할 만한 진전을 보지 못하였습니다. 이에 자극되어 허그(C. B. Hogue) 박사와 국내선교회(Home Mission Board) 전도부가 공동으로 교역자들과 평신도들에게 전도훈련을 시키고 또 훈련 받은 이들이 다른 사람들을 훈련시킬 수 있는 전도훈련 과정을 개발하도록 요청하게 되었던 것입니다. 그러므로 CWT는 전도폭발을 모체로 하여 수정·보완된 복음 전도자 훈련 프로그램입니다. 국내에서는 1984년에 여의도침례교회와 대전대흥침례교회에 처음 도입되어 시행되었습니다.

(1) CWT의 특성과 훈련 과정

㉠ CWT는 무엇보다도 복음 전도에 있어서 성령의 주권적 사역을 강조하고 있습니다. CWT의 훈련 공과 가운데 제1과가 '성령님의 역할'로서, CWT의 중요한 강조점이 성령의 사역임을 웅변하고 있습니다. 이는 신학적 측면에서 절대적인 의미를 갖는 것이며, 다른 전도법보다 획기적으로 진전된 것으로 평가됩니다.

㉡ CWT는 복음 전도의 방법으로서 '모범적인 전도법'의 대지를 암송하여 복음을 전하도록 하는 특징을 가지고 있습니다. 이와같이 암송을 통한 복음전달의 방법은 다음과 같은 유익점을 포괄합니다. • 복음 전도자가 하나님의 말씀을 암송함으로써 복음으로 무장되며, 묵상을 통해 인격에서 우러나오는 복음전달의 기술이 될 수 있습니다. • 언제 어디서나 시간·장소·환경에 구애됨이 없이 자유롭게 복음을 전할 수 있습니다. • '모범적인 전도법'의 대지는 자연스럽게 대화를 시작하여 점진적으로 복음으로 나아갈 수 있도록 구성되었습니다. 따라서 대화를 통해 복음을 전할 수 있습

니다. • 대화가 곁길로 나가는 것을 방지하며 온전한 복음을 조리있게 끝까지 전할 수 있도록 해줍니다. • 성령을 의지하여 상대방에 따라서 신축성있게 복음을 증거할 수 있습니다.

• 참고로, CWT의 '모범적인 전도법'의 활용도를 도시하였습니다.

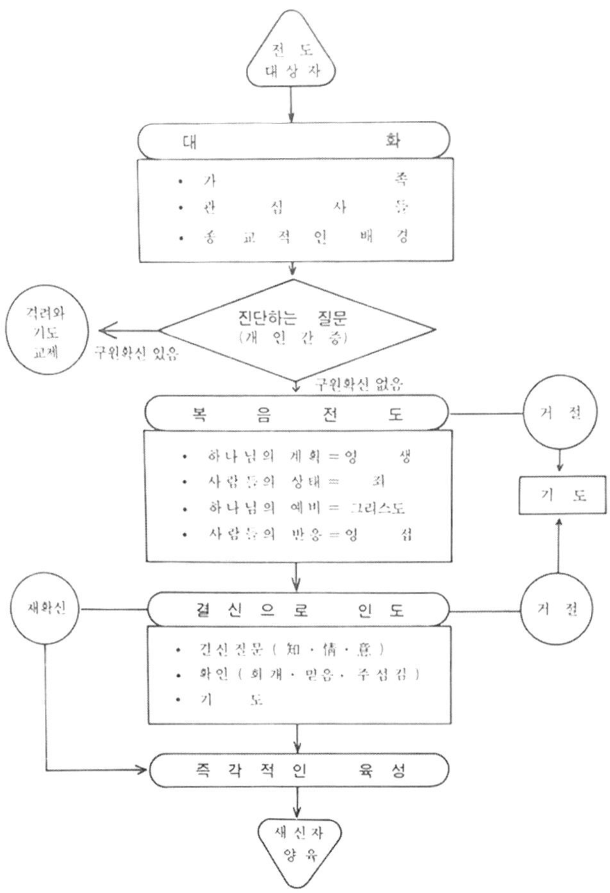

(ㄷ) 또 하나의 CWT의 중요한 특징은, 결신 단계에 있어서 회개와 믿음과 예수 그리스도를 주님으로 섬겨야 함을 균형있게 강조함으로써 인격적인 결신을 촉구한다는 점입니다. 회개를 강조하는 전도법이 있고 믿음을 강조한 전도법도 있습니다. 그러나 바울 사도는 '하나님께 대한 회개와 우리 주 예수 그리스도께 대한 믿음'(행20:21)을 함께 전파하였습니다.

(ㄹ) CWT는 소책자「하나님의 가족이 되신 것을 축하합니다」를 사용하여 결신자를 즉각적으로 육성하도록 고안되었습니다. 이 소책자는 구원의 확신과 크리스챤의 기본생활인 말씀, 기도, 교제, 증거의 삶에 대한 기본적인 지침을 제시하고 있습니다. 또한 CWT는 격려자를 통해 결신자를 양육하도록 합니다.

(ㅁ) CWT는 결신자를 격려하는 일과 전도사역을 위해 기도하는 일 등 교회가 광범위하게 참여함으로써 교회 활성화에 기여하며, 전도인을 훈련 시켜서 또 다른 사람을 훈련케 함으로써 지속적이고 배가적인 성장을 꾀합니다.

(2) 교회에서 CWT를 시작하는 법

(ㄱ) 훈련 계획

첫째는 먼저 목사·지도자가 '모범적인 전도법의 대지'를 암기하고 숙달해야 합니다. 훈련생들 앞에서 보이는 목사·지도자의 시범은 훈련이 흐트러지지 않고 곧게 성장하는데 필수적이기 때문입니다.

둘째는 복음 전도훈련 스텝을 구성하는 것이 좋습니다. 2~3년 뒤에는 한두 사람이 관장할 수 없을 정도로 규모가 커지게 되고 결신자들과 긍정적으로 반응을 보인 자들의 수효도 엄청나게 불어날 것이므로 이들을 돌보는 일에 어려움을 겪게 되기 때문입니다. 그러므로 CWT를 모체로 한 교회훈련부의 증설과 새신자 양육 프로그램을 동시에 시작하는 것이 좋습니다. 훈련 스텝은 교역자 평신도 지도자 등으로 구성할 수 있습니다.

㉡ 훈련 준비

모든 사역이 그러하듯이 뿌리가 중요합니다. 즉 처음 훈련생이 중요하다는 말입니다. 그러므로 처음 훈련생을 각 기관의 지도자급 가운데 신중하게 선발해야 합니다. 지적 수준과 열심 그리고 순종과 영적 상태를 고려해야 합니다. 처음에는 훈련반을 두세 개 반으로 동시에 시작할 수 있습니다. 여 장년은 평일 오전 혹은 오후, 형제회 및 청장년은 토요일 오후 혹은 주일 오후반으로 모일 수 있습니다. 또한 훈련생들을 개별적으로 만나 이 훈련의 중요성을 인식시키고 이 훈련에 헌신할 수 있도록 기도로 준비케 합니다. 기도 짝을 정하게 하고 전도대상자를 위해 함께 기도합니다.

㉢ 훈련 시행

훈련생이 정해지고 기도 짝이 결정되면 미리 교재를 공급하고 준비케 합니다. 정해진 날에 예비모임을 가짐으로써 훈련이 시작됩니다. 예비모임에는 훈련 스텝과 훈련생, 그 배우자들과 기도 짝들이 모여 이 훈련의 중요성을 함께 나눕니다. 교회에서는 이 훈련이 시작됨을 공포하고 함께 기도할 것을 요청합니다. 훈련생들에게는 모범적인 전도법의 대지 암송과 빠짐없이 훈련에 동참하는 것이 중요하다는 것을 인식시킵니다. 첫 방문 전도 대상자는 신중하게 결정합니다. 가장 가능성이 높은 대상자를 선정하되 기도로 선정합니다. 왜냐하면 훈련생들에게 좋은 모범을 보여서 격려하기 위함입니다.

이 훈련에서 결신자 양육은 중요한 과제입니다. 훈련 시작과 동시에 새 신자를 양육할 수 있는 격려자(=새신자 교사)를 선발하고 훈련 시키는 것이 중요하며, 훈련 초기부터 이 문제에 대한 관심과 해결책을 모색합니다. 새신자에게는 전도팀이 지속적으로 사랑과 관심을 쏟는 것이 필요한데 속히 새신자 양육 교사를 소개할 수 있도록 제도적으로 준비합니다.

㈃ 훈련의 지속

첫째, CWT 과정이 거듭될수록 양적 팽창이 질적 저하를 초래하지 않도록 조심해야 합니다. 훈련의 순수성을 유지할 수 있도록 초기 단계부터 엄격함을 고수해야 합니다. 훈련이 엄할수록 군사는 강해지기 마련입니다. 규모가 커질수록 스텝의 보강이 필요해집니다.

둘째, 담임 목회자의 지속적인 참여와 관심 그리고 교회 차원에서의 강조가 중요합니다. 담임 목회자는 적어도 3회 이상의 훈련 경험이 필요하며 꾸준히 교회 지도자로 성장할 가능성이 있는 사람들을 양육하는 것도 필요합니다.

셋째, 영적 생명력을 유지할 수 있는 프로그램의 개발 및 시행이 요청됩니다. CWT를 5기(2년 반 정도) 마치면 훈련 수료자가 100여명이 됩니다. 이때 훈련만 받고 다시 훈련에 참여하지 못하는 사람들을 위해 '복음 전도 세미나' 혹은 'CWT 재무장훈련' 등의 프로그램을 시행하면 좋을 것입니다. 또한 결신한 사람들을 교회에 초청하여 특별 프로그램을 통해 그들을 환영하고 그들로 간증하도록 한다면 교회의 분위기는 새로워지고 영적 생동감이 팽배할 것입니다.

4) 다리 전도법

이 전도법은 네비게이토 선교회의 창시자인 도슨 트로트맨이 정리하여 자신의 성경 공부반 회원들에게 가르치던 복음전달의 6요소를 도슨과 그 이후 세대가 발전시켜 확립시킨 것입니다.

(1) 다리 전도법의 강점

㉠ 피전도자를 전도자에게 집중시킬 수 있습니다(화술에 관계없이).

다리 전도법은 각 단계마다 전도자의 손길을 통해 그려지고 설명되는 시청각적인 교육 효과 때문이었던 것 같습니다. 전도의 결과가 전폭적으로 성령의 사역인 것은 틀림이 없지만 복음을 전달하는 과정은 성도에게 주어진 책임이 아닌가 생각합니다. 인간의 오감은 의사 결정에 중요한 역할을 하지만 특히 시각은 남다른 영향력을 갖고 있습니다. 그러기에 칼 스티븐슨은 '보여줄 수 있는 것을 말로 설명하려 하지 말라'고 했는데 이것은 인간 교육에 대한 결과를 정확히 관찰한 경험의 소산이 아닌가 생각합니다. 다리 전도법은 이같은 사실이 반영되어 전도가 끝날 때까지 그의 시선과 생각을 사로잡고 박진감 있는 영적 흥분을 줍니다. 언어에 능하지 못하고 표현력과 화술에 자신이 없는 사람도 상대를 사로 잡을 수 있습니다.

㉡ 자유로운 의사소통이 가능합니다.

다리 전도법은 질문을 던짐으로써 피전도자를 전도에 참여하도록 유도하는데 놀라운 전도방법입니다. 칼 스티븐슨은 '질문할 수 있는 것은 결코 설명하지 말라'고 했는데 의사소통에 있어서 질문의 가치를 확인시키는 명언이 아닌가 생각합니다. 네비게이토는 스티븐슨의 이론을 다음과 같이 설명하고 있습니다. • 일방적인 이야기보다 대화를 촉진 시킵니다. • 상대를 곁길로 빠지게 하는 대신 대화에 흥미와 참여를 지속 시킵니다. • 상대방이 자기 자신을 잘 나타내도록 도움을 줍니다. 그가 이미 알고 받아들인 것들을 기반으로 삼을 수 있도록 도움을 줍니다. • 상대방으로 하여금 스스로 진리를 발견하도록 도움을 줍니다. 어떤 의미에서 인간은 창조주의 교제와 대화를 위해 창조된 피조물이므로 일방적인 강의나 메시지 또는 설명을 거부하려는 본능을 소유하고 있습니다. 대화는 전도자들에게 복음을 진정으로 이해시키는 대단히 중요한 요소로서 다리 전도법의 특징 있는 강점이라고 할 수 있습니다.

ⓒ 논리적 전개와 복음을 일관성 있게 설명합니다.

다리 전도법은 모든 연령층과 학력에 관계없이 사용될 수 있지만 특히 지적인 계층에게 크게 호소력 있는데 그것은 다리 전도법이 가지고 있는 논리성과 복음의 일관성이라는 특징 때문이 아닌가 생각합니다.

(2) 전달 기술과 실제

전달 기술은 경험상 3단계로 나누어 익히는 것이 가장 좋은 결과를 얻지 않겠는가 생각합니다. 첫째, 골격을 익히고 기본 성구를 기억시킴. 둘째, 예화와 보조 성구를 기억시킴. 셋째, 완성된 표현과 반대 질문 처리방법을 가르침. 먼저 노트나 16절지의 종이를 왼쪽에서 오른쪽으로 반을 접습니다. 접혀 진 윗 종이만 다시 오른쪽에서 왼쪽으로 접으면 아래와 같은 모습이 될 것입니다.

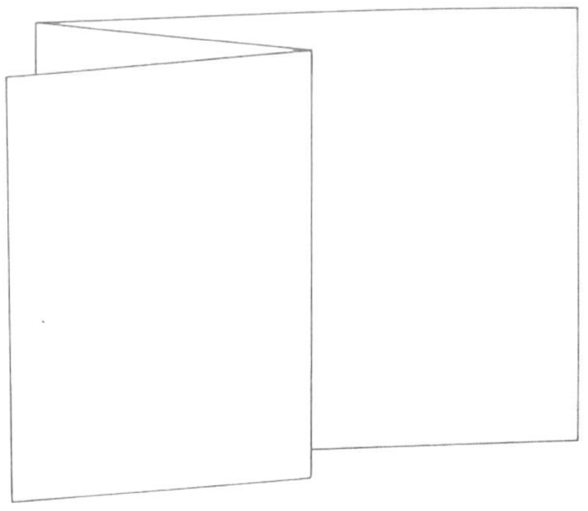

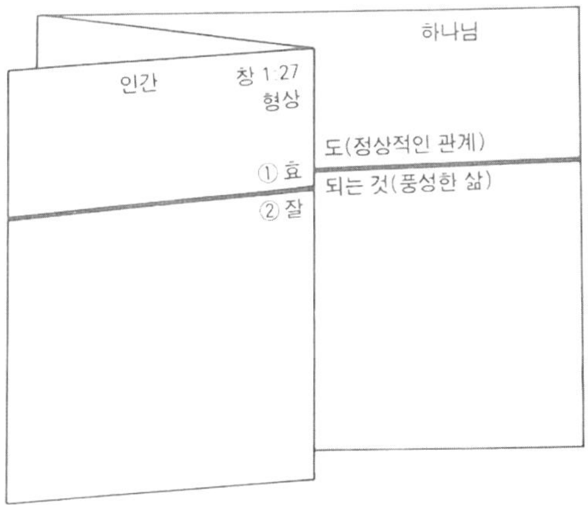

이것은 다리 전도법의 매우 중요한 준비입니다(전도자의 대화 내용과 질문은 다음과 같습니다).

전도자 - 하나님이 인간을 창조했습니다. 창세기 1장 27절은 인간을 하나님의 형상대로 창조했다고 말씀하셨습니다. 그런데 하나님이 사람을 사랑하시는 모습이 우리 부모가 우리를 사랑하는 모습과 아주 유사한 것을 봅니다 (주의-이때 윗쪽 부분에 옆으로 줄을 긋는다).

• 질문 1. '선생님의 부모가 선생님에게 가장 소중하게 원하는 것은 무엇일까요?'
(다양한 대답이 나옴, 10명 중 8명은 잘되는 것이라 대답한다).

전도자 - 물론 그런 것도 원하시지만 가장 먼저 원하시는 것은 부모와 자식 간의 정상적인 관계인 효도인 것입니다 (주의 : 이때 반듯이 종이 양편에 나누어서 효도/정상적인 관계 라고 쓴다).

전도자 - 그 다음에 원하시는 것이 우리가 건강하고 성공하는 것 등을 포함해서 한마디로 우리가 잘되는 것일 것입니다. 즉 부모와 함께 풍성한 삶을 사는 것이지요 (주의 : 잘 되는 것/풍성한 삶이라고 쓴다).

전도자 - 하나님도 마찬가지로 우리를 자기 형상대로 창조하시고 인간들이 자신과 정상적인 관계 속에서 행복하고 풍성한 삶을 살기를 원하셨습니다.

• 질문 2. '그런데 부모의 자기 자녀에 대한 아름다운 계획과 사랑에 대한 자녀의 고의적인 반항과 불순종을 세상에서는 무엇이라고 합니까?' (예상 대답은 불효)

전도자 - 그렇습니다. 에덴 동산에서 인간을 창조하시고 인간에 대한 말할 수 없는 사랑의 배려와 계획에 대해 인간들은 고의적인 반항과 불순종을 했습니다. 결국 이것 때문에 인간과 하나님 사이는 갈라지고 말았습니다(주의-아래 도안처럼 효도 밑부분에서 줄을 밑으로 그어내리고 접혀진 종이를 옆으로 펼친다. 그리고 옆에다 다음 그림처럼 웨이브를 넣어 절벽을 완성한다).

전도자 - 이사야서 59장 2절은 하나님과 우리의 관계가 파괴되고 나누인 것이 죄 때문이라고 말합니다. 이 죄는 하나님께 대한 불순종으로 생겼습니다(주의 : 절벽 가운데 중앙 죄/사59:2/불순종이라고 쓴다).

전도자 - 최초의 사람 아담과 하와의 불순종으로 인간이 하나님과 영원히 분리되었고 하나님과의 모든 관계가 깨어졌습니다. 아담의 죄는 그 이후 유전되어 그 후손의 모든 사람이 죄인이 되었습니다(주의 : 왼쪽에다 '모두 죄인'이라고 씀).

전도자 - 로마서 3장 23절은 '모든 사람이 죄를 범하였으매 하나님의 영광에 이르지 못하더니'라고 말씀합니다.

• 질문 3. '선생님은 자신이 완전하다고 생각해 본 적이 있습니까?' '우리가 완전하지 못하다는 것은 죄를 지을 가능성이 있다는 이야기겠지요?' '죄를 지어 본 적이 있어요?'(예상 대답 '예')

전도자 - 그렇다면 모두가 죄인이라는 말에 선생님의 이름을 포함 시켜도 되겠습니까? (예상 대답 '예')

전도자 - 성경은 모두 죄인된 인간은 한 번 반드시 죽고 그 후에 심판이 있다고 말합니다 (주의 : 한번 죽고/심판/히9:27 라고 쓴다)

전도자 - 또한 심판 이후에 성경은 영원한 사망을 경험한다고 했는데 이것은 죽을래야 죽을 수도 없는 영원한 고통을 말합니다'(주의 : 사망/롬6:23 이라고 쓴다). 계시록 21장 8절은 이 사망은 불과 유황으로 타는 둘째 사망이라고 하는데 이것은 지옥입니다 (주의 : 사망/둘째 사망/불과 유황, 이라고 써넣는다).

전도자 - 인간은 본능적으로 죄인의 숙명인 결과를 압니다.

• 질문 4. '양심의 가책이나 죄를 짓고 나서 이러면 안되는데 라는 생각을 해본 적이 있으신지요?'

전도자 - 또한 하나님과 분리된 죄인 된 인간은 본능적으로 영원을 사모하는 마음이 있습니다(전3:11). 그러기에 죄의 절망을 극복하려는 인간의 노력은 인류 역사의 시작과 함께 끊임없이 시도되었습니다. 어떤 사람은 종교를 통해서 꼭 예수를 믿어야 되나?, 어떤 사람은 선행을 통해서 다 착하고 선하게 살면 자기 좋은 데 가게 되는거야, 어떤 사람은 교육을 통해서, 인간은 교육을 통해 완전한 인격을 소유하게 될지도 몰라. 어떤 사람은 돈을 사랑하므로, 다 필요 없다. 하나님 없이도 내 손에 돈만 있으면 얼마든지 행복하게 살 수 있어'라고 말합니다(주의 : 위의 설명을 하며 차례로 왼쪽 절벽에 다리를 그린다).

그러나 사도행전 4장 12절은 '천하만민이 구원을 얻을 만한 다른 이름을 우리에게 주신 일이 없다고 말합니다'(주의 : 종교, 선행, 교육, 돈의 다리에 X를 한다).

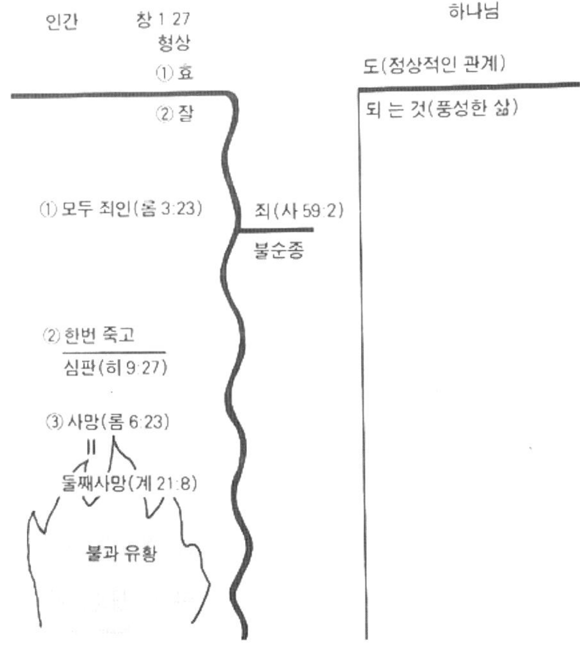

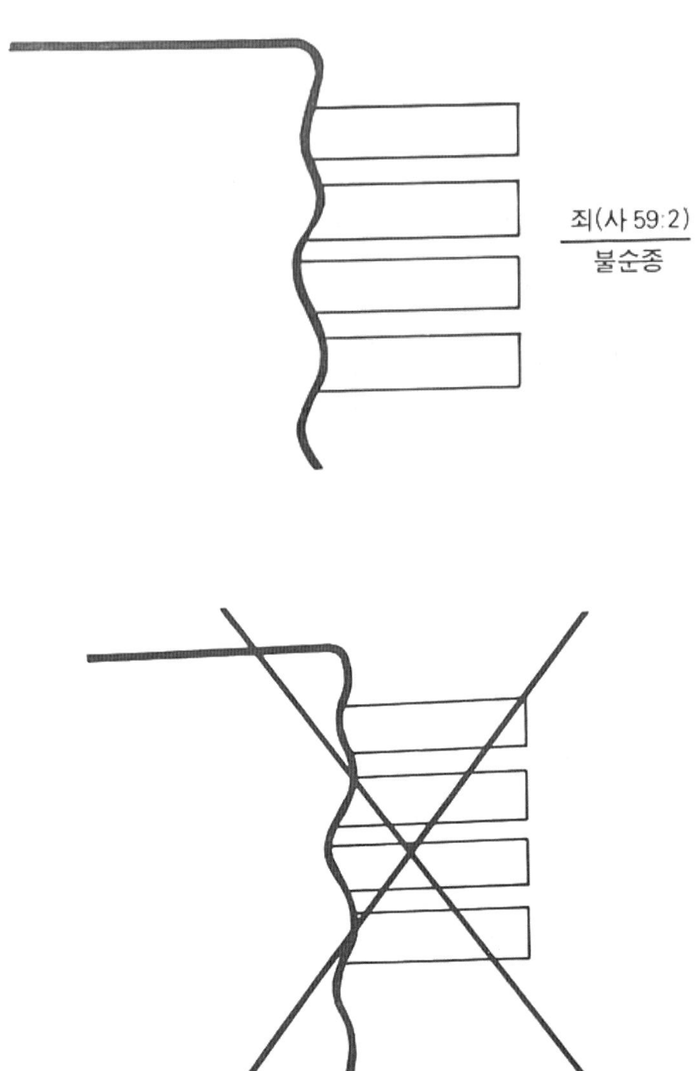

죄(사 59:2)
불순종

전도자 - 어떤 사람이 높고 아름다운 산을 오르고 있었습니다(예화 1 을 말해준다). 그렇습니다. 어떤 사람이 자기의 길을 선택해 갈 수는 있으나 그 결과는 자기가 책임져야 합니다(잠14:12, 어떤 길은 사람의 보기에 바르나 필경은 사망의 길입니다). 즐거움 끝에도 근심이 있고 웃음 끝에도 슬픔이 있다고 말합니다. 어떤 방법과 수단도 없는 절대 절명이 인간의 죄로 말미암은 운명입니다. 그때 하나님은 인간에게 한 가지 구원의 길을 열어주셨습니다.

• 질문 5. '선생님은 부모님께 회초리를 맞아본 적이 있습니까?' (예상 대답 '예')

전도자 - 과연 부모님이 우리가 정말 미워서 매를 대셨을까요? (예상 대답 '그럴 리가 있습니까') 그렇습니다. 우리를 낳으신 부모님이 우리를 진정 미워할 수는 없습니다. 그것은 우리의 잘못 때문이었습니다. 하나님도 우리의 부모님과 마찬가지로 그분은 공의와 거룩의 하나님이셨기에 죄를 용납할 수 없었습니다. 그러나 그분은 또 우리를 자신의 형상대로 창조하신 절대 사랑의 하나님이시기에 인간 자체는 결코 미워하지 않습니다.

전도자 - 요한복음 3장 16절은 말씀하시길 하나님이 세상을 즉 사람들을 이처럼 사랑하사 독생자 즉 자신의 하나밖에 없는 아들을 우리에게 보내셨습니다(주의 : 절벽 맨 윗부분에서 줄을 하나 옆으로 그어 절벽을 연결한다). 이 예수님께서 우리에게 오셔서 요한복음 14장 6절을 통해 (주의 : 이때 밑줄을 긋는다), 자신이 유일하게 하나님께로 가는 길이요 진리요

생명이라고 말씀하셨습니다(주의 : 길, 진리, 생명을 다리 사이에다 쓴다).

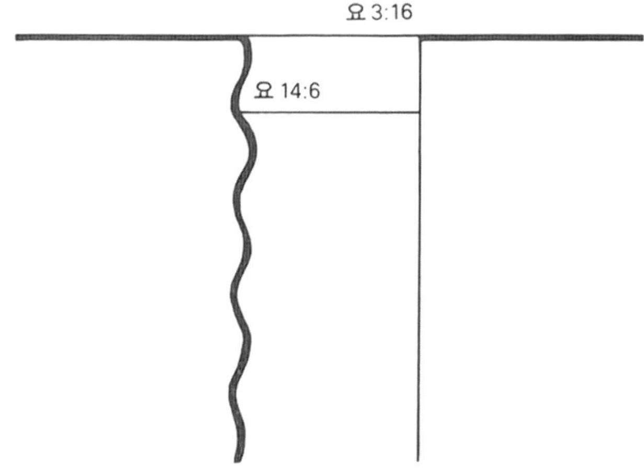

전도자 - 이 예수님을 보내신 하나님의 사랑에 대해 로마서 5장 8절은 우리가 아직 죄인되었을 때에 그리스도께서 우리를 위해 죽으심으로(주의 : 이때 다리 위에다 네모를 그어 십자가를 완성한다), 우리에게 대한 자기의 사랑을 확인시켜 주셨다고 말합니다. 베드로전서 3장 18절은 예수님을 이렇게 설명하고 있습니다(주의 : 베드로전서 3장 18절을 펼치거나 암송하며 의인→죄인, 우리→하나님/왜? 이라고 쓴다. - 벧전 3:18에 대한 설명임).

전도자 - 이 예수님은 예언 속에 오신 분으로서 즉 우리 죄를 위해 죽으셨을 뿐만 아니라 고린도전서 15장 3절은 놀라운 사실을 소개하고 있습니다(주의 : 죽고→장사→부활을 써넣는다). 그는 죽으셨을 뿐 아니라 미리 성경에 기록 된대로 부활하셨습니다.

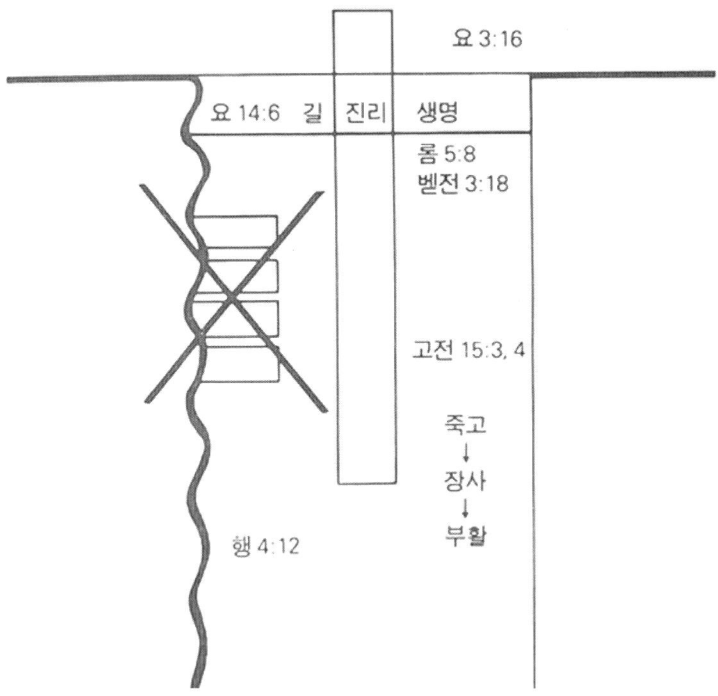

• 질문 6. '선생님, 부활은 죽었다가 살아났다는 말인데 이 사실이 믿어
집니까?' (예상 대답 '안 믿어진다')

전도자 - 예. 사실은 저도 믿어지지가 않았습니다. 저만 못 믿은 것이 아
니라 영국의 유 왈레스라는 소년이 있었습니다(주의 : 왈레스라고 부활 밑
에다 쓴다. 예화 2를 소개).

전도자 - 그렇습니다. 그는 앉아서 예수님의 부활이 거짓이라고 주장
했던 분이 아니라 자신의 지위와 지성으로 도전했으며 예수의 부활이라
는 진실 앞에 자신의 붓대를 꺾고 쓴 책이 '벤허'라는 불후의 명작입니다.

바로 부활하신 예수님을 시점으로 역사의 분수령이 생긴 것은 아십니까? BC(기원전) AD (기원후)는 부활하신 예수 이전의 세계와 이후의 세계란 뜻입니다. 역사를 계산할 때 우리 죄를 위해 죽었다가 부활하신 예수님을 중심으로 한다는 사실은 얼마나 경이롭습니까?

전도자 - 그렇습니다. 그분은 선생님과 저를 위해 죽으셨다가 성경대로 부활하신 하나님이셨습니다. 우리의 구원이 되신 예수님은 요한복음 5장 24절을 통해 이렇게 말씀하십니다. (주의 : 이 구절을 암송하며 옆의 그림처럼 절벽 건너편 내용과 비교해 주며 영생, 심판X, 사망→생명이라고 쓴다).

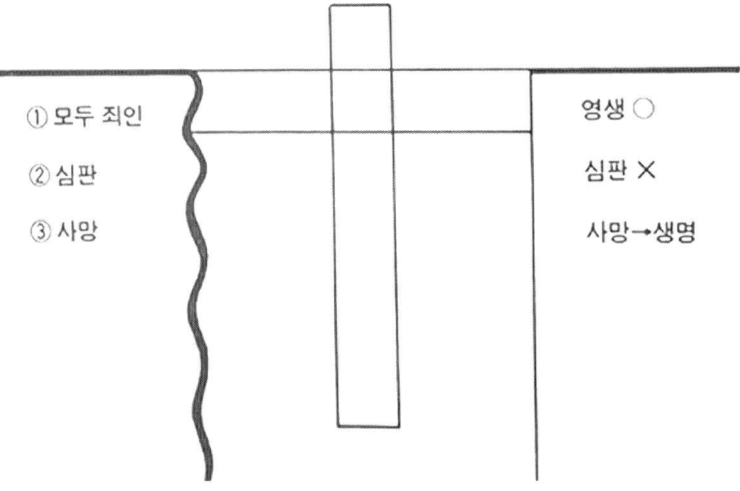

전도자 - 선생님이 이제까지 나의 존재와 결국은 무엇이며 예수님이 나를 위해 무엇을 하셨는가를 보고 들으셨습니다. 그리고 선생님은 자신

을 죄인이라고 정직하게 말씀해 주셨는데 그렇다면 (여기서 질문 7, 8과 연결된다. 주의 : 절벽 양편을 가르키며 그의 대답을 통해 확인하십시오)

• 질문 7. '선생님은 어느 편의 삶을 사셨습니까?' (예상 대답 '왼쪽 절벽의 삶')

• 질문 8. '만약 내일이라는 시간이 주어진다면 어떠한 삶을 택하시겠습니까?' (예상 대답 '오른쪽 절벽의 삶')

전도자 - 잘 선택하셨습니다. 그러한 삶을 사는 방법을 요한복음 5장 24절은 이렇게 제시합니다 (주의 : 이때 가능하면 성경을 펼쳐서 보여준다. 십자가 다리 위에 포물선을 그어 왼쪽과 오른쪽에 '듣고', '믿음'을 써 넣어라).

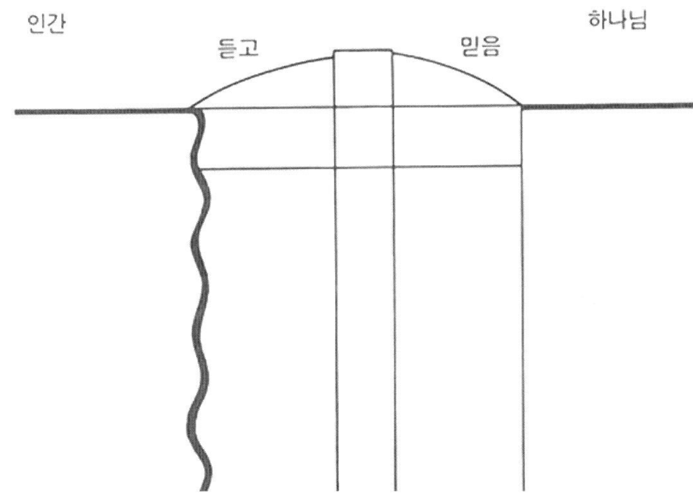

전도자 - 그렇다면 믿음은 무엇인가? 감정이 아닙니다. 많은 사람이 믿고 싶은데 믿어지지 않아서 못 믿는다고 하는데 요한복음 1장 12절은 이 사실에 대해 믿음은 '영접'이라고 말합니다 (주의 : 요1:12/믿음=영접 이라고 쓰라).

전도자 - 영접은 어떻게 하는가? 요한계시록은 예수님을 인격적으로 내 마음에 초청하는 것이라고 말씀합니다 (주의 : 계3:20/영접→초청이라고 쓰라).

전도자 - 그렇습니다. 성경은 더 구체적으로 예수님을 초청하여 영접하는 것을 인격적인 내 마음의 결단을 통해 입으로 시인하는 것이라고 말씀하십니다. 로마서 10장 10절은 사람이 마음으로 믿어 의에 이르고 입으로 시인하여 구원에 이른다고 했습니다. '저도 예수님을 마음에 모셔들이겠다'라고 말하는 것입니다. 선생님, 이 예수님을 믿고 영접하시겠습니까? (예상 대답 '예') (주의 : 그 이후 그와 함께 구체적으로 초청하는 기도를 한다. 경험으로 보아 이 내용의 골격과 기본 성구를 기억시키고, 그 다음에 예화를 그리고 완성된 표현과 난제나 반대 질문을 가르치는 것이 효과적이라 할 수 있다).

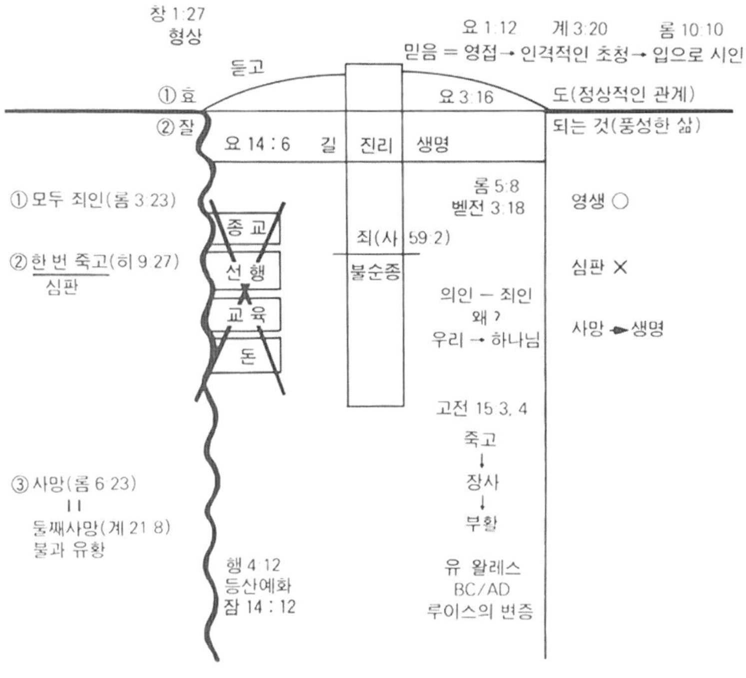

예화 1.

어떤 사람이 등산을 하고 있었다. 기분에 안내자가 가르쳐 준 길이 아닌 것도 같았지만 그 등산로는 아름다웠고 절경으로 가득 찼었다. 이렇게 아름다운 길을 통해 산 정상으로 올라가지 못할 리가 없다. 스스로 마음을 다짐하며 2시간 이상을 땀을 흘리며 산을 올라갔다. 그러나 그 길이 절벽으로 이어지는 약초꾼의 길임을 발견하고 허탈하여 주저앉았다. 다시 하산할 수밖에 없었던 그의 뇌리에 섬광처럼 스치는 생각이 있었다. 그렇다. 한번 잘못 탄 등산길은 가보아서 그 길이 아니라고 되돌아 내려올 수가 있지만 한번 잘못 간 인생길은 인생의 마지막 시점에서 돌이킬 수 없다는 사실이었다. 잠 14:12.

예화 2.

영국에 유 왈레스라는 소년이 살고 있었다. 그는 어릴 적부터 종교교육을 받고 자랐지만 예수님이 죽었다가 부활했다는 어머니의 말씀은 특히 믿어지지 않았다. 그는 후에 대영제국의 삼성장군이 되었고 역사적인 지식과 문학에 조예 깊은 위대한 군인이었으나 예수의 부활만은 용납할 수가 없었다. 그는 어느 날 결심을 하고 장군의 위치와 역사학자로서의 지식과 문학도의 재능을 사용해 고고학적 자료를 모으며 예수의 부활이 거짓이라는 사실을 증명하는 데 생애를 거는 결심을 하였다. 2년 후 그는 자신의 자료가 예수의 부활의 허구를 증명해 보이기는커녕 오히려 강력하게 그 사실을 확증하고 있다는 결론에 도달했다. 역사학도로서 그의 지성은 이 명백한 사실 앞에 자신의 펜을 꺾지 않을 수 없었고 그는 부활을 주제로 두 가지 책을 썼는데 '무덤의 돌은 어디에?'와 '벤허'이다.

5) 태신자 전도

(1) 태신자 전도란

태신자 전도는 관계성을 중시하는 살아 움직이는 전도 방법입니다. 또한 이 전도 운동은 과정을 중시하므로 교회의 질적인 성장과 더불어 자연스럽게 양적 성장도 가져오는 전도 운동이라 할 수 있습니다. 실제로 태신자 전도 운동은 대형교회나 중소형교회, 시골 교회나 개척교회에서도 성공한 사례가 많이 있습니다. 또한 태신자 전도 운동은 불신자에 대한 지속적인 전도의식을 고취 시킨다는 장점이 있습니다. 수평 이동이 많은 한국교회에서 태신자 전도는 잃어버린 영혼을 찾는 귀한 사역입니다. 태신자 전도 운동은 목회에 생동감을 주며 역동적인 교회로 만들어 줍니다. 또한 평신도 사역을 극대화 시키며, 성도들의 신앙인격을 성숙시켜 줍니다. 결과적으로 태신자 전도 운동을 함으로써 온 교회가 성령 충만해지며 사랑이 넘쳐나서 교회가 성장하고 부흥하게 됩니다.

태신자 전도 운동은 건강한 교회와 건강한 성도를 지향합니다. 예수 그리스도의 지상 명령에 순종하여 가까이 있는 불신자들부터 전도의 대상자로 선정하고 기도와 눈물과 사랑으로 전도하는 것입니다. 태신자 전도 운동은 예수님의 성육신하신 모습 속에서 전도의 원리를 발견합니다. 강압적이거나 지배자적인 위치에서 전도하는 것이 아니라 예수님처럼 영혼을 사랑하는 뜨거운 마음과 뜨거운 기도 그리고 진실한 섬김과 헌신을 통하여 영혼 구원의 열매를 맺는 것입니다. 또한 태신자 전도 운동은 어머니가 자녀를 잉태하고 출산하며 양육하는 과정을 통해 사랑이 가득한 가정을 이루는 원리를 전도에 적용합니다. 그리하여 사랑과 성령의 은혜가 충만한 교회를 이루어 하나님께 영광을 돌리는 것이 태신자 전도의 목적이라 할 수 있습니다. 태신자 전도 운동은 소수의 전도 특공대원들을 움직이는 전도방법이 아니라 모든 성도들에게 주신 예수님의 지상 명령에 순종하여 모든 성도들이 함께 동참하고 전 교회적으로 전도 운동을 전개해 나가는 전도방법입니다. 그러므로 성령의 인도하심과 도우심을 간구하는 기도가 필요합니다. 또한 효과적이고 성공적인 진행을 위해 치밀한 전략도 요청됩니다. 따라서 태신자 전도 운동을 시행하고자 하는 교회들은 먼저 태신자 전도 운동의 전체 진행 과정을 이해하고 세부적으로 전략을 구상해야 합니다. 물론 가장 중요한 것은 그리스도 예수의 마음을 잃지 않는 것입니다.

(2) 태신자 전도 운동을 위한 7단계

왕성교회에서는 효과적인 태신자 전도 운동을 위해 다음 일곱 가지 단계를 진행합니다. 여기에서 제시하는 내용을 참고하여 각 단계별 준비사항은 개교회의 상황에 따라 세부적으로 결정하면 됩니다.

(1) 1단계 : 준비

태신자 운동의 기초단계로 한 해 태신자 운동의 조직을 만들고 기본 방향과 전략들을 기획하는 단계입니다.

1. 조직

① 3개월간 진행될 전도계획을 수립하기 위해 12월 말 경이나 1월 초 중에 3명에서 5명 정도의 전도 기획팀을 구성합니다(하반기는 7월 말에서 8월 초).
② 전도 기획팀의 구성 인원은 위원장 목사님 한 분과 총무 목사님 한 분, 그리고 실무를 기획할 3명 정도의 스텝(강도사, 전도사)으로 합니다.

③ 소형교회에서는 담임 목회자가 이 모든 과정을 준비하되 평신도 지도자 중에서 함께 일할 동역자를 양육한 후에 실시합니다. 협력할 동역자 없이 진행하는 것은 윤활유가 급유 되지 않은 폐기계를 돌리는 것과 같아서 실패할 수 있습니다.

④ 기획팀에 의해 초안된 기획안이 담임 목회자에 의해 결재가 나면 전 교역자를 포함하는 태신자 운영 조직이 구성됩니다.

2. 기본 방향

① 당해 태신자 운동의 기본 방향은 가능하면 담임 목회자의 신년 목회 계획에 맞춰 수립하여 전교회가 하나의 방향으로 힘을 모을 수 있도록 합니다.

② 태신자 운동의 실제적인 전략은 전반적인 사회상황과 사람들의 필요를 고려해 수립합니다. 그해만의 특성을 이용하는 것도 좋은 방법이 됩니다. (예 : 2002월드컵, 교회 10주년, 2007 평양대부흥운동 100주년 등)

(2) 2단계 : 태신자 예비 작정

전 교인들로 하여금 태신자를 가슴에 품게 하는 작정 단계는 태신자 전도 운동의 70%를 차지하는 매우 중요한 단계입니다. 따라서 작정 단계는 예비 작정과 본 작정으로 세분화되며, 예비 작정은 본 작정 시 전 교인이 태신자 작정에 참여할 수 있도록 동기를 부여하는 것을 주목적으로 삼습니다. 특별히 태신자로 작정할 수 있는 사람을 구체적으로 알려줌으로써 교인들로 하여금 태신자 작정을 현실적으로 느낄 수 있도록 합니다. 대상자는 관계와 지역에 따라 구분할 수 있습니다.

1. 관계에 근거한 대상자

현대인의 문제의 대부분은 관계에서 초래됩니다. 그러므로 인간관계, 사회적 관계야말로 복음 전도의 최상의 수단이 됩니다. 그 어떤 기존 신자도, 어떤 불신 이웃도 주위와 관계를 형성하지 않는 사람은 없기 때문입니다. 성경에 나타난 생활 양식 전도는 이미 수립된 관계를 통한 전도였습니다. 안드레는 베드로에게, 빌립은 나다나엘에게 우물가의 여인은 자기 마을 사람들에게 빌립보 간수는 그 집의 모든 사람에게 복음을 전했습니다. 우리는 모든 나의 이웃들에게 사랑의 다리를 놓고 내가 관심을 갖는 모든 관계 속에서 가능성을 최대한 살펴야 합니다.

• 오스카 톰슨의 '나를 중심한 관계의 동심원'을 통해 본 태신자 전도 대상자

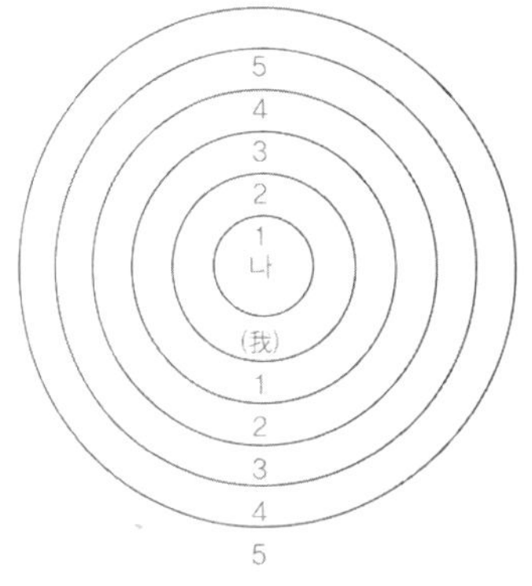

2. 지역에 근거한 대상자

지역은 교회를 중심으로 하며, 본 교회에 출석할 수 있는 지역의 사람을 우선 작정 대상으로 삼습니다.

① 본 교회에 출석할 수 있는 사람

② 도보로 15분, 대중교통을 이용할 때 20~25분 정도 거리의 사람으로 합니다.

③ 각 교구의 지역에 따라 거리가 다른데, 거리가 먼 교구는 본 교회에 나올 수 있는 사람을 우선으로 하되, 단 지역이 너무 멀어 본 교회 참석할 수 없는 경우에는 태신자로는 인정하지 않으나 기도하기는 쉬지 않습니다.

3. 작정을 위한 기도

태신자 작정을 위해 집중적인 기도로 준비합니다. 전도에 있어서 기도보다 더 중요한 것은 없습니다. 기도를 통해 성령의 역사가 나타날 때 영혼들이 회심을 하게 되고 교회에 나오게 되는 역사가 이루어집니다. 아무리 인간적인 관계를 맺는다 하더라도 예수 그리스도를 영접하는 것은 인간적인 감정으로 이루어지는 것이 아니기 때문입니다. (정기예배/새벽기도/심야기도/금식기도/교구별/기관별 기도회)

4. 작정을 위한 교육

누구를 태신자로 정하느냐에 따라 태신자 전도 운동의 승패가 가늠됩니다(70%). 이렇게 중요한 단계이므로 성도들이 작정 대상을 잘 선택하고, 또한 작정한 태신자를 잘 관리할 수 있도록 전 교인들, 마을장, 목자, 권찰들을 교육하는 데 목적을 둡니다. 따라서 교육은 태신자 작정을 하기 전 3주간에 수요 설교와 주일 저녁 설교 그리고 목자, 권찰을 대상으로 하는 금요일 성경공부 시간에 실시합니다. (중그룹/교구, 마을 지도자 교육. 소그룹/목장 지도자 교육. 전체 성도 교육)

5. 태신자 작정을 위한 홍보

홍보는 주보 교회 신문, 교회 게시판, 인터넷 홈페이지 등을 이용합니다. 주보에는 작정 2주 전에 태신자 작정에 대한 홍보를 자세하게 알립니다. 그 내용에 있어서는 순차적으로 태신자 전도 운동의 개요에 대하여, 작정에 관한 방법과 내용에 대하여, 태신자 작정에 앞서 기존 신자들의 마음 자세에 대해 가능한 한 세부적으로 안내하여 모든 성도들이 참여할 수 있도록 합니다. 또한 교회 모든 게시판에 모든 성도들이 언제든지 볼 수 있고 이해할 수 있도록 태신자 전도 운동의 전체 일정과 적극적인 동참을 위한 안내 포스터를 부착합니다. 그리고 교회 본당 전면에도 '태신자 작정일', '다음 주'등의 구호를 현수막으로 장식합니다. 그리고 예비 작정 카드를 주보 속지로 삽입하여 전 교인들에게 전달되도록 작정일 1주 전에 배포합니다.

(3) 3단계 : 작정

작정 단계는 작정자들이 태신자를 3명씩 작정하여 작정 카드를 교회에 제출하는 단계로서 태신자를 임신하는 단계라 할 수 있습니다. 작정에는 1, 2차 작정이 있습니다.

1. 1차 작정

1차 작정은 주일예배 때 하며 주일학교, 중·고등부 및 청·장년부를 모두 포함합니다. 지금까지 기도하며 마음속에 작정한 전도대상자인 태신자를 작정 카드에 기입 하는데 개인 보관용은 개인이 성경책 앞면에 부착하고, 교회 제출용은 헌금시간에 제출합니다. 영아, 유아, 유치, 유년, 초등, 소년부는 교육위원회의 관리 아래 작정하도록 합니다.

2. 2차 작정

1차에 참석하지 못한 성도나 1차에 작정을 했지만 2차에 또 작정하기 원하는 성도들이 추가 작정하도록 합니다.

3. 집계 및 관리

1) 교구별 집계 : 1차적으로 교구별로 태신자를 구분하여 교역자에게 보고하도록 합니다.

2) 목장별 집계 : 교구별로 분류된 자료를 목장별로 분류하여 목자들에게 나누어 줍니다.

3) 개인별 분류 : 목장별로 분류된 자료를 기획국에서 개인별로 분류하여 전산화 합니다.

4. 작정을 위한 동기부여 전략

말씀 선포, 간증, 드라마 공연, 영상물 상영 등

예) 영상제작 Tip

㉠ 시사 사건 활용(대구 지하철 화재, 삼풍백화점 붕괴 등)
㉡ 영화 편집(타이타닉, 포레스트 검프, 클리프 행어 등)
㉢ 특별 제작(교회 주변 영적지도, 교회 10주년 기념 등)

⑷ 4단계 : 접근

접근 단계는 작정자와 태신자의 관계를 형성, 발전시키는 단계입니다. 먼저 임산부와 태아가 함께 건강해야 하듯이 작정자와 태신자가 영적으로 건강하도록 돕는 일을 해야 하며 작정자가 태신자에게 일반적 접근과 복음적 접근을 하도록 돕습니다.

1. 작정자(영적 산모) 관리

건강한 아이를 출산하기 위해서는 먼저 산모가 건강해야 하듯이 태신자를 작정한 작정자의 영적 관리는 매우 중요합니다. 그리고 이 같은 작정자에 대한 관리는 태신자 전도 운동이 행사가 아니라 목회 그 자체임을 증명해 줍니다. 그러면 태신자를 작정한 영적 산모들은 어떻게 관리해야 하는가?

① 신앙생활에 안정감을 가져야 합니다. 신앙생활이 불규칙하거나 문제가 발생하면 태신자를 잃어버리게 됩니다. 이를 예방하기 위해 영적인 산모가 기도와 말씀 자리에 나올 수 있도록 힘써야 합니다.

② 영적 영양 공급을 해야 합니다. 영적 산모와 태신자와의 영양 공급이 끊어지면 태신자를 잃어버리게 됩니다. 이를 예방하기 위해서 목회자는 중보기도와 태신자를 사랑하는 마음의 표현을 작정자들이 갖도록 방법을 가르쳐 주고 격려해 주어야 합니다. 예 : 태신자 생일 기억하기, 애경사 참

석하기, 어려울 때 전화로 위로하기 등

2. 일반적 접근과 복음적 접근

태신자와의 만남을 위해 왕성교회에서는 555운동을 개발하여 시행하고 있습니다. 여기에는 궁극적으로 복음을 전하는 것을 목표로 하고, 그 전에 일반적인 만남을 포함하고 있습니다.

첫째 5는 일반적인 만남을 5회 갖자는 뜻입니다. 태신자에게 안부를 묻고 편지와 축전을 보내고 함께 차를 마시며 작은 선물을 하는 등 인격적인 교제의 기회를 먼저 갖습니다.

둘째 5는 전도를 위한 만남을 5회 갖자는 뜻입니다. 이때 교회 주보와 교회 신문, 담임목사의 설교 테이프와 성가 테이프, 간증 자 및 초청장을 보내줍니다.

셋째 5는 5000원 쓰기입니다. 전화, 편지, 축전 보내기, 함께 차 마시기, 테이프, 작은 선물, 초청장 등을 보내는 데 사용하자는 것입니다. 특별히 왕성교회에서는 태신자에게 줄 선물을 교인들로 하여금 부담 없이 구입 할 수 있도록 초청 3주 전부터 2주 동안 태신자 선물 백화점을 운영하고 있습니다.

⑸ 5단계 : 초청

초청단계는 총동원 태신자 초청일이 임박하면서 교회가 전체적으로 태신자 초청에 관심을 집중시키도록 하고, 태신자를 초청하여 결신 하도록 총력을 기울이는 단계입니다.

1. 새벽기도 축제

작정한 태신자를 하나님의 은혜와 역사 가운데 교회로 인도하기 위해 전 교인이 새벽기도를 작정하고 새벽기도 축제를 전개합니다. 새벽기도 후에는 직장에 출근하는 사람들을 위해 간단한 식사를 준비합니다. 왕성 교회에서는 예배 후 왕성 만나를 준비하는데, 요일별로 미역죽, 호박죽, 콩나물, 시금치죽 등 다양하게 마련하고 있습니다.

2. 특별 철야 기도회

3차에 걸친 철야 기도회를 통해 작정된 사람들이 이번 태신자 전도 운동을 통해 예수 그리스도를 영접하는 놀라운 성령의 역사가 일어나도록 태신자의 이름을 불러가며 기도합니다. 각 철야 기도에는 그 주간의 강조점과 일치하도록 주제를 붙여 진행합니다.

3. 목장 대심방

각 교구 목사와 전도사 그리고 목자들이 목장별 심방을 하면서 아직 등록하지 않은 태신자들을 등록하도록 권하는 기회로 삼으며, 태신자들을 작정해 놓고 전도의 수고를 하지 않는 작정자들을 끝까지 승리하도록 격려합니다.

4. 태신자 초청을 위한 간증

성도들이 태신자 전도를 포기하지 않도록 독려하면서 일찍 태신자를 초청한 성도들에게 주일예배 때 짧은 간증을 하게 하고, 태신자 전도의 모범적 사례를 소개합니다.

지금까지 기도하며 접촉해 왔던 태신자들을 구체적으로 교회로 인도하여 등록하게 하는 단계로 태신자 전도 운동의 절정이라고 할 수 있습니다.

1. 1차 : 등록단계

태신자 초청일로 작정한 날 이외에도 3월 이후로 계속 등록하도록 하는데, 등록한 태신자에 대해서는 다음과 같이 처리합니다.

1) 작정된 태신자가 교회에 나오면 새신자 등록실에서 우선 등록을 합니다.

2) 태신자가 등록을 하면 새신자 교구에서는 그 주 안에 심방을 하도록 합니다.

3) 심방 후 목자 또는 교구 담당자와 연결이 되도록 합니다.

4) 등록한 태신자에게 교회 소개지와 복음편지 및 새신자 12주 성경공부 교재를 발송합니다.

5) 주일 성경공부(3부 예배 후)와 수요 새신자 성경공부(11시 예배 후)에 연결시킵니다.

2. 2차 : 초청단계

1) 태신자 초청 총동원의 날을 선포합니다.

2) 작정된 태신자 중 등록하지 못한 태신자들을 이날 초청합니다.

3) 초청 되어진 태신자들이 결신하도록 예배 시간에 결단의 시간을 갖습니다.

- 주보에 부착된 태신자 결신카드에 자신의 신앙 내역을 기술하게 합니다.

4) 이날은 ○○ 가족의 Home Coming Day로 지킵니다.

3. 초청 당일 계획

1) 초청일 예배 시간 및 참석대상

1부 : (07:00) - 주일학교 교사 전체 운영위원 및 행사요원

2부 : (08:30) - 중·고등부 태신자 및 장년 태신자

3부 : (10:00) - 장년 중심의 태신자 및 기존 성도

4부 : (11:30) - 장년 중심의 태신자 및 기존 성도

5부 : (1:00) - 청년 123부, 경로대학 태신자

6부 : (3:00) - 오후 예배로 전 운영위원회 및 행사 요원

2) 태신자 안내

① 도착 : 외부 안내 봉사자들에 의해 교회 정문, 또는 후문으로 도착합니다.

② 영접 : 영접 안내 봉사자들은 태신자들에게 제일 먼저 환영 스티커를 붙여줍니다. 두 번째로 주보를 나눠줍니다. 세 번째로 교회 안내용 책자를 나눠줍니다.

③ 안내 : 실내 안내 봉사자들이 본당 3층으로 안내합니다.

④ 예배 : 인도자는 태신자와 함께 예배에 참석합니다. 인도자 주보에 있는 결신 카드에 주소 및 인적사항을 미리 적을 수 있도록 협조합니다.

⑤ 결신 : 결신 카드를 작성하여 절단한 다음 헌금시간에 헌금 주머니에 넣도록 합니다.

⑥ 환영 : 헌금시간 후 태신자 환영시간에 선물 분배 봉사자가 일어난 태신자에게 선물을 나누어줍니다.

⑦ 교제 : 예배를 마치고 나면 2층 로비에 준비된 차와 간단한 다과를 들면서 담소하도록 합니다.

(7) 7단계 : 사후관리

태신자 초청잔치 이후의 태신자 양육은 전도 못지않게 중요합니다. 전도는 일시적일 수 있지만 양육은 결코 일시적일 수 없으며 사랑의 보살핌과 인내가 요구되는 지속적인 것이기 때문입니다. 한 명의 태신자가 교회로 인도되어 예수 그리스도를 알게 될 때 그들은 영적인 어린아이로 태어난 믿음의 가족의 한 일원이 된 것입니다. 이제 막 시작한 초보자에 불과하므로 면역성도 약하고, 지속적인 보살핌이 없으면 세상의 습관, 생활, 문화 등에 휩싸여 다시 원상태로 돌아갈 가능성이 있습니다. 그러므로 어린아이에게 우유가 필요 하듯이 태신자들에게는 따뜻한 격려와 돌봄이 필요합니다. 이들은 신앙 안에 하나님의 군사들로 성장할 수 있는 잠재력이 무한합니다. 따라서 이 단계는 등록된 태신자를 돌아보고 효과적으로 양육하여 ○○교인이 되게 하며, 다음 태신자를 재생산할 수 있는 신앙인으로 자라게 하는 데 그 목적을 둡니다.

1. 등록된 태신자를 교구별, 구역별로 분류합니다.

먼저 태신자가 등록을 하면 교구별, 구역별로 분류합니다. 분류된 자료를 기초로 하여 각 교구 목사들이 구역장들과 함께 관리할 수 있도록 하며, 구역장들이 구역별로 구역 예배를 드릴 수 있도록 합니다. 분류된 태신자는 각 교구 목사의 책임 있는 지도 아래 1차 심방을 하고, 심방이 불가능한 가정은 작정하고 인도한 성도를 통해 태신자를 파악, 관리해 나갑니다.

2. 등록된 태신자들과 함께 각 교구별 환영예배를 드립니다.

등록된 태신자가 ○○교회의 일원이 되게 하고 신앙생활의 어색함을 없애기 위해 교구별로 대신자를 환영하는 예배 모임을 갖습니다. 이 예배에는 전 교구 식구가 모여 친교하여 처음 교회에 등록한 태신자들에게 교회에 대한 거부감을 없애도록 돕습니다.

3. 기도로 계속 돌봐줍니다.

바울 사도가 갈라디아 교인들을 위해 해산의 고통을 감수하면서 그들을 사랑과 기도로 돌보았듯이(갈4:19) 구역장을 중심으로 매 구역 예배 때마다, 구역장의 인도하에 등록된 태신자의 신앙이 하나님의 은혜 가운데 계속 뿌리 내리도록 하기 위해 항상 합심 기도를 합니다.

4. 교제를 계속 갖습니다.

방금 출생한 영적 새생명들에게는 영적 산모와의 지속적인 신앙의 교제가 필요합니다. 바나바가 이제 예수 믿기 시작한 바울을 신앙 공동체 안으로 인도했듯이(행11:24~26) 결신한 태신자가 교회에 잘 적응해 나가며 믿음의 뿌리를 내리도록 매 주일 예배 때마다 함께 참석하고 구역예배나 수요예배 등에도 참석하도록 이끌어 줍니다.

<table>
<tr><td colspan="1" align="center">왕성교회 태신자 전도 프로그램 한눈에 들여다보기</td></tr>
</table>

왕성교회 태신자 전도 프로그램 한눈에 들여다보기
1. 준비단계 : 기본방향과 전략들을 기획한다.
2. 태신자 예비 작정단계 : 태신자작정을 위한 동기를 부여한다.
3. 작정단계 : 태신자를 작정하여 보고하고 관리한다.
4. 접근단계 : 태신자와 관계의 형성을 발전시키도록 돕는다.
5. 초청단계 : 태신자 초정에 관심을 집중시킨다.
6. 총동원초청단계 : 태신자를 교회에 초청하고 등록하게 한다.
7. 사후관리단계 : 등록한 신자들을 위한 양육 프로그램을 가동한다.

6) 예심전도대학

(1) 예심 전도 훈련의 특징

① 예심 전도 훈련은 전도에 대한 패러다임의 전환입니다. 부흥의 수단으로서의 전도가 아닌 성경적 전도의 의미를 되살린 전도법입니다. 데려오는 것이 목적이 아니라 전도하는 것이 목적인 전도법입니다. 이벤트가 아니라 훈련을 통하여 전도자로 만들어 가는 전도법입니다.

② 예심 전도 훈련은 목회론적이고 교회론적입니다. 예심 전도는 종합적인 목회의 틀 속에서 건강한 교회를 만들어 가는 전도법입니다. 예심 전도는 교회 구성원 전체에게 복음의 메시를 지속적으로 들려줌으로 교회 구성원 전체가 구원의 확신을 갖게 하는 전도법입니다. 예심 전도는 목회의 방향을 전도중심 목회로 만들어 갈 수 있는 전도법입니다. 예심 전도는 단기 사역이 아닌 장기적인 목회 로드맵을 가지고 있습니다.

③ 전도자가 동시에 양육자가 되게 하는 전도법입니다. 예심 전도는 전도 따로, 양육 따로가 아니라 전도자가 곧 양육자가 되며 전도자가 리더가 되고 사역자가 되는 탁월한 전도법입니다. 예심 전도는 전도자가 곧 양육자가 되기 때문에 정착률이 높습니다.

④ 예심 전도 훈련원은 다양하고 실제적인 전도의 도구(무기)를 제공합니다.

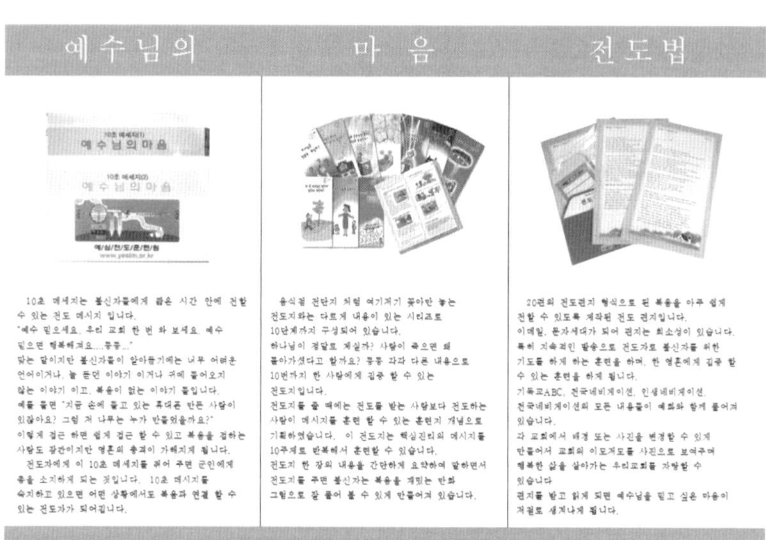

⑤ 각각의 도구에 대한 매뉴얼이 분명하고 체계적입니다. 예심 전도훈련원의 전도 도구들은 충분한 임상을 거친 것들로 각각의 훈련 도구들에 대한 정확하고 실천 가능한 매뉴얼을 가지고 있습니다. 예심 전도훈련원의 전도 도구들은 개별적인 것이 아니라 서로 유기적이며 반복적이고 상호 보완적이며 중첩적입니다.

⑥ 예심 전도 훈련의 핵심은 전도대학을 통한 개교회의 훈련입니다. 예심 전도 훈련은 본부로 찾아와야 훈련을 받을 수 있는 훈련원 중심의 사역이 아니라 사이버과정을 통하여 각 지교회에서 각각의 현장에 맞추어 할 수 있는 맞춤형 전도사역입니다.

⑦ 예심 전도 훈련은 성도의 체질을 변화시켜 평생 전도자를 만듭니다. 예심 전도 훈련은 40주의 훈련 과정을 거치면서 성도의 체질을 변화시켜 평생을 전도자로 만들어 줍니다.

⑧ 예심 전도 훈련은 지교회 사역을 본부가 지속적으로 지원합니다. 예심 전도 훈련을 실시하는 지교회의 사역에 대하여 본부가 지속적이고 적극적으로 지원합니다. 본인이 하고자 하는 의지만 있으면 전도를 할 수 있게 만들어 줍니다.

⑨ 예심 전도 훈련은 성도 뿐 아니라 목회자를 전도자로 만드는 프로그램입니다. 예심 전도 훈련에 참여하는 모든 목회자와 성도들은 반드시 전도 현장을 갖게 되고 40주를 거치는 동안 전도자가 되게 합니다.

(2) 예심 전도대학 훈련 매뉴얼

예심 전도 훈련의 핵심은 예심 전도대학입니다. 예심 전도 대학은 모여서 공부하는 대학이 아니라 현장을 가지고 매일 전도하는 전도자들이 일주일에 한 번 모여서 현장 사역을 나누는 훈련 대학입니다.

1) 훈련대학의 기본 개념 : 사도행전 5:42절 "그들이 날마다 성전에 있든지 집에 있든지 예수는 그리스도라고 가르치기와 전도하기를 그치지 아니하니라". 날마다, 매일 1명 이상에게 복음을 전합니다. 예수는 그리스도, 복음의 내용입니다. 가르치기와 전도하기, 양육과 전도입니다.

2) 훈련대학의 전도 도구 활용하기

⑴ 10단계 만화 전도지 : 10단계 만화 전도지는 그냥 나누어 주는 전단지형 전도지가 아닙니다. 단계마다 전해야 할 메시지가 있습니다. 메시지 훈련 도구입니다. 예비신자를 방문할 때마다 사용하는 전도지입니다.

⑵ 10초 메시지 사용법 : 10단계 만화 전도지를 성도들이 전도 현장에서 사용할 수 있도록 만든 실제적인 도구입니다. 현대인의 논리 구조에 초점이 맞추어져 있습니다. 기승전결의 문학적 논리 구조를 이용하여 메시지를 조직하고 디자인합니다. 불신자의 눈높이에서 전하는 메시지입니다. 완전히 암송하여 사용합니다. 10단계 만화 전도지와 함께 사용합니다.

⑶ 천국 네비게이션 사용법 : 천국 네비게이션은 예심 전도 훈련원의 핵심 메시지입니다. 전도자들이 완전히 소화할 수 있도록 지도해야 합니다. 천국 네비게이션 100번 읽는 것이 목표가 아닙니다. 완전히 소화해서 누구에게든지 천국 네비게이션을 펴고 복음의 내용을 처음부터 끝까지 설명할 수 있도록 합니다. 천국 네비게이션 풀이집을 만들어 50번 이상 읽게 합니다. 수요 강단에서 시연하도록 합니다. 예비 신자에게 천국 네비게이션을 풀 때는 전략이 필요합니다. 천국 네비게이션을 푸는 일은 악한 영과의 싸움입니다. 기도해야 합니다.

⑷ 기독교 ABC 사용법 : 구역 공과로 사용합니다. 새 가족 선물로 사용합니다. 기초 복음 학교 교재로 사용합니다. 감동을 전달하는 방법을 개발

하라. 이름이 틀린다거나 기성품의 느낌이 나면 끝장입니다.

(5) 전도편지 사용법 : 예비 신자에게 보냅니다. 복음을 감동과 함께 전달하는 것이 목표입니다. 감동을 전달하는 방법을 개발하라. 이름이 틀린다거나 기성품의 느낌이 나면 끝장입니다.

(6) 문자 메시지 사용법 : 관계를 맺으면 가장 일반적으로 사용합니다. 메시지를 통해 복음을 전합니다. 내용이 너무 길지 않아야 합니다(80~100자).

(7) 인생 네비게이션 사용법 : 천국 네비게이션을 통하여 예수님을 영접한 자를 양육시키는 양육 교제입니다.

(8) 현장 훈련과 기도 : 정기적으로 현장 훈련을 해야 합니다. 처음에는 하루, 나중에는 3~4일씩 훈련합니다. 10초 메시지 훈련, 10단계 만화 전도지 훈련입니다. 명함 주고 이름, 전화번호, 주소 알아내기 등 복음으로 관계를 맺는 훈련입니다.

(9) 집중훈련 : 돌아다니면서 전도훈련을 해도 열매를 맺히기는 쉽지 않습니다. 열매를 맺고 교회에 등록을 시키고 정착시키기 위한 훈련이 집중훈련입니다. 첫째, 집중 대상자를 선정합니다. 집중 대상자는 마음이 열리고 곧 교회에 나올 것 같은 사람을 선택합니다. 둘째, 집중은 3~4주를 계획합니다. 셋째, 매일 문자를 보냅니다. 넷째, 일주일에 한 번 이상 직

접 만납니다. 다섯째, 집중하는 동안에는 그를 배려하지 않기로 합니다.

(3) 예심 전도대학 개교회에서 어떻게 시작할 것인가?

1) 담임목사 및 진행자가 갖추어야 할 마인드

① 결단이 서면 예심 전도대학을 교회의 전도 프로그램이면서 교회의 기능 중에 가장 중요한 인체의 심장으로 생각해야 합니다. 그 이유는 전도는 교회의 본질이며 전도가 되지 않는다는 것은 교회의 기능이 고장난 것이기 때문입니다.

② 개교회에서 전도대학은 교회가 존재하는 한 계속되어야 합니다.

③ 리더는 계속 예심 전도 훈련원 본부에 관심을 가지고 집중훈련이나 리더훈련에 참석하여야 합니다.

④ 재충전을 위해서는 본부에서 실시하는 목요 전도대학에 가끔씩 참석하여 재충전 하는것이 좋습니다.

⑤ 전도대학은 소그룹으로 운영됩니다. 그리고 훈련 기간은 40주입니다.

⑥ 개교회에서 1기생들은 2기가 시작될 때 2기에 도우미 사역으로 협력합니다.

⑦ 2기생들은 3기생들의 도우미 협력자들이 되고 3기는 4기생들의 협력자들이 되어서 계속 다음 기수의 도우미 역할을 감당합니다.

⑧ 그리고 앞선 리더들이 전도대학을 수료하면 교회 전도단에 배치하고 교회는 전도단이 매주 모여서 전도단 모임을 할 수 있도록 합니다.

⑨ 전도대학을 진행하면서 현장 전도를 쉬면 안 됩니다.

⑩ 주일학교부터 장년부까지 모든 교회가 소화할 수 있으며 소수로 단계적으로 하면 됩니다.

2) 전도대학 운영 포인트

① 담임목사와 전도대학의 리더는 2박 3일 컨퍼런스에 꼭 참여하여야 합니다. 가능하면 2회 정도 참석하는 것이 더 효과적입니다.

② 담임목사와 전도대학 리더는 본부에서 진행하는 전도대학에 꼭 참석하여 훈련 받아야 합니다. 각 교회에서 전도대학을 진행할 때 현장의 분위기를 전해야 하기 때문입니다.

③ 담임목사가 전도대학 1기의 리더가 되는 것이 가장 좋습니다. 전 교회에 전도 마인드로 리드 할 수 있는 사람은 오직 담임목사 뿐입니다.

④ 전도 대원을 모집할 때는 목사님이 지명하지 말고 자원자를 받는 것이 좋습니다. 단 용기를 내지 못하는 성도를 위하여 가능성 있는 성도에게는 권유하여 결단하게 하면 됩니다. 참여하는 인원 수 보다는 스스로 자원한 사람들을 모델로 만들어야 합니다. 스스로 지원해야 중도 포기하지 않습니다.

⑤ 자원자에게는 반드시 회비를 받아야 합니다. 가능하면 본인이 전액 부담하는 것이 좋습니다. 왜냐하면 전도는 자기 의지의 결단이 반드시 필요하기 때문입니다.

⑥ 담임목사가(리더) 결단하고 현장 전도 실습을 꼭 가져야 합니다. 담임목사도 똑같이 하루 1명 전도, 메시지 훈련, 기도 훈련을 해야 합니다. 그렇게 해야 전도대학을 이끌어 갈 힘이 생깁니다.

⑦ 숙제를 철저히 점검해야 합니다. 전도 신무기 5종 20독 이상 읽기,

하루 1명 전도, 하루 1명 이상 기도하기.

⑧ 전도대학은 공부가 아니고 훈련이며 축제입니다. 일주일 동안 살아온 전도의 삶을 나누고 격려해 주고 함께 공감하고 서로 도전 받고, 중보하는 시간으로 만들어야 합니다.

⑨ 전도는 각자의 생활 속에서 해야 합니다. 생활 속 전도는 예비 신자에게 집중하는 것입니다. 이웃과 함께 만나 이야기할 때 세상 이야기 하지 않고 복음을 불신자 입장에서 이해하기 쉽게 전하는 것입니다.

⑩ 전도와 전도훈련을 잘 구분하는 것이 필요합니다. 노방전도, 터미널전도, 횡단보도전도, 상가 전도 하는 것은 전도훈련입니다. 현장 벽을 허무는 작업입니다.

⑪ 전도 대원들이 전도대학 시간을 기다리는 설레임이 있어야 합니다.

⑫ 전도를 못했어도 그 시간이 부담스럽지 않고 전도할 수 있는 동력을 얻을 수 있게 만들어야 합니다.

⑬ '몇 명 등록 시켰느냐?'라는 것으로 진행되면 전도가 부담스럽습니다. '최소 1년은 아무 열매가 없어도 좋다'하는 마음으로 지켜보면 몇 개월만 지나면 불안한 열매가 아니라 확실한 열매가 맺히기 시작합니다. 열매보다 더 중요한 것은 전도 대원들이 전도자로 살아가는 것입니다.

3) 전도대학 입학안내

① 주보 및 광고에 평생동안 하나님을 기쁘게 할 수 있는 전도대학 개설 광고를 올립니다.

② 전도대학은 우리 교회의 선택사항이 아니고 필수코스임을 분명히 제시합니다.

③ 앞으로 전도대학을 수료하지 않으면 임직자가 될 수 없도록 하며 임직자는 필수적으로 전도 대학을 해야 하는 교회로 문화를 만들어 갑니다.

④ 교회 봉사자도 전도대학을 필수적으로 수료하는 조건으로 합니다.

⑤ 서두르면 절대로 실패합니다. 철저히 성령님과 함께 진행되어야 합니다.

⑥ 서서히 의식을 바꾸고 마인드를 바꾸어야 합니다.

4) 본부에 전도대학 입학생 명단 및 자료신청

① 개교회에서 입학생이 결정되면 명단을 본부에 통보합니다.

② 또한 본부에 전도대학 자료를 요청합니다. (강의안 파일, 예비신자 관리 전도수첩, 전도 다이어리 핸드북, 천국 네비게이션, 인생 네비게이션, 기독교 ABC, 천국 네비게이션 매뉴얼, 인생 네비게이션 매뉴얼, 10초 메시지, 불교와 기독교 무엇이 다른가? 천주교와 개신교 무엇이 다른가? 행복 네비게이션 전도지, 개인 전도용 명함 등)

5) 입학 오리엔테이션(첫째 날)

① 입학 전 전도대학 예비 모임(단합대회)를 가질 수 있습니다. 명함 제작을 위한 사진과 전도명함 원고를 제출합니다.

② 입학 후 첫날은 동영상으로 오리엔테이션 강의를 듣게 하고 마지막으로는 서로 은혜 받은 것을 나누도록 합니다. 첫날 순서는 다음과 같이 합니다. 제1타임 : 동영상 40분 나눔 10~20분, 제2타임 : 동영상 강의 40분 나눔 10~20분, 제3타임 : 교제(간식)

6) 두 번째 시간부터 진행방법(제2강부터 40강까지)

① 예비신자를 위한 찬양 및 기도 / 5~10분

② 전도 특강, 동영상 / 40분

③ 전도 현장 나눔 및 전도 코칭 / 30분

④ 전도 메시지 훈련 / 30분

⑤ 추수할 영혼 집중 기도하기 / 5분

7) 개교회에서 전도 대학을 실패하는 이유

① 절대로 지도자가 훈련되고 마인드가 되어진 상태에서 시작해야 합니다.

② 집중하지 않으면 실패할 가능성이 너무 많다 라는 사실을 명심해야 합니다.

③ 전도대학이 진행되는 것에 우선순위를 두어야만 실패하지 않을 수 있습니다.

④ 열매 중심에 집착하면 실패할 수 있습니다. 과정에 집중하고 본질에 집중해야 합니다.

⑤ 예수님의 마음 전도법은 교회 밖에 불신자 보다 교회 내에 신자들을 그리스도인으로 구원의 확신이 있는 자들로 세우는 것이라는 사실을 잊으면 안 됩니다.

⑥ 담임 목사가 집중하지 못할 경우에는 부서 담당 책임자가 집중하면 됩니다.

⑦ 전도훈련원의 코칭 및 컨설팅을 받지 않고 자기 마음대로 할 때 실패할 수 있습니다.

• 전도대학 신청 및 절차안내

① 예심전도 훈련원 홈페이지 www.yesim.or.kr 및 예심전도훈련원
② 대표번호 032) 675-9591 으로 접수가능 (본부 내방접수 가능)

예심전도대학주간보고서

20 년 월 일 ~ 월 일까지 (주)

보고자	교회		연락처	
	성명		직 분	

요일	전도의 신무기 5종(횟수) 10메세지.천국네비게이션.기독교ABC 인생네비게이션,10단계만화전도지	기도 일기	전도 일기
날짜			
토	①10초메세지　　　(　　)독 ②천국네비게이션　(　　)독 ③기독교ABC　　　(　　)독 ④10단계만화전도지 (　　)독 ⑤인생네비게이션　(　　)독 ①10초메세지　　　(　　)독 ②천국네비게이션　(　　)독 ③기독교ABC　　　(　　)독 ④10단계만화전도지 (　　)독 ⑤인생네비게이션　(　　)독		
일	①10초메세지　　　(　　)독 ②천국네비게이션　(　　)독 ③기독교ABC　　　(　　)독 ④10단계만화전도지 (　　)독 ⑤인생네비게이션　(　　)독 ①10초메세지　　　(　　)독 ②천국네비게이션　(　　)독 ③기독교ABC　　　(　　)독 ④10단계만화전도지 (　　)독 ⑤인생네비게이션　(　　)독		

월	①10초메세지　　　(　)독 ②천국네비게이션　(　)독 ③기독교ABC　　　(　)독 ④10단계만화전도지 (　)독 ⑤인생네비게이션　(　)독 ①10초메세지　　　(　)독 ②천국네비게이션　(　)독 ③기독교ABC　　　(　)독 ④10단계만화전도지 (　)독 ⑤인생네비게이션　(　)독		
화	①10초메세지　　　(　)독 ②천국네비게이션　(　)독 ③기독교ABC　　　(　)독 ④10단계만화전도지 (　)독 ⑤인생네비게이션　(　)독 ①10초메세지　　　(　)독 ②천국네비게이션　(　)독 ③기독교ABC　　　(　)독 ④10단계만화전도지 (　)독 ⑤인생네비게이션　(　)독		
수	①10초메세지　　　(　)독 ②천국네비게이션　(　)독 ③기독교ABC　　　(　)독 ④10단계만화전도지 (　)독 ⑤인생네비게이션　(　)독 ①10초메세지　　　(　)독 ②천국네비게이션　(　)독 ③기독교ABC　　　(　)독 ④10단계만화전도지 (　)독 ⑤인생네비게이션　(　)독		
목	①10초메세지　　　(　)독 ②천국네비게이션　(　)독 ③기독교ABC　　　(　)독 ④10단계만화전도지 (　)독 ⑤인생네비게이션　(　)독 ①10초메세지　　　(　)독 ②천국네비게이션　(　)독 ③기독교ABC　　　(　)독 ④10단계만화전도지 (　)독 ⑤인생네비게이션　(　)독		

금	①10초메세지 　 (　)독 ②천국네비게이션 (　)독 ③기독교ABC 　 (　)독 ④10단계만화전도지 (　)독 ⑤인생네비게이션 (　)독 ①10초메세지 　 (　)독 ②천국네비게이션 (　)독 ③기독교ABC 　 (　)독 ④10단계만화전도지 (　)독 ⑤인생네비게이션 (　)독		

4. 장년부 정착

1) 새신자가 원하는 교회

• 새신자 50명에게 물었습니다.

(1) 현재 다니는 교회에 정착하게 된 가장 큰 이유는 무엇입니까?

순위	득표	내용
1	14	목사님 설교가 좋아서
2	12	가족, 친척, 친구들이 있어서
3	9	교회 분위기가 화기애애하고 좋아서
4	6	소그룹 모임이 좋아서
5	4	교회에 봉사하는 직분을 맡아서
기타	5	집이 근처여서 이 교회를 통해 주님을 만났기 때문에 교회에서 만난 사람들과의 관계 때문에 아버지 학교(교회 프로그램)를 통해서

(2) 교회에 정착하기 어려운 점이 있다면 무엇입니까?

순위	득표	내용
1	16	기존 성도들과의 인간관계가 어색하고 낯설음
2	8	미 응답
3	6	예배와 설교에 적응하기 어려움
4	5	시간을 많이 빼앗김
5	4	믿어지지 않는 어려움
기타	11	소속감을 느끼지 못함 기독교의 언어에 익숙하지 않음 참여를 강요하는 분위기 교통 불편 등

(3) 교회에 바라는 점은 무엇입니까?

순위	득표	내용
1	14	바른 신앙생활에 대한 갈망
2	10	사랑이 가득한 성도 간의 모임과 교제
3	7	섬김과 실천이 있는 교회
4	5	새신자들에 대한 환영과 배려
5	4	강제적이지 않은 신앙생활
기타	10	위로받을 수 있는 안식처 교육 기관에 지도자 보충 조금 더 재밌는 교회 분위기 새신자를 배려하는 예배 등

위의 설문들이 한국 교회 모든 새신자들의 이야기를 담고 있는 것은 아

닙니다. 하지만 최소한 그들이 무엇을 원하고 있는지 그리고 이를 통해 우리가 어떤 전략을 세우는 것이 필요한지에 대한 단서를 발견할 수 있습니다. 새신자들이 처음 교회에 가는 이유는 그곳에 특별한 무엇인가 있다는 기대 때문입니다. 그것이 교회의 특화된 이미지나 프로그램 때문일 수도 있고, 전도를 통한 관계 형성일 수도 있습니다. 다양한 이유로 교회에 왔지만 그들 대부분은 '관계'의 문제로 인해 많은 어려움을 겪고 있습니다.

새신자들이 교회에 정착할 때 가장 어려워하는 점이 기존 신자와의 관계라는 점은 교회 내에서 이 부분에 대한 개선책을 간구해야 한다는 사실을 말해줍니다. 물론 단순히 관계의 우호성이 새신자 정착을 위한 최선의 길이라고 할 수는 없습니다. 왜냐하면 새신자들은 체계적인 단계를 따르는 교회와 성경과 믿음에 대한 바른 가르침, 경건한 신앙생활에 대한 갈망이 있기 때문입니다. 궁극적으로 그들의 내적인 필요를 이해하고 거기에 맞는 전략을 구축할 필요가 있는 것입니다. 이것은 비단 일회적으로 끝나는 것이 아니라 지속적으로 이뤄져야 하는 작업입니다. 시대와 상황에 따라 그들의 필요가 변화하기 때문입니다. 그들의 목소리에 주목해야 하는 이유가 바로 여기에 있습니다.

2) 새신자 정착의 3단계 전략

• 새신자 정착을 '환영→ 정착→ 양육'이렇게 3단계로 구분하고 그 접근 원리를 알아볼 것입니다.

(1) 1단계-환영하기

새신자 정착을 위한 첫 번째 단계는 '환영 하기'입니다. 여기에서 말하는 새신자 환영은 단순히 축제와 같은 분위기를 연출하라는 말이 아닙니다. 싸움에 있어서도 '지피지기 백전불태'라는 말이 있듯, 새신자를 정착시키기 위해서는 새신자에 대한 기본 이해와 그들이 교회에 진정으로 원하는 것이 무엇인지를 정확하게 파악하는 일이 중요합니다.

새신자를 이해하기 위한 설문 조사

이름 :
교회에 등록한 날짜:

1. ○○ 교회에 처음 오게 된 동기는 무엇입니까?
2. 첫 방문 이후 ○○교회를 다시 찾게 한 이유는 무엇입니까?
3. 이 교회에서 당신을 가장 편안하게 대한 사람은 누구입니까?
4. 처음으로 방문한 후 얼마만에 이 교회에 등록하기로 결정하셨습니까?
5. 등록하기를 주저했다면 그 이유는 무엇입니까?
6. 이전에 다른 교회에 다닌 적이 있습니까?
7. ○○ 교회에서 새신자 등록 과정을 경험해 본 느낌이 어떻습니까?
8. 현재 참여하고 있는 소그룹이나 사역이 있습니까?
9. 앞으로 참여하고 싶은 소그룹이나 활동이 있습니까?
10. ○○교회에 등록한 이후 교회가 당신의 기대를 만족시키고 있습니까?

※ 교회에 등록한 지 한 달 이상, 6개월 미만의 새신자들을 대상으로 다음과 같은 질문을 해보면 좀 더 효과적인 새신자 관리를 위한 아이디어를 얻을 수 있다.
※ 시행 다음 주까지 교회 내 대상자에게 위의 내용으로 설문 조사를 실시해 보고, 그 결과를 갖고 토의하는 시간을 가져보자.

(ㄱ) 새신자의 이해

새신자를 효과적으로 정착시키려면 우선적으로 새신자를 이해하려는 태도가 필요합니다. 불신자가 처음 교회에 나와서 겪게 되는 문화적(종교적) 충격은 결코 적은 것이 아닙니다. 그들이 좋은 인상을 갖고 교회와의 관계를 발전시켜 나가도록 배려하는 일은 새신자 정착에 있어서 매우 중요한 부분이라 할 수 있습니다.

• 다음은 새신자의 관점을 이해하는데 도움이 되는 간단한 항목들입니다.
① 새신자의 입장을 갖고 교회에 출석합니다.
② 새신자가 교회 안에서 느낄 수 있는 여러 감정들을 가져봅니다.
③ 새신자의 입장에서 예배를 드리고 말씀을 듣습니다.
④ 새신자의 시각으로 교회에 대한 전반적인 사항을 점검해봅니다.

㉡ 새신자 환영

새신자에 대한 기본적인 이해를 갖추었다면 본격적으로 새신자들에게 다가가는 것이 필요합니다. 그렇다면 어떻게 다가갈 것인가? 사람이면 누구나 처음 참석한 자리에서 귀한 대우를 받으면 기분이 좋아지기 마련입니다. 두고두고 그때, 그 자리, 그 경험을 잊지 못합니다. 이러한 기분이 드는 것은 교회를 처음 방문하는 새신자도 마찬가지입니다. 새신자들은 이왕이면 자신을 'VIP'로 모시는 교회에 마음을 둡니다. 이러한 이유로 새신자 환영을 통해 어색함을 허물고 편안함을 느끼게 하는 것이 중요합니다. 또 잘 준비된 새신자 환영은 신자들로 하여금 교회에 깊은 매력을 느끼도록 만듭니다.

• 실제적으로 새신자가 매력을 느끼는 교회의 4가지 유형에 대해 알아

보자.

첫째, 편안함이 느껴지는 교회가 되어야 합니다. 교회에 처음 왔을 때 느껴지는 큰 어려움은 바로 어색함입니다. 그 어색함의 벽을 허물기 위해서 가장 필요한 것은 관심과 배려입니다. 새신자들을 기꺼이 교회 공동체의 일원으로 받아들이고, 참여시키고, 관심을 가질 때 새신자는 마음의 문을 열기 시작합니다.

둘째, 지역사회에 열린 교회가 되어야 합니다. 더 많은 신자들이 전도되고 교회에 정착하기 위해서는 지역사회에 열린 교회가 되어야 합니다. 모든 사람들이 어려움 없이 교회의 문을 드나들 수 있다는 것은 그만큼 교회에 대한 거부감이 없다는 것이고, 교회에 출석하기 시작하더라도 어려움이 덜 할 수 있다는 것을 말해줍니다. 교회는 교회에 출석 하기로 결심한 사람뿐만 아니라 교회 앞을 스쳐 지나가는 모든 사람들까지도 관심을 갖고 배려해야 하며, 그러한 때에 새신자들도 교회에 대한 깊은 매력을 느낄 수 있습니다.

셋째, 새신자들을 감동 시키는 교회입니다. 새 신자들을 감동 시키기 위해서는 먼저 새신자들이 원하는 것이 무엇인지 혹은 어려워하는 부분이 무엇인지에 대한 정확한 이해가 요구됩니다. 그들이 영적으로 정신적으로 필요로 하는 바를 충족시키기 위해 힘쓰고, 예수 그리스도의 사랑으로 진실하게 대한다면 새신자들도 감동을 받고, 교회에 정착할 것입니다.

넷째, 교회 본연의 목적을 발견할 수 있는 교회입니다. 교회의 본질은 십자가의 복음이고, 새신자들에게 궁극적으로 전해야 하는 것도 십자가의 복음입니다. 교회가 아무리 사랑과 헌신으로 새신자들을 배려하더라도 복음을 전하는 것에 소홀하다면 그 새신자는 교회에 정착해야 할 의미를 찾을 수 없을 것이고, 설사 정착했다 하더라도 건강한 신앙생활을 영위할 수 없을 것입니다. 교회는 새신자 정착의 궁극적인 목적이 복음을 통한 예수 그리스도의 제자 삼기임을 잊지 말아야 합니다.

<table>
<tr><td colspan="1" align="center">새신자 환영에 대한 체크 리스트</td></tr>
</table>

다음 10가지 질문을 통해 현재 여러분의 교회가 얼마나 새신자를 환영하며 그들에게 매력적인 요소를 전달하고 있는지를 확인할 수 있습니다.

1. 다른 교회로 옮겨가는 성도의 비율이 높은 편인가?
2. 교회의 어떤 일에도 참여하지 않는 성도(비 활동 교인)가 많은가?
3. 재적 성도와 출석 성도의 차이가 많이 나는가?
4. 출석 성도에 비해 소그룹에 참여하지 않는 성도가 많은가?
5. 예배를 비 정기적으로 참여하는 사람이 많은 편인가?
6. 소외감을 느끼는 신자가 많은 편인가?
7. 한 번만 방문하고 더 이상 방문하지 않는 사람의 비율이 높은가?
8. 가족이나 친구, 친척들이 교회에 나오지 않는 성도가 많은가?
9. 봉사를 잘 하다가 열심이 식어지는 사람이 많은가?
10. 성도나 지역 주민들의 필요에 둔감하다고 생각하는가?

(2) 2단계- 정착시키기

환영을 통해 확보된 새신자를 효과적으로 정착시키기 위해서는 새신자에 대한 적극적인 태도와 더불어 치밀한 전략이 필요합니다. 끊임없이 새신자 정착에 대하여 연구하고 노력하는 교회가 성장하는 교회 건강한 교회이기 때문입니다. 새신자가 교회에 들어와서 정식으로 등록하기까지의 정착 단계와 정착의 실패 요인, 효과적인 정착 비율에 대해 살펴보겠습니다.

㈀ 새신자 정착의 4단계

• 새신자 정착은 다음과 같이 4가지 단계로 나눌 수 있습니다.

① 첫 번째 단계 : 초청의 단계입니다. 불신자를 교회로 초청하는 일반적인 전략으로는 태신자 운동이 있습니다. 전도 대상자를 미리 정하고 기도로 준비한 후에 대상자의 마음 문이 열릴 때 정식으로 초청하는 방법입니다.

② 두 번째 단계 : 만남의 단계입니다. 새신자가 교회를 찾아올 때 처음으로 갖게 되는 만남은 예배입니다. 이 단계의 핵심은 감동적인 예배 분위기와 은혜로운 설교입니다. 그 외에도 새신자 환영 프로그램, 교회 안내 등은 새신자를 효과적으로 붙드는 요소가 됩니다.

③ 세 번째 단계 : 면담의 단계입니다. 면담은 상담과 교육의 단계입니다. 새신자 정착에서는 새신자가 처음 교회에 나온 후 그 다음 한 주는 매우 중요한 시기입니다. 출석한 새신자를 그 다음 주간에 심방하여 영적 상태를 점검, 상담하여 어떻게 양육하는 것이 바람직한지를 결정해야 합니다.

④ 네 번째 단계 : 등록의 단계입니다. 처음 나온 새신자를 무조건 등록 신자로 올리기보다는, 최소 한 달 이상 출석한 후 정식 교인이 되겠다는 서약을 한 사람들만 등록시키는 것이 좋습니다. 엄밀한 의미에서는 등록 교인보다 출석 교인이 더 많은 것이 바람직하기 때문입니다.

㈁ 새신자 정착의 실패 요인

위와 같은 체계적인 단계로 새신자들을 정착시키기 위해 여러 노력을 하더라도, 새신자 정착은 생각보다 쉽지가 않습니다. 많이 준비하고 노력하였음에도 불구하고 실패를 경험할 수 있습니다. 그러나 실패보다 중요한 것은 새신자 정착이 실패하는 그 요인을 분명히 아는 것입니다.

• 다음은 새신자 정착이 실패하는 주된 요인들입니다.

첫째, 새신자 정착 실패의 고질적인 문제는 무관심입니다. '사랑의 반대는 미움이 아니라 무관심이다'라는 말이 있습니다. 새신자 정착에 어려움을 겪는 이유도 근본적으로 교회의 무관심 때문입니다. 교회 안에서 느껴지는 냉담함과 무관심은 새신자의 교회에 대한 기대감을 사라지게 만듭니다.

둘째, 새신자 입장에서 볼 때 기존의 예배와 설교가 어렵기 때문입니다. 새신자는 기본적으로 예배 분위기에 익숙하지 않습니다. 그러므로 새신자를 환영하는 교회라면 예배 분위기나 설교 메시지에서 새신자를 위한 배려를 느낄 수 있도록 해야 합니다.

셋째, 새신자 양육을 위한 교인들의 헌신이 없기 때문입니다. 양육은 헌신이 없으면 불가능합니다. 많은 시간과 노력을 투자하며 영원한 것에 가치를 두고 헌신하고 희생하려는 마음이 필요합니다. 이것이 그리스도의 마음입니다.

넷째, 새신자에게는 친구가 없기 때문입니다. 새신자는 교회 안에서 교제를 나눌만한 친구가 없기 때문에 쉽게 두려움과 공포감을 느낍니다. '우정의 요소'는 새신자 정착의 핵심 요소입니다.

다섯째, 막연한 전도 전략 때문입니다. 막연한 전도 전략으로는 막연한 열매를 기대할 뿐입니다. 새신자 확보도 안 된 상태에서 정착과 양육을 따지는 것은 이치에 맞지 않습니다. 구체적이고 치밀하면서도 성령의 인도하심을 받는 전도 전략을 세워 적극적으로 이웃과 지역사회에 파고들 때 가시적인 효과를 얻을 수 있습니다.

ⓒ 효과적인 새신자 정착을 위한 비율

새신자 정착을 위해서는 교회의 다각적인 노력과 준비가 필요하지만 먼저 새신자를 흡수할 수 있는 조직이 준비되어야 합니다.

• 다음의 비율은 새신자 흡수를 위한 조직 활성화 원리를 도식화한 것입니다.

① 1대 6 비율(새신자 우정의 비율) : 새신자가 교회에 정착하려면 교회에 들어온 지 6개월 이내에 최소 6명의 교우를 사귀어야 합니다. 신앙과 상호 관심사를 부담없이 나누는 지체 의식이 생겨나야 하는 것입니다.

② 100대 7 비율(소그룹 비율) : 새신자가 기존 교인과 접촉하여 교회와 관계를 맺으려면 교인 100명당 7개 이상의 소그룹이 활성화되어야 합니다. 다양한 소그룹은 새신자의 교회 정착을 돕는 중요한 도구입니다.

③ 5대 1 비율(새 그룹 비율) : 5개의 소그룹 가운데 1개는 최근 2년 이내에 만들어진 그룹이어야 합니다. 새로운 소그룹은 교회 성장의 활력소가 될 뿐만 아니라 교인 간의 배타성을 치료하는 효과적인 도구입니다.

④ 10대 9 비율(새신자 그룹 참여율): 10명의 새신자 중에서 9명은 반드시 소그룹에 참여해야 새신자 정착에 성공할 수 있습니다. 10명 중 9

명이란 결국 거의 모든 새신자가 소그룹 활동에 참여해야 한다는 것을 의미합니다.

(3) 3단계–양육하기

　새신자 정착의 마지막 단계는 양육의 단계입니다. 새신자가 단순히 교회에 출석하는 단계에서 벗어나서 복음을 받아들임으로써 그리스도의 제자로 성장할 수 있도록 돕는 단계가 양육의 단계입니다. 이 단계에서 대부분의 새신자들이 교회에 등록하여 정착한 교인이 되는데 성경에서는 이를 '지체'(member)라고 표현합니다. 그리스도의 몸을 이루는 지체는 주님을 영접하고 세례를 받아 교회의 책임있는 구성원이 된 성도를 뜻합니다. 교회 공동체에 진정한 지체가 되기 위해서 필요한 양육의 원리와 내용에 대해 살펴보자.

　㉠ 새신자 양육의 원리

　성공적인 새신자 양육을 위해서는 체계적인 준비가 필요합니다.

　• 이를 위해서는 다음과 같은 원리를 인식하는 것이 선행되어야 합니다.
　첫째, 새신자는 교회 안에서 관심의 대상이 되어야 합니다. 한 아기가 태어나면 그때부터 온 가족의 관심은 그 아기에게로 몰립니다. 마찬가지로 교회는 이제 막 신앙생활을 시작한 새신자를 관심과 사랑의 눈으로 바라봐야 하며 새신자도 그 감정을 피부로 느낄 수 있어야 합니다. 이를 위해서는 새신자와 기존 신자 사이의 보이지 않는 벽을 허물고, 기존 신자가 사명감으로 새신자들을 사랑으로 양육할 수 있는 가치관 정립 및 준비된 조직과 체계가 필요합니다.

둘째, 실제적인 교육이 있어야 합니다. 새신자 양육을 위해 일반적으로 매주 한 차례씩 4~6주의 교육을 갖는 것이 바람직합니다. 교육 내용이 기본적인 성경 지식과 신앙생활의 안내, 교회 활동에 필요한 정보와 같이 실제적이면서도 구체적인 것일 때 새신자들로부터 호응을 얻습니다. 또한 교육의 기간을 거침으로써 새신자도 교회의 한 지체로서 자부심을 갖고 열심있는 신앙생활을 할 수 있는 동기가 될 수 있습니다.

셋째, 기도가 뒤따라야 합니다. 새신자는 교육의 대상이면서 동시에 기도의 대상입니다. 그러므로 새신자 양육자는 교회 내에 중보 기도의 은사를 지닌 사역자들과 연합하여 적어도 3개월 이상 새신자를 위해 집중적으로 중보 기도해 주는 것이 필요합니다. 즉 새신자의 기도 방패가 되는 것입니다.

교회 공동체의 지체가 되기 위한 조건
1. 단지 교회에 나오는 차원이 아니라 영적으로 거듭나고 성장하는 것
2. 정규 예배에 성실하게 출석하는 것
3. 교회에서 여러 친구와 교제를 나누는 것
4. 소그룹에 소속되는 것
5. 교회 안에서 자신의 영적 은사를 개발하고 사용하는 것
6. 그 교회가 지닌 가치를 이해하는 것
7. 다른 불신자 전도하는 일에 동참하는 것

㉡ 새신자 양육과 훈련의 내용

새신자 양육에서는 무엇을 훈련해야 하는가? 새신자가 그리스도인으로서 생명력 있는 삶을 살려면 그리스도의 생명체인 교회에 소속되어 지속적인 양육과 돌봄을 통해 자라야 합니다. 새신자 양육 담당자들은 새신자가 영적인 어린아이의 수준을 넘어서 교회의 책임있는 구성원으로서 그리스도의 장성한 분량에 이르기까지 이끌어주어야 합니다.

• 그렇다면 새신자 양육과 훈련에 있어서 빠져서는 안될 내용들은 무엇인지 살펴보자.

첫째, 구원의 확신을 갖게 해야 합니다. 신앙생활에 있어서 무엇보다 중요한 것은 자신이 그리스도 안에서 거듭나고 구원받았다는 확신을 갖는 일입니다. 구원의 확신이 없는 신앙생활은 모래 위에 성을 쌓는 것과 다름이 없습니다. 믿음 생활과 교회 활동의 출발은 구원의 확신에서부터 시작됩니다.

둘째, 믿음을 개발해야 합니다. 기독교는 믿음을 터전으로 삼고 있습니다. 믿음은 구원의 확신을 지속시키는 원동력입니다. 믿음을 개발하려면 그리스도를 중심에 모시고 말씀과 기도, 교제와 증거의 삶을 살아야 합니다.

셋째, 은사를 발견해야 합니다. 신앙 성장에 있어서 구원의 확신 못지않게 중요한 것은 은사의 확신입니다. 그러기 위해서는 자신의 은사를 발견하고 개발하여 교회를 위해 활용해야 합니다. 성령 체험을 통해 은사의 확신이 생기면 자발적인 봉사와 헌신이 가능해집니다.

넷째, 성령의 열매를 맺어야 합니다. 교인이 된다고 해서 그 사람이 하루아침에 성자가 되는 것이 아닙니다. 지속적으로 그리스도인다운 삶과 기독교적 윤리 의식에 대해 말씀으로 그리고 행동으로 가르쳐야 합니다. 세상에서 빛과 소금의 역할을 하며 살도록 이끌어 주어야 합니다.

다섯째, 섬김의 실천이 있어야 합니다. 신앙은 지식으로만 자라지 않습니다. 직접 몸으로 교회를 섬기고 이웃에게 봉사할 때 균형있는 성장이 이루어집니다. 주 안에서의 성공은 섬김으로 나타나야 합니다. 또한 봉사는 영적 재생산을 포함합니다. 재생산하는 교인이 살아있는 교인이요, 재생산하는 교회가 성장하는 교회입니다. 초신자를 제대로 양육하는 일은 훌륭한 전도자를 키우는 것과 같습니다.

재미있는 계산법

만일 한 교인이 1년에 한 명의 불신자를 인도해서 정착시킨다고 가정해 보자. 그리고 이 사람도 교회에 정착한 후 마찬가지로 1년에 한 명씩 또 다른 불신자를 인도해서 교회에 정착시킨다고 가정해 보자. 그렇게 된다면 현재 10명의 교인이 출석하는 교회는

1. 매년 정착하는 사람의 비율이 100%라면 1년 후에는 20명이 될 것이며
   2년 후에는 40명
   3년 후에는 80명
   이렇게 해서 10년 후에는 10,240명이 출석하는 교회가 된다.
2. 매년 정착하는 사람의 비율이 50%에 머무른다고 하더라도
   1년 후에는 15명이 될 것이며
   2년 후에는 23명
   3년 후에는 35명
   이렇게 해서 10년 후에는 608명이 출석하는 교회가 될 것이다.
3. 그러나 매년 정착하는 사람의 비율이 20%에 머무른다면
   1년 후에는 12명이 될 것이며
   2년 후에는 14명
   3년 후에는 17명
   이렇게 해서 10년 후에는 59명만이 출석하는 교회가 될 것이다.

※ 간단한 수치 계산을 보더라도 교회 성장에 있어서 전도와 새신자 양육이 갖는 중요성을 알 수 있다. 기억해야 할 것은 교회 성장에 있어서 숫자는 온 천하보다도 귀한 영혼의 숫자란 사실이다.

5. 장년부 은사 배치

1) 목적

그리스도인이라면 누구나 "각각 은사를 받은대로 하나님의 각양 은혜를 맡은 선한 청지기같이 서로 봉사하라"(벧전4:10)는 주님의 말씀대로 예수 믿는 순간부터 그리스도 몸인 교회에 연합하여 몸의 한 지체로서 그 기능을 담당해야 합니다. 그러므로 교회는 평신도들에게 주어진 은사를 발견하고 상담하여 실제적인 사역에 동참케 해야 합니다. 이로써 교회는 두 날개로 날아오르는 건강한 교회가 됩니다.

2) 목표

① 은사 배치 세미나를 정기적으로 실시하여 모든 성도로 하여금 자기에게 주어진 은사를 발견하도록 합니다.

② 은사 배치 사역 상담을 통해 개별적으로 모든 사항을 점검합니다.

③ 은사 배치 사역의 최고 의결 및 조정 조직인 비전 회의를 4개월마다 가지므로 은사 배치 사역의 모든 사항을 확인하고 대안을 제시하며 조정합니다.

④ 은사 배치를 통해 팀사역이 잘 시행되도록 지속적으로 연구합니다.

⑤ 전 성도가 최소 1개 이상의 팀에 소속되어 은사 배치 사역(팀사역)을 할 수 있도록 지속적으로 동기부여 합니다.

⑴ 사전에 상담 프로파일의 개인 신상란과 관심사, 은사, 성격 유형을 미리 적어둡니다.

⑵ 편안한 분위기 가운데 시작합니다.

1) 먼저 분위기를 조성합니다. 지원자가 경직되지 않고 편안한 분위기에서 상담할 수 있도록 모든 배려를 합니다. 예를 들어 조용하면서 은혜로운 찬양을 틀어둡니다.

2) 가벼운 안부로 긴장을 풀어줍니다. "오늘 하루 어떠셨어요?", "하시는 일은 어떻습니까?"

3) 기도로 시작합니다.
"하나님 아버지 오늘 ○○○ 성도님과 은사 배치 사역 상담을 하게 되었습니다. 하나님께서 ○○○ 성도님을 향하신 선한 뜻을 발견하게 하시고, 주신 은사를 따라 주님의 몸된 교회를 섬겨 하나님의 뜻이 이 땅에 이루어지게 하옵소서. 예수님의 이름으로 기도합니다. 아멘"

3. 구원의 확신을 점검합니다.
⑴ 구원의 확신이 있는지 확인합니다.
① 예수님은 어디에 계십니까? (내 마음에)

② 성도님의 죄는 어떻게 되었습니까? (다 용서함 받았다.)

③ 지금이라도 죽으면 천국에 갈 수 있습니까? (예)

　왜죠? (예수님을 믿기 때문에)

⑵ 구원의 확신이 불확실한 경우 영접시킵니다.

4. 소속감을 확인합니다.

⑴ 소속감이 있는지 확인합니다.

① 우리 교회에 대해 어떻게 생각하십니까?

② 담임목사에 대해 어떻게 생각하십니까?

⑵ 답변의 정도에 따라 강, 중, 약으로 구분합니다.

5. 영적 성숙도를 확인합니다.

교회 내 양육과 훈련 과정 중 어디에 있는지 확인합니다.

단계	설명	비 고
어린아이	새가족반을 마친 자	
청소년	양육반 재학생으로 양육과정에 있는 자	
청년	세계비전제자대학 재학생으로 훈련과정에 있는 자	
아비	세계비전제자대학 졸업생으로 지속적인 훈련을 받고 성장하고 있는 자	

6. 관심사의 단계를 파악합니다.

⑴ 왜 그 분야에 관심이 있는지, 그런 일을 해 본 경험이 있는지 물어보

고 단계를 파악합니다.

(2) 관심사의 단계별 설명

단계	설명	비고
불확실	해당 분야에 관심은 있지만 사역 경험이 전혀 없는 경우	
초보	해당 분야에 관심이 있으며, 약간의 사역 경험이 있는 경우	
중급	해당 분야에 상당한 열정이 있으며, 사역 경험이 있는 경우	
검증	해당 분야에 상당한 열정이 있으며, 사역에 상당한 시간을 헌신하여 인정을 받은 경우	

7. 성격 유형을 확인합니다.

(1) DISC(성격 유형)는 수준의 높낮이를 가늠하지 않습니다. 단지 어떤 스타일로 일을 할 때 더 효과적인지를 알게 합니다.

(2) 다음의 질문으로 확인합니다.

① 확인된 성격 유형이 정말 맞다고 생각하십니까?

② 그렇다면 어떤 면이 자신과 맞다고 생각하십니까?

③ 당신이 가장 일을 잘할 수 있는 환경이나 조건은 무엇입니까?

④ 일할 의욕이 생기지 않는 상황은 어떤 상황입니까?

8. 은사의 단계를 파악합니다.

(1) 다음의 질문으로 파악합니다.

① 발견된 은사가 평소에 생각하던 은사와 일치하십니까?

② 일치하지 않는다면 매우 놀라셨겠네요?

③ 은사를 확인해 본 적이 있습니까?

④ 당신이 가진 은사를 어떻게 활용하셨습니까?

⑤ 은사를 활용할 때 마음이 어떠했습니까?

⑥ 당신의 은사에 대해 다른 사람들이 인정한 경험이 있습니까? 어떤 식으로 인정받았습니까?

(2) 은사의 단계별 설명

단계	설명	비고
불확실	사역 경험이 전혀 없는 경우	
초보	제한적으로 은사대로 사역한 경험이 있는 경우	
중급	자기 은사대로 장기간 사역해 왔으며 인정을 받은 경우	
리더	사역에 상당한 시간을 헌신하여 인정을 받았을 뿐 아니라 다른 사람들의 은사를 개발하여 이끌 수 있는 수준인 경우	

9. 가능한 시간을 파악합니다.

주간 총 사역 시간을 체크하고 요일별, 시간대별 가능한 시간을 표시합니다.

10. 가능한 사역을 파악합니다.

1) 은사, 성격 유형, 관심사와 자신이 신청한 사역팀과의 적합성을 설명해 줍니다.

2) 사역 내용을 결정하도록 합니다.

3) 세부적인 임무는 자세히 적어두어 숙지하도록 합니다.

4) 만약, 사역에 참여할 수 없는 경우는 사유를 물어보고 언제 가능한지 물어봅니다.

11. 기도로 마칩니다.

12. 상담 후 할 일

⑴ 상담을 마친 후 평가란에 상담자의 전체적 평가를 간략하게 기록합니다.

⑵ 상담자(은사 배치 사역 담당자)는 개인별과 팀별로 정리하여 담임목사에게 보고서를 올립니다.

⑶ 담임목사와 의논하여 비전 회의 일자를 확정합니다. 교회의 다른 행사와 겹치지 않을 경우를 제외하고는 예정대로 은사 발견 세미나 후 2주 뒤에 가집니다.

⑷ 전산으로 교적부에 소속팀과 임무를 입력해 둡니다.

⑸ 모든 자료는 행정실에서 잘 보관합니다.

∵ 은사 배치 사역 상담 프로파일 ∵

개 인 신 상	이 름		소 속	
	직 분		휴대폰	
	집전화		이메일	
	주 소			

구원의 확신	□ 확 실 □ 불확실 (영접)	소속감	□ 강 □ 중 □ 약	영적 성숙도	□ 어린 아이 □ 청소년 □ 청 년 □ 아 비	성격유형	□ D (주도형) □ I (감화형) □ S (안정형) □ C (신중형)

관심사	관심사 단 계		관심사1	관심사2	관심사3
	불확실(검증되지 않음)				
	초 보(관심, 약간경험)				
	중 급(열정, 약간열정)				
	검 증(열정,헌신,인정)				

은사	관심사 단 계		관심사1	관심사2	관심사3
	불확실(검증되지 않음)				
	초 보(관심, 약간경험)				
	중 급(열정, 약간열정)				
	검 증(열정,헌신,인정)				

가능한 시간	□불확실　　□제한적(1~2시간)　　□보통(3~4시간)　　□많음(5~6시간)							
		월	화	수	목	금	토	주일	비고
	오전								
	오후								
	밤								

가능한 사역	소속국	소속팀	사역 내용	임무

사역 불참 이유	
평가	

상담자 :　　　　　　　　　　　　　　　20 년 월 일

4) 우리 교회에서 가능한 사역들

• 이 메뉴표는 ○○년 직능별 은사 사역을 선택하기 위한 자료입니다. 전체 사역을 검토하신 후 □ 안에 3가지만 체크하세요.

100 예배 사역			
110 예배준비팀	120 찬양팀	130 드라마팀	140 미디어팀
□ 예배안내 □ 강대상 준비 □ 꽃꽂이 □ 성례준비	□ 찬양인도 □ 싱어 □ 워십댄스 □ 건반 악기 □ 타악기 □ 현악기 □ 금관악기	□ 연기 □ 대본 □ 연출 □ 분장 □ 의상 □ 조명	□ 홈페이지 관리 □ 사진 □ 데코레이션 □ 음향(믹서) □ 카메라(비디오) □ 프리젠테이션

200 선교 사역			
210 해외선교팀	220 국내선교팀	230 지역사회봉사팀	240 홍보팀
□ 해외선교지원 □ 선교연구	□ 개척교회 담당 □ 농촌교회 담당	□ 장애자 복지 □ 불우이웃 담당 □ 외국인 노동자 □ 병원찬양 □ 의료선교	□ 홍보물 제작 □ 진행 □ 사진 □ 편집 □ 디자인

300 양육 사역			
310 유치부	320 아동부	330 청소년부	340 장년부
☐ 교사 ☐ 서무	☐ 교사 ☐ 서무	☐ 교사 ☐ 서무 ☐ 찬양인도 ☐ 건반악기 ☐ 타악기 ☐ 조명 ☐ 음향	☐ 수양회 담당 ☐ 새가족반 ☐ 양육반

400 공동체 사역			
410 경조팀	420 새가족팀	430 애찬팀	440 파워기도팀
☐ 경사 ☐ 장례	☐ 새가족 식별 ☐ 영접 ☐ 식탁 담당 ☐ 교회소개	☐ 애찬 관리 ☐ 주방 관리 ☐ 자판기 관리 ☐ 정수기 관리	☐ 목사와 교회를 위한 ☐ 다음세대를 위한 ☐ 예배를 위한 ☐ 산상기도

500 행정관리 사역			
510 시설관리팀	520 차량관리팀	530 재정관리팀	540 직능은사팀
☐ 전기,전등 ☐ 냉난방 ☐ 건물	☐ 주차관리 ☐ 운행 ☐ 청소 ☐ 정비	☐ 헌금계수 ☐ 장부정리 ☐ 출납 ☐ 헌금교육	☐ 은사발견 ☐ 상담 ☐ 전산관리 ☐ 사역개발

6. 장년 제자훈련

1) 두루 제자 훈련(양육)의 특징

① 목적과 목표가 분명합니다. 두루 제자 훈련은 각 단계, 각 과의 목적을 기록하고, 목표를 분명히 제시하고 있기 때문에 제자훈련 인도자가 그 목표와 목적대로 인도할 수 있고, 훈련자가 각 단계와 각 과의 목적을 알고 배우기 때문에 모든 단계를 효과적으로 이해할 수 있습니다.

② 체계적입니다. 두루 제자 훈련원 교재는 성경을 충실히 잘 사용해서 쉽게 조직 신학과 목회론 등을 명확히 정리해 둔 것이 큰 특징입니다.

③ 내용이 깊습니다. 교재를 처음 접했을 때, 그저 시중에 나와 있는 많은 양육훈련교재와 다를 것이 없다고 생각을 했습니다. 그러나 깊이 있는 교재를 배우면서 내 안에 구원의 감격이 되살아나고 또한 주님께서 주신 지상 명령에 대한 구체적인 방법들과 비전들이 그려졌습니다.

④ 내용이 쉽습니다. 제자훈련이라는 너무나 당연하지만 실제로는 다양한 변명과 거부 또는 어려움이 있는 제자훈련을 쉽고, 그리고 감동적인 컨퍼런스의 경험이었습니다.

⑤ 강력한 무기와 같습니다. 제자 삼는 사역을 위임 받았지만 마땅한 무기가 없이 방황하다가 두루 세미나를 통해서 회차를 거쳐 가면서 더 강력한 신무기를 장착하는 과정이 되었습니다. 그리스도인이 삶에서 어떻게 생활해야 하며, 이 세상에서 어떻게 성숙해 나가야 할까? 등 실제적인 문제에 대해 명쾌한 답을 얻었습니다.

⑥ 다양한 계층의 성도들에게 적용할 수 있습니다. 두루 제자훈련은 유초등부, 중고등부, 청년부, 장년부 전 기관에서 사용이 가능합니다.

⑦ 균형이 잡혀 있습니다. 두루 제자훈련은 부분적이 아닌 입체적이고 종합적인 내용이어서 한쪽으로 치우침이 없는 균형 잡힌 교재입니다. 선교단체에서 만든 것이 아니라 목회자가 만든 것이어서 교회에서 실시 하

기에 유용한 내용입니다.

⑧ 한국교회 제자훈련의 문제점을 해결하였습니다. 교재를 집필한 이문선 목사의 오랜 연구와 임상의 결실로서 모든 교재가 7과로 구성 되어 있어서 성취감을 갖게 하였고, 각 단계와 과정에 맞는 내용을 배치하였습니다. 제자훈련의 문제점들 중 하나인 '제자훈련의 교과 과정에 대한 안목이나 아이디어가 크게 결여되어 있다'는 것은 3단계 15권의 전체 제자훈련 교육과정으로 해소 하였습니다. 그리고 '제자 훈련가가 기계적이고 주입식 위주의 천편일률적인 학습 방식을 채택하고 있다'는 문제점도 1권을 제외하고는 질문과 토론을 중심으로 진행하도록 하여 해결책을 제시했습니다. 또한 '제자훈련이 정해진 교재의 내용을 숙지하는 것과 단계별 성경공부 과정을 수료하는 것으로 이루어지는 양 착각한다'는 것도 수료식이 없고, 리더도 필요하면 팀원으로 들어가서 훈련을 받을 수 있게 하였고 평생 훈련을 받을 수 있는 체계이기에 이런 문제점을 해결하였습니다. 이 외에도 어떤 제자훈련은 도시교회나, 특정 지역에서만 할 수 있는 것들도 있는데 두루 제자훈련은 어느 지역, 어느 교회에서나 어느 연령층에서도 다 할 수 있기 때문에 많은 문제점들을 해소했다고 볼 수 있습니다.

2) 두루 제자 소그룹 순서 (2시간 40분)

① 찬송 (1~2곡)
② 시작기도 (멤버 중)
③ 한 주간 삶과 받은 은혜 (1인 5분) 세상 이야기 말고, 성경에 근거/기도 응답/성경공부 깨달은 것.

④ 큐티 나눔 (7번 중 하나) 자신 실패/적용/깨달음 보다.

⑤ 공동 기도 제목 3가지. (두루 교회 적용/예습 복습 잘하기/지각 결석 말기/양육과 훈련 하는 교회)

⑥ 출석 체크 (쪽지에 기록하여 제출/카톡방 올리기/다 함께 암송, 개별 암송)

⑦ 소감록 발표 (지난 ○과 공부 내용 회고)

⑧ 지난 주 적용 실천 점검 (무얼 적용 했고 어떻게 실천 했는지)

⑨ 지난 주 공부 요약 (한 사람만 발표/타인 카톡방)

⑩. 오늘 공부할 내용 (제자훈련 1단계, 6권 2과 거듭남 공부, 낭독자 1명/발표 후에는 "끝"합니다).   (예습 상황 체크/부 교재 내용 참고, 1번/관찰, 2번/해석, 3~4번/적용)

⑪ (공부 끝날 때) 다음 과 소개 (3과 하나님의 성품, 큰 제목, 예습 잘 해 오시기 바랍니다)

⑫ 질문 받습니다 (질문 있습니까?/함께 대답 고민, 멤버 열린 질문)

⑬ 말씀에 대한 반응 (돌아가며 특별히 내가 은혜 받은 것/깨달은 것/소감)

⑭ 구체적인 적용 (작고 구체적인 적용 하나)

⑮ 적용 기도 (각자 적용 한 것/은혜, 깨달음, 적용 실천하도록)

⑯ 돌림 기도 (돌아가며/한 사람씩/예수 이름으로 기도합니다, 리더가 마무리 할 때 합니다)

⑰ 광고 (다음 주/언제/어디서, 광고 사항)

⑱ 합심 기도 (개인 기도 제목 나누고 합심 기도/개인 유익 아닌 하나님 나라 위해, 누구 전도하여 양육하도록) (합심 기도 후 리더가 멤버 기도 제

목으로 기도해줌/예수님 이름으로 기도합니다)

⑲ (마친 후/수고한 자신과 멤버 위해 박수) 점심 식사/전도 나감.

3) 두루 제자화 과정

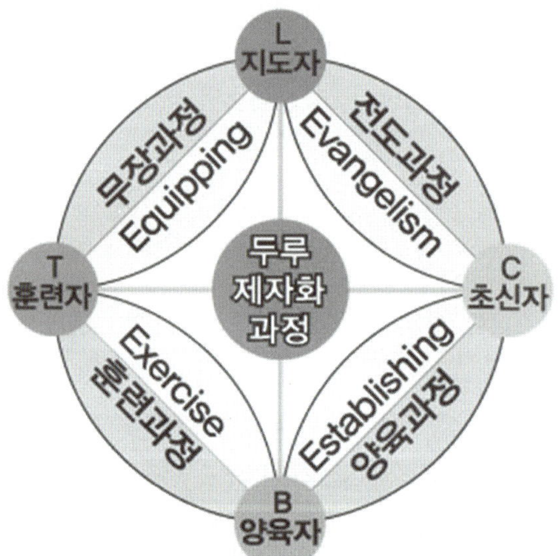

권별 제목	과 제목	권별 제목	과 제목
1권 그리스도의 복음	1과 구원의 동기		6과 구원의 새생활
	2과 구원의 필요성		7과 구원 간증문 7과 구원 간증문
	3과 구원의 길		
	4과 구원의 방법	4권 그리스도의 교회	1과 교회란 무엇입니까?
	5과 구원의 결과와 확신		2과 몸의 지체들
2권 그리스도인의 성장	1과 성경의 분류		3과 몸의 은사들
	2과 성경 개관		4과 몸의 성장
	3과 말씀의 손		5과 하나님의 가족
	4과 기도의 손		6과 초대 예루살렘교회
	5과 큐티		7과 성령 하나님
	6과 성경 읽기	5권 그리스도인의 예배	1과 주일성수
	7과 성경 암송		2과 예배
3권 그리스도인의 새생활	1과 구원의 계획		3과 성례
	2과 구원의 축복들		4과 헌금
	3과 구원의 과정		5과 주기도문
	4과 구원의 기쁨		6과 사도신조
	5과 구원의 새사람		7과 십계명

5) 제자 훈련과정 (5권 35과)

권별 제목	과 제목	권별 제목	과 제목
6권 그리스도인의 새생명	1과 새생명의 필요성		5과 기도의 삶
	2과 거듭남		6과 교제의 삶
	3과 하나님의 성품		7과 전도의 삶
	4과 유일한 중보자	9권 그리스도의 교리	1과 삼위일체 하나님
	5과 그리스도의 생애		2과 죄
	6과 그리스도의 십자가		3과 구원의 순서
	7과 그리스도의 부활		4과 성령 충만
7권 그리스도인의 확신	1과 성경 말씀의 확신		5과 하나님 나라
	2과 그리스도이신 확신		6과 영적 전쟁
	3과 구원의 확신		7과 주님의 재림
	4과 죄 용서의 확신	10권 그리스도인의 성숙	1과 그리스도의 주재권
	5과 기도 응답의 확신		2과 하나님의 청지기
	6과 인도의 확신		3과 선행
	7과 승리의 확신		4과 나눔
8권 그리스도인의 생활	1과 믿음의 삶		5과 시험
	2과 성령의 삶		6과 하나님의 뜻
	3과 사랑의 삶		7과 기독교 세계관 7과 기독교 세계관
	4과 말씀의 삶		

6) 제자 무장과정 (5권 35과)

권별 제목	과 제목	권별 제목	과 제목
11권 그리스도의 제자	1과 제자의 의미		5과 종의 도
	2과 제자훈련의 목적		6과 섬김의 도
	3과 제자훈련의 과정		7과 십자가의 도
	4과 제자훈련의 원리	14권 그리스도인의 사역	1과 양육
	5과 제자훈련의 방법		2과 치유
	6과 제자배가의 원리		3과 시간관리
	7과 제자훈련의 주체		4과 재정관리
12권 그리스도인의 성품	1과 순종과 불순종		5과 팀사역
	2과 겸손과 교만		6과 하나님의 공급
	3과 고난과 연단		7과 권세와 능력
	4과 진실, 신실, 성실	15권 그리스도인의 지도력	1과 두루제자훈련원 소개 1과 두루제자훈련원 소개
	5과 거룩과 순결		2과 가르침과 배움의 원리
	6과 성령의 열매		3과 소그룹 인도법
	7과 혀와 말		4과 성경공부 인도법(1)
13권 그리스도의 제자도	1과 말씀의 도		5과 성경공부 인도법(2)
	2과 헌신의 도		6과 귀납적 성경연구
	3과 증인의 도		7과 지도력
	4과 사랑의 도		

| 두루제자훈련원 교재 소개 |

제자양육 1단계
그리스도의 복음
요한복음 3:16을 중심으로 복음을 설명하여 구원을 얻고, 구원의 확신을 얻도록 하고 있다.

제자양육 2단계
그리스도인의 성장
구원받은 성도들이 성장하기 위해 기본적으로 힘써야 할 경건 생활을 세워주는 과정이다.

제자양육 3단계
그리스도인의 새생활
구원받은 성도들의 새생활의 원리가 무엇인지 배우고 개인적으로 변화된 새생활을 하도록 돕고 있다.

제자양육 4단계
그리스도의 교회
신앙 공동체인 교회가 무엇이고 어떤 모습이 되어 서 어떻게 섬겨야 할 것인가를 배운다.

제자양육 5단계
그리스도인의 예배
공동체 예배가 무엇과 예배의 여러 가지 요소들이 의미가 무엇인지를 구체적으로 공부한다.

제자훈련 1단계
그리스도인의 새생명
죄인 된 인간과 그리스도께서 우리의 구원을 위해 죽으신 진리에 대해 깊이 배우게 된다.

제자훈련 2단계
그리스도인의 확신
그리스도인이 주님께서 이루어 주신 축복들을 확신 하고 그 축복들을 누리며 살도록 돕고 있다.

제자훈련 3단계
그리스도인의 생활
그리스도인의 생활의 원리들을 배우고 그 생활의 원리에 따라 살아가도록 돕고 있다.

| 두루제자훈련원 교재 소개 |

제자훈련 4단계
그리스도의 교리
그리스도인이 알아야 할 교리를 배움으로 더욱 신 실히 예배를 근거로 세우도록 합쳐고 있다.

제자훈련 5단계
그리스도인의 성숙
그리스도인의 신앙 성숙을 위한 주제들을 공부하 고 하나님의 뜻을 분별하도록 돕고 있다.

제자부흥 1단계
그리스도의 제자
예수훈련의 이론들을 배움으로 제자훈련에 대한 성경적인 확신을 갖고 사역하도록 돕고 있다.

제자부흥 2단계
그리스도인의 성품
그리스도의 인격과 성품을 닮아 가는 성숙한 그리 스도의 제자가 되도록 훈련한다.

제자부흥 3단계
그리스도의 제자도
그리스도가 제자가 감당하여야 할 제자의 삶에 대해 서 배워 주님 닮아가는 제자가 되도록 돕는다.

제자부흥 4단계
그리스도인의 사역
그리스도의 제자로서 양육과 될 지역, 일대의 능력 을 사역하는데 필요한 내용들을 배운다.

제자부흥 5단계
그리스도인의 지도력
소그룹 인도 방법, 귀납법적 성경연구, 지도자가 갖 추어야 할 지도 력에 대해서 배운다.

전화 · 0505-500-0505   홈페이지 · www.durums.org
이메일 · duru@hanmail.net

7. 장년 가정 사역

1) 부부 사역 또는 ME(Marriage Enrichment)

(1) 부부 학교 형식의 가정행복학교 (한국 가정상담 연구소)

강의	주요내용
제1강 하나님의 가정설계	• 하나님의 작품인 가정에 대한 설명 • 가정에 대한 하나님의 목표 • 성경적 결혼의 4가지 목표, 떠남/연합/하나됨/친밀성 • 성경적 결혼의 의미 • 깨어진 결혼, 그리고 회복 • 성경적 가정으로의 회복이 왜 중요한가?
제2강 부부의 사랑 만들기	• 사랑이란 무엇인가? • 사랑은 어떻게 표현 되어져야 하는가? • 구체적 사랑 표현의 5가지 방법 • 중요한 방법/피부 접촉, 어떻게 할 것인가?
제3강 남녀의 차이와 부부 역할	• 남녀의 차이를 알아야 하는 이유 • 여러 측면에서의 남녀의 차이 • 남편의 역할, 아내의 역할 • 부부 역할의 조화가 가정생활에 미치는 영향
제4강 부부와 의사소통	• 말의 영향력 • 부부 관계에서의 대화, 왜 중요한가? • 대화를 잘 하지 못하는 이유는? • 우리 부부의 의사소통 스타일은? • 의사 소통에 있어서의 남녀의 차이 • 어떻게 대화할 것인가? 경청의 원리/말하기 원리

강의	주요내용
제5강 부부와 건강한 자아상	• 자아상이란 무엇인가? • 자아상의 형성 과정 • 자아상의 형성에 영향을 미치는 요인 • 자아상의 영향 • 나의 자아상은? • 긍정적 자아상의 개발 • 열등감의 극복 • 행복은 선택이다.
제6강 갈등과 가정의 위기	• 사랑과 갈등의 함수관계 • 부부 갈등의 원인 • 우리 부부가 가지고 있는 갈등 • 가족 간의 갈등 유형 • 성격에 따른 부부 갈등의 유형 • 갈등의 결과 • 갈등의 해결 방법 • 부부싸움의 원리
제7강 부부와 성	• 성에 대한 새로운 인식 • 성에 대한 하나님의 원리 • 성에 대한 남성과 여성의 차이 • 연령에 따른 성반응 • 성반응 주기 • 성 문제로 인한 갈등 • 행복한 성생활을 위한 제언
제8강 부부와 경제생활	• 돈이란 무엇인가? • 돈에 대한 남녀의 차이 • 돈에 의한 부부 갈등 • 돈, 어떤 생각으로 어떻게 벌어야 하는가? • 돈, 어떻게 써야 하는가? • 돈, 풍요와 빈곤의 차이

강의	주요내용
제9강 부부와 자녀교육	• 부모가 변해야 자녀도 변한다. • 언제부터 자녀 교육을 시작할 것인가? • 자녀는 부모가 뿌린 씨의 열매이다. • 하나님의 자녀로 양육하기 위해 필요한 지혜 • 어떻게 가르칠 것인가? • 자녀 교육, 누구의 책임인가? • 부모에게 주는 교훈
제10강 가정과 영성	• 영성과 가정의 행복 • 가정예배를 통한 영성회복 • 부부와 팀 사역, 그리고 헌신 • 진정한 사랑과 영성의 의미

(2) 하이패밀리 부부성장학교

주	강의주제	성경본문	과제물
1주	Session 1. 이제 – 새로워져야 합니다. 개인의 성격차를 이해하고 그 차이가 부부관계에 어떠한 영향을 미치는지 알게 한다. 나와 다른 것은 다를 뿐이지 틀린 것은 아님을 알게 함으로 바라는 배필이 아닌, 돕는 배필로서의 역할 하도록 돕게 된다.	롬 12:2	5분 행복 익히기 (5분 행복통장)
2주	Session 2. 가정 – 하나님이 세우셨습니다. 가정은 하나님이 세우셨습니다. 성경적인 원리를 통해 어떻게 하나님이 세우셨는지 알게 한다.	창 2:18~ 25	배우자에게 편지쓰기
3주	Session 3. 애정과 존경 이 세상에 가장 행복한 사람은 사랑하기 때문이 아니라 사랑하기 위해서 살아가는 사람들입니다. 더 구체적인 실천으로 나아가는 방법을 알게 한다.	롬 12:10	결혼 서약문 작성
4주	Session 4. 차이– 그 하나 됨을 위하여 변화시킬 수 없는 부분은 받아들일 수 있는 평온함과, 변화시킬 수 있는 부분은 변화시킬 수 있는 용기, 그리고 이 둘의 차이를 헤아려 아는 지혜를 알게 한다.	눅 10:38~42	성격검사 (MBTI 등)

주	강의주제	성경본문	과제물
5주	Session 5. 자아상 – 건강해야 합니다. 부부의 침실은 항상 만원이다. 남편 측 부모, 아내 측 부모 이렇게 네 사람이 잠을 자기 때문이다. 현재의 문제는 종종 성장 시 부모와의 관계에서 받은 상처로부터 벗어나지 못하기 때문이다. 이것을 성인아이라 부르며 부모를 용서하고 떠나는 과정과 배우자의 미숙함의 배경을 알게 되는 것은 부부문제의 궁극적인 원인치료가 된다.	엡 2:10	배우자 칭찬 20가지
6주	Session 6. 대화–사랑으로 영그는 생명나무 부부각자의 언어습관을 알게 하고, 사람을 살리는 언어와 죽이는 언어패턴이 무엇인지 깨닫게 한다. 동시에 서로 간에 언어로 주고받은 상처에 대한 화해와 용서가 이루어진다.	약 3:1~8	언어생활 10계명

주	강의주제	성경본문	과제물
7주	Session 7. 性- 그 色다른 이야기 문제 있는 부부의 99% 이상이 성문제 이다. 그러나 문제없는 가정에서 성이 차지하는 비중은 10%밖에 되지 않는다. 이 때문에 부부의 이혼사유는 '성격 차'아니면 '성 격차'둘 중 하나이다. 결혼하면 성은 저절로 배워지는 것이 아니다. 성에 대한 올바른 시각, 남녀 간 성 차이에 대한 이해를 통해 성지식을 키워준다. 아울러 적극적인 대화를 통해 성문제를 해결하도록 돕는다.	잠 5:15 ~20	추천도서 (화성에서 온 남자 금성에서 온 여자 침실 가꾸기)
8주	Session 8. 자녀 – 벤처 기업입니다. 자녀가 태어나는 순간 아버지도 어머니도 태어난다. 어떻게 하면 좋은 아버지 좋은 어머니가 되는지 알게 한다.	시 127: 3~5	자녀 칭찬 20가지 자녀들을 위한 기도문
9주	Session 9. 돈 – 부자 되세요. 돈은 평생 가지고 있어야 한다. 돈은 필요할 때 있어야 한다. 돈이 필요한 만큼 있어야 한다. 재테크가 아니라 어떻게 재무 설계해서 행복해 질 수 있는지 알게 한다.	딤전 6:17 ~19	가정경제 10계명

10 주	Session 10. 부부싸움 – 잘 하고 삽시다. 갈등과 위기, 생의 전환점에 서서 갈등을 어떻게 다루어 왔으며 그 결과는 무엇이었는지, 아울러 갈등 해결법을 학습한다.	엡 4:25~ 5:2	부부싸움 10계명
11 주	Session 11. 예배 – 축복의 통로입니다. 가정 예배를 통해 가족이 참된 주인을 만나고 가정적으로 주의 인도하심을 경험하고 자녀 교육의 최선의 마당을 마련해 준다.	신 6:4~9	가정예배 가족축복기도
12 주	Session 12. 세상 – 우리가 세워야 합니다. 변화! 그 황홀한 감동! 애벌레에게는 나뭇가지, 돌멩이 하나하나가 장애물이다. 그러나 애벌레가 나비가 되면 그것들은 더 이상 장애물이 아니다. 애벌레상태에 머물면서 이런 저런 변화를 시도하지만 궁극적인 변화는 오지 않는다. 이 때문에 많은 부부들이 변화를 위해 노력함에도 좌절만 경험한다. 어떻게 하면 궁극적인 변화가 일어나는지 변화 그 자체에 대한 강의를 통해 상대방과 나 자신을 효과적으로 변화시키는 법을 학습한다.	마 12: 46~50	한 가정 초대하기 한 가정 양육하여 세우기

(3) 교회성장연구소의 가정성장학교

제1강 : 가정의 중요성(가정, 천국의 모형입니다)

제2강 : 성경적인 가정상(가정, 하나님께서 설계하셨습니다)

제3강 : 행복한 부부 1(가정성장, 부부 사랑에서 출발합니다)

제4강 : 행복한 부부 2(부부 사랑, 어느 부분도 소홀히 할 수 없습니다)

제5강 : 아버지의 위치(아버지, 한 가정의 제사장입니다)

제6강 : 어머니의 역할(어머니, 가정의 버팀목입니다)

제7강 : 부모 공경의 축복(효도, 건강과 성공의 비결입니다)

제8강 : 성경적인 자녀교육(자녀, 사랑받고 자라야 할 존재입니다)

제9강 : 가정의 경제활동(돈, 지배당하지 말고 지배하십시오)

제10강 : 가정의 문제해결(대화와 용서, 문제 해결의 열쇠입니다)

제11강 : 가정과 교회성장(가정성장, 교회성장의 밑거름입니다)

제12강 : 하나되는 가정을 위하여(가족을 위해 특별한 하루를 만드십시오)

2) 중년 부부를 위한 사역

이는 한국가정상담연구소가 행하고 있는 중년을 위한 부부 사역의 주요 내용입니다. 중년을 향한 사역에서 가장 기본적인 것이 가족치료를 통한 내적치유의 과정입니다. 더불어 풍성한 삶을 위한 심층적인 부부생활의 원리들을 더욱 다져가야 합니다.

(1) 나는 누구인가?

나는 어떠한 성장 과정을 가지고 있는가? 나의 역사는 어떠한가? 자신의 가족력과 배우자의 가족력을 통해 우리 부부에게 어떠한 공통점이 있으며 어떠한 문제 요소들을 가지고 있는지 살펴보도록 합니다. 특별히 지나온 과거나 지금의 나를 지배한다는 입장에서 일단 서로를 깊이 이해할 수 있도록 만들어 줍니다.

(2) 역기능 가정과 성인아이

자신의 흘러온 삶을 알았으면 나의 성장 과정에서 역기능 가정의 요소는 어떤 것들이 있었는지를 깨닫게 합니다. 또, 그러한 요소들이 지금의 나에게 어떠한 영향을 미치고 있는지 깊이 묵상하도록 합니다. 더불어 우리 부부의 삶에 영향을 미치고 있는 역기능적인 요소들이 또, 우리 자녀들에게 전수되고 있지는 않는지 살펴보도록 만듭니다. 그래서 그리스도 안에 들어온 우리 부부의 삶의 뿌리, 가치관의 뿌리가 세상이나 나의 과거가 아닌 그리스도 안에 내릴 수 있도록 만들어 주어야 합니다.

⑶ 마음의 상처 치유

특별히 마음의 상처들이 있다면 스스로 치유할 수 있는 힘을 가진 사람도 있지만 도움을 받아야만 하는 경우도 있습니다. 스스로의 마음의 그릇을 살펴보도록 만들고 무엇을, 어떤 문제를 해결해야 하는지 찾아봅니다. 그래서 그 상처들을 치유함으로 인해 마음을 옥토 밭으로 만들 수 있도록 도와줍니다.

⑷ 중년의 위기와 극복

중년의 시기에 들어서면서 중년은 위축되기도 하고 좌절하기도 합니다. 성경 속에서 중년의 위기를 겪었던 다윗과 사울의 삶을 통해 우리가 교훈 받아야 할 점은 무엇이고 또 그들의 삶 속에서 나를 돌이켜 보도록 만듭니다. 나에게 있어서 중년의 위기 요소는 없는가? 그 위기들을 예방하고 또는 극복할 수 있도록 하기 위해 나는 지금 무엇을 해야 하는지를 살피고 몸에 배이도록 만듭니다.

⑸ 중·노년 부부의 성

청춘 시절에 있어서 부부의 성과 중년 이후의 부부의 성은 관점도 다르고 접근 방식도 달라야 합니다. 하나님께서 이 땅을 살아가는 부부들에게 주신 성의 원리를 다시 한번 점검하면서 특별히 중·노년 부부들이 성을 통한 풍성함을 어떻게 누리며 살아갈 것인지 실제적으로 배우고 적용하도록 만듭니다. 더불어 성 문제 클리닉의 관점에서 해결과 함께 예방을 할 수 있도록 만듭니다.

⑥ 나의 인생 리뉴얼 플랜(Renewal Plan)

지금까지의 삶을 되돌아보고 앞으로 남은 삶을 다시 한번 점검하면서 하나님께서 우리 부부에게 주신 사명과 함께 나에게, 그리고 우리 부부에게 있는 달란트를 재점검하게 만듭니다. 이를 통해 인생의 푯대를 다시 한번 검토하게 만듭니다. 그리고 그 푯대를 향해 달리기 위해 지금 나는 무엇을 해야 하며, 앞으로 삶의 주기별로 나는 어떠한 자세로 서 있어야 하는지를 계획하도록 만듭니다. 이를 통해 인생도, 영성도 새롭게 부흥하는 계기를 만들도록 합니다.

⑦ 자녀, 그리고 청지기

잘 성장해 온 자녀를 돌아보도록 만듭니다. 자녀들에게 나는 어떠한 영향력을 미쳤는가? 긍정적인 영향력은 무엇인가? 그리고 부정적인 영향력은 무엇인가? 이제 떠나보내야 하는데 떠나보내기 전에 정리해야 할 것은 무엇인가? 부모로서 내가 사과하고 용서를 구할 일은 없는가? 나는 잘 떠나 보낼 수 있는가? 떠나 보낸 후에 나는 이들을 위해 무엇을 해야 하는가? 나는 과연 청지기적인 정신을 가지고 있는가? 이 모든 것들을 점검하면서 부모로서 자녀를 그리고 인생의 선배로서 자녀를 되돌아보도록 만듭니다.

⑻ 황혼과 인생의 면류관

노년에 대해 우리는 어떻게 대해야 하는가? 어떻게 맞이해야 하는가? 생각하기 싫은 주제일 수도 있지만 노년은 사실 신혼부터 준비해야 한다는 관점에서 특별히 중년을 맞은 부부들은 더욱 적극적으로 노년을 생각해야만 합니다. 노년의 의미는 과연 무엇인지? 영적으로 정신적으로 건강한 노년을 맞이하기 위해 우리는 지금 무엇을 준비해야 하는지를 알아보도록 합니다.

⑼ 이별, 그리고 천국

중년에 접어들면 언제든지 죽음을 생각하고 살아야 합니다. 죽음에 대한 성경적인 의미는 무엇인가? 그리고 크리스천으로서 죽음에 대해 어떠한 생각을 가지고 살아야 하는가? 우리 주위의 사람들이 죽음을 당했을 때 나는 어떻게 해야 하는가? 우리가 소망하는 천국은 과연 무엇인가? 이런 등등의 죽음에 대한 새로운 관점을 제시해 줌으로 인해 건강한 죽음관을 갖도록 만듭니다.

3) 남성 사역

한국에서의 남성 사역은 '두란노 아버지학교' 운동본부가 대표적입니다. '주님, 제가 아버지입니다'라는 슬로건을 내걸고 전국적인 규모로 사역을 하고 있는 두란노는 '아버지학교는 이 땅의 아버지들이 그리스도 안에서 경건한 남성, 가정의 목자, 교회의 지도자로 사명을 감당 할 수 있도록 격려하여, 사회를 변화시키는 영적인 운동을 펼쳐 나간다'는 비전 선언문을 제시하면서 다음과 같은 8가지의 사명 선언문을 제창하고 있습니다. 첫째, 말씀과 기도로 하루를 시작한다. 둘째, 성적인 순결을 지킨다. 셋째, 매일 아내를 격려하며, 자녀를 축복한다. 넷째, 부모를 공경하고, 형제간의 우애를 지킨다. 다섯째, 매주 가정예배를 드린다. 여섯째, 정성을 다해 교회를 섬긴다. 일곱째, 일터에서 정직한 일꾼이 된다. 여덟째, 아버지학교 사역에 기쁨으로 동참한다.

• 한편 두란노 아버지학교는 다음과 같은 주제를 가지고 진행됩니다.
① 아버지의 사명
② 아버지인 남성
③ 아버지의 영향력
④ 아버지의 영성

이렇게 4주를 기본으로 하되 5주에는 아내 초청잔치를 벌이기도 합니다. 두란노 아버지학교가 확산되어 가면서 하이패밀리도 아버지학교를 시작하게 됩니다. '하나님, 제가 아버지입니다'로 슬로건을 정하고, 1999년 '아버지학교 워크북'을 출간하면서 본격적으로 시작된 하이 패밀리의 아버지학교는 '아버지 면허증'이라는 새로운 개념을 내세우며 사역을 펼치고 있는데, 대체적으로 6회의 모임을 갖습니다. 특이한 것은 주별 주제를 정하지 않고 성경 본문을 기본으로 하여 진행된다는 점입니다.

• 한편 사용되는 6주의 성경 본문은 다음과 같습니다.
① 사무엘상 2:12~26 ② 누가복음 15:11~32 ③ 창세기 9:18~29 ④ 잠

언 7:1~27 ⑤ 창세기 48:1~22 ⑥ 말라기 4:6

<table>
<tr><td align="center">하이패밀리 아버지학교 콘텐츠</td></tr>
<tr><td>

• 첫 번째 만남 : 아버지, 그 새로운 이름
  아버지 부재의 영향이 가정에 미치는 영향을 통해 좋은 아버지로 거듭나도록 한다.
• 두 번째 만남 : 아버지, 사랑의 창
  갈등과 상처를 치유하므로 긍정적인 아버지 상을 발견하도록 한다.
• 세 번째 만남 : 참으로 좋은 아버지
  자신의 아버지에 대한 상처를 회복할 수 있게 한다.
• 네 번째 만남 : 최고의 선물, 부부 사랑
  아내와 행복한 관계를 형성하고 성결 서약으로 부부가 신혼의 즐거움을 회복하게 한다.
• 다섯 번째 만남 : 아버지, 축복의 원천
  매일 긍정적인 말로 격려하므로 자녀의 삶에 나침반역할을 하는 아버지가 되게 한다.

</td></tr>
</table>

한편, 두란노 아버지학교에 참여한 바 있었던 추부길은 다른 차원의 아버지학교를 한국가정상담연구소를 통해 시작합니다. 2000년 공개적으로 아버지학교 워크북과 인도자 가이드, 비디오 매뉴얼 등을 내어 놓으며 시작된 한국 가정 상담연구소의 아버지학교는 '아담아, 네가 어디에 있느냐?'는 슬로건을 내세우고 있는데,

• 5주 과정으로 진행되는 주제는 다음과 같습니다.
① 아버지인 당신 ② 남편인 당신 ③ 남자인 당신 ④ 예수 그리스도와 하나인 당신 ⑤ 아내와 함께하는 사랑의 축제

한편 가정사역 기관들의 도움을 받거나 혹은 독자적으로 각 교회들도 활발하게 남성 사역을 펼치고 있습니다. 온누리교회는 두란노와 함께 아버지학교 운동을 하기에 차치하고서라도 부산 수영로교회, 여의도순복음

교회, 연동교회, 안양 새중앙교회, 주안장로교회, 예능 교회 등 여러 교회에서 아버지학교를 중심으로 남성 사역이 펼쳐지고 있습니다. 특별히 연동교회 같은 경우는 자체적으로 개발한 남성 사역을 펼치고 있는데 이를 '아브라함 교실'이라 부르고 있습니다.

연동교회는 특히 중년 남성들을 대상으로 이 사역을 펼치는데 이는 첫째, 20대 남성들은 아직 가정에 대한 중요성을 실감하지 못하는 시기이나, 50대는 거의 자신과 가치관을 바꾸지 않으려는 심리적 마음이 있기 때문이며, 둘째는 사실상 예수님도 30대에 일하셨고, 셋째 30대 중년이야말로 한국 사회와 교회에 있어서 개혁의 물결 역할을 담당할 수 있는 능력을 가지고 있기 때문이라고 밝히고 있습니다.

연동교회는 또 아브라함 학교 사역 전략에서 아내에 대한 광고를 집중하여 남성들의 참여를 유도하고 있으며, 일정은 1박 2일로 하고 있습니다. 내용은 먼저 조별로 묶어 준 다음 프라미스 키퍼스 비디오 상영, 잃어버린 남성의 감정을 찾아주기 위한 감수성 훈련, 아브라함 교실 선배의 간증 그리고 강의가 이어집니다. 강의는 '성경 속의 아버지', '아버지라고 부르고 싶은 이름', '아버지의 사명과 영향력, 그리고 영성'이라는 3가지 내용으로 진행됩니다. 마지막으로 워크샵과 결단의 순서를 통해 마무리합니다

4) 여성 사역

(1) 여성 사역 개론

한국교회 안에 여성 사역은 많이 부족하기에 윌로우크릭교회에서 사역

을 배울 필요가 있습니다. 윌로우크릭교회에서 배포하는 홍보물에서 여성 사역의 비전을 다음과 같이 정리하고 있습니다.

① 각 여성은 자기의 인생 사이클에 맞는 여성됨의 가치를 배우도록 합니다.

자신의 계절에 맞는 지혜를 배움으로 인해 처한 계절을 잘 극복할 수 있도록 합니다. 그리하여 그 계절에 영적, 인격적으로 더욱 성숙할 수 있도록 하며, 만족하는 환경을 만들도록 합니다. 그러기 위해 자신의 인격적인 가치를 둘 수 있도록 하고, 자신을 이해하고 용납함으로 인해 스스로를 포기하고 다른 대안을 찾으려는 압력을 버리도록 만들어줍니다.

② 각 여성들이 하나님이 실제로 어떤 분인지를 아는 지식이 지속적으로 자라도록 합니다(벧후3:18).

더불어 여성들의 영적 필요를 섬기는 것이 여성 사역의 주요 임무이기도 합니다. 이를 위해 소그룹을 통해 가르침이 이어지며, 성경 공부도 하도록 합니다. 이를 통해 과거에 잘못 가졌던 하나님에 대한 오류나 선입견 등을 버리도록 합니다.

③ 각 여성이 하나님의 은혜와 평강 가운데서 자라도록 합니다(벧후1:2).

또, 만족하는 법, 그분의 평화를 누리도록 하는 법을 배우게 함으로 인해 영적인 성장을 도모합니다. 이러한 은혜 속에서 성장하고 예수 그리스도와의 개인적인 관계를 발전시킴으로 인해 그리스도 안에서의 자신의 가치를 깨닫도록 만듭니다.

④ 각 여성이 다른 여성들에게서도 이러한 성장이 일어나도록 지원합니다.

　　그리스도 안에서 성숙된 여성들은 다른 여성들을 또 돕게 됩니다. 자신이 그러한 성장을 해 왔듯이 다른 여성들도 그렇게 성장해 가도록 돕는 것입니다.

• 여성 사역의 원칙들로는 다음과 같은 것들을 들 수 있습니다.

① 여성들을 소중히 여기라.

여성들에게 하나님께서 은사를 주셨으며, 하나님이 그들을 소중히 여기신다는 사실을 알리라. 여성들을 나무에 비유할 수 있는데 그들의 뿌리가 깊어지면, 그들은 하나님을 향해서 꽃을 피우게 됩니다.

② 당신 주위의 여성들을 알라.

그들의 특성을 파악하라. 어떠한 존재들이며, 상황은 어떠한가? 어디에서 사는가? 또, 그들의 필요를 파악하라. 특정한 상황에서 그들에게 중요한 것은 무엇인가? 그들의 관심사와 고민은 무엇인가? 그들이 무엇을 가장 필요로 하는가? 그러한 필요들이 충족되었을 때 삶의 다른 영역에까지 큰 파급효과를 가져올 만한 것이 무엇이겠는가?

• 특별히 여성들이 원하는 4가지의 기본적 필요를 알아야 합니다.

a. 우정 : 여성들은 다른 여성들로부터 무엇인가를 공급받기 원하고 필요로 합니다. 그들은 있는 모습 그대로 받아들여져야 합니다. 그들은 인격적, 직업적, 영적, 관계적으로 성장하는 방법에 관해 제안과 도전들을 받기 원합니다. 그들은 자신의 감정과 행동에 대해 확인받고 싶어합니다.

b. 자신감 : 여성들이 자신감을 잃어 버릴때 불안감과 열등감이 오도록 되어있습니다. 처한 환경에서 분명한 자신감을 갖기를 그들은 원합니다.

c. 존중과 인정 : 여성들은 자신들이 존중과 인정을 받고 있는지 알고 싶어합니다.

d. 하나님에게서 자신의 가치를 깨닫기 : 여성들은 자신이 하나님께 가치가 있으며 그 분에게 소중한 존재라는 것, 그리고 그분 안에 다른 필요들을 충족시킬 수 있는 자원이 있음을 이해할 필요가 있습니다.

③ 여성들의 미래의 모습에 대해 낙관적인 비전을 가지라.

여성들을 위한 당신 교회의 비전은 무엇인가? 여성들은 그 필요가 다양하기 때문에 사역 또한 여성들에게 다양한 기회를 제공해야 합니다.

• 여성들에 대한 4중 비전으로는 다음과 같은 것들을 들 수 있습니다.

a. 각 여성이 자기 인생의 특정한 계절에 여성됨의 가치를 배우게 합니다.

b. 각 여성이 하나님이 실제로 어떤 분인지 아는 지식에서 자라도록 합니다.

c. 각 여성이 하나님의 은혜와 평강 가운데서 자라도록 합니다.

d. 각 여성이 다른 여성들에게서 이와 같은 성장이 일어나도록 후원합니다.

④ 지도자들을 훈련시킵니다.

어떤 사람이든 자신의 사역 영역에서 주인 의식을 더 많이 느끼면 느낄수록 더 헌신하게 되고, 사역의 필요 또한 더 잘 이해하게 됩니다. 헌신되고 경건한 리더들이 건전하고 효과적인 사역의 열쇠입니다. 잘 훈련된 리더들은 그들이 하는 일에 더 큰 자신감과 효율성을 가집니다.

⑤ 당신 자신과 당신의 지도자들을 돌보라.

지도자들은 자기 자신들을 돌보는 일에 본보기가 되어야지 힘에 부칠 정도의 일을 하는 성취자가 될 필요는 없습니다.

⑥ 양질의 프로그램을 제공하라.

여성들이 시간을 투자할만한 가치가 있는 것인지, 영적인 성장에 도움이 되는 것인지를 판단하도록 하라.

⑦ 평가하고 재평가하라.

일이 잘 되어 가는지, 개선의 여지는 없는지 자주 평가하라.

(2) 한국에서의 여성 사역

한편, 한국에서의 실질적인 여성 사역은 아버지학교에 대한 대응으로 시작되었다고 할 수 있습니다. 물론 여성 사역이라고 이름 붙이지는 않았지만 여성들을 대상으로 하는 전문적인 사역은 간헐적으로 있어 왔습니다. 그러한 사역으로는 태아 교육 세미나, 부모, 자녀 교육 세미나, 고부학교 또는 며느리학교 등을 들 수 있을 것입니다. 특별히 어머니학교가 최근 들어 각광을 받으면서 여성 사역의 필요성이 대두되고 있는 상황이라 할 수 있습니다. 어머니학교는 '두란노'와 '한국가정상담연구소'와 '하이패밀리가'가 대표적이며, 교회에서는 주안장로교회, 부산 수영로교회 등이 활발하게 이 사역을 펼쳐가고 있습니다.

• 참고로 한국가정상담연구소가 운영하는 어머니 학교는 아버지학교와 같은 포맷으로 구성되어 있는데 그 과정은 다음과 같습니다.

제1과정 : 어머니인 당신

제2과정 : 아내인 당신

제3과정 : 여자인 당신

제4과정 : 예수 그리스도의 딸인 당신

제5과정 : 남편과 함께하는 사랑의 축제

• 하이패밀리의 아내 행복교실 'The eve'는

① 목적

아내 행복교실 'The eve'는 각 교회 안의 아내들을 중심으로 건강한 정체성 확립과 더불어 건강한 자아를 하나님 안에서 회복하는 것을 먼저 목적으로 합니다. 또한 아내로써의 돕는 배필의 역할을 원래부터 하나님께서 원하시는 뜻대로 수행하기 위하여 말씀의 토대 위에서 깨달아 실천하면서 남편을 돕고 가정을 세우는데 그 목적이 있습니다.

② 프로그램 구성 및 소개

1과 - 돕는 배필의 일곱 가지 선언

2과 - 남편 바로보기

3과 - 쓴 마음의 치유

4과 - 관계 건축가

5과 - 꿈이 있는 가정 꾸미기

1과 돕는 배필의 일곱 가지 선언

돕는 배필이란 '조수'의 의미가 아닙니다. 바로 '구원자'의 뜻으로 사용된 것입니다. 이 때문에 유대인 랍비들은 이렇게 이야기 합니다. "남자는 그의 옆구리로부터 나온 갈비대를 갖지 못하는 동안은 휴식할 수 없고, 여자는 그녀가 나온 남자의 팔 밑에 있지 않으면 휴식하지 못한다." 더구나 히브리서 13장 6절은 "주는 나를 돕는 자시니"라고 했습니다. 즉 그분이 우리를 돕는 분이십니다. 그러므로 여자가 돕는 배필이 될 때 여자는 하나님의 성품에 나아갈 수 있습니다. 그렇기에 돕는 배필이 된다는 것은 하나의 특권입니다. 여성들에게 베푸신 하나님의 은혜입니다.

2과 고장 난 생각 고쳐 쓰기

그 동안 남편의 변화를 위해 무던히도 애를 썼지만 잘 되지 않은 이유들이 있었을 것입니다. 남편이 변화되지 않은 이유는 무엇일까요? 혹시 남편을 바라보는 나의 시각이나 고정관념이 있지는 않습니까? 다음과 같은 것을 나누시기 바랍니다. 첫째, 미소 나누기, 둘째, 서비스 베풀기, ① 눈높이 서비스 ② plus one 서비스 ③ one step ahead 운동 ④ eye contact 운동, 셋째, 기 살리기, ① 하루에 한 번 이상 남편을 웃긴다. ② 매일 한 번씩 남편을 칭찬한다. ③ 남편을 다른 남자와 비교하지 않는다. ④ 남편만의 시간과 공간을 주자. ⑤ 감정대로 말하지 말고 말투를 상냥하게 바꾼다. ⑥ 부부만의 시간을 많이 만들어 남편의 이야기를 많이 들어준다. ⑦ 남편의 인맥을 소중히 여긴다.

3과 남편 바로보기

① 남성은 여성이 대화하자고 하면 마음을 알아주기보다 문제 해결 방

안을 제시하려고 합니다. ② 남성은 여성이 실수하면 사랑하기 때문에 청하지도 않은 비판과 충고를 서슴없이 합니다. ③ 남성은 골치 아픈 일이 있으면 사유(思惟)로 해결하려고 합니다. 그러나 여성은 말로 해결하려 합니다. 남성은 창조 때부터 홀로 있는 것이 숙달된 사람입니다. ④ 남자는 누드에, 여자는 무드에 약합니다. ⑤ 여자는 원망하면서 사랑하고 남자는 사랑하면서 원망합니다. ⑥ 남자는 관악기- 막히면 안 됩니다. 여자는 현악기- 끊어지면 못씁니다. ⑦ 남자가 여자를 꽃이라 함은 꺾기 위함이요, 여자가 여자를 꽃이라 함은 그 시듦을 슬퍼하기 때문입니다. ⑧ 여자는 떠오른 말을 하고, 남자는 마음에 먹은 말을 합니다. ⑨ 여자는 내가 필요할 때 친구가 되어주고, 남자는 그가 필요할 때 친구가 되어줍니다. ⑩ 노년의 남자에게 추운 겨울에 필요한 것은 따뜻한 난로보다 오래된 아내입니다. ⑪ 남자의 얼굴은 20대- 설계도, 30대- 기초공사, 40대- 마무리, 50대- 준공이지만, 여자의 얼굴은 20대- 완공, 30대- 균열, 40대- 붕괴, 50대- 폐가가 됩니다. ⑫ 여자는 약하기 때문에 악하기 쉽고, 남자는 착하기 때문에 척하기 쉽습니다. ⑬ 열 여자 싫어하는 남자 없습니다. ⑭ 젓가락 들 힘만 있어도 부부 관계를 갖고 싶어 하는 것이 남자입니다. ⑮ 남자는 강한 것 같지만 약합니다.

4과 관계 건축가로서의 아내

한 농부가, 밤늦게 논에다 물을 대어놓고 다음날 아침 나가 봤더니 물이 다 빠지고 없었습니다. 밤새 힘들여 끌어올린 물을 빼간 사람이 있었습니다. 화가 났지만 성경 말씀을 떠올리며 참기로 했습니다. 다음날 또 다시 물을 끌어 올렸습니다. 그런데 또 같은 일이 벌어졌습니다. 몇 번이나 같은 짓이 되풀이 되었으나 일흔 번씩 일곱 번 용서하라는 가르침을 따라 용서하기로 결심했습니다. 문제는 이렇게 해를 끼친 사람을 용서해 주었는데도 마음에 평화가 없었습니다. 농부가 목사님을 찾아가 물었습니다. "저는 보복을 한 일도 없고 다 용서해 주었는데도 왜 제게는 기쁨이 없습니까?"그때 목사님은 이렇게 말하는 것이었습니다. "당신이 직접 그의 논에 물을 대 주기 전에는 평화가 오지 않습니다."

5과 꿈이 있는 가정 꾸미기

사랑한다는 것은 상처받기로 결단하는 것입니다. 물을 묻히지 않고 수영을 배울 수 없습니다. 때로는 물을 먹기도 합니다. 우리가 아름다운 가정을 이루려 노력하다 보면 크고 작은 상처가 우리를 괴롭힐 수 있고 힘들게 할 수도 있습니다. 그러나 주님은 우리의 눈물방울을 헤아리시고 우리의 심정을 알고 계신다고 믿습니다.

교회의 여성 사역의 궁극적인 목표는 자신의 정체감을 알게 함으로 인해 진정한 여성의 삶이 무엇인지 깨닫도록 하는데 있습니다. 한국에서의 여성 사역은 아직까지도 미흡합니다. 앞으로 여성들의 삶의 현장을 고려한 다양한 여성 프로그램들이 개발되어야 할 것입니다.

참고문헌

- 교회성장연구소 편집부, 태신자 전도 성공모델에서 답을 찾다, 교회성장연구소, 2010.

- 교회성장연구소 편집부, 한국교회 새신자 정착모델 베스트 4, 교회성장연구소, 2010.
- 김경섭, 프리셉트 은사배치 사역, 프리셉트, 2011.
- 김영평, 교회 대그룹 사역 지침서, 프로방스, 2009.
- 김재은, 기독교 성인교육, 기독한교, 2004.
- 로이 B 주크, 장년교육, 신청기 역, 기독교문서선교회, 1999.
- 마이클 J. 앤서니 편저, 기독교 교육 개론, 정은심, 최창국 역, 기독교문서선교회, 2022.
- 박봉수, 교회의 성인교육, 한국장로교출판사, 2003.
- 송길원, 가정사역 스타트, 국제제자훈련원, 2004.
- 이규민 김난예 김재우 김희영, 인간발달과 기독교교육, 동연, 2023.
- 정정숙, 성경적 가정사역, 베다니, 1994.
- 최임선, 신앙의 발달과정, 종로서적, 1984.
- 최홍준, 송길원, 가정사역 핸드북, 기독교 가정사역연구소, 1996.
- 추부길, 패밀리 미니스트리, 한국가정상담연구소, 2005.
- 헨리에타 미어즈, 주일학교의 모든 것, 조계광 역, 생명의 말씀사, 2023.

13장 노년부
(65세 이상)

실버 사역이 떠오르고 있습니다. 노년 인구가 급격히 증가하면서 노인들을 대상으로 한 사역이 아주 중요한 가치로 떠오른 것입니다. 그 말은 곧 노인의 문제가 사회 문제로 대두되고 있다는 것을 의미합니다. 즉, 공동체적인 혈연가족이 소가족화와 핵가족화로 가면서 별거를 지향하며, 이로 인한 세대 간의 심리적, 지리적 거리의 발생, 여성의 사회 진출 증가, 노인 부양의식의 희박화 등이 맞물려 더욱 심각성을 부채질하고 있으며, 거기에다가 사회적 요인으로 평균 수명의 연장, 조기 정년제도, 노인 질병의 만성화 등으로 인해 노인 문제는 커다란 사회의 이슈로 등장하고 있습니다. 이렇게 실버 사역의 중요성이 부각되고 있음에도 불구하고 한국에서의 실버 사역은 아직도 노인대학 수준에서만 머물러 있습니다. 체계화되어 있지도 않습니다. 그렇다고 복지 정책이 잘되어 있는 것도 아닙니다. 그러한 의미에서 지금부터라도 실버 사역에 대한 관심을 높여 가야 할 것으로 보입니다.

1. 노인에 대한 정의 및 특성

노인이란 누구를 말하는 것인가? 나이에 의해서는 일반적으로 10세 단위로 55~65세를 초로(初老), 65~75세를 중로(中老), 75세 이상을 말로(末老)라고 합니다(BL Neugarten). 또, 55세 이전의 나이인 40~55세를 향노기, 55~65세는 초로기, 65~75세는 고년기, 75세 이상을 노년기라고 부르는 학자들도 있습니다. 그리고 45~60세를 전노기, 60~70세를 노년기, 70~80세를 노쇠기, 80이상을 장수기라고 말하는 학자도 있습니다. 관습적으로는 만 60세를 회갑년으로 하여 노인이 되는 상징적 나이로 생각합니다. 법적으로는 65세 이상을 노인으로 노인복지법에 규정되어 있습니다. 한편 대한 노인회 가입 연령은 60세로 나타나 있습니다. 이러한 점을 종합해 본다면 대체적으로 60세 이상을 노인으로 보는 것이 타당할 것입니다.

L.Z. Breen의 정의에 의하면 생리적 및 생물학적인 면에서 퇴화기에 있는 사람, 심리적인 면에서 정신기능과 성격이 변화되고 있는 사람. 사회적인 변화에 따라서 사회적인 관계가 과거에 속해 있는 사람을 노인이라고 부릅니다. 노년학회의 정의에 따르면 인간의 노화 과정에서 나타나는 생리적, 심리적, 환경적 행동의 변화가 상호작용하는 복합형태의 과정을 노인이라고 정의하는데, 구체적으로 살펴보면 환경의 변화에 적절히 적응할 수 있는 자체 조직에서 결함을 가진 사람, 생활 자체가 자신을 통합하려는 능력이 감퇴 되어 가는 시기에 있는 사람, 인체의 기관이나 조직 기능 등에 쇠퇴 현상이 일어나는 시기에 있는 사람, 생 자체의 적응이 정신적으로 결손 되어 가고 있는 사람, 인체의 조직 및 기능 저장의 소모로 적응 감퇴 상태에 있는 사람을 노인이라고 통칭합니다.

성경에서는 에스라 3장 12절, 역대하 24장 15절, 창세기 43장 27절 등에서 나타나는 zaken이라는 단어는 '늙다. 나이많다. 어른, 노인'이라는 뜻을 가지고 있는데, '수염이 희다'는 뜻으로 60대를 가르킵니다. 또 요한복음 3장 4절에서는 geron이라는 단어를 통해 볼 수 있는데, 자녀 출산이 불가능한 늙은이를 가르키는 말입니다. 한편 서원의 예물 규정에서는 60세를 장년과 노년의 구분점으로 삼고 있습니다. 전반적으로 보면 성경에서는 노년까지 산다는 것은 하나님의 축복(창15:15, 신4:40,5:33,11:21, 출20:12)으로 보고 있으며, 계명을 잘 지킨 자에 대한 하나님의 사랑의 표시(욥5:26, 출20:12)라고 말씀합니다. 더불어 육체적으로는 노쇠 하지만 체험적 신앙과 인내로 영적 성숙함에 이르는 시기(고후4:16)를 노년기라고 말하기도 하며, 영광스러운 존재(잠16:31)로, 지혜의 상징(욥15:10, 신32:7)으로, 하나님의 소명을 받은 자(창12:1, 출3:10)로 표현됩니다. 그렇기에 노인을 돌보지 않는 민족은 흉악한 민족(신28:50)이라고 말씀합니다.

1) 신체 발달과 변화

기대수명이 늘어난 것은 유아와 아동 사망률 감소와 새로운 약품 발달과 의학 발전의 영향이 큽니다. 노년기와 노화 과정에 관한 연구를 하는 노인학(gerontology)은 노년기에 신체적 변화가 많이 일어나기 때문에 노화와 연관이 있는 신체 변화에 주목합니다. 노년기의 신체 발달과제는 신체 쇠약과 건강 저하에 적응하는 것입니다.

(1) 신체적 변화

　머리카락은 희게 되고 가늘어지며 빠지고, 피부는 점차 메마르고 건조하여 탄력성이 없어지고, 주름이 잡히며 혈색이 사라지고 창백해집니다. 얼굴과 손에는 반점이 발생합니다. 근육의 힘이 감소되어 정맥이 울퉁불퉁 튀어나오며 뼈 조직이 약해지고 여러 신체 조직이 느슨해집니다. 척추 사이의 연골 조직이 얇아지면서 척추 수축으로 인해 신장이 감소하고, 척추 사이에 있는 콜라겐 감소는 등과 목, 허리를 구부러지게 만들어 체격이 줄어들게 합니다. 폐경 이후의 여성은 골밀도가 낮아져 골다공증으로 골절상이나 관절염 등의 질환을 가질 가능성이 높습니다. 또 뼈에 직접 붙어 있는 힘줄인 수의근은 50세 이후 근육 섬유질 수축력을 감소합니다. 연령의 증가로 치아가 빠지므로 소화 흡수와 영양 유지에 악영향을 미치게 됩니다.

(2) 생리적 변화

　노화는 소화, 배설, 신경계통 및 혈액순환, 호흡, 생식 따위의 모든 작용에도 영향을 미칩니다. 맛을 느끼는 세포 감소와 후각 기능의 저하로 미각이 둔화 되며 짠맛에는 둔해지고 쓴맛은 잘 느낍니다. 타액과 위액 분비, 위액의 산도 저하로 소화 능력이 떨어지고 충치, 치아의 탈락, 잘 맞지 않는 의치로 인한 불편감 등으로 음식을 씹기 어렵습니다. 소화 능력의 저하와 씹는 것이 어려워 영양 상태 악화와 식이섬유 섭취 부족으로 변비가 생기며 가스가 차고, 설사, 구토 증상 등이 생깁니다. 신체 활동 감소와 신진대사 저하로 체열 생산이 감소하여 심장박동이 약해지며 호흡수가 감소하고, 폐활량이 적어지며 혈액순환이 느리고 불규칙하여 호흡작용의 효율성을 떨어뜨립니다. 폐포의 탄력성 저하로 폐활량이 줄어들어 쉽게 숨이 차고, 혈관경색 및 심장 기능 저하로 순환장애를 초래하며 유기체의 생리적인 적응력이 감소되어 피로 회복이 원활하지 못하여 피로를 빨리 느낍니다. 피하지방의 감소로 체온 유지 능력이 감퇴 되어 추위를 자주 느낍니다. 신장의 여과 기능이 약해지고 방광 기능과 대뇌 기능의 저하로 인한 빈뇨증, 요실금, 야뇨증이 생깁니다. 여성은 유방 위축과 질 수축 및 분비물 저하로 질에 감염이 되기 쉽고, 남성은 전립선 비대로 배뇨 곤란과 배뇨 시에 통증을 경험합니다.

(3) 뇌 변화

뇌의 무게는 중년기 동안 지속적으로 줄어들고, 60세 이후에는 뉴런의 손실이 증가합니다. 뇌에서 일어나는 변화는 뇌 무게 감소, 뇌수의 회백질 감소, 수지상 돌기의 밀도 감소, 신경세포의 자극 전달속도 감소 등입니다. 특히 노년기에는 수지상 돌기의 밀도가 감소하는데 이것은 뇌 전역에서 골고루 감소하는 것이 아니라 소뇌와 같은 특정 뇌 영역에서 뚜렷합니다. 소뇌의 손실은 운동기능이나 평형감각에 대한 조절과 정밀한 움직임을 어렵게 하며 걸음걸이를 불안정하게 만듭니다. 뉴런의 연결체인 시냅스의 손실은 신경세포의 자극 전달속도를 감소시켜서 반응 시간이 둔화 되고 몸과 팔의 움직임이 느려지고 근육이 굳고 손 떨림 등의 증상이 나타납니다. 또한 뉴런이 뇌 영역 사이를 빠르게 움직일 수 있도록 자극하는 수초가 감소하여 신경전달이 원활하지 못해 인지 및 작업 기능이 감퇴하여 일상생활에서 반응 시간이 길어집니다. 노년기에는 뇌세포가 많이 감소하고 휴지기에 들어가지만 한꺼번에 죽어 없어지는 것은 아닙니다.

(4) 감각기능 변화

인간은 시각, 청각, 미각, 촉각, 후각을 통해 외부 세계와 연결됩니다. 몇몇 연구에 의하면 감각 장애, 특히 시각과 청각의 손상은 일상생활에서 의존성을 증대시키는 기능 쇠퇴의 위험요인이 됩니다. 노년기에는 수정체의 탄력성이 떨어져 안경 없이 사물을 보기 어렵고, 노란색 안경을 쓰고 사물을 보는 것과 같은 황화현상과 글자나 직선이 휘어져 보이며 글자나 그림을 볼 때 어느 부분이 지워진 것처럼 보이는 황반변성이 나타납니다. 노안과 원시안이 나타나며, 수정체가 혼탁해져서 생기는 백내장과 눈 안의 안압이 높아져서 시신경이 눌려 손상을 받아 시야가 이상하게 보이는 녹내장의 발병률도 높아집니다. 귀에는 노인성 난청이 발생하며 TV 볼륨을 키우거나 질문에 적절하지 않은 대답을 합니다. 여성보다 남성에게 청각의 변화가 더 크고, 오른쪽 귀보다 왼쪽 귀의 청각 능력의 감퇴가 심합니다. 노인성 난청의 가장 큰 문제점은 타인의 말을 잘 알아듣지 못하여 의사소통이 어려워지므로 자존감이 저하되고 사회적 관계의 위축과 사회적 고립, 우울증 등 정서장애가 일어나기 쉽습니다. 또한 노인은 근육의 긴장과 자극 반응성의 저하로 신체 활동이 감소되고 운동 부족으로 인해 불면증이나 수면장애를 갖습니다. 수면시간이 감소하고 깊은 숙면을 취하지 못하는 불면증이나 수면장애는 불안정한 감정, 불안, 가족과의 갈등, 죽음에 대한 공포, 우울증, 정신 분열증, 신경증을 유발합니다. 신체 활동의 감소로 기초대사율이 감퇴됩니다.

(5) 노인성 질병과 건강관리

노화와 질병은 구분해야 합니다. 노화는 육체적 쇠퇴의 과정이며 세월의 흐름과 함께 진행됩니다. 노화로 인해 질병이 생기기도 하지만 나이 든 사람들이 모두 똑같은 병을 앓는 것은 아닙니다. 단 노인성 질환의 특징은 한 사람이 여러 가지 질환을 가지고 있어서 정확한 임상진단이 쉽지 않기에 주의 깊게 진찰하여야 합니다. 질환의 병태나 중후는 젊은 사람들과는 달리 비전형적입니다. 노인성 질환은 젊어서 생긴 질병이 지속 된 것으로 고혈압, 당뇨, 관절염, 만성 폐 질환, 암, 만성위염, 만성 간 질환 등이 있고 열심히 살아온 증거입니다. 또 노인성 난청, 노안, 노인성 백내장, 노인성 치매, 노인성 우울증, 노인성 골다공증 등과 같은 특정 상태의 질환도 있습니다. 현재 우리나라 노인들의 6~37%는 어떤 종류의 정신 병리를 가지고 있다고 추정되며 이 중 치매 유병률은 6.3~10.8%에 달합니다.

2) 인지 발달과 변화

노년기의 인지적 특성을 평가할 때에는 지능, 기억, 창의성, 지혜 등 전 생애에 걸쳐 축적된 많은 경험과 지식에 따른 개인차를 고려해야 합니다. 노인의 개인차 외에 한 개인의 발달 과정에서도 인지 기능의 여러 영역 발달 및 감퇴 속도에 차이가 있기 때문입니다. 노년기의 중요한 변화는 일반지능과 기억력 감퇴가 두드러지는 반면에 삶을 통해 축적된 지혜와 영적 발달이 이루어집니다.

(1) 지능 변화

샤이에(Warmer Schaic)는 시애틀 종단 연구(The Seattle Longitudinal Study)를 통해 노년기의 언어적 의미, 단어 유창성, 수 계산능력, 공간 능력, 귀납적 추리, 지각 속도 등 6가지 주요 정신 능력을 측정하여 노년기 지능 변화에 대한 시사점을 제시하였습니다. 첫째, 노년기 지능 변화는 종류에 따라 변화의 종류가 다릅니다. 판단력, 언어 등의 학습과 경험의 영향을 받는 결정성 지능은 70대 전후까지도 증가 하지만 속도나 기능에 의존하는 유동성 지능은 성인 전기부터 감소합니다. 둘째, 지적 능력의 차이는 개인차가 심하여 80대 후반까지 하나 혹은 그 이상에서 지적 능력이 유지되었습니다. 셋째, 지적 능력 감퇴에서 연령의 영향력은 그리 높지 않습니다. 연령 이외의 환경과 교육 수준, 직업, 생활사건, 스트레스, 신체적 건강, 삶의 동기 등 여러 요인이 작용합니다. 노화에 따른 중추신경계 기능 쇠퇴는 몸에 익숙한 습관이나 생각은 잘하지만 다른 과제나 익숙하지 않은 과업은 다소 반응 시간이 길어집니다.

클리마이어(Ken Kleemeier)는 12년 동안 13명의 남성 노인을 대상으로 지적 능력 변화에 대한 종단 연구를 한 결과, 지적 능력이 갑작스럽게 감퇴한 노인들이 감퇴가 적은 노인들에 비해 더 일찍 사망하는 것을 발견하였습니다. 이런 지적 능력의 급강하 현상은 죽음 전 5년 정도가 될 때 확실히 나타나기에 죽음이 멀지 않았음을 예언해 주는 지표가 될 수 있습니다.

(2) 기억력 변화

노년기에는 노화 또는 제반 여건에 따라 기억력이 감소합니다. 정상적인 노화 과정에서 변화되는 인지 기능 중 가장 흔히 관찰되는 것은 전두엽의 기능 저하입니다. 즉, 주의 집중력 감소, 외부의 간섭 자극 통제 능력 감소, 사고의 융통성 저하, 자발적 반응생성의 양이 감소 되는 등 다양한 변화가 일어나는데, 이는 전두엽에 손상을 입은 환자들과 양상이 흡사합니다. 노인들의 기억 기능은 작업 기억폭이 줄어들고 미래지향적 기억이나 출처 기억, 메타 기억이 저하되며, 재인은 잘 되지만 단서 없는 자발적인 회상이 어렵습니다. 노인들은 옛날 일은 잘 기억하지만, 최근에 일어난 일은 잘 기억하지 못합니다. 이것은 옛날 일에 대한 강력한 기억과 의미 있는 일의 재현과 반복 입력이 최근의 기억에 대한 주의집중을 방해하기 때문입니다. 기억력 감소는 빠르면 30대부터 시작되고 중년 이후 기억력 감소 현상은 흔하며 노화 관련 기억력 감소는 다양한 원인이 있을 수 있습니다.

　존스 홉킨스 대학교의 미첼라 갤라거 심리학 교수는 노화와 연관이 있는 기억-인식 기능의 감소는 뇌세포 상실이 아니라 신경원의 기능 변화가 원인이라는 주장을 하였습니다. 즉, 늙으면서 기억력이 감소하는 것은 뇌세포 소멸과는 무관하다는 것입니다. 실제로 노인의 기억력 감퇴가 심각하지 않다는 연구들과 나이가 들어도 뇌를 계속 사용하면 뇌 신경세포가 계속 발달 된다는 이론도 있습니다. 그러나 뇌 신경 세포의 사멸이 많아지면 기억력 감퇴, 건망증, 집중력 저하, 뇌 기능 저하 등의 증세가 나타날 수 있습니다. 모든 사람이 가장 흔하게 경험하는 건망증은 경험의 일부 중 사소하고 비교적 덜 중요한 일을 잊었다가 힌트를 주거나 곰곰이 생각을 하면 다시 기억해 낼 수 있으며 일상생활에 지장이 없는 생리적인 뇌의 현상입니다. 노년기에는 주의 집중하기가 쉽지 않고 감각기억은 민감하지 못하므로 더 많은 감각 자극이 필요합니다.

(3) 지혜와 영적 발달

　수천 년 동안 지혜는 인간 지식의 극치로 여겨져 왔습니다. 중세의 유명한 예술품인 〈지혜의 나무〉(wisdom tree)는 서양인들의 이런 견해를 구체적으로 보여주고 있습니다. 천문학, 기하학, 음악, 산술, 문법, 수사학, 논리학 등은 지혜를 정점으로 한 나무의 가지처럼 배열되고, 지혜는 일곱 가지 학문을 결합하여 지식의 통일적인 총체를 이룬 것이었습니다. 따라서 지혜를 획득하려면 평생의 시간이 필요하고, 소수의 사람만 가능하다고 여긴 것은 당연한 일이었습니다. 지혜는 현실의 다양한 현상을 빨리 깨닫고 정확하게 식별하여 이를 통합하여 이해하는 마음의 작용이기에, 현실의 감각적 작용을 초월해서 전체를 파악하는 초월적 의미도 포함합니다.

최근 심리학 연구에서 주요한 주제가 되는 지혜는 추상적인 개념에서 벗어나 경험적 연구에 의해 사물의 본질에 대한 이해, 쇠퇴나 한계수용과 삶의 궁극적 의미 인식으로 정의합니다. 지혜에 대한 이해는 노년기 성격 발달의 한 측면, 인지능력, 지능과 감정의 통합, 영적 발달의 하나로 보는 관점 등으로 접근하고 있습니다. 에릭슨(Enik, H. Ernikson)의 마지막 발달 8단계에서 자아통합 대 절망감의 갈등을 성공적으로 해결한 결과 나타나는 덕목이 지혜입니다. 자신의 죽음에 직면하여 얻게 되는 인생의 의미에 대한 통찰로서 지혜는 커다란 후회 없이 자신이 살아온 인생을 인정하는 것입니다. 즉, 자신이나 자신의 부모 그리고 자신의 인생의 불완전함을 현실적으로 받아들이는 것인데 어떤 노인들은 죽음에 직면하여 지혜를 얻게 된다고 주장합니다.

3) 사회 심리 발달과 변화

노년기 사회 심리는 개인이 타고난 성향과 살아오면서 체험한 것에 반응하여 얻어진 결과입니다. 그러나 과거를 돌아보는 현재와 오늘의 현재와 미래를 보는 현재가 노년기 불안의 요소로 작용할 수 있습니다.

(1) 자아통합과 절망감

사람은 노년기에 이르러 자신의 지나온 삶을 돌아보며 삶을 통합하고 점검할 뿐만 아니라 또 다른 자신의 정체성을 자리매김합니다. 지금까지 인생을 살아오면서 과거의 모든 잘못, 실패, 결점, 절망 등을 인정하고 이를 수용함으로써 자아통합을 이룰 수도 있으나 그렇지 않을 때는 절망할 수 있습니다. 에릭슨은 인생의 마지막 8단계에서 얻어지는 것은 자아통합이든지 아니면 절망감이라 합니다. 자아통합이란 자신의 죽음에 직면하여 얻게 되는 인생의 의미에 대한 통찰이며 지혜입니다. 지혜는 노년기에 이루어야 할 발달과제입니다. 지혜는 자신이 살아온 인생을 인정하는 것이며 주변의 사람들이나 가족, 친구들과 화해하고 인생의 불완전한 부분을 현실적으로 받아들이며 최선의 삶을 살았다는 자기 위로와 함께 자신의 삶을 다시 살 수 없다는 무력한 좌절감에 빠지기보다는 자신의 삶에 대한 통합성, 일관성 그리고 전체성을 느끼는 것입니다. 죽음은 인생에서 피해 갈 수 없는 것이기에 자신의 삶에서 두려움, 혼란, 무력감 없이 기꺼이 맞이하게 된다면 자아통합에 근접하게 됩니다.

어떤 노인은 노년기 이전부터 쌓여온 갈등과 위기가 해결되지 않고 소외감, 고립감, 침체감, 분노, 원망, 질투, 쓸쓸함, 불만족스러운 마음으로 자신의 삶을 되돌아봅니다. 자신이 바라던 삶을 창조할 수 없었다고 느끼거나 자신의 인생을 실패라고 인식하며, 죽음이 억울하다든가 이런 실망감에 대해 다른 사람을 비난한다면 절망감을 경험하게 됩니다. 그러므로 자아통합은 지나온 삶의 열등감과 결핍을 어떻게 해석하고 무엇을 실행에 옮기는가에 달려있습니다. 에릭슨은 발달단계에서 특정 단계의 과업이나 갈등을 완전히 해결하지 않고서도 다음 단계로 진행될 수 있지만 마지막 단계인 노년기에는 이전 단계에서 해결하지 못한 과업이나 갈등의 결과는 절망감으로 이어져 자아통합을 이루고자 할 때 장애가 됩니다. 반대로 갈등 해결로 축적된 생애의 마지막 단계에서는 삶을 돌아보고 자아통합을 성취하는 지혜를 얻게 됩니다.

(2) 수동성 증가

노인들이 사회 심리적으로 건강하게 삶에 적응하고 생기있게 살려면 처한 환경에서 자신의 가치를 재정립해야 합니다. 즉, 자신의 가치를 직업이 아닌 다른 방법으로 찾아야 하며 살아있음에 대한 감사의 마음으로 인생을 바라보는 시야를 넓혀야 합니다. 이런 면에서 개인적 특성과 장점을 발견하여 서로 나눌 수 있는 사람은 사람들과의 관계를 중시하고, 사회적·심리적으로 몰입할 수 있는 활동을 통해 활력과 자신감을 유지할 수 있습니다. 그러나 건강에만 몰두하면 노년기에 적어도 한두 가지의 질병이 생긴다는 것을 인정하지 않고, 신체적 기능 저하나 고통과 아픔으로 쉽게 절망감에 빠집니다. 신체적 불편을 극복할 수 없기에 성격은 내향성이 되며 겁이 많아지며 고집이 세지고 소심해지며 자녀에게 의존하거나 문제를 회피하려는 수동성이 증가합니다.

(3) 지혜의 전달자

지혜는 지식과는 달리 인생 경험과 통찰력과 관련이 있으며 연령과도 상관이 있습니다. 그러나 모든 노인이 지혜를 지녔다는 것은 아닙니다. 지식은 배움을 통해 획득되지만, 지혜는 인생 경험과 전문지식과 통찰력이 만들어 내는 문제해결 능력이며 판단이라 할 수 있습니다. 따라서 지혜는 삶의 의미나 인간 조건과 연결된 중요하고 까다로운 문제를 합리적으로 해결하고, 지혜 속에 반영된 지식과 판단 및 충고가 탁월합니다. 지혜와 연합된 지식은 예외적으로 깊고 넓을 뿐 아니라 균형적인 시각과 구체적 상황에서 쉽게 적용할 수 있습니다. 지혜는 마음과 덕을 결합하여 인류의 이익은 물론 개인적 안녕을 위하여 사용하고 지혜를 획득하는 것이 어려운 일이지만 인간 지능의 극치로서 타인들에 의해 쉽게 인식됩니다. 가족 가운데 노인이 있다면 그 가족은 보석을 가지고 있는 것이라는 중국 속담과 노인 한 사람이 죽으면 도서관 하나가 불에 타 없어지는 것과 같다는 아프리카의 속담도 있습니다. 이는 생존에 필요한 정보를 연장자에게서 전수 받아야 했던 시절에 노인이 가진 지식과 정보를 칭송하는 말입니다.

노년기는 인생의 사회적 직업과 권위로부터 멀어지지만, 가정적으로는 성장한 자녀에게 유용한 삶의 지혜를 전달하며 심리적 지원자 역할을 하고, 손주에게는 조부모의 역할로서 삶의 지혜를 남겨줄 수 있습니다. 때로는 정신적인 허전함과 허무함을 느낄 수도 있고, 신체적 퇴화로 위기를 느낄 수도 있으나 다음 세대를 위한 든든한 버팀목이 된다는 의식은 삶을 의미 있게 합니다. 노년 후기는 주변의 친구들과 배우자가 죽어가는 과정을 보고 자신의 죽음을 준비하며 자연의 이치를 깨닫기도 합니다. 노인들은 자아에 대한 궁극적인 관심과 인생이 과연 무엇인가에 대해 최종적으로 마음의 정리를 하게 되는데, 레빈슨(Barry Levinson)은 이것을 삶의 끝

자락에서 하게 되는 '다리 위에서의 조망'(one's view from the bridge)
이라고 표현합니다.

4) 노년기 신앙교육 과제

(1) 노년기 신앙교육

사람들은 나이 드는 것을 두려워합니다. 나이가 들수록 뭔가를 잃어가
고 있다는 것과 가야 할 길이 얼마 남지 않았다는 불안감 때문입니다. 그
러나 없어진 것을 보지 말고 내게 남아 있는 것을 소중하게 돌아보고 사랑
하며 산다면 두려울 필요가 없습니다. 이 세상의 삶을 마치는 순간, 영결
식장에서 드러날 나의 가치는 과연 어느 정도일까? 나를 잃어서 슬픈 사람
들과 내가 헤어져서 슬픈 사람들, 즉 나를 사랑하는 사람들과 내가 사랑하
는 사람들이 나의 가치입니다. 이것은 내가 얼마나 많은 돈을 벌었고 얼마
나 지위가 높았으며 내가 얼마나 성공했느냐 하는 것과는 무관합니다. 또
많은 사람도 꼭 필요하지 않습니다. 내 인생의 가치를 알아줄 사람은 한둘
이어도 충분합니다. 마음을 다해 누군가를 사랑했고 또 누군가에게 사랑
받았다면 그 인생은 이미 가치 있는 것입니다.

대리석과 황금으로 만들어진 궁전에 눕지 않아도, 비바람과 추위를 막
아주고 지친 몸을 감싸줄 수 있는 따뜻한 담요 한 장과 사랑하는 사람들이
있다면 그곳이 궁전입니다. 따라서 노년기에는 날마다 자기를 버리고 간
소화하며 이사 갈 준비를 하면서 이 세상에 있는 것들을 아름다운 마음으
로 사랑하는 자아통합을 이루는 시기입니다. 자신의 유한성을 받아들이
고 지나간 과거에서 어떤 부분은 어쩔 수 없이 실패할 수밖에 없었던 사실

과 화해하도록 도와야 합니다. 또 지금 여기라는 이 귀중한 순간을 가능한 최대한도로 살고 누리도록 도와야 합니다. 자신의 인생이 비극과 상실이었다 해도 삶의 결국은 하나님이 좋은 것으로 인도하신다는 신앙은 자책, 무의미, 절망 등에서 벗어나 죽는 순간까지 생명력으로 생활하고 성장하도록 돕습니다. 자아통합은 인생 전체 과정에서 축적된 성장의 결과이며 신앙적 자아통합에서 지혜가 흘러나옵니다. 신앙적 자아통합을 이룬 노인들은 현실이나 대인관계에 잘 적응하고 창조적인 사고와 활동을 하게 되어 자신과 하나님, 세계, 역사 앞에서 자기완성을 해갑니다. 그렇지 못한 사람은 인격이 분해되어 절망에 빠지게 됩니다.

(2) 노년기 신앙교육 방법

나이가 든다는 것은 누구나 좋아하지 않습니다. 하지만 누구에게나 오는 것이기 때문에 받아들여야 합니다. 나이 들면서 좋은 일, 즐거운 일, 신나는 일, 재미있는 일을 만들어 가겠다는 마음가짐이 중요합니다. 젊어서의 재미를 생각한다면 노년은 불행하겠지만 바로 지금 여기서 자신에게 맞는 일을 만들어 재미있고 즐겁고 행복하게 살겠다는 마음을 갖는 것이 하나님의 자녀 된 사람들의 생각입니다. 향후 우리가 맞게 될 고령사회에서는 인구 시한폭탄(demographic time bomb), 인구 지진(population earthquake), 고령화 충격(aging shock)이라는 말로 고령화를 인류발전에 위협적인 현상으로 보는 부정적인 이미지가 있습니다. 그러나 이러한 시각에서 벗어나 새로운 패러다임으로 전환이 필요합니다. 새로운 패러다임은 '연령 통합적 사회체계 모형'으로 모든 연령층이나 모든 세대를 사회체계 속에 참여시키는 한편 생애과정을 통한 훈련과 교육을 통해 노년기에도 생산성을 유지하고 향상 시킬 수 있는 가능성을 수용하여 적절한 역할을 부여하는 관점을 의미합니다.

이것은 기독교 신앙 공동체가 추구하는 모델의 하나입니다. 신앙교육은 태어나기 전부터 시작하여 죽음 이후까지 계속되므로 노인들은 엄연한 공동체의 일원으로 그들이 해야 할 일이 많이 있습니다. 유태인들은 문화적 전통을 공기와 물처럼 소중히 여기고 노인들은 전통의 메신저로 생각하여 존경합니다. 그들은 노인을 늙거나 노화하여 쇠퇴하는 육체가 아니라 경험과 지혜가 풍부한 정신으로 보며 자녀들이 살아가는 데 지혜와 충고를 주는 사람으로 존경합니다. 노인들의 오랜 경험과 지혜는 후세에 전하고 젊은이들은 노인들의 말에 귀를 기울여 유태인 5,000년 역사를 일관하는 삶의 방법을 터득합니다. 기독교 교육에서 생각해야 할 과제는 노인을 존경하며 그 교훈을 가볍게 여기지 않도록 존재 자체에 경청하며 공감하는 것입니다.

또 기독교 교육에서 중요하게 생각해야 할 과제는 죽음 자체의 극복이 아니라 인간적인 따뜻한 보살핌 속에서 절망감 없이 자아 통합적인 죽음을 맞는 일입니다. 살아온 연수와 상관없이 인생을 깊이 있게 여기며 살고 죽음이 가까이 오기 전에 일상의 삶 속에서 자신의 죽음을 맞이할 준비를 해야 합니다. 즉, 언제, 어디서, 어떻게 찾아올지 아무도 모르고, 단 한 사람도 피할 수 없는 죽음의 보편성 때문에 죽음 준비는 살아있는 모든 사람에게 필요합니다. 죽음이 노년기에만 해당 되는 것은 아니지만 노년기에서 죽음과 임종을 배제할 수 없기에 노년기에 절실하게 필요한 것이 바로 죽음 준비입니다. 죽음 준비는 죽음에 대한 두려움에서 벗어나 남은 생을 의미 있고 더 가치 있게 살도록 도와줍니다. 따라서 죽음 준비는 삶의 시간이 제한되어 있음을 유념하여 삶을 의미 있게 살아야 한다는 것과 피할 수 없는 죽음을 정직하게 받아들이고 존엄한 존재로서 소망이 있는 죽음을 맞이할 수 있도록 죽음의 방식을 미리 선택해 두자는 것입니다. 즉, 죽음 준비는 '죽을 준비'가 아니라 '삶의 준비'입니다. 삶이 행복하다면 죽음도 행복할 것이고, 삶이 의미 있다면 죽음 또한 의미 있기에 죽음이 삶의 마지막 성장 과정이 되도록 준비해야 합니다.

죽음 준비는 의식이 분명하게 있는 동안에 해야 하기 때문에 너무 빠르다고 느껴지는 시점이라도 괜찮습니다. 너무 늦으면 불가능하기 때문입니다. 일반적으로 노인은 젊은 청년이나 성인보다 죽음을 덜 걱정합니다. 살아가면서 친구와 친지를 잃으면서 노인은 점차 자신의 죽을 운명을 받아들일 수 있도록 생각과 느낌을 재조정합니다. 따라서 신앙 공동체 안에서 죽음을 자연스럽게 이야기하고 죽음에 대해 바르게 이해할 수 있는 정보를 제공하며, 관계와 정서 면에서 풀어야 할 문제를 내놓고 살아있는 동안 더욱 사랑하고 감사하며, 용서하고 용서받으며 삶을 나눠야 합니다. 또친구나 배우자, 주변 지인들의 장례식에 참석하는 것은 노인들이 자신의 죽음을 준비할 수 있게 해 주는 좋은 교육의 기회입니다.

이렇게 죽음 준비 교육이란 지나온 삶을 체계적으로 정리하고 변화된 현실에 적응하며 다가올 죽음에 대하여 개방적이고 수용적인 태도로 맞이할 수 있는 죽음에 대해 준비할 수 있도록 교육하는 것입니다. 노인은 자신이 두 번 다시 젊어질 수 없다는 것을 알고 있지만 젊은이는 자신이 늙는다는 사실을 잊고 있다는 말처럼 모두 죽음을 향해 가고 있습니다. 공감과 소통 없이 자신에게 갇혀 삶을 내어 던지는 일이나 인간적인 따뜻한 보살핌을 받지 못한 채 차가운 의료 기계에 의존하여 죽음을 연장하고 있는 모습은 우리를 슬프게 합니다. 따라서 노년기 기독교 교육의 과제는 노인에 대한 존경과 죽음 준비와 죽음 준비를 위한 교육이라 할 수 있습니다.

2. 실버 사역의 5가지 방향성

• 교회 안에서 고령화가 진전된다는 것을 현실적으로 인정한다면 이의 극복을 위해 어떻게 할 것인가에 대해 다음과 같은 5가지의 방향성을 설정해 볼 수 있을 것입니다.

① 노인들은 교회에서 기도하는 사람들로 자리를 굳히는 것이 바람직합니다.

② 노인들은 고령을 소극적으로 생각하기보다는 적극적으로 즐기고 그 자리에서 무엇을 할 수 있는지를 찾아 역할을 감당해야 합니다.

③ 노인들은 중심세력에서 보좌하는 세력으로 자리를 옮길 준비를 하거나 진행하면서 젊은이들을 돕는 역할을 하는 것이 바람직합니다.

④ 노인들은 교회 안에서 지혜의 집단으로서 그 역할을 확실하게 해 나아가야 합니다.

⑤ 노인들은 교회에서 스스로 낮추고 젊은이들로부터 사랑을 받으려고 하기보다는 그들을 사랑하며 자기들의 존재를 확인하고 아직도 해야 할 역할이 남아 있으면 얼마나 그것이 소중한가를 느끼면서 보일 수 있게 하는 것이 좋습니다.

실버 세대에 대한 교육은 청소년기의 '놀이를 통한 학습'(Learning by playing)의 개념이 아니라 '학습을 통한 여가 활용'(Playing Leisure by

Learning)의 개념이 도입되어야 합니다. 즉, 자발적이고 선택적인 평생학습프로그램의 개념이 필요하다는 것입니다.

• 이를 위해 사역의 방향을 크게 4가지로 나눌 수 있을 것입니다.

① 노인들을 향한 사역

- 정기적인 커리큘럼이 있는 강좌

- 관심사를 나눌 수 있는 지원그룹의 구성 : 미국의 경우 전체 자살의 20% 가까이가 노인들의 우울증에 의한 자살 수치로 나타나고 있습니다. 그런데 정신적인 지원그룹이 있다면 소외감 또는 고독을 상당히 줄일 수 있을 것입니다.

- 죽음을 대비하는 교육 : 삶의 마지막을 후회 없이 잘 마무리할 수 있도록 도와야 합니다. 그러기 위해 자신의 인생을 되돌아보며 무조건적인 사랑과 용서, 화해가 이루어질 수 있도록 도울 필요가 있습니다.

- 소그룹 공동체의 형성 : 노인들에게 깊은 소속감을 제공하게 됩니다. 더불어 영적 가족 공동체로서의 역할을 할 수 있도록 운영합니다. 또, 소그룹 공동체를 중심으로 다양한 대외적 활동을 할 수 있도록 지원합니다.

- 영성 교육 : 하나님의 음성과 들을 줄 아는 귀와 마음을 열게 하는 교육을 합니다.

- 사랑과 성에 관한 교육과 모임

② 노인들과 함께 하는 사역

- 젊은 세대들과 함께하는 프로그램 : 노년부와 어린이부의 연합 예배

등의 공동프로그램 등을 진행하면 좋습니다.

 - 독거 노인과 젊은 세대 결연 프로그램 : 손자, 손녀가 없는 노인들과 할아버지, 할머니가 없는 어린이를 대상으로 하여 결연해 주는 프로그램을 말합니다.

 - 유치원 유아원과 연계한 프로그램

 - 가족들과의 밤 프로그램 : '시아버지와 며느리의 밤, 아버지와 아들의 밤, 어머니와 딸의 밤, 고부의 밤'등의 구분된 만남 말고도 노인들과 함께하는 가족의 밤 행사를 통해 가족 간의 우의를 다지고 노인들에게는 소속감 및 삶의 활력을 줄 수 있습니다.

 ③ 노인들에 의한 사역

 - 전도 활동 및 자원봉사활동

 - 노인 성가대, 노인 핸드벨 합주단 등의 운영

 ④ 노인들을 위한 사역

 - 독거 노인 식사(반찬 등) 및 생활용품 지원 시장 봐주기, 집안 청소나 빨래해 주기, 교통편의 제공 등

 - 학생부(중, 고등부) 및 대학청년부에서 자원 봉사 형식으로 참여

3. 실버 사역을 위한 9가지 제안

(1) 프로그램을 계획하라.

각각의 목표들을 어떻게 성취할 것인가? 그 일에 누가 책임을 질 것인

가? 그 목적을 달성하기 위해 무엇이 필요한가? 누가 그 일을 도울 것인가? 각각의 목표에 대한 시간 일정은 어떠한가? 작은 것부터 시작해도 좋습니다. 사역을 세워나가는데 전력을 기울여라. 한 가지의 프로그램을 완성하고 하나씩 사역을 해나가라.

• 이렇게 하기 위해 다음의 세 가지 지침을 참고하라.

① 질이 양을 만들어 냅니다. 처음에는 숫자가 적더라고 노인을 위하여 최고의 사역을 하는 것이 중요합니다.

② 양은 더 좋은 질을 만들어 줍니다. 사역이 점점 자라감에 따라 더 많은 열매를 거두게 될 것입니다. 아주 질 높은 사역을 하느라 정작 양을 소홀히 했을지도 모르나, 수준 높은 사역은 많은 인원을 불러오게 되고, 이는 또 질을 높여 주는 작용을 하게 됩니다.

③ 질 높은 수준이 유지되지 않는 양은 역효과를 낼 수도 있습니다. 오직 숫자에만 마음을 쏟으면서 질에는 별다른 발전을 보지 못했다면 그 사역은 점점 쇠퇴할 것입니다.

한마디로 실버 사역은 질로써 세워지고 그 질이 양을 만들어 내는 과정으로 가야 합니다. 그렇기 위해 사역 계획에 대해 충실해야 합니다. 스케줄이나 광고를 복사하여 어디서나 볼 수 있도록 하고 잘 준비하라. 교회의 중진들은 노인들의 질문에 대답해 주기 위해서 세부 사항까지 알고 있게 하라. 노인들은 자기가 모르는 일이 진행될 때 섭섭하며 소외감을 느낍니다. 내용을 알고 있으면서 '아무도 나에게 말해주지 않았어!'라고 말하지 않습니다. 자기도 알고 있다는 생각이 중요합니다. 만약 '나는 들어보지도 못했어!'라고 말하는 분이 하나라도 있다면 갈등이 번져나가기 시작했다는 증거입니다. 그리고 중요 멤버들과 함께 사역을 나누어라. 미리 서로가 무엇을 할 계획인지 잘 알고 있을 필요가 있으며, 모든 사역자들 간에 자기 것뿐만 아니라 다른 것도 잘 알고 있어야 장소나 시간적인 조화가 이루어집니다.

(2) 커리큘럼을 잘 선택하라.

좋은 커리큘럼을 선택하고자 할 때는 배우는 사람과의 창의적인 상호교환이 이루어질 수 있는 성경적인 교수법을 가져야 한다는 것을 명심해야 합니다. 그 커리큘럼이 전체 시간을 교사 혼자 말하는 식으로 가르친다면 바람직하지 않으므로 피해야 합니다. 그리고 수업의 주제가 노인들의 삶과 직접적인 연관이 있어야 함은 물론입니다.

(3) 하나의 스케줄에 완성도를 높여라.

자신에게 묻고 대답해 보자. '여러 종류의 행사나 모임을 언제 시작할까?' '그것이 다른 프로그램과 섞이거나 충돌되지는 않는가?' '그 일은 어디서 할 것인가' '그곳은 노인들에게 적당한 장소인가?' '도움을 위한 협조가 필요한가?' '또 다른 계획이나 대내외적인 광고가 필요할까?'. 교회의 전체 광고판에 계획된 날자와 시간을 게재하라. 그래야 스케줄이 지켜질 수 있고 다른 프로그램들과 충돌을 피할 수 있습니다.

(4) 스텝진을 공모하여 뽑아라.

필요한 부분이 어떤 것들인지 간단하게 기록하라. 그리고 강단에서도 자원자를 받는다는 광고 하라. 강단에서 말해도 아무런 응답이 없을 수도 있고 또 자원자들이 들어오기는 하는데 자격이 없거나 적합하지 못한 경우도 있습니다. 어쨌든 적당한 사람이 준비되면 주일 아침 예배 시에 모든 사람들이 지켜보는 가운데 통로까지 내려와서 '이 사람이 유일한 분'이라고 소개하라. 또 소개할 때 여러분들을 위하여 좋은 선물을 줄 대단한 사람이라고 요란하게 소개하는 것도 매우 효과적일 수 있습니다. 그리고 신청은 많았으나 뽑아준 사람이 적은 경우 '여러분 여러 지원자들이 참여해 주셔서 감사하지만 모두 모시지 못해 죄송합니다. 여기 우리를 섬기고 도와줄 스텝들을 소개합니다!'라고 사과하고 전체에게 소개하는 것도 중요합니다. 뽑히지 못했을 때 서운한 마음이 없지 않아 있으므로 배려해 주어야 합니다.

(5) 교통 대책을 세우라.

필요에 따라서는 교통편의를 도와줄 수 있는 운전 가능한 사람들을 교회 안에서 모집해 시작하는 것이 좋습니다. 필요에 따라서는 휠체어를 넣고 다닐 수 있는 밴 승용차를 활용할 수도 있고, 특별한 행사라도 있다면 버스를 전세 내야 합니다. 그리고 어디를 가려고 할 때 필히 비상대책이 있어야만 합니다. 노인들에 대한 만약을 대비한 보험문제, 비상시 연락 가능한 가족들, 그들이 먹어야 하는 약품들, 이런 응급을 위한 기본 준비가 되어 있지 않다면 차라리 가지 않는 것이 좋을 것입니다.

(6) 필요한 설비하기

비록 사면 바람을 막아주고 비나 맞지 않게 하는 지붕 있는 방 하나면 족하다고 생각할지도 모르겠지만, 그래도 어느 정도 꼭 필요한 것부터 꾸며 보라. 방 청소도 하고, 눈길을 끌만한 광고판 하나라도 벽에 걸어라. 그리 고 여러 활동하는 모습들이 찍힌 대형 사진이나 좋은 그림도 걸리는 것이 좋습니다. 벽을 장식하기 위해서 양을 거느린 목자가 나온 그림이라도 폼 나게 붙여 보라. 모이는 홀에도 친근한 분위기를 느낄 수 있도록 절약전략 적인 인테리어도 구상해 보자.

(7) 광고의 도움을 받으라.

과거의 여러 활동을 할 때 찍었던 사진도 확대해서 내다 걸자. 우편 발 송도 하고 전단지 배포하되 자주 하라. 그리고 말할 것도 없이 입으로 만 나는 사람에게 권하고 격려해야 합니다. 선전 효과가 되는 기회마다 놓치 지 말고 이용하라. 지방신문, 관공서의 회보, 지역 방송, 건물 앞에 서 있 는 게시판, 그리고 대형 마켓이나 백화점에서도 노인들을 위하는 일이니 까 협조해 줄 수 있습니다.

(8) 예산을 세워라.

무엇이 공급 되어지고 있고, 또 당신이 필요한 물질은 무엇이라 생각하 는가, 그리고 그것들이 어디에서 올 것인가? 돈은 어디에서 보내질 것인 가? 예산을 정확히 세우고 그 예산의 출처까지 점검하라! 그리고 기도하 라!

(9) 평가하라.

지속적으로 모든 프로그램에 대해서 평가를 가져야 합니다. 평가회로

모이는 규칙적인 모임을 가지라. 그리고 멤버들이 무기명으로 자기들의
생각을 제안할 수 있게 기도함이나 건의함을 만들어라.

4. 실버 사역의 하드 웨어

• 실버 사역을 효율적으로 운영하기 위해서는 하드웨어도 잘 준비되어
야 합니다.

① 전담부서의 설치 및 전문 인력의 확보

효율적인 실버 사역을 위해 독립된 실버 사역부가 설치되어야 합니다.
이를 위해 담당 목회자와 평신도 사역자를 배치하여야 할 것입니다.

② 교회 사회사업(Church Social Work) 개념에서의 접근이 필요합
니다.

실버 사역은 어차피 복지 개념이 추가되어야 합니다. '선한 사마리아
인'(눅10:25~37)의 사명을 실천하는 관점에서의 실버 사역을 추진해야
할 것입니다. 이를 위해 교회 또는 지역교회 연합으로 양로원, 요양원, 노
인복지관, 노인병원 등의 설립을 추진할 필요가 있습니다. 이런 관점에
서 기존의 기도원을 복지관 개념으로 전환하는 것도 고려해 볼만합니다.

③ 재정적 지원 강화

실버 사역에 대한 재정적 지원을 꺼리는 교회들이 많습니다. 투자된 만
큼 교회의 수입과 직결되지 않기 때문이라는 비판들이 있음을 알아야 합
니다. 그동안 그들이 교회를 이렇게 성장시켜 왔음을 생각하면서 과감한
투자가 있어야 합니다. 즉, 교통수단을 지원한다든지 교회 시설을 노인들

이 사용하기 좋게 개선하는 등의 노력이 있어야 합니다. 더불어 노인들에 대한 재정적 지원도 필요합니다. 구약 시대에 있어서 과부와 홀아비, 고아와 나그네는 사회가 관심을 가져야 할 대상이었습니다. 그래서 추수할 때도 이삭을 다 거두지 않은 것(신24:19~22 참조)입니다. 그렇기에 구제 사업의 차원에서 경제적 지원이 있어야 합니다. '너희가 여기 내 형제 중에 지극히 작은 자 하나에게 한 것이 곧 내게 한 것이라'는 말씀을 기억해야만 합니다.

④ 1년 단위가 아닌 평생학습 차원에서의 커리큘럼

실버 사역은 졸업이 없습니다. 그렇기에 평생 학습 차원에서 과정을 구분하여 배울 수 있도록 순회 커리큘럼을 구성해야 합니다.

⑤ 명칭

명칭은 노인대학이나 경로대학이라는 이름보다는 좀 더 신선하게 다가올 수 있는 이름을 붙이는 것이 좋습니다. 특별히 경로라는 말은 노인을 공경한다는 의미이기 때문에 마을에서 노인을 공경하기 위해 세워주는 '경로당' 외에는 의미가 없습니다. 윤경남(1998)은 평생 교육원, 늘푸른교실, 행복한 배움터, 사랑의 교회 등의 이름을 추천하고 있습니다. 온누리교회의 '모세대학'도 좋은 이름이라고 생각합니다.

한편 실버 사역을 위한 구체적인 프로그램들의 예를 들면 다음과 같은 것들이 있습니다.

• 영역에 따른 노년 프로그램의 예

1) 지적영역

① 세대 차와 사회변화를 이해하기

② 힙합바지를 입는 청소년들의 이야기

• 간단한 랩송 배우기와 만들기

• 은퇴생활에 필요한 지식과 생활 배우기

• 노년기의 시간 관리법

• 노인의 몸에 대하여

③ 은퇴 후의 삶을 생각하여 봅시다.

• 지금 시간이 없어서 못하는 것은 무엇인가?

• 시간이 주어진다면 하고 싶은 것은?

• 정치, 경제, 사회, 문화에 대한 최신 동향 알기

• 건강 증진을 위한 폭넓은 지식 갖기

2) 정의적 영역

① 적극적으로 일하고 생활하려는 태도 유지하기

② 당신을 요청하고 있는 곳이 있습니다(노년기의 사람들이 자원봉사
할 수 있는 곳의 직원들이 와서 소개하는 프로그램).

• 취미를 계속 살리고 여가를 즐겁게 보내기

• 노인에게 알맞은 취미와 여기에는 어떤 것이 있으며 어떻게 보내야
하나?

• 노년의 소외감은 왜 생기며 어떻게 극복하나?(노년심리-소외감)

• 허무함을 느끼십니까?(노년심리-허무감의 원인과 극복)

• 나와 배우자도 죽는다.

• 어떤 유서가 가장 근사할까? (유서에 쓸 것을 마련하기 위하여 이제부터 할 일은?)

• 동료 또는 자신의 죽음에 대하여 심리적으로 준비하기

③ 노년기를 위하여 취미를 가지자(취미와 여가는 인생에게 반드시 필요한 것이다)

• 정년 퇴직과 수입 감소 적응하기

• 정년퇴직을 어떻게 준비할까?(정년퇴직을 공개적으로 대비하는 프로그램이다)

• 허무함을 느끼십니까?(정년기의 허무감의 심리와 극복 그리고 긍정적 요인)

• 배우자 사망 후의 생활에 적응하기

④ 소외감과 허무감을 극복하고 인생의 의미 갖기

3) 사회적 영역

① 동년배 노인들과 친교 유지하기

② 나의 친구를 소개합니다(친구 소개하기-친구를 위하여 자기가 수고하는 일에 대하여 초점을 두어서)

• 가정과 직장에서 일과 책임을 합당하게 물려주기

• 언제 어떻게 아버지-아들에게 시어머니-며느리에게 일을 물려 주어야하나?

• 나는 아직도 가정에서 어른인가? 나는 어떤 때 어른임을 느끼는가?

• 어떤 노인이 가정에서 인기가 있다고 생각하는가? 어떤 대접을 받을 때 노인은 가장 기분이 좋은가?

• 자녀, 손자들과 원만한 관계를 유지하기 위하여 10계명을 만든다면 그것은 어떤 것이 될까?

③ 가정이나 사회에서 어른 구실하기

④ 자녀 또는 손자들과 원만한 관계 유지하기

4) 신체적 영역

① 줄어가는 체력과 건강에 적응하기

② 노년기의 신체리듬(우리의 몸은 어떻게 늙어가나? 어디가 제일 약해지나?)

• 노년기에 알맞은 간단한 운동을 규칙적으로 하기

• 간단한 운동 배우기

• 건강 유지에 필요한 음식에 대한 안내

• 어떻게 병과 더불어 살까?

③ 건강 유지에 필요한 알맞은 섭생을 하기

④ 지병이나 쇠약에 대하여 바른 처방하기

5) 영적 영역

① 영적인 존재인 인간

② 성경은 장수에 대하여 어떻게 말하고 있나?

③ 사람은 왜 죽어야 하는가?(죽음에 대한 자기 태도 측정)

• 맥클러스키의 이론에 의하여 정리한 교과과정

1) 환경적응에 대한 교육적 요구

(정년퇴직, 경제적 빈곤, 배우자의 사망, 사회적 소외, 신체적 노쇠, 질병에 대처하는 요구)

• 노년학 : 인간의 노화, 노년의 심리, 늙음을 어떻게 받아들일까? 늙지 않는 삶, 영원한 삶

• 죽음이란 무엇인가? 죽음에 대한 심리, 내세는 있는가? 유산정리는 어떻게? 장기기증은? 배우자의 사망문제-심포지움 형식

• 은퇴교육

• 건강관리와 유지 : 나는 얼마만큼의 건강을 기대할 수 있나? 민간요법의 허와 실, 건강식품, 노령화와 영양섭취, 예방의학 관계자료, 의료보험

• 재산관리법(좋은 은행 상품 등의 소개)

• 나는 누구인가?

• 노년의 독신생활 문제

2) 표현에 대한 교육적 요구

(활동과 표현 자체가 기본 동기)

• 여가 활동의 지식과 방법 : 복음송, 율동, 건강체조, 찬송가 배우기, 바느질, 독서안내, 목각, 그림, 고전무용, 바둑, 장기, 탈춤놀이, 레크리에이션, 서예

• 노인 페스티발

• 여행 혹은 단체여행 : 관광 혹은 방문 프로그램 - 무료입장 장소 혹은 유료이더라도 방문하면 유익한 장소를 발굴하여 그곳에 대한 여러 정보(교통편, 입장료, 입장시간, 등등)를 기록한 자료를 제공한다. 특히 교회의

노인교육의 프로그램의 경우 국내, 국외 성지에 대한 안내

• 노령기의 의미있는 일상생활 문제

3) 사회에 공헌하고자 하는 교육적 요구

• 자원봉사자로 일할 일터의 소개

• 자원봉사의 의미

• 노인들의 일터 소개

• 노인에게 알맞은 사회적 능력 개발 - 예 : 호랑이 할아버지

4) 영향을 주려는 요구

• 간세대 교육 프로그램(세대초청의 밤) - 아버지와 아들의 저녁, 시어머니와 며느리의 저녁, 삼대 가정 초청의 밤

• 젊은 세대에 대한 이해와 교육방법(노인들과 자녀들이 관계문제) - 이즈음 세대는 어떤

특징-세대문화에 대한 이해-을 가지고 있는가? 자녀 세대 부부간의 질서에 대한 이해, 자녀세대의 자녀교육에 대한 이해, 공부... 자녀 세대의 바쁜 생활에 대한 이해, 며느리의 사회활동 참여에 대한 이해

• 어떻게 친구를 사귀고 어울릴 수 있나?

• 인간관계 훈련 - 전체 노인의 관계훈련 1박2일 캠프, 노인 부부관계 훈련캠프

• 가정에서의 웃어른으로서의 자세와 역할

• 노인과 가정관리 - 노인은 얼마큼 가정관리에 참여하는 것이 좋은가?

5) 인간존재의 초월성에 관한 교육적 요구

(좀 더 향상된 생활을 하려는 요구)

• 성경공부(부부의 의미, 부부의 책임 - Evelyn Whitehead의 후기 노년기를 위한 종교적 개념)

① 개인구원 ② 소망 ③ 종교적 시간과 개인의 역사 ④ 개인을 향하신 하나님의 무조건적 사랑 ⑤ 공허감과 해방감에 대한 영적 훈련 ⑥ 도상의 순례자로서 기독자의 사상

• 노인교리교재 - 그림으로 설명하는 형태

• 노인 영상프로그램 - 영원한 삶

• 주간 프로그램

① 주간/월간 만남 ② 공예 프로그램 ③ 음식 콘테스트 ④ 이야기대회, 드라마대회 ⑤ 음악-다함께 노래부르기, 노래듣기, 노래그룹결성 ⑥ 공동생일 축하 케익과 장식이 있는 생일잔치 ⑦ 가족 시청각의 밤 - 가족의 필름(비디오)소개 ⑧ 가족 소개의 밤 - 가계, 오래된 사진소개 ⑨ 연날리기대회 ⑩ 부활절 계란 바구니 제작 ⑪ 사진찍는 법 ⑫ 전기기구 사용법(가스레인지, 전기밥솥..) ⑬ 성경공부 ⑭ 건강프로그램/손건강, 움직임, 수지침 ⑮ 지역의 문제점을 듣고 이야기 하기/동장, 이장, 군수 ⑯ 슬픔을 극복하는 법 ⑰ 집안의 인기있는 노인이 되는 법 ⑱ 인터넷 원로방 활동에 들어가기 ⑲ 지난 삶 돌아보기 ⑳ 효과적으로 대화하기 ㉑ 가족과 나

• 여행 프로그램

① 지방 산업지 방문 ② 동물원, 식물원 ③ 운동장 운동관람 ④ 기차여

행 ⑤ 단풍여행 ⑥ 박물관 ⑦ 음악회 ⑧ 역사적 기념비와 기념탑 방문 ⑨ 오랜 무덤 방문 ⑩ 지역 내의 오래된 교회 방문 ⑪ 지역 내의 오래된 집 방문 ⑫ 영화, 연극 참석 ⑬ 구호단체 방문 ⑭ 정부기관 방문 ⑮ 교도소 방문 ⑯ 양로원 방문

• 봉사와 목회 프로그램(나도 남을 도울 수 있다)
① 교회에서 생일 축하 카드 발송 작업, 주보접기 ② 양 조부모 제도(할머니 할아버지와 어린이 이어주기) ③ 교회 사무실의 자원봉사 ④ 음식 날라주기 ⑤ 비밀스러운 천사되어 주기 – 한사람(어린이, 청소년, 자녀 누구나)이나 한 가정을 정하여 상대방 모르게 사랑을 베풀다가 1년 정도 지난 후 나타나 만나게 하는 방법 ⑥ 장학금 만들기 ⑦ 겨울새 먹이 먹이기 ⑧ 계절학교에서 조부모 역할하기 ⑨ 자체 절기(여름, 겨울) 성경학교 하기 ⑩ 전화로 이어 기도하기

5. 온누리교회 모세대학

온누리교회는 '모세대학'이라는 이름으로 실버 사역을 하고 있습니다. 온누리교회는 가정사역 축제 매뉴얼을 통해 그 사역의 내용을 다음과 같이 밝히고 있습니다.

• 목적 : 영예와 존경의 표상인 백발에 대한 자긍심을 고양하고 경로사상을 개발하여 건전한 영혼 관리와 활기찬 삶의 의욕을 증진시켜 가정이나 교회에 덕이 되는 노인상을 이루어 드리도록 합니다.

• 학습 목표 : 우선 영성 훈련을 통하여 노년기에 걸맞는 성숙한 신앙생활과 거룩한 삶으로 자손들에게 믿음의 본을 남기는 신앙인이 되게 합니다. 또, 노년기 생활에 필요한 삶의 지혜를 계발하여 육신의 건강을 도모하고 가족 및 이웃 간에 아름다운 삶을 살도록 합니다. 마지막으로 모세의 사역을 본받아 하나님의 사업에 적극 참여하는 사역자로 생활하게 합니다.

• 일반 계획 : 학생은 60세 이상이어야 하며 180명을 모집합니다. 1년 2학기인 학습 기간은 학기당 14주입니다. 모임은 매주 수요일 오후에 가지며 매학기 1박2일의 수양회를 갖습니다. 또, 실행위원회 및 조장회의, 일대일 성경공부, 실버 성가대 운영 등의 특별 활동도 합니다.

• 교육 과목

- 신앙과 노인 : 주님의 마음을 본받아 사는 거룩한 신앙인으로서의 삶의 모습을 정립합니다.

- 창조과학 : 창조과학의 체계적인 교육으로 하나님의 창조 질서에 관한 확실한 이론의 정립과 믿음을 갖게 합니다.

- 성경 : 구원론과 삼위일체

- 노인건강 : 노년기의 건강관리를 위한 일반의학 상식과 우리의 영적 자세를 교육합니다.

- 한국 기독 교회사 : 한국 기독교 100년사를 소개함으로서 세계 선교를 위한 성도의 사명을 확인합니다.

- 이스라엘 : 유대민족의 종교, 역사와 현대 이스라엘 국가를 소개함으로써 세계 선교를 위한 성도의 사명을 확인합니다.

- 환경문제와 교회의 사명 : 지구 환경의 심각한 문제점과 이에 대처할

우리의 사명을 깨우치게 합니다.

- 이단 사이비 종교 : 이단 사이비 종교에 관한 현황을 소개하고 그들을 분별할 수 있는 기초적인 능력을 갖도록 함.

- 종교 다원주의 : 타종교에 관한 개략적인 소개와 기독교와의 비교설명으로 구원이 오직 예수 그리스도를 통해서만이 실현될 수 있다는 확신을 갖게 합니다.

- 교양 :

• 학습 시간 계획

시간	프로그램
14:00 이전	경배와 찬양
14:00~14:20	휴식(간식)
14:20~15:10	강의
15:10~15:20	조별토의, 성서영화
15:20~16:10	강의
16:10~17:00	레크레이션
17:00~18:00	석식 및 친교

• 조직 : 운영 전반을 감독하고 영적 계도를 담당하는 담당 교역자, 실행위원회를 총괄하는 위원장, 전반적인 업무 전반을 계획하고 집행하는 총무를 둡니다. 그리고 특활 담당위원으로 찬양, 조별활동, 일대일 성경공부, 실버 성가대 친교 활동별 담당자를 둡니다.

6. 개봉교회 상록대학

(1) 어떤 가치관 위에 서 있나?

동기(motivation)가 인간의 행동을 이끌어내는 힘인 것처럼, 교육에 있어서 방향을 설정해 주는 중요한 역할은 교육자의 철학입니다. 특히 교회 교육 프로그램에 있어서 담임목사의 목회철학 없이는 그 어떤 교육도 장담할 수 없습니다. 개봉 상록대학은 담임목사가 직접 상록대학 교사들의 경건회를 인도할 정도로 관심과 열정을 통해 이끌어지고 있습니다.

인터뷰와 교육 연감을 통해 살펴본 개봉 상록대학의 특징은 다음과 같습니다.

첫째, 학습자에 대한 종교적 제한이 없다는 것입니다. 신자든, 비신자든, 타 종교인이든 참여의 제한이 없습니다.

둘째, 특별한 졸업식입니다. 졸업 규정은 졸업자, 계속 수료자, 수료자, 격려증 수여자 등의 규정을 통해서 등록 학생을 축하하고, 소외된 학생이 없이 모두 졸업에 동참할 수 있도록 합니다. 특별한 졸업식을 통해서 학습자 모두가 함께 격려하고 축하하는 자리가 될 수 있습니다.

• 졸업 및 수료규정

명칭	설명
졸업자	상록대학 신입생 중에서 15주 이상 출석자에게 졸업장을 수여한다(졸업장은 평생 한번).
계속 수료자	상록대학 졸업 후 계속 등록한 학생 중에서 15주 이상 출석자에게 계속 수료증을 수여한다.
수료자	신입생 또는 졸업자 중에서 10주 이상 14주 미만 출석자에게 수료증을 수여한다.

격려증 수여자		신입생 또는 졸업자 중에서 10주 미만 출석자에게 격려증을 수여한다.
개근상		해당 기수에 1-2학기 전체 출석자에게 개근상을 수여한다.
정근상		해당 기수에 1-2학기 중 1주 결석자에게 정근상을 수여한다.
특별상	안나상	해당 기수 등록자 중 최연장자 여학생에게 안나상을 수여한다. 단, 전년도 수여자는 중복수여 하지 않고, 다음 연장자에게 수여한다.
	갈렙상	해당 기수 등록자 중 최연장자 남학생에게 갈렙상을 수여한다. 단, 전년도 수여자는 중복수여 하지 않고 다음 연장자에게 수여한다.

셋째는 최고의 식사와 교제입니다. 개봉교회 상록대학은 조리팀(1팀, 2팀)이 따로 정해져 있습니다. 매주 10가지 메뉴의 맛있는 점심 식사를 제공하고 식사 후 교회 카페에서 차와 다과를 즐길 수 있도록 합니다. 이 시간을 통해서 학생들은 친교를 나누게 됩니다.

넷째, 신앙교육입니다. 경건회, 찬양 시간, 반별 성경 공부를 통해서 기독교 영성을 함양하도록 합니다.

다섯째, 삶의 지혜를 가르치는 것입니다. 각 분야의 전문가들을 초청하여 특강 시간을 통해 교양, 건강, 과학, 예술 등의 삶의 지혜를 배웁니다.

여섯째, 개인 취미의 고양입니다. 이침(耳針), 서예, 한글, 점핑클레이, 하모니카, 한지공예, 예쁜 글씨 POP 등 다양한 특활반을 통해서 개인 취미활동을 개발합니다.

위의 여섯 가지 교육 가치들은 그대로 교육에 반영되어 상록대학의 교육내용과 교육과정을 결정하는 중요한 지표가 되고 있습니다. 기독교 노인교육 프로그램 개발에 관한 연구에 의하면 노인교육프로그램을 구성할 때는 그 내용에 있어서 경제적 영역, 지적영역, 정신적·정서적 영역, 사회적 영역, 신체적 영역, 영적 영역 등의 항목을 반드시 고려해야 합니다. 이 지표를 기준으로 하여 볼 때 상록대학은 삶의 지혜를 통해서 경제적·지적·신체적 영역을, 개인 취미의 고양을 통해서 정신적·정서적 영역을, 신앙교육을 통해 영적 영역을, 최고의 식사와 교제를 통해서 사회적 영역을 포함하고 있는 것으로 보입니다.

개봉교회 상록대학의 입학 자격은 지역에 거주하고 있는 만 65세 이상의 노인으로 종교와는 상관없습니다. 모집인원은 선착순 100명까지며 등록금은 1만 원입니다. 상록대학 학생들의 연령분포는 평균적으로 60대가 1.2%, 70대가 59.30%, 80대가 37%, 90대가 2.5%로 70대와 80대 연령의 노인들이 주 학습자입니다. 등록된 학생들은 총 6개 반으로 분반되어 각반 담임교사가 정해져서 관리가 되고 있습니다. 중간에는 뜻하지 않게 장례가 생기거나 입원을 하는 경우가 있는데, 그때마다 담당 교역자들이 심방과 다양한 돌봄을 통해서 학생들을 관리하고 있습니다.

교육 기간은 1년을 교육과정으로 하고 있으며, 1학기(3~6월, 14주), 2학기(9~11월, 14주) 연 2회로 운영되고 있고 매주 목요일 오전 10시부터 1시 30분까지를 교육 시간으로 하고 있습니다. 한 학기마다 봄 소풍과 가을 소풍이 있으며, 2학기 마지막 주에는 졸업식을 합니다. 연구에 의하면, 노인들이 가장 희망하는 교육 기간은 1년이며, 다음으로 6개월, 2년 이상, 3개월 등으로 파악되고 있습니다. 개봉교회는 2학기제로 1년 단위로

교육이 진행되지만 실 교육 일수는 6개월입니다. 그러나 계속 특강의 주제를 다르게 하고 있기 때문에 학습자가 원하기만 하면 계속 교육을 받을 수 있는 것이 장점입니다. 그래서 '특별한 졸업식'이라는 졸업 형태를 두고 있는 것으로 보입니다.

• 상록대학의 시간표는 다음과 같이 진행됩니다.

목회자가 인도하는 교사 경건회를 시작으로 각 교육 내용을 담당하는 교사 및 강사에 의해서 진행이 되며 체조, 찬양, 경건회, 특강, 반별 성경공부, 특별활동, 점심식사 및 교제의 시간으로 마치게 됩니다. 경건회는 담당 교역자에 의해서 진행이 되며, 간단하게 예배를 드리는 시간입니다.

• 개봉 상록대학 시간표

시간	프로그램
9:50~10:00	체조
10:00~10:10	찬양
10:10~10:20	경건회
10:20~11:10	특강
11:10~11:45	반별 성경공부
11:45~12:45	특별활동
12:45~1:30	점심식사 및 교제의 시간

특강은 한 주마다 새로운 주제로 정해진 교육내용에 따른 전문 강사가

진행합니다. 특강의 커리큘럼은 교양, 건강, 과학, 예술, 복지나 경제, 취미, 레크레이션, 상담 등의 주제들이 학기마다 적절한 비율로 구성되어 다양하고 풍성한 교육을 받을 수 있도록 제공됩니다.

특강 커리큘럼의 이해를 돕고자 12기까지 진행된 커리큘럼의 구성을 나열하면 다음과 같습니다.

• 상록대학 특강 커리큘럼

1기	1학기	노인과 인생, 노인의 건강관리, 레크레이션, 정신건강과 신앙, 노인들의 경제생활, 화단설계와 가꾸기, 신바람 건강, 봄소풍, 노인복지, 효도잔치, 성경파노라마, 실버극단, Sing & Play, 식생활
	2학기	현대시 읽기, 간증, Recreation & Activity. 노인과 우울증, Sing &Play. 가을소풍, 건강상식 2. 건강한 노후생활, 생물학(하나님의 신비), 노인과 신앙, 웃음으로 인생을 멋지게 살자. 졸업식 준비활동
2기	1학기	노인과 인생, 레크레이션, 평생교육의 필요성, 노년의 신앙생활, 봄철건강관리, 노인복지, 봄소풍, 맵시있게 입어요. Sing & Play, 정신건강, 조선을 사랑한 사람들, 영화상영, 여름철 건강관리, 개강예배, 간증, 레크레이션, 국악찬양 배우기
	2학기	개강예배 간중, 레크레이션, 국악찬양 배우기, 묵상과 기도, 가을소풍, 고부갈등 해소법, 웃음치료, 인형과 함께, 성경인물 이야기, 겨울철 건강관리, 묵상과 기도, 고부갈등 해소법, 웃음치료, 인형과 함께 성경인물 이야기, 겨울철 건강관리
3기	1학기	노인과 인생, 레크레이션, 봄철 건강관리, 노년의 신앙생활, 음악치료, 기독교 신앙교육, 봄소풍 함께 드리는 찬양, 발마사지, 현대 가정에서 노인의 역할, 장수퀴즈, 치매의 예방 및 대책, 행복한 노후, 신앙강좌
	2학기	우리나라 기독교 역사, 약이 되는 음식, 신앙강좌(I), 창조과학특강, 가을소풍, 아름다운 죽음, 신앙강좌(II), 세대 간 대화 노인예절, 레크레이션, 국악찬양, 성경영화상영, 가치관

기수	학기	내용
4기	1학기	교양강좌, 레크레이션, 숯의 효능과 활용, 신앙강좌(1) 봄철건강관리, 건강한 인간관계, 노인과 자기관리, 봄소풍, 성경영화상영, 성인병 비만관리, 찬양의 시간. 한국교회역사, 신앙강좌(II), 노인정신건강, 인형극(구원)
	2학기	노인과 자기관리, 레크레이션, 교양강좌, 노년의 성, 가을소풍, 성경영화보기, 노인운동, 가을철건강관리 함께 찬양과 연주하기, 그리스도인의 에티켓, 신앙강좌
5기	1학기	교양강좌 제2의 심장발관리법, 노년의 행복. 창조과학 봄철 건강관리, 신앙강좌, 레크레이션, 화재예방상식, 찬양의 시간, 화단설계와 가꾸기, 봄소풍, 건강강좌, 성경영화상영(장수퀴즈), 노년의 정신건강
	2학기	교양강좌, 가을철 건강관리, 노인교통안전 교육, 가을소풍, 선교현장 이야기. 신앙강좌, 레크레이션, 찬양의 시간, 교양강좌, 노년의 치아건강
6기	1학기	교양강좌, 제2의심장발관리법, 노년문학, 봄철건강관리, 창조과학, 신앙강좌(1) 찬양의 시간, 신앙강좌(II), 행복한 노후생활, 봄소풍, 노년의 정신건강, 레크레이션, 건강강좌
	2학기	교양강좌, 레크레이션, 노인치아관리, 가을소풍, 교양강좌, 행복한 노후생활, 신앙강좌, 동절기 건강관리, 창조과학, 찬양의 시간
7기	1학기	신앙강좌(1) 봄철 건강관리, 건강한 식생활, 창조과학, 손발사용법, 신앙강좌(II), 찬양의 시간, 노인치아관리, 노인건강체조, 봄소풍 죽음준비, 영화상영, 신앙강좌(III)
	2학기	교양강좌, 찬양의 시간, 노인의 정신건강. 창조과학 가을소풍, 웃음치료, 노인건강체조 노인치아관리, 노인건강관리, 커피 만들기, 교양강좌
8기	1학기	교양강좌, 봄철 건강관리, 노인건강체조, 봄소풍, 노인치아관리 찬양의 시간, 장수퀴즈, 창조과학, 치매의 예방 및 대책, 건강한 식생활, 신앙강좌, 노인건강체조, 건강한 식생활, 인형극
	2학기	교양강좌, 찬양의 시간. 노인치매강의 및 검사, 신앙강좌, 가을소풍, 웃음치료, 교양강좌, 노인건강체조, 노년의 행복, 노인치아관리, 레크레이션

기수	학기	내용
9기	1학기	신앙강좌(1) 레크레이션, 봄철건강관리, 웃음치료, 교양강좌, 창조과학, 노인건강관리, 가치관, 효도잔치, 가을소풍, 신앙강좌(II), 효도잔치, 신앙강좌, 교양강좌, 건강강좌, 인형극
	2학기	신앙강좌(1) 신앙강좌(II), 레크레이션, 가을소풍, 교양강좌(1) 신앙강좌(III), 건강강좌, 교양강좌(II), 노인건강관리

10기	1학기	신앙강좌(1) 봄철건강관리, 노인건강체조, 노후에도 배우는 삶, 자신을 행복하게 만드는 법. 건강하게 오래 사는 법, 말(투)이 만들어가는 삶, 신앙강좌(II.아름다운 죽음), 효도잔치, 재미있는 음악놀이, 봄소풍, 노후의 정신건강, 레크레이션, 인형극, 노년의 열매
	2학기	신앙강좌(1) 노인복지정책, 노인건강상담, 손발사용법, 가을소풍, 웃음치료, 신앙강좌(II), 가을철 건강관리, 국악찬양, 찬양간증
11기	1학기	신앙강좌 (1), 노인에티켓 창조과학창조주 하나님, 노인치아관리, 교양강좌, 웃음치료, 건강강좌 '중풍', 봄소풍, 신앙강좌(II), 노인체조, 노인우울증, 찬양과 율동, 노년의 삶 나라사랑, 신앙강좌(III)
	2학기	신앙강좌(1) 건강체조, 손발사용법, 말과 건강에너지, 찬양의 시간, 건강하게 오래사는 법, 신앙강좌(II), 신앙강좌(III), 건강한 삶 행복한 인생, 신앙강좌(IV), 신앙강좌(V)
12기	1학기	신앙강좌(1), 노인의 성경읽기, 창조과학, 고혈압예방법, Sing & Play. 노인우울증, 효도잔치, 봄소풍, 신앙강좌(I), 교양강좌, 레크레이션, 노인치아관리
	2학기	신앙강좌(1), 노인건강관리, 노인건강체조, 웃음치료, 가을소풍, 교양강좌, 신앙강좌(II), 가을철 건강관리, 국악찬양

특강이 끝나면 각반 담임교사와 함께 성경공부를 하는 시간을 갖게 됩니다. 반별 성경공부 교재는 예장통합 총회 교육자원부에서 발간한 「노년을 위한 교육목회 시리즈」, 「하늘향기」(2006년 초판), 「하늘잔치」(2008년 초판)를 사용하고 있습니다.

반별 성경공부 모임을 마치면 특별활동 장소로 흩어지게 됩니다. 각자 원하는 특활반을 선택하여 취미활동을 개발하고 있습니다. 구체적인 내용들은 2016년 현재 서예반 이침반, 점핑클레이반, 한글반, 중국어반, 하모니카반, 한지공예반, 예쁜 글씨 POP반입니다. 과거에 개설되었던 특활반들은 시와 음악반, 종이 미술반, 동요 시조반, 토탈공예, 영어회화반, 영어찬양반, 퀼트공예 등이 있었는데, 특활반의 커리큘럼은 해를 거듭 해가면서 학습자들이 선호하는 과목들로 수정되고 있습니다. 주목할만한 것은 특활반의 강사들은 모두 개봉교회 평신도 사역자라는 사실과 강사와 함께 각반을 보조하는 보조교사로 특별반이 운영되고 있습니다.

• 상록대학 특활반 커리큘럼

특활반	설명
서예반	서예(한글, 한자)를 배우며, 작품을 만든다.
이침(耳針)반	귀에 침을 놓는 이침 법을 배우고 건강을 관리하는 법을 배워서 어르신들이 스스로 건강을 바르게 관리할 수 있도록 돕는다.
점핑클레이반	통통튀는 점도를 사용하여 다양한 사물을 직접 만들어 봄으로 관찰력과 창의력을 기르고 손의 감각을 발달시킨다.
한글반	한글을 바르게 읽고, 쓰는 것을 배우며 한글의 위대함과 아름다움을 경험하게 한다.
중국어반	일상생활에 필요한 중국어 회화의 기초를 배우고 익혀서 세계화 시대의 역량을 기른다.
하모니카반	하모니카 연주법을 배워서 음악의 즐거움을 누리며 찬양을 하는 시간을 갖는다.
한자공예반	우리나라 고유의 기법으로 제작한 한지로 작품을 만들며 전통문화의 아름다움을 배운다.
예쁜 글씨 POP	글씨를 예쁘게 쓰는 방법을 배워서 예쁜 광고문구와 글씨 작품을 만든다.

특별활동이 마치면 점심식사와 함께 담소를 나눌 수 있는 티타임 시간을 갖고 귀가하게 됩니다. 개봉 상록대학의 교육과정에서 느껴지는 것은 교육 면에서는 전문성과 노인을 향한 사랑과 돌봄이, 교제 측면에서는 최

선을 다해서 베풀고자 하는 사랑과 나눔이 묻어남을 느낄 수 있습니다. 2학기를 마치고 나면 주일에 그동안 특별활동에서 만들었던 다양한 작품들을 전시하여 전 성도가 감상할 수 있는 시간을 마련하여 개봉 상록대학이 단지 주중에 성도들이 알지 못하는 시간에 이루어지는 교육이 아니라 전 성도들의 관심 가운데 이루어지도록 상록대학을 소개하는 기회를 갖습니다.

(3) 상록대학의 교사들은 누구인가?

아무리 잘 구성된 커리큘럼이라 할지라도 학습자와 직접 상호작용을 하는 교사의 역할은 너무 중요합니다. 일반적으로 노인을 교육하는 교사는 반드시 교사 교육을 통해 준비되어 있어야 하는데, 다음과 같은 기준들로 상록대학의 교사를 이해해 보고자 합니다.

첫째, 노인 학습자에 대한 전문적인 이해가 있어야 합니다. 김정희는 노년부 및 노인학교의 전문 목회자 및 교사의 양성이 필요함을 지적하면서 현재 노년부 및 노인학교의 부실한 교육 방법과 내용은 바로 현대 노인에 대한 이해, 고령화에 대한 이해, 기독교 평생교육에 대한 이해 및 교사의 역할에 대한 전문적 지식이 없는 사람이 노년부 및 노인학교를 운영하는 데에서 그 원인을 찾고 있습니다. 노년부 및 노인학교에 대해 경험 없는 사람들이 노년부 및 노인학교의 의의나 본질을 올바로 이해하지 못하고 있기 때문에 그 교육 커리큘럼이 부실할 수밖에 없습니다. 목회자 및 교사는 노인성도/학습자를 가르치는 자로서의 역할뿐만 아니라 그들이 스스로 학습을 할 수 있는 존재임을 잊어서는 안 됩니다. 이는 노인을 교육하는 교사는 전문성뿐만 아니라 노인에 대한 이해와 경험이 필요함을 알 수 있습니다. 12년간의 교육 연감의 역사를 통해서 볼 때 개봉교회 상록대학의 강사진은 각 분야의 전문가들로 구성되어 있습니다. 그리고 교사들은 앞으로 잠재적으로 노인대학의 학습자인 동시에 노인에 대한 이해와 봉사 정신이 투철한 사람들로 세워져 있습니다.

둘째, 노인들에게 적합한 교육 방법이 무엇인지 파악하고 있어야 합니다. 그렇다면 노인들이 선호하는 교육 방법은 무엇인가? 연구에 의하면 노인은 강사 위주의 강의를 가장 선호하며, 그다음은 실습 또는 현장 방문교육, 동영상을 이용한 시청각 교육 순으로 선호하는 것으로 나타났습니다. 개봉교회는 기본적으로 노인들의 신체적인 특성을 고려하여 교육 장소의 동선을 줄이고 대부분 강의와 소풍과 같은 현장학습 등이 주 교육 방법입니다.

셋째, 노인교육의 교사는 연령대를 고려해야 합니다. 노인들이 가장 선호하는 강사의 연령대는 60대나 50대 순으로 노인들은 자신과 나이가 비슷한 연령대의 강사를 선호하고 있는 것으로 보이며, 희망하는 강사는 해당 분야의 전문가나 대학교수, 저명인사, 훈련된 동료강사로 나타나 있습니다. 개봉교회 상록대학을 섬기는 평신도 사역자 및 강사진은 대부분 평균 연령이 50, 60대이며, 평신도 사역자들은 모두 상록대학의 잠재적 학습자라고 할 수 있습니다. 이상의 노인교육 교사의 자격을 중심으로 한 논의를 정리해 보았을 때 개봉교회 상록대학은 평신도 전문 인력을 적절하게 활용하고 있으며, 학습자들에게 거부감 없는 강사들의 연령대와 특성들에 잘 부합하고 있고, 교육 방법에 있어서도 노인 학습자들의 특성을 잘 고려한 교육을 하고 있는 것으로 볼 수 있습니다.

개봉 상록대학은 12년이라는 결코 짧지 않은 역사를 자랑합니다. 교회 교육의 프로그램을 두고 성공과 실패를 가리는 것은 교육에 대한 예의가 아닐는지 모릅니다. 어떤 교육이든 그 교육을 통해서 변화된 학습자가 있다면 그 자체로 박수 받아야 할 일일 것입니다. 그러나 우리가 교육을 계획할 때에 다양한 국면들이 뒷받침되어 훌륭하게 이끌 수 있다면 더 보람된 일일 것입니다. 그런 의미에서 개봉교회 상록대학은 전문적이고도 체계적인 교육적 요소들을 포함하고 있는 것으로 보여집니다. 학습자들에게 알맞은 교사와 전문성 있는 강사, 커리큘럼의 다양성, 상록대학에 대한 교육주관자의 열정과 관심이 그것입니다.

• 구체적으로 기술하면 다음과 같습니다.

첫째, 상록대학의 교사들은 영성과 전문성을 갖춘 교사들입니다. 상록대학의 교사들은 크게 교역자, 교회 평신도 자원, 특강 강사입니다. 여기서 교회 평신도 사역자들은 잠재적인 노인대학의 학습자들로서 항존직을 은퇴하고 나서 노인대학에 머무를 학습자로 기대되는 인력으로 소그룹 반을 맡고 있으며, 특별활동의 강사들입니다. 특강 강사는 교회 전문인력과 교역자와 외부 강사들로 구분됩니다. 공통적인 특징들은 노인 학습자들에게 친화력이 있는 연령대이고 경험을 겸비하고 있어서 노인들에 대한 이해도가 높은 인력들이라는 것입니다.

둘째, 다양한 커리큘럼으로 노인에 대한 필요를 채우고 있습니다. 노인들의 문제이자 교회 노인교육에서 기대되는 교육내용인 신앙, 건강, 복지,

교양 등의 다양한 교육내용을 특강을 통해서 그 필요를 채워주고 있습니다. 신앙교육에 있어서도 죽음에 대한 문제를 성경의 가치관을 통해서 직면하게 해주는 등 노인들이 직면하고 있는 다양한 실존의 문제들에 대해서 성경의 가치관으로 답을 주고 있습니다. 건강교육에서는 각종 건강에 대한 상식과 레크레이션, 식생활, 노년의 정신건강 노인들이 공통적으로 앓고 있는 질병들에 대해서 대처하는 방법과 이해를 돕고 있습니다. 복지 면에서는 구체적으로 교회가 경제적인 문제들을 해결하고 일자리를 창출해주는 적극적인 부분은 아니지만, 노인복지에 대한 이해와 실생활에 필요한 다양한 정보를 가르쳐 주고 있습니다. 교양강좌를 통해서는 시문학이나 소설을 접할 수 있도록 돕거나, 노래, 커피 만들기, 영화상영, 역사, 각종 취미생활에 관련된 것들을 배울 수 있습니다.

셋째, 학습자 중심의 배려와 섬김입니다. 어느 누구도 소외되지 않는 특별한 졸업식을 통해서 교육받은 모든 학습자가 졸업과 수료에 의미를 갖고 서로를 축하하는 자리를 갖는다는 것입니다. 또한 12년 동안 열 가지 반찬으로 구성된 식사와 다과를 대접한다는 것은 쉬운 일이 아니지만 이미 개봉교회 상록대학의 전통으로 굳어져 있습니다. 특히 먹는 것에 대한 즐거움이 큰 노인들에게는 큰 행복이 아닐 수 없습니다.

넷째, 프로그램의 지속성과 체계성입니다. 상록대학의 지속성과 체계성의 원동력은 우선적으로 담임목사의 관심과 열정이라고 보여집니다. 직접 교사들의 경건회를 인도할 정도로 상록대학에 대한 남다른 애정이 돋보이며, 상록대학을 준비하는 교회 인력들 또한 그 리더십을 따라 질서 있게 움직여지고 있습니다.

(5) 기독교 노인교육이 나아갈 길

우리나라에서 처음으로 문을 연 노인교육으로는 1972년 10월 종로 태화관에 자리 잡은 서울 평생교육원이 개설한 '노후생활 강좌'였고, 기독교 차원에서의 노인교육은 1975년에 정릉교회에서 운영하는 정릉 경로학교 설립으로 시작되었습니다. 시대적 요청으로 이후 빠르게 전국으로 확산되었습니다. 교회교육은 시대적 요청이라는 이유가 아니어도 요람에서 무덤까지의 평생교육의 가치관을 담고 있을 뿐만 아니라, 가장 중요한 선교적 사명을 띠고 있기 때문에 노인교육은 교회의 몫이어야 합니다. 교회에서 노인교육을 할 때 가장 우선시해야 할 일은 교육내용에 있어서 그리고 교육 방법과 교사에 있어서 전문성이 준비되어 있어야 합니다.

첫째, 노인교육의 내용은 다음과 같은 사항들을 포함하는 교육이어야 합니다. 노인들의 욕구와 관심을 중요시 하는 입장에서 노인들이 속한 특수한 사회적 상황을 고려하여 교육내용이 선정되어야 합니다. 전수적 내용(formative contents) 뿐만 아니라 비판적 내용(critical contents)도 포함되어야 합니다. 그리고 교회 노인교육은 일반 사회 교육과는 달리 신앙공동체라는 특수성을 갖고 있음을 고려하여 신학적, 성경적 전제를 유념해야 합니다. 일반적으로 '연령이 높아지면 종교에 대한 관심이 높아진다'는 사실을 고려하여 더욱더 선교적 사명에 부합할 수 있도록 교육내용을 구성해야 합니다. 또한 세대 간의 분리를 극복할 수 있는 교육이어야 합니다. 고부간의 갈등과 같은 가족 간의 의사소통은 물론, 노인들의 정치적인 의사 표현들이 십대 이십대의 미래를 결정하는 만큼 노인들이 사회나 경제적인 문제들을 바로 이해할 수 있도록 도와야 합니다.

둘째, 노인들에게 적합한 교육 방법이어야 합니다. 노인들의 신체적, 심리적 특성, 환경적 특성을 고려하여 노인들에게 가장 적합한 교육 방법이 무엇인지 파악해야 합니다. 대집단을 선호하는지, 소집단을 선호하는지, 강의를 선호하는지, 활동하는 것을 좋아하는지 등의 세심한 교육적 배려가 있어야 합니다.

셋째, 노인교육의 교사는 전문성과 노인교육에 대한 소명 의식이 있는 자여야 합니다. 가르치는 자에게 가장 중요한 것은 전문성과 소명 의식입니다. 가르치는 것을 소명으로 생각하는 교사에게 전문성은 따라올 수밖에 없습니다. 노인에 대한 전문성이 없는 교사는 교육에서 충돌을 일으킬 수밖에 없습니다. 전문성과 더불어 노인 학습자들을 가르치는 것에 대한 열정과 기쁨이 있어야 합니다. 교회는 노인교육에 대한 열정이 있는 자로 하여금 노인교육에 대한 전문적인 지식을 배울 수 있는 기회를 제공해야 합니다.

루터의 말대로 기독교가 이 세상의 왕국과 하나님의 왕국이라는 두 가지 왕국을 동시에 살아갈 수밖에 없는 운명 공동체인 만큼 교회에서의 노인교육은 단지 교인들의 전유물이 되어서는 안 됩니다. 선교의 사명과 노인들의 입장에서 그들이 세상을 변혁시켜가는 주체의 삶을 살 수 있도록 노인교육을 디자인해야 합니다. 그러기 위해서는 노인교육을 디자인하는 교육 주체들의 인식의 전환과 전문성, 섬김의 리더십이 요구됩니다.

흔히 교회학교 아동 및 청소년에 해당하는 교육만을 미래를 준비하는 교육으로 생각하는 경우가 일반적입니다. 그러나 교육하는 행위 자체는 모두 미래를 지향하고 있습니다. 노인교육 또한 미래를 준비하는 교육임을 잊어서는 안 됩니다. 삶의 여정에 있어서 '죽음'이라는 과정이 마지막

이 아니기 때문입니다. 우리는 예수 그리스도의 십자가 옆에서 구원받은 강도를 기억합니다. 임박한 죽음에 직면한 강도가 구원을 받았듯이, 생을 마감하는 그 순간까지 인간에게는 모든 것이 열린 미래로 남아 있습니다. 노인교육에 대한 시작은 먼저 노인에 대한 인식의 전환에서 시작해야 함을 잊어서는 안 됩니다. 노인 이해가 부정적이었을 때는 노인을 단순히 약자, 돌봄의 대상만으로 생각하는 것에 국한되었다면, 노인의 지능에 대한 오해, 배우는 것을 귀찮아하는 존재라는 이미지를 탈피하여 충분히 학습이 가능하며 배움에 대해서도 적극적으로 원하는 존재임을 인식하는 것으로 이해가 더해지고 있습니다. 그렇기 때문에 현재 교회교육에서 이루어지고 있는 노인교육은 단순히 경로잔치의 수준이나 내 교회 교인들만을 위한 것이 아니라, 노인에 대한 다양한 이해를 반영하는 프로그램으로 나아가야 합니다. 특히 교회 공동체가 선교공동체임을 잊어서는 안 됩니다. 개봉교회 상록대학은 노인대학의 선두 주자는 아니지만, 충분히 그 명맥을 이어가고 있는 교회임이 틀림없습니다. 특히 상록대학의 프로그램의 지속성과 체계성은 노인교육의 방향을 잃고 헤매는 교회나 노인교육을 시작하려고 하는 교회들에게 좋은 지침이 될 것으로 보입니다. 더 많은 미래 지향적인 작업들을 통해서 한국교회가 지역사회와 교회를 위해 고민하는 흔적들이 빛과 소금처럼 나타나기를 기도합니다.

7. 하이패밀리, 천국 준비 교실

구체적으로 어떻게 천국을 준비하고 진행 시켜야 할까? 어떻게 죽음을 소망으로 맞이하도록 준비시키고 알려야 할까? 먼저 결혼예비학교처럼 천국 준비 교실 사역을 시작해야 합니다. 탄생도 결혼도 준비됩니다. 그런데 가장 준비 없이 맞이하게 되는 것이 죽음입니다. 그러다보니 장례식장에서 유족들은 당황하게 되고 황당해 합니다. 이를 방지하기 위해서는 교회 차원에서 천국 준비 교실을 만들어 체계적인 준비 과정을 거쳐야 합니다. 임종 직전의 노인들을 대상으로 하는 것이 아니라 권사회나 장로회 등의 단위로 단체 사역을 진행하는 것입니다. 성경은 죽음이 곧 삶의 완성임을 보여주고 있습니다. 바울은 이렇게 권면하고 있습니다. '사랑하는 형제들이여 그리스도인이 죽으면 어떻게 되는지를 늘 명심해 두십시오. 그래서 사람이 죽었을 때 슬픔에 못 이겨 아무 희망도 없는 사람들처럼 행동하는 일이 없도록 하십시오'(살전4:13). 이 말에 근거하여 릴리 핀커스(Lily Pincus)는 죽음에 대한 교육을 삶에 대한 교육이라 했습니다. 죽음을 제대로 알고 그 사실을 그대로 받아들임으로써 죽음의 그림자를 지울 수 있으며 우리의 인생이 오히려 죽음의 공포와 불안에서 해방될 수 있다는 것입니다.

미국 사람들이 죽음에 대해 새로운 인식을 가지게 된 계기는 베트남 전쟁 때였다고 합니다. 이 전쟁은 풍요로움과 번영의 상징이었던 미국의 이미지가 환상에 불과했음을 드러내주고 말았습니다. 평화로운 가정에 사랑하는 남편, 아들의 시체가 운구되어 돌아왔기 때문입니다. 그 이후 미국에서는 의료 기술(장기 이식, 유전자 조작으로 생명 자체를 통제 가능하게 하는)의 발달이 눈부시게 진전되었고, 5, 6세 이하의 어린이들에게까지 죽음 교육을 행하게 되었습니다. 충격적인 베트남 전쟁 이후 이제는 죽음을 제대로 알고 받아들여야 함을 깨닫게 되었기 때문입니다. 어린이들을 대상으로 하는 죽음에 관한 교육은 이런 것입니다. 이를테면 교실에

식물의 씨앗, 낙엽 등을 가져다 놓고 자연의 사이클을 관찰하게 합니다. 생명의 태어남, 성장, 죽음에 대해 설명해 주고 가정에서 기르는 애완동물의 죽음에 대해서도 나누도록 합니다. 때로는 묘지를 방문하여 비석의 의미, 성묘의 의미, 비석을 꽃으로 장식하는 의미 등에 대해서도 어린이들의 자유스런 대화를 유도합니다. 이뿐만이 아닙니다. 그 외 소설, 동화책 등을 읽게 한 후 내가 주인공이라면 어떻게 할지에 대해 이야기를 나누게 하고, 잡지나 앨범에 소개된 여러 시대의 사람들 사진을 보여주며 인간의 성장과 노화에 관한 이야기를 의도적으로 들려줍니다. 미국의 대학 중 미네소타 대학은 매 학기에 죽음의 준비 교육과목(Death Education)이 반드시 커리큘럼 속에 포함됩니다. 이래서 Pre-planning Funeral에서는 자신이 평소에 좋아하던 찬송가 가운데 장례예배 때 부를 곡을 본인이 직접 고르도록 하고, 장례예배 순서지나 초청장을 직접 골라 두도록 하고 있습니다. 또 장례예배 때 유족이나 하객들에게 들려주고 싶은 마지막 말을 간단하게 편지를 써 두었다가 장례예배당일 날 대독하도록 하는 순서까지 진행합니다.

이는 무엇을 말해주는가. 죽음을 삶의 연장 선상에서 받아들이게 함으로써 바울이 말한 대로 '사람이 죽었을 때 슬픔에 못 이겨 아무 희망도 없는 사람들처럼 행동하는 일이 없도록'(살전4:13) 하기 위함입니다. 또한 이를 통해 인생의 존엄성을 깨닫기 때문에 자살을 방지할 수도 있습니다. 죽음을 준비하는 일은 이처럼 인생을 가장 멋지게 살게 하는 일이며 동시에 가장 뜻깊은 장례식을 준비하는 일입니다. 그런 면에서 천국 준비 교실에서 다룰 수 있는 내용은 한두 가지가 아닙니다. 죽음에 대한 태도에서부터 장례의 절차, 즉 사망 신고에서부터 시신 관리에 이르기까지 모든 것들을 배울 수 있습니다. 하다못해 불교에서도 시왕전이나 명부전이라고 해서 죽음에 대한 교육이 있다는 사실은 우리 그리스도인들에게 시사하는 바가 크다고 하겠습니다.

• 천국 준비 교실, 하나님, 천국이 보입니다.

워크북 목차

만남	내용	과제
첫번째	노년을 건강하게 보내는 비결	나누어 드리는 가계 도표를 완성해 오십시오. 사진도 꼭 부착하셔야 합니다.
두번째	노인다운 노인이 되는 비결	앞으로 내가 살아가야 할 날 중 오늘이야말로 가장 젊고 싱싱한 날이다, 이 말대로만 살면 우리는 항상 정상에 살게됩니다. 이번 한 주간 동안 어떤 일들로 나이를 잊고 살 수 있는지 생각해 봅시다.
세번째	천국에 들어가는 비결	다음 주에 오실 때까지 자신의 유언을 적어 오십시오
네번째	아름다운 노후를 만드는 비결	죽음 준비를 위해 해 두어야 할 일곱 가지가 있습니다.

• 네 번째 주 과제 내용

죽음 준비를 위해 해 두어야 할 일곱 가지가 있습니다.

(1) 유언 남기기 - 비디오에다 담아 두십시오. 장례식장에서 뿐만 아니라 내가 이 세상을 떠난 이후에도 삶의 큰 교훈으로 가족들을 지켜 줄 수 있습니다.

(2) 영정 사진 찍기 - 장례식장에서 가장 당황해 하는 부분이 사진입니다. 미리 준비해 두십시오. 이런 것이야말로 종말론적 삶을 사는 준비된

모습입니다.

⑶ 가족들을 용서하기 - 아직도 용서되지 않은 상처와 쓴 마음을 안고 살아가십니까? 이제 다 풀어놓고 떠나십시오. 남은 자들에게 평화를 선포하고 가십시오.

⑷ 감사를 표현하기 - 고마운 사람들에게 감사 엽서를 써 두십시오. 그리고 그들을 격려하십시오.

⑸ 유산 정리하기 - 흔히 '부자에게 자식은 없다. 상속자만 있을 뿐이다'는 말이 있습니다. 나는 나의 재산으로 분쟁의 불씨를 남기겠습니까? 나의 덕을 새겨놓고 떠나시겠습니까? 이제 우리도 공공기관에 재산을 헌납하거나 교회에 헌금하는 것을 깊이 생각하여야 할 때입니다.

① 교회(나의 신앙생활을 지도해 준 교회, 고향 교회 등)

② 학교(밀알학교, 들꽃 피는 학교, 가나안 농군학교, 한동대학교, 기독교 정신으로 세워진 대학 등)

③ 기관(기독교가정사역연구소, 장기기증운동본부, 유니세프 등)

④ 선교(O.M.F, 한민족 의료재단, 남북나눔 운동 등)

⑤ 문화(낮은 울타리, 국민일보, 극동방송, 기독교방송 등)

⑥ 기타 :

⑹ 약사 정리하기 - 자신의 약사(略史)를 정리해 두십시오. 너무 소중한 자료입니다.

⑺ 마지막 헌신- 이제 남은 나의 생명들을 누군가에게 주고 싶다면 다음에 분명한 의사표시를 해 두십시오.

나는 다음과 같이 나의 신체의 일부를 드리기를 원합니다.

• 나는 안구를 기증하겠습니다.
• 나는 장기를 기증하겠습니다.
• 나는 시신 전체를 기증하겠습니다.

년 월 일
기증자 :   (서명)

• 이제 나는 언제라도 하나님의 품에 안길 준비가 되어 있습니다.
 기쁨으로 다음 찬송을 불러 보십시오.(511장)

• 기증의사가 있으신 분들은 사랑의 장기기증운동본부로 연락하시면 됩니다(전화번호 : 363-3909).

참고문헌

• 김재은, 기독교 성인교육, 기독한교, 2004.

• 로이 B 주크, 장년교육, 신청기 역, 기독교문서선교회, 1999.

• 마이클 J. 앤서니 편저, 기독교 교육 개론, 정은심, 최창국 역, 기독교 문서선교회, 2022.

• 박봉수, 교회의 성인교육, 한국장로교출판사, 2003.

• 송길원, 가정사역 스타트, 국제제자훈련원, 2004.

• 이규민 김난예 김재우 김희영, 인간발달과 기독교교육, 동연, 2023.

• 임애경 외 7인, 교회교육 현장으로 가다, 동연, 2016.

• 임창복 외 4인, 교회 노인교육 프로그램 1, 한국기독교교육 교역연구원, 2009.

- 임창복 외 5인, 교회 노인교육 프로그램 2, 한국기독교교육 교역연구원, 2011.
- 정정숙, 성경적 가정사역, 베다니, 1994.
- 최임선, 신앙의 발달과정, 종로서적, 1984.
- 최홍준, 송길원, 가정사역 핸드북, 기독교 가정사역연구소, 1996.
- 추부길, 이옥경, 실버사역 어떻게 할 것인가, 한국가정상담연구소, 2005.
- 추부길, 패밀리 미니스트리, 한국가정상담연구소, 2005.

고등부에서 노년부까지
교회학교 교육의 모든 것 (하권)

1쇄   2026년 2월 25일
지은이   임계빈
펴낸이   이규종
펴낸곳   엘맨출판사
등록번호   제13-1562호(1985.10.29.)
등록된곳   서울시 마포구 토정로 222
          한국출판콘텐츠센터 422-3
전화   (02) 323-4060, 6401-7004
팩스   (02) 323-6416
이메일   elman1985@hanmail.net
          www.elman.kr

ISBN   978-89-5515-825-0   03230

이 책에 대한 무단 전재 및 복제를 금합니다.
잘못된 책은 구입하신 서점에서 바꿔드립니다.

값 23,000 원